Ulrich Arnswald, Hans-Peter Schütt (Hrsg.)

AF239433

Thomas Morus' Utopia
und das Genre der Utopie in der Politischen Philosophie

EUKLID

Europäische Kultur und Ideengeschichte
Studien. Band 4

Herausgeber: Bernd Thum, Hans-Peter Schütt
Institut für Philosophie, Karlsruher Institut für Technologie (KIT)

Thomas Morus' Utopia und das Genre der Utopie in der Politischen Philosophie

Herausgegeben von
Ulrich Arnswald und Hans-Peter Schütt

 Scientific Publishing

Umschlagsbild

Hans Holbein der Jüngere (~1497/98-1543), Sir Thomas More, 1527
The Frick Collection New York / Wikimedia Commons

Impressum

Karlsruher Institut für Technologie (KIT)
KIT Scientific Publishing
Straße am Forum 2
D-76131 Karlsruhe
www.ksp.kit.edu

KIT – Universität des Landes Baden-Württemberg und nationales
Forschungszentrum in der Helmholtz-Gemeinschaft

KIT Scientific Publishing 2010
Print on Demand

ISSN: 1867-5018
ISBN: 978-3-86644-403-4

Inhalt

Inhalt

Vorwort

Thomas Morus' *De Optimo Reipublicae Statu deque nova insula Utopia Libellus vere aureaus, nec minus salutaris quam festivus* („Von der besten Staatsverfassung und von der neuen Insel Utopia, ein wahrhaft goldenes Büchlein, genauso wohltuend wie heiter") ist ein Klassiker der Politischen Philosophie. Das 1516 erstmals erschienene Buch prägte die spätere Tradition der teils theoretisch, teils literarisch motivierten Ausarbeitung fiktiver Staatsmodelle, und der von Morus kreierte Eigenname jener Insel wurde zur Gattungsbezeichnung für politische Fiktionen. *Utopia* ist daher unter anderem auch der Archetypus aller positiven Staatsutopien. Sein Anregungspotential und seine wirkungsgeschichtliche Stellung machen das Werk zu einem der bis heute einflußreichsten Bücher in der Geschichte des politischen Denkens.

Der Name „Utopia", von griechisch „*ou*" und „*tópos*" abgeleitet, bezeichnet ein „Nirgendwo", durch dessen Unauffindbarkeit alle Sehnsüchte in eine unerreichbare Ferne projiziert werden. Als Utopie gilt somit eine Vorstellung, die als Idee zwar denkbar, aber unmittelbar nicht umzusetzen ist. Sie ist Wunschtraum, Konzept und Vision einer Welt oder einer Zeit, in der eine neue gesellschaftliche, religiöse oder technische Ordnung herrscht. Bis zum Ende des Kalten Krieges hatte in Zeiten der bipolaren Welt sowohl die Utopienproduktion als auch die Utopienforschung Hochkonjunktur. Von Theodor W. Adorno über Isaiah Berlin, Ernst Bloch, Martin Buber, Emile Cioran, Charles Fourier, Ralf Dahrendorf, Karl R. Popper oder Jewgenij Samjatin reicht die Kette der Autoren, die sich dem Utopiebegriff unter diesen Vorzeichen gewidmet haben. Seitdem ist das Feld der Utopienproduktion und -forschung allerdings in einem stetigen Niedergang, obwohl Jürgen Habermas bereits 1985 in der *Neuen Unübersichtlichkeit* vor den Folgen einer solchen „Erschöpfung utopischer Energien" dezidiert warnte. Dort heißt es: „Wenn die utopischen Oasen austrocknen, breitet sich eine Wüste von Banalität und Ratlosigkeit aus."[1]

Das vorliegende Buch ist aus dem öffentlichen Kolloquium „Thomas Morus' Utopia und das Genre der Utopie in der Politischen Philosophie" im Kloster Bronnbach vom 2. bis 4. April 2008 hervorgegangen, das das *Institut für Philosophie der Universität Karlsruhe (TH)* in Zusammenarbeit mit dem *Institut für Kulturforschung Heidelberg* veranstaltet hat. Das *Institut für Kulturforschung* ist ein gemeinnütziges, nicht-profitorientiertes und überparteiliches Institut, das auf der Basis eines europäischen Netzwerks von jungen Wissenschaftlern entstanden ist.

Das Kolloquium hatte sich zum Ziel gesetzt, die alte Debatte des Kalten Krieges nicht wiederzubeleben, sondern vielmehr zu hinterfragen, mit welchen Chancen auf gesellschaftspolitische Diskussion heute überhaupt noch fiktive Staatsmodelle in der modernen Demokratie westlicher Prägung ausgearbeitet werden können. Vor diesem Hintergrund wurde die Struktur und Operativität der Gattung „Utopie" als einer Form der gegenwärtigen Politischen Philosophie auf dem Kolloquium diskutiert und analysiert. Da die Begriffsbestimmung des Utopischen zu allen Zeiten einen festen Anhaltspunkt einzig am literarischen Prototyp aller Utopien, nämlich an Morus' *Utopia* finden konnte, griffen die meisten Kolloquiumsbeiträge gezielt das Thema „Thomas Morus' *Utopia* und das Genre der Utopie in der Politischen Philosophie" in dieser historisch-systematischen Orientierung auf. Ausgehend von Morus wurde die Behandlung des Utopie-Begriffs bei nachfolgenden Autoren und in klassischen Positionen der Politischen Philosophie diskutiert, und zwar auch mit dem Ziel, die Relevanz und Aktualität dieses Begriffs für das Verständnis unserer gegenwärtigen politischen Lebensformen zu bestimmen.

Dank gebührt dem *Institut für Philosophie der Universität Karlsruhe (TH)* für die großzügige finanzielle Förderung dieses Kolloquiums für Nachwuchswissenschaftler der Universität. Wir haben ferner dem *Ei-*

---

[1] Habermas 1985, 161.

genbetrieb Kloster Bronnbach / Landratsamt Main-Tauber-Kreis, insbesondere Frau Danielle Krank, für die Hilfe bei der Durchführung der Vortragsreihe zu danken. Dieser Dank schließt alle Helferinnen und Helfer vor Ort ein. Schließlich danken wir David Emling vom *Institut für Philosophie der Universität Karlsruhe* für wertvolle Hilfe beim Setzen und beim Lektorat des Bandes. Ebenso sind wir auch dem Universitätsverlag Karlsruhe dankbar, insbesondere der Verlegerin des Buches, Frau Regine Tobias, sowie dem gesamten Produktionsteam für die kooperative und unkomplizierte Zusammenarbeit.

Karlsruhe, am 14. November 2010

Die Herausgeber

Einleitung

Zum Utopie-Begriff und seiner Bedeutung in der Politischen Philosophie

Ulrich Arnswald

Solange es einen „real existierenden Sozialismus" gab, den man gegen die Ansprüche seiner geistigen Väter als Utopie entweder denunzieren oder aber um seines positiv-utopischen Potentials willen verteidigen konnte, hatte die Utopieforschung Hochkonjunktur. Der Utopie-Begriff war ein hart umkämpfter Angelpunkt in der ideologischen Auseinandersetzung der Zeit des Kalten Krieges. Das ist seit dem Fall der Berliner Mauer und dem Ende der bipolaren Welt Vergangenheit. Sowohl die Utopienproduktion als auch die Utopienforschung hat in den letzten Jahren nachgelassen.

Mit dem Fall der Mauer und dem Ende des Ost-West-Block-Antagonismus wurde nicht nur das Ende des utopischen Zeitalters, sondern zugleich durch Francis Fukuyama in *The End of History and the Last Man*[1] sogar das Ende der Geschichte verkündet. Laut Fukuyama wäre mittels der liberalen Demokratie die Integration aller gesellschaftlichen Verhältnisse in einem Optimum erreicht, die ohne historische Alternative sei und somit das letzte Wort der Geschichte darstelle. Mittlerweile – nach den neuen terroristischen Kriegen – mögen wir über einen solch naiven Optimismus der Geschichtsphilosophie nur müde lächeln, und dennoch ist die Utopieforschung in den letzten zwei Jahrzehnten so gut wie von der wissenschaftlichen Bildfläche verschwunden.

---

[1] Fukuyama 1992.

Hier seien in aller Kürze einige Beispiele für das einst propagierte Ende des utopischen Zeitalters aufgeführt.[2] Auf dem Umschlagstitel von Bruce Ackermans Buch *Ein neuer Anfang für Europa – Nach dem utopischen Zeitalter* aus dem Jahre 1993 heißt es:

Die großen Utopien sind an ihr Ende gekommen. In einem blutigen Weltkrieg ist die faschistische Revolte untergegangen, dann zerbrach – nicht in einer Explosion, sondern in einer Implosion, die kommunistische Idee. Jetzt ist die Zeit der wahren Revolution des Liberalismus angebrochen.[3]

Joachim Fest wiederum postuliert das Ende des „Tamtams der Utopien", das aus seiner Sicht mit dem Ende des Sozialismus als letztem machtvollen Utopieversuch einhergeht:

Mit dem Sozialismus ist, nach dem Nationalsozialismus, der andere machtvolle Utopieversuch des Jahrhunderts gescheitert. Was damit endet, ist der mehr als zweihundert Jahre alte Glaube, daß sich die Welt nach einem ausgedachten Bilde von Grund auf ändern lasse.[4]

Und weiter heißt es sozusagen als Quintessenz:

Der Zauber dieses Anspruchs ist gebrochen. Doch auch wenn der Mensch in Zukunft ohne das Tamtam der Utopien leben muß, kann man das Leiden an der Welt und die Ungeduld mit den Menschen doch nicht mit einem Achselzucken abtun.[5]

Auch für Udo Bermbach ist das Ende der Utopie gekommen. Ähnlich Fukuyamas These des Endes der Geschichte sieht der Autor gleichfalls keine Notwendigkeit zu revolutionären Weltverbesserungen:

Wir leben in postrevolutionären Zeiten – und so wird, so scheint es zumindest, in diesen Zeiten die Idee der Utopie zu Grabe getragen. Nach dem ökonomischen und politischen Bankrott des sogenannten realen Sozialismus

---

[2] Eine ganze Reihe weiterer Beispiele lassen sich benennen: Behrens, *Abschied von der sozialen Utopie* 1992; Winter, *Ende eines Traums* 1993; Müller-Doohm, *Jenseits der Utopie* 1991; Fest, *Der zerstörte Traum* 1991; Saage, *Das Ende der politischen Utopie* 1990.

[3] Ackerman 1993, Umschlagsvorderseite.

[4] Fest, 1992, 15.

[5] A.a.O., 21.

kann der Gedanke, die Welt bedürfe einer Verbesserung und sei ihrer auch fähig, nicht mehr als selbstverständlich betrachtet werden.[6]

Bermbach folgert daher apodiktisch, daß „[...] die Form der Utopie, der Entwurf konkreter Organisationsmodelle einer zukünftigen Gesellschaft ausgedient hat."[7]

Herfried Münkler hingegen sieht zwar das Ende der Utopie, will aber zumindest das weniger umfassende Utopische retten:

Das heißt, [...], daß, auch wenn die Utopie keine Zukunft mehr haben mag, dennoch das Utopische darum eine Zukunft hat. Zugegeben ist das Utopische im Vergleich mit der Utopie weniger formiert und auch weniger präzisiert [...].[8]

Die vorliegende Anthologie will die alte Debatte des kalten Krieges nicht wiederbeleben, sondern vielmehr hinterfragen, mit welchen Chancen auf gesellschaftspolitische Diskussion heute überhaupt noch fiktive Staatsmodelle in der modernen Demokratie westlicher Prägungen ausgearbeitet werden können. Sind beispielsweise die modernen, weltweit stark rezipierten, liberalen Entwürfe wie John Rawls' *Theorie der Gerechtigkeit*[9], Robert Nozicks' *Anarchie, Staat, Utopia*[10] oder die *Sphären der Gerechtigkeit*[11] von Michael Walzer überhaupt als Utopien zu klassifizieren? Oder sind die fiktiven Elemente in ihnen so realitätsnah, daß man sie nicht mehr als utopisch beschreiben kann? Brauchen wir überhaupt Utopien, um in der Lage zu sein, neue, „zukunftsfähige" Modelle der politischen Organisation einer Gesellschaft zu entwerfen? Oder ist die Politische Philosophie so saturiert, daß selbst unter dem Veränderungsdruck der Globalisierung die Möglichkeiten der Weiterentwicklung positiver Staatsmodelle so begrenzt sind,

---

[6] Bermbach, 1992, 142.
[7] A.a.O., 147.
[8] Münkler, 1992, 211f.
[9] Rawls 1993.
[10] Nozick, 2006.
[11] Walzer 2006.

daß in absehbarer Zeit mit neuen Staatsutopien nicht zu rechnen sein wird?

Viele Beiträge des hier vorliegenden Bandes gehen genau diesen Fragen nach. Dabei scheint es geboten zu sein, auf das Werk Thomas Morus' zurückzugreifen. Sein Buch mit dem vollen Titel *Von der besten Staatsverfassung und von der neuen Insel Utopia, ein wahrhaft goldenes Büchlein, genauso wohltuend wie heiter* prägte die spätere Tradition der teils theoretisch, teils literarisch motivierten Ausarbeitung fiktiver Staatsmodelle, und der von Morus kreierte Eigenname jener Insel wurde zur Gattungsbezeichnung für politische Fiktionen. Im ersten Buch des Werkes, das eine Rahmenhandlung zur eigentlichen Erzählung von *Utopia* darstellt, wird ausführlich und unmittelbar Kritik an den damaligen politischen und gesellschaftlichen Verhältnissen Englands und Europas geübt. In Morus' Kritik des beginnenden 16. Jahrhunderts wird den Zeitgenossen in Form einer scharfsichtigen Analyse der sozialen, gesellschaftlichen und politischen Zustände der Spiegel vorgehalten. In einer Art Melange aus philosophisch-politischem Traktat, Gespräch unter Gelehrten und zugleich Erzählung eines Weitgereisten werden die sozialen Verhältnisse des damaligen Englands angeklagt. Das zweite Buch des Werkes berichtet hingegen von der fiktiven Insel *Utopia*. Dieser Teil schildert insbesondere die Organisation des Staates und beschreibt die Lebensverhältnisse seiner Bewohner. Er suggeriert zudem, ein Entwurf einer angeblich idealen Lebensordnung zu sein, die Frieden und Glück für alle sichert. Die Verfassung dieses idealen Staates „Utopia" ist dabei formal streng rational konzipiert. *Utopia* ist somit unter anderem auch der Archetypus aller positiven Staatsutopien. Dies wirft wieterführende Fragen auf:

1. Wenn Lucian Hölscher in seiner Ausarbeitung des Begriffs Utopie im *Historischen Lexikon zur politisch-sozialen Sprache in Deutschland*,[12] das unter dem Titel *Geschichtliche Grundbegriffe* firmiert, Recht hat, dann ist der Begriff „Utopie" ein verhältnismäßiger junger

---

[12] Vgl. Hölscher, 1990, 733.

Begriff, der zudem seit dem Beginn der Geschichtsschreibung der Utopien um 1840 immer auch ein mehrdeutiger war. Wie aber läßt sich die Struktur und Operativität der Gattung „Utopie" als einer Form der Politischen Philosophie bestimmen, wenn der Begriff mehrdeutig ist?

2. Irritierender noch kommt der Begriff heute einerseits als Leitbegriff in progressiven Staatsentwürfen vor, die die Sehnsucht nach einem neuen Konzept und einer Vision einer Welt oder einer Zeit, in der eine neue gesellschaftliche, religiöse oder technische Ordnung herrscht, zum Ausdruck bringen, zugleich aber findet sich andererseits der Begriff als Kritik eines möglichen, befürchteten Alptraumszenarios selbiger gesellschaftlicher, religiöser oder technischer Ordnung wieder. Was ist aber nun das Wesen der Utopie in der Politischen Philosophie? Ist die Utopie eine Art Vorabkritik und Parodie möglicher zukünftiger Entwicklungen, die als Gedankenkonstrukt bereits abstrakt durchgespielt werden? Oder ist die Utopie ein möglicher Entwurf eines besseren Morgen? Eine Art politisches Ideal mittels des Entwurfs eines progressiven Staatsmodells?

3. Schon der Begriff *Utopia*, die ältere Form des heutigen Begriffs Utopie, bezeichnete in der frühen Neuzeit sowohl literarische Werke, die dem des Thomas More ähnlich schienen, als auch imaginäre Orte ihrer Verwirklichung. Daher stellt sich berechtigterweise die begriffstechnische Frage: Wie läßt sich der Utopie-Begriff in der Politischen Philosophie hinreichend von der Utopie als literarischen Gattungsbegriff abgrenzen?

Fest steht, daß die Begriffsbestimmung des Utopischen zu allen Zeiten einzig am literarischen Prototyp aller Utopien, nämlich an Morus' *Utopia*, einen festen Anhaltspunkt finden konnte. Daher scheint es mir geboten, die Frage, was eine Utopie ist, zurück an Thomas Morus' *Utopia* zu verweisen. Aus diesem Werk, sozusagen vom einzigen uns zur Verfügung stehenden sicheren „Angelpunkt" – um einen häufig verwendeten Terminus im Werk Ludwig Wittgensteins aufzugreifen –, will ich hier in Thesenform mögliche Kriterien für einen Begriff der Utopie für die Politische Philosophie herleiten.

Mag auch Richard Saages Hinweis im Band *Vermessungen des Nirgendwo* aus dem Jahre 1995 grundsätzlich berechtigt sein, daß es nicht nur die Werturteile seien, die über die politische Utopie gefällt werden, die umstritten sind,[13] so ist die Resignation dennoch nicht zwingend. Hier läßt sich auf Norbert Elias verweisen, der ursprünglich den Vorschlag gemacht hat, einen Ausweg aus dem Dilemma der Mehrdeutigkeit durch die Rückbesinnung auf die klassische Tradition, die mit Morus' *Utopia* ihren Anfang nahm, zu suchen.[14]

Elias hat als Resultat dieses Vorschlags gegen die herrschenden wissenschaftlichen Trends seiner Zeit eine Arbeitsdefinition der Utopie gestellt, die für die Ausführungen moderner Utopieforschung nach wie vor als Grundlage dienen kann:

Eine Utopie ist ein Phantasiebild einer Gesellschaft, das Lösungsvorschläge für ganz bestimmte ungelöste Probleme der jeweiligen Ursprungsgesellschaft enthält, und zwar Lösungsvorschläge, die entweder anzeigen, welche Änderungen der bestehenden Gesellschaft die Verfasser oder Träger einer solchen Utopie herbeiwünschen oder welche Änderungen sie fürchten und vielleicht manchmal beides zugleich. Man könnte noch einen Schritt weiter gehen. Ich vermute, daß sich alle Utopien als Furcht- oder Wunschgebilde auf akute Konflikte der Ursprungsgesellschaft beziehen. Sie orientieren darüber, welche Konfliktbewältigungen die Utopieträger als erwünscht oder als unerwünscht vor sich sehen.[15]

Während es Elias vorbehalten war, einen explizit politischen Begriff der Utopie zu propagieren, dessen Einfluß bis heute zweifelsohne wirksam ist, will ich letzteren beim Wort nehmen und in bewußter Abgrenzung auch zu Elias erneut Kriterien anhand von Thomas Morus' *Utopia* entwickeln, wenn auch weit abweichender von der heute gängigen Verwendung des Begriffs Utopie.

Zweifelsohne ist es legitim, das Genre, dem Morus den Namen gegeben hat, nicht auf eine Utopie oder utopisches Denken *à la* Thomas Morus reduzieren zu wollen. Ernst Bloch kritisierte eine solche unnötige Beschränkung schon früh in *Das Prinzip Hoffnung*:

---

[13] Vgl. Saage 1995, 1.
[14] Vgl. Elias, 1982.
[15] A.a.O., 103.

Doch Utopisches auf die Thomas-Morus-Weise zu beschränken oder auch nur schlechthin zu orientieren, das wäre, als wollte man die Elektrizität auf den Bernstein reduzieren, von dem sie ihren griechischen Namen hat und an dem sie zuerst bemerkt worden ist.[16]

Dennoch hat auch ein solcher retrospektiver Ansatz der Aufarbeitung des Morus'schen Utopie-Begriffs seinen Reiz und beinhaltet eventuell zwischenzeitlich im Rahmen der Geschichte der Werksrezeption verlorengegangene Aspekte. Daher bieten sich meines Erachtens im Rückgriff auf Elias als mögliche Kriterien folgende Aspekte für den Begriff der Utopie in der Politischen Philosophie an:

1. Politische Utopien sind Staatstheorien, die eine fiktive, aber innerweltliche Gesellschaft und ein fiktives, innerweltliches Staatsmodell beschreiben.

2. Eine Utopie ist somit immer auch ein anti-individualistisches Unterfangen, da sie ausschließlich eine fiktive Gemeinschaft in einem stationären Gesellschaftsmodell als „utopisches Ideal" darstellt.

3. Der Verfasser erwartet nicht die Umsetzung seiner Utopie in naher Zukunft – sprich: Mit Sicherheit nicht zu den eigenen Lebzeiten.

4. Die Utopie selbst ist immer allegorisch oder achron. Dies entspricht dem narrativen Charakter ihrer Gesellschaftskritik. Das heißt: Sie findet nie in der erlebten Gegenwart statt.

5. Der Utopieentwurf hebt sich immer zwangsläufig als Kontrast von den bestehenden Verhältnissen der Gegenwart ab. Die konstruierte Gegenwelt ist aber nicht als eine Alternative zu verstehen, wie es sein sollte, sondern vielmehr, wie es sein könnte.

6. Die Utopie ist eine Art Kritik bzw. Parodie eines denkbaren zukünftigen Morgen. Die Utopie stellt somit kein wirkliches Ideal dar, sondern vielmehr ein Gedankenspiel mit Witz und Geist.

7. Jede Utopie entwickelt ihre eigene „Wirklichkeit".
Wie sich unschwer erkennen läßt, beziehe ich damit Position gegen eine weitverbreitete These, die besagt, daß der Utopismus gewissermaßen eine Abstraktion der gesellschaftlichen Realität darstellt und

---

[16] Bloch 1985, 14.

dieser eine Vorstellung eines wünschenswerten, idealen Gesellschafts-
lebens gegenüberstellt. Als Utopie gilt dabei eine Idee, die zwar
denkbar, aber nicht unmittelbar umzusetzen ist, und die einen
Wunschtraum, ein Konzept oder eine Vision einer Welt oder einer Zeit
präsentiert, in der eine neue gesellschaftliche, religiöse oder technische
Ordnung herrscht. Aufgrund der Perfektion dieser Vorstellung wird
angenommen, daß jedes Mitglied der Gemeinschaft einverstanden ist,
den Maximen dieses Gemeinschaftsideals in allen Lebensbereichen
nachzukommen. Diese These scheint mir für das Werk von Thomas
Morus unhaltbar.

Eine solche Sichtweise hat beispielsweise Karl Kautsky propagiert,
der in Morus einen Kommunisten sah, der für eine bessere Welt
kämpfe. Kautsky verstieg sich gar in die Behauptung:

Der Kommunismus Mores war für die Humanisten und das Bürgertum eine
anmutige Schwärmerei; seine Kritik der herrschenden politischen
Verhältnisse war ihnen aus der Seele gesprochen.[17]

Durch diese eigenwillige Erkenntnis beflügelt propagiert Kautsky Thomas More, der in der deutschen Rezeptionsgeschichte der *Utopia* in der
latinisierten Version mit 'Morus' bezeichnet wird, sogleich zum „Vater
des utopistischen Sozialismus":

Er war der Vater des utopistischen Sozialismus, der mit Recht nach der
‚Utopia' seinen Namen erhalten hat. Dieser ist utopistisch weniger wegen
der Unerreichbarkeit der Ziele, als wegen der Unzulänglichkeit der Mittel,
die ihm [Morus] zu deren Erreichung zu Gebote stehen, oder die er
anwenden will.[18]

Mit dieser Interpretation zwängt Kautsky Morus förmlich in sein so-
zialistisches Weltbild, das mit einem materialistischen Geschichtsbild
verbunden ist, ohne auch nur ansatzweise die feine Ironie des Werkes
zu erkennen. Selbst der zweimalige Widerspruch der Erzählfigur
Morus im fiktiven Dialog im Text *Utopia* in Bezug auf die Idee eines
kommunistischen Idealstaates verändert sein Verständnis des Werkes

---

[17] Kautsky 1907, 183.
[18] A.a.O., 320.

nicht. Diesen Widerspruch tut er leichtfertig mit dem Kommentar ab: „Die Verdammung des Kommunismus als einer ‚scheußlichen Ketzerei' durch den Kommunisten More scheint eine seltsame Inkonsequenz."[19]

Gerhard Möbus hat Recht, wenn er Kautskys Deutung als auf der falschen Behauptung basierend überführt, daß im Buch *Utopia* nicht Thomas Morus, sondern Hythlodeus die Meinung des Autors ausspräche. Dafür spricht nachvollziehbar nichts, insbesondere da der Autor Morus als Erzählfigur Morus im Buch selbst auftaucht. Ähnlich geht Richard Saage vor, wenn er Hythlodeus als das „alter ego" von Thomas Morus bezeichnet.[20] Dies führt dann zwangsläufig zu Saages Schlußfolgerung,

[…] daß Auslegungen, wonach Morus mit dem Stilmittel der Ironie nicht das Wunschbild-, sondern das Furchtbild einer alternativen Gesellschaft entwerfen wollte, im Text keine Anhaltspunkte finden.[21]

Genau dies scheint mir aber der Text nicht zu belegen. Vielmehr muß man meines Erachtens davon ausgehen, daß im Buch *Utopia* nur das als Meinung des Thomas Morus angesehen werden kann, was dieser auch ausdrücklich in seinem Namen artikuliert.[22]

Daher stelle ich dem verbreiteten Interpretationsversuch der Gleichsetzung der Meinung des Hythlodeus mit den Ansichten des Thomas Morus die These gegenüber, daß *Utopia* vielmehr ein „experimentum rationis", also ein Gedankenexperiment ist, und nicht der Entwurf eines Idealstaates wie von vielen sehnlichst erwünscht. Die Insel *Utopia* bringt keine endgültige Lösung, geschweige denn eine ernstzunehmende für die im ersten Buch benannten Mißstände im England seiner Zeit. Zwölf Beispiele, warum *Utopia* nicht einmal ansatzweise einen Idealstaat darstellt, seien hier in aller Kürze stichwortartig aufgezeigt:

---

[19] Kautsky 1907, 240.
[20] Vgl. Saage, 2006b, 106; vgl. Saage, 2007, 123, 129.
[21] Saage, 2006b, 106f.
[22] Vgl. auch Möbus 1953, 62f.

1. Staatliches Primat der Kontrolle aller Lebensbereiche: Von der Wiege bis zur Bahre wird jeder Bürger der Insel *Utopia* vom Gemeinwesen angeleitet bzw. direkt oder indirekt kontrolliert. Mit Helmut Kern gesprochen ist *Utopia* „ein Staat der Zucht und nicht der Freiheit."[23] Wie ein Netz legen sich diese direkten bzw. indirekten Überwachungen eines jeden einzelnen über das Alltagsleben der Utopier. Hinter dem heimelnden Wohlfahrtsstaat verbirgt sich bei genauerem Hinsehen das Modellbild eines totalen Staates in Form eines Machtstaates ohnegleichen. Die strikte Kontrolle durch die Obrigkeit wird durch ein Erziehungs- und Sozialsystem erleichtert, daß lebenslang die Utopier begleitet und im Rahmen dessen selbst die Spiele in der Freizeit dem Sieg der Tugenden über die Laster dienen.[24] Jeglichem gesellschaftsfeindlichen Verhalten wird bereits im Ansatz der Garaus gemacht. Beispielsweise observiert jeder jeden während des gemeinsamen Essens im Refektorium, so daß „[…] bei Tische kein Wort geredet und nichts getan werden [kann], was den Nachbarn ringsum entginge."[25] Zunehmend ist daher in der *Utopia* keine Rede mehr von bester Staatsverfassung, sondern letztendlich nur noch von Gesetzen und Institutionen.

2. Müßiggang wird nicht geduldet. Es herrscht strenge Arbeitspflicht. Selbst Reisende müssen, wenn sie sich irgendwo länger als einen Tag aufhalten, ihr Gewerbe ausüben.[26] Die Arbeitspflicht wird streng kontrolliert, denn es gilt als das wichtigste und beinahe einzige Geschäft der Vorsteher („Syphogranten"), „[…] dafür zu sorgen und Maßregeln zu treffen, daß keiner müßig herumsitzt, sondern jeder fleißig sein Gewerbe treibt […]."[27] Weiterhin ist allen Männern und Frauen das Gewerbe des Ackerbaus gemeinsam. Diesen versteht nämlich jedermann und in ihm werden alle, von Kindheit an, unterwiesen.[28]

---

[23] Kern 1951, 78.
[24] Vgl. Morus, *Utopia*, 68.
[25] A.a.O., 78.
[26] Vgl. a.a.O., 79.
[27] Vgl. a.a.O., 67.
[28] Vgl. a.a.O., 66.

Darüber hinaus muß jeder Utopier noch ein weiteres Gewerbe als Beruf erlernen.[29] Wer genau hinsieht, erkennt, daß in dem von Hythlodeus als Idealstaat proklamierten *Utopia* hinter allen staatlichen Maßnahmen immer strikter Zwang steht.

3. Der Tagesablauf ist gänzlich gleichförmig vorgeschrieben. Jede Stunde des Tages ist geplant und kontrolliert. Für Spontaneität gibt es keinen Platz. Der reglementierte Tagesablauf sieht bei den Utopiern, die den Tag einschließlich der Nacht in vierundzwanzig Stunden einteilen und von diesen sich nur sechs Stunden der Arbeit widmen, wie folgt aus:

[D]rei vormittags, worauf sie zum Essen gehen; nach dem Mittagsessen ruhen sie dann zwei Nachmittagsstunden, arbeiten wieder drei Stunden und beschließen den Arbeitstag mit dem Abendessen. Indem sie die erste Stunde von Mittag an rechnen, gehen sie um acht Uhr schlafen.[30]

Nach dem Abendessen verbringen sie eine Stunde mit Sport und Spiel, wobei die Spiele vorgegeben sind.[31]

4. Jegliche Individualität in Form von Kleidung, Schmuck, Ehre, Adel etc. wird ausgelöscht, damit jeder Utopier als eine Art menschliches Zahnrad für die Zwecke der tugendhaften Maschinerie funktioniere. Man kann hier getrost von einem Luxus- und Vergnügungsverbot sprechen, das jeden Menschen nur als konformes Glied der Gemeinschaft akzeptiert. Dies schlägt sich auch in der Kleidung der Utopier nieder:

Zunächst tragen sie bei der Arbeit einen ganz einfachen Arbeitsanzug aus Leder oder Fellen, der bis zu sieben Jahre aushält. Wenn sie ausgehen, ziehen sie ein Oberkleid darüber, das jene gröbere Kleidung verdeckt; dessen Farbe ist im ganzen Inselreich dieselbe, und zwar die Naturfarbe des Stoffes.[32]

Das Streben nach Luxusgütern aller Art, sinnliche Ausschweifungen etc., unterliegt der gesellschaftlichen Verachtung. Daher verabscheuen

---

[29] Vgl. a.a.O., 66.

[30] A.a.O., 67.

[31] Vgl. a.a.O., 68.

[32] A.a.O., 71f.

die Utopier gleichfalls Leute, „[...] die in kostbare und edle Steine vernarrt sind und sich einbilden, sie wären gewissermaßen zu göttlichen Ehren gekommen, wenn sie einmal einen besonders wertvollen Stein erwischen [...].“[33] Es ist bekannt, daß bei den Utopiern „[...] Prunk in der Kleidung ganz und gar nicht in Ehren stünde, seidene Gewänder geradezu verachtet würden, Gold sogar als unanständig gelte [...].“[34] Natürlich spitzt dies Morus weiter zu und verspottet die Gepflogenheiten der Utopier, wenn er Hythlodeus berichten läßt, daß diese daher aus Gold und Silber „[...] für die öffentlichen Hallen wie für die Privathäuser allerorten Nachtgeschirre und lauter Gefäße für niedrigste Zwecke bestimmte Gefäße anfertigen.“[35]

5. Die Utopier lassen keinerlei Privatsphäre zu. Vor den Augen aller muß man die Arbeit verrichten als auch die Freizeit verbringen. Das autoritäre Staatsregime reglementiert strikt alle individuellen Bedürfnisse sowie die menschliche Arbeit. Selbst das Familienhaus ist jedermann zugänglich und somit öffentlich. In der *Utopia* heißt es: „Die Türen sind zweiflügelig, durch einen leeren Druck der Hand zu öffnen, schließen sich dann von selber wieder und lassen so jeden hinein.“[36] Zusätzlich tauschen sie ihre Häuser alle zehn Jahre nach dem Lose.[37]

6. Es herrscht eine Art Tugendterror. Der Staat schreibt vor, was erlaubt ist und was nicht. Es gibt keinen persönlichen Entscheidungsspielraum. Die Moral basiert immer auf den Moralvorstellungen des Staates, nicht auf individuellen Moralvorstellungen. Freiheit und Selbständigkeit der Individuen ist nicht vorgesehen. *Utopia* liegt ein Vernunftkonzept zugrunde, das strikt monistisch und antiindividualistisch ausgerichtet ist. Niemand kann sich vor der Arbeit drücken oder in Weinstuben, Bierhäusern und Freudenhäuser lasterhaften Vergnügungen nachgehen. Es gibt keine Lasterhöhlen, keine Rück-

---

[33] Morus, *Utopia.*, 94.
[34] A.a.O., 84.
[35] A.a.O., 83.
[36] A.a.O., 63.
[37] Vgl. a.a.O., 63.

zugsmöglichkeiten, und somit nicht einmal die Möglichkeit zur Verführung. Raphael Hythlodeus berichtet von dieser repressiven Tugenddiktatur der Gesellschaft der Utopier:

Keine Weinschenke, kein Bierhaus, nirgends ein Bordell, keine Gelegenheit zur Verführung, keine Spelunken, kein heimliches Zusammenhocken, sondern überall sieht die Öffentlichkeit dem einzelnen zu und zwingt ihn zu der gewohnten Arbeit und zur Ehrbarkeit beim Vergnügen.[38]

7. Der Staat greift für die niedrigsten Arbeiten auf einen Sklavenstand zurück, der den Utopiern dient. Dieses Sklavensystem basiert auf Kriegsgefangenen, verurteilten Verbrechern aus *Utopia* selbst, sowie zum Tode Verurteilten, die aus anderen Staaten für einen geringen Preis angekauft werden. Weiterhin kommen in Form von sich verdingenden Tagelöhnern noch Ausländer hinzu, die sich freiwillig für die Sklavenarbeit melden, weil diese Arbeit humaner als ihr bisheriges Dasein sei. Das propagierte Sklavensystem steht wohl kaum im Einklang mit den kommunistischen Ideen des Geldabschaffens. *Utopia* bleibt vielmehr durch die Hintertür der Sklavenarbeit im Wesen des Klassensystems verankert und beruht weiterhin in einem gewissen Umfang auf der Ausbeutung fremder Arbeit.[39]

8. Ehebrecher werden mit härtester Sklaverei bestraft. Erneute Zuwiderhandlung zieht automatisch die Todesstrafe nach sich. Die Ehegesetzgebung ist überaus streng, weil die Utopier an der Unverbrüchlichkeit der Ehe festhalten. Mann und Frau heiraten frühestens mit zweiundzwanzig bzw. achtzehn Jahren; vorehelicher Geschlechtsverkehr wird mit Eheverbot und Verlust der Familienehre bestraft. Um unliebsame Überraschungen auszuschalten, werden die Brautleute einander von einem älteren Mann und einer älteren Frau ganz nackt vorgeführt. Die Utopier halten das für sehr zweckdienlich. Schließlich geht man beim Kauf eines Pferdes hinsichtlich der Gesundheit

---

[38] A.a.O., 80.
[39] Vgl. a.a.O., 105.

gleichfalls mit großer Sorgfalt zu Werke. Morus macht sich nicht von ungefähr den Spaß, die Ehe im Kapitel *Von den Sklaven* abzuhandeln.[40]

9. Die Bewegungsfreiheit der Bürger *Utopias* ist eingeschränkt. Will jemand in eine andere Stadt verreisen, so benötigt er die Erlaubnis der Behörden. Herumstreifen ohne obrigkeitliche Genehmigung wird mit Auspeitschen, im Wiederholungsfall mit Zwangsarbeit bestraft. In der *Utopia* heißt es wörtlich:

Wenn einer auf eigene Faust außerhalb seines Stadtbezirkes sich herumtreibt und ohne fürstlichen Urlaubsschein ergriffen wird, sieht man ihn als Ausreißer an, bringt ihn schimpflich in die Stadt zurück und lässt ihn scharf züchtigen; im Wiederholungsfall wird er mit Verstoßung in die Sklaverei bestraft.[41]

Aber selbst wer eine Reisegenehmigung besitzt, darf nicht auf eine bequeme Reise hoffen, sondern ist durch die logistische Mühsal der Arbeitsbeschaffung sowie der Verrichtung der Arbeit selbst weiterhin in seiner Reisefreiheit erheblich eingeschränkt. Denn

[…] wohin er auch aufs Land kommt, nirgends gibt es für ihn etwas zu essen, ehe er nicht so viel Arbeit geleistet hat, entweder vormittags oder vor dem Abendessen, als dort üblich ist.[42]

10. *Utopia* basiert auf einem expansiven außenpolitischen Handelsregime, daß die benachbarten Staaten wirtschaftlich beherrscht, obwohl die Ideologie der Insulaner angeblich der Kommunismus ist. Die Utopier führen große Warenmengen mit erheblichem Gewinn in fremde Regionen ab. Die Exporterlöse werden dabei nicht nur zum Import ausländischer Waren und somit zum Ausgleich der Handelsbilanz verwendet, sondern ebenso zum Auf- und Ausbau eines großen Handelsbilanzüberschusses, denn

[a]ls Gewinn dieses Handels führen sie nicht nur die Waren ins Land, die ihnen daheim fehlen (denn das ist fast nichts außer Eisen), sondern außerdem eine große Menge Silber und Gold. Daran haben sie, da es schon

---

[40] Morus, *Utopia*, 105-115; vgl. vor allem 106-109.
[41] A.a.O., 79.
[42] A.a.O., 80.

lange so gehalten wird, bereits einen größeren Überfluß, als man für möglich halten sollte.[43]

Der Überschuß ist dabei so groß, daß es ihnen egal ist, ob sie „gegen Bargeld oder auf Kredit verkaufen", es ist sogar so, das die weitaus meisten Käufe „auf Schuldschein ausstehen", die die Utopier sich aber durch „formell ausgestellte öffentliche Bürgschaftsurkunden" absichern lassen.[44] Somit ist aber ebenso klar, das Geld und Gold nicht wertlos sind, wie Hythlodeus in seinem Bericht darzulegen versucht. Die Hortung eines riesigen Staatsschatzes mit ausländischem Guthaben in Form von Geld und Gold bedeutet nichts anderes, als daß durch diese Hintertür auch der Wert dieser Währungen wiedereingeführt wird. Darüber hinaus macht der riesige, einseitige Handelsstrom die benachbarten Staaten wirtschaftlich von den Utopiern abhängig, deren Staat *Utopia* man daher als alle Handelspartner beherrschende Hegemonialmacht ansehen muß. Hermann Oncken ist daher meines Erachtens uneingeschränkt zuzustimmen, wenn er feststellt:

Mag Utopien im Innern auch das Privateigentum als Quelle alles Unheils abgeschafft haben, als Staat unter Staaten erscheint es als Herrschaftsstaat mit den Methoden eines fast modern anmutenden kapitalistischen Imperialismus.[45]

11. Zu den Kriegsgründen zählen geradezu imperialistische Politiken. Das wirtschaftliche Eigeninteresse der Utopier reicht unter anderem als Kriegsgrund, ohne daß eine Aggression der anderen Seite vorliegen muß. Hythlodeus berichtet, daß sie

[...] es für einen sehr gerechten Grund zum Kriege [halten], wenn irgendein Volk ein Stück Boden selber nicht nutzt, sondern gleichsam zwecklos und leer besetzt hält, sich aber doch weigert, die Nutzung und den Besitz anderen zu überlassen, die nach dem Willen der Natur von dort ihre Nahrung ziehen sollten.[46]

---

[43] A.a.O., 81.
[44] Vgl. ebd., 81.
[45] Oncken, 1922, 17.
[46] Morus, *Utopia*, 74.

Laut Hythlodeus verabscheuen die Utopier zwar den Krieg

[...] aufs höchste als etwas ganz Bestialisches, womit sich jedoch keine Art wilder Bestien so beständig beschäftigt wie der Mensch. Entgegen der Sitte beinahe aller Völker halten sie nichts für so unrühmlich, als im Krieg Ruhm zu suchen.[47]

Daher gilt angeblich für sie:

Ein blutiger Sieg ist ihnen nicht nur verdrießlich, sondern beschämt sie sogar, indem sie erwägen, daß es eine Torheit sei, selbst die kostbarste Ware zu teuer zu kaufen.[48]

Merkwürdigerweise aber sind die Utopier einerseits so human, um den Krieg zu verabscheuen, im Krieg aber haben sie keine Probleme die fragwürdigsten Mittel anzuwenden.[49] Denn wenn die Utopier in den Krieg ziehen, verfolgen sie auf das Martialistische nur einen Zweck:

[D]as Ziel zu erreichen, das ihnen schon früher hätte zufallen müssen, um den Krieg überflüssig zu machen; oder wenn das der Natur der Sache nach nicht möglich ist, nehmen sie so strenge Rache an denen, die sie für das Vergehen verantwortlich machen, daß der Schrecken sie einschüchtern muß, künftig dasselbe nicht noch einmal zu wagen.[50]

12. Es ist in *Utopia* verboten, außerhalb des Senats und der Volksversammlung über öffentliche Angelegenheiten zu diskutieren bzw. zu beraten. Dies wird als ein „todeswürdiges Verbrechen" angesehen. Es gilt daher in *Utopia* die Maxime, daß derjenige, der außerhalb dieser Orte sich am politischen Willensbildungsprozeß durch Äußerungen beteiligt, mit der Todesstrafe rechnen muß. Im Bericht des Hythlodeus heißt es:

Außerhalb des Senats oder der Volksversammlungen über öffentliche Angelegenheiten zu beraten, gilt für ein todeswürdiges Verbrechen. Diese Bestimmung soll darum getroffen sein, damit es nicht so leicht möglich wäre,

---

[47] Morus, *Utopia*, 115.
[48] A.a.O., 117.
[49] A.a.O., 17f.
[50] A.a.O., 118.

durch eine Verschwörung des Fürsten mit den Traniboren das Volk durch Tyrannei zu unterdrücken und die Staatsverfassung umzustürzen.[51]

Man muß sich dieses Zitat wahrlich auf der Zunge zergehen lassen: Hier verschwören sich potentiell nicht Teile des Volkes gegen die Herrschenden, nein, hier wird nichts anderes befürchtet, als daß durch öffentliche Beratung sich die Herrschenden gegen das Volk verschwören könnten, dieses dann in Tyrannei unterdrücken sowie die Staatsverfassung stürzen könnten. Kurzum: Hier wird alle empirische Erfahrung und historische Evidenz von Verschwörungen kurzerhand auf den Kopf gestellt. Man kann dies aber durchaus auch als einen der üblichen Scherze des Autors betrachten. Fest steht, daß mit dem Ziel der politischen Effizienz einhergehend dem diesem zugrunde liegenden Primat der rigiden Konfliktvermeidung und dem Wunsch nach harmonischem Ausgleich im politischen Leben der Utopier letztlich die öffentliche politische Auseinandersetzung zum Opfer fällt. Eine politische Öffentlichkeit außerhalb der bestehenden Institutionen Senat und Volksversammlung ist nicht erwünscht. So etwas wie den mündigen Bürger gibt es erst gar nicht. Der Bürger ist ausführendes Organ bzw. Befehlsempfänger der Beschlüsse, die in den auf der Insel dort vorherrschenden Regierungsinstitutionen getroffen werden. Der Bürger soll reibungslos zugunsten des Gemeinwesens funktionieren, sich aber bitte nicht in die politische Willensbildung einmischen. Die Institutionen wiederum haben die Aufgabe, dafür zu sorgen, daß Konflikte erst gar nicht an das Tageslicht kommen, sondern vielmehr in den bestehenden Institutionen fern der Öffentlichkeit verhandelt und kanalisiert werden. Wer will eigentlich in einem solchen Staat leben?

Wer sich außerhalb seines Stadtbezirkes auf eigene Faust herumtreibt und ohne fürstlichen Urlaubsschein ergriffen wird, sieht man als Ausreißer an, bringt ihn schimpflich in die Stadt zurück und läßt ihn scharf züchtigen; im Wiederholungsfall wird er mit Verstoßung in die Sklaverei bestraft.[52]

---

[51] A.a.O., 65.
[52] A.a.O., 79.

Sieht so das Paradies aus? Ist dies das Vorbild eines Idealstaates, wie es so viele propagieren? – Wohl kaum. Daher nochmals zurück zu den von mir zuvor aufgestellten möglichen Kriterien für den Begriff der Utopie in der Politischen Philosophie. Von den genannten sieben Kriterien möchte ich hier nur auf die vielleicht am ehesten strittigen Kriterien sechs und eins genauer eingehen:

6. Die Utopie ist eine Art Kritik bzw. Parodie eines möglichen zukünftigen Morgen. Die Utopie stellt somit kein Ideal dar, sondern vielmehr ein Gedankenspiel mit Witz und Geist.

Morus nennt sein Werk *Von der besten Staatsverfassung und von der neuen Insel Utopia, ein wahrhaft goldenes Büchlein, genauso wohltuend wie heiter.* Die im Titel angesprochene geistreich erheiternde Sicht durchzieht das gesamte Werk.[53] Personen sowie Orte, die Teil der Schilderung der fernen Insel sind, werden durchgehend persifliert. Entweder die Übersetzung des jeweiligen Eigennamens verweist auf das Gegenteilige der dem Leser vordergründig zugedachten Beschreibung, also konterkariert diese sozusagen *qua* Negation, oder aber die Bedeutung des Eigennamens wird zumindest stark relativiert, wenn nicht gar gleich zur Gänze ins Lächerliche gezogen. Dieses so entstehende dichte Geflecht sprechender Eigennamen soll die notwendige Distanz zur adäquaten Rezeption des Werkes schaffen. Zu diesen Namensbildungen scheint Morus durch Lukian inspiriert worden zu sein.[54] Diese erheiternde und geistreiche Erzählweise ist gleichfalls dafür verantwortlich, daß die Erkundung der Intention des Autors dem Leser erhebliche Anstrengungen abverlangt. Die verschiedenen, ineinander spielenden Dialoge sollen daher den Leser aktiv in die Suche nach einer besseren Staatsverfassung einbeziehen. Morus läßt alle Argumentationsrichtungen dialogisch in der Schwebe. Daher wird die

---

[53] Herz, 1993, 19: „Insgesamt ist die Erzählung über Utopia trocken, ein Traktat politischer Institutionenlehre." Dieser Kommentar von Dietmar Herz ist nicht nachvollziehbar. Vermutlich ist Herz sich weder Genese noch der Intention des Werkes hinreichend bewusst und erkennt daher den Charme der fiktiven Schrift nicht.

[54] Vgl. Süssmuth 1967, 60.

Fortführung des Reiseberichts sowie des Gesprächs am Ende ergebnisoffen auf einen anderen Tag verschoben. Dies soll dem kritischen Leser erlauben, sich ein eigenes Urteil zu bilden. Dietmar Herz betont zu Recht, daß „[d]er Leser […] nicht immer [weiß], woran er ist. Er muß sich auf ein Spiel einlassen, dessen Regeln ihm nur in Bruchstücken bekannt sind."[55] Hier einige Beispiele:

1. Der Name des Erzählers *Utopias*, Hythlodeus, der als einziger der handelnden Personen die Insel besucht hat, kann mit „Großmaul", „Schwätzer", „Windmacher", „Possenreißer", „Aufschneider" oder „Unsinnsgelehrter" übersetzt werden. Im Namen steckt das griechische „hythlos". Dies muß als leere Rede, Geschwätz verstanden werden und soll wohl andeuten, daß man den Erzähler nicht völlig ernst nehmen kann, obwohl er in der Erzählung von den gelehrten Humanisten Peter Aegid und Morus sowohl ernsthaft befragt als auch angehört wird. Hythlodeus muß dennoch aufgrund der wenig charmanten Bedeutung seines Namens als eine Art politischer Phantast begriffen werden.[56]

2. Morus prägte den Begriff „Utopia" als das „Nirgendwo". Der Neologismus *ou-topia*, also „Nicht-Ort", setzt sich aus den griechischen Wörtern *où* für nicht und *tópos* für Ort zusammen. Dadurch entsteht in englischer Aussprache eine Homophonie, die auf *ou-topia* (Nichtort) oder auf *eu-topia* (Glücksland) anspielen kann. Utopie meint somit zweierlei: einerseits als *eu-tópos* bzw. als Eutopie den besten und schönsten Ort, andererseits als *où-tópos*, den „Nicht-Ort" bzw. das „Nirgendwo". Morus spielt somit mit der doppelten Bedeutung des Präfixes gezielt darauf an, daß sein *Utopia* in letzter Instanz doch kein Eutopia sein kann.[57]

3. „Ademus" heißt der Herrscher von „Utopia", was übersetzt gleichbedeutend mit „König Ohne-Volk" ist.[58]

---

[55] Herz 1999, 50.

[56] Vgl. Voigt 1906, 57; vgl. Barnouw, 1985, 29; vgl. Möbus, 1953, 3f.; vgl. Saage, 2006a, 55; vgl. Morus, *Utopia*, 181.

[57] Vgl. Morus, *Utopia*, 182f; vgl. Heyer, 2006, 248; vgl. Seeber/Berghahn, 1983, 7.

[58] Vgl. Morus, *Utopia*, 177; vgl. Kuon 1985, 124.

4. Die Hauptstadt hat den pseudogriechischen Namen „Amau-ratorum", was übersetzt soviel wie die „Nebelstadt" heißt. Hierbei handelt es sich vermutlich um eine spielerische Verballhornung des ne-beligen London an der Themse, wobei Amauratorum selbstredend nicht an der Themse liegt, sondern bei Morus vielmehr am Fluß „Anydrus", also am Fluß „Wasserlos".[59]

5. Selbst der Name des Herausgebers stellt sich als doppeldeutig dar. „Morus", der den Bericht über die Insel *Utopia* aufzeichnet und he-rausbringt, macht sich in der lateinischen Übersetzung seines Namens als ein „Tor" einen Namen. Die ironische Brechung des angeblichen Idealstaates wird insofern angedeutet. Dies muß als ein weiterer Hinweis gelesen werden, daß das Ganze nur eine Humanistenposse ist, ein gelehrter Witz, eine vieldeutige Spielerei, ein humorvolles Gedan-kenexperiment. Ein satirischer, fiktionaler Entwurf eines Gemeinwe-sens, indem der Autor selbst namentlich in seinem Roman auftritt und hierbei den skeptischen Dialogpartner zum Reiseberichterstatter der fiktiven Insel *Utopia* spielt.[60]

6. Hythlodeus, der Erzähler der Utopie, heißt mit Vornamen Raphael. Der biblische Engel Raphael gilt sowohl als Schutzpatron der Reisenden als auch als Erlöser von der Blindheit. Peter Kuon verweist auf die dementsprechenden Bibelstellen: „‚Raphael' heißt in der Bibel der gottgesandte Engel, der den jungen Tobias auf seiner Reise schützt (*Tob* 5, 4) und seinen Vater Tobit von Blindheit heilt (*Tob* 11)."[61] Sein Name kann somit seine Erzählerfigur unterstreichend als der „Heil-bringende" verstanden werden.[62]

7. Der Name der Polyleriten kann von den griechischen Etymo-logien her mit „viel Unsinn" hergeleitet werden. Die „Polyleritae" aus dem griechischen „viel" und „leeres" „Geschwätz" bzw. „Unsinn" können auch als die „Vielschwätzer" oder „Nichtebolde" übersetzt

---

[59] Morus, *Utopia*, 177; vgl. Herz 1999, 105; vgl. Kuon 1985, 123.
[60] Vgl. Morus, *Utopia*, 125.
[61] A.a.O., 126.
[62] Vgl. Erzgräber, 1983, 28.

werden.[63] Dementsprechend dürfte dies eine der vielen Ironien des Thomas Morus sein. Wenngleich Hythlodeus die Polyleriten als „ein recht ansehnliches Volk mit überaus vernünftiger Staatsverfassung" lobt, wird diese Behauptung durch die Schilderungen im Text konterkariert: Sie stutzen beispielsweise ihren Sklaven (so heißen die Sträflinge) ein Stück einer Ohrmuschel, damit sie auf der Flucht jederzeit erkennbar sind.[64] Eine besondere Note bekommt diese Verfahrensweise auch dadurch, daß Hythlodeus feststellt, daß die Strenge ihrer gesetzlichen Ordnung „[...] doch von der Art [sei], daß sie die Verbrechen beseitigt [...]."[65]

8. Die Anemolier leiten sich von „Anemolii", von griechisch für Wind abstammend, ab. „Windig" gilt dabei als ein homerischer Ausdruck. Die Anemolier können also etwa wie „Bürger von Wolkenkuckucksheim" oder „die Aufgeblasenen", „Prahlhänse" übersetzt werden.[66] Diese Interpretation ist auch stimmig mit ihrer Rolle in *Utopia*, da sie bei den vermeintlich armen Utopiern mit äußerer Prachtentfaltung Eindruck machen wollen. Sie werden daher von diesen als „Windbeutel" bzw. als „Angeber" verspottet.[67]

9. Söldner mieten die Utopier vor allem aus dem Volk der Zapoleten, um eigene Menschen im Kampf möglichst zu schonen. Die Zapoleten sind ein Volk, daß „ungesittet, derb und wild" ist und „[...] seine rauhen Berge und Wälder, in denen es aufwächst, allen Ländern der Erde vor[zieht]."[68] Mit den Zapoleten stellt Morus die Schweizer Reisläufer der damaligen Zeit dar, die er offensichtlich mißachtet und der Lächerlichkeit preisgeben will. Die gegen Sold für die Utopier kämpfenden Zapoleten heißen im Lateinischen „Zapoletae". Der Name läßt sich als als „Sich-Ganz-Verkäufer" oder „Leute, die sich leicht verkaufen", also „Söldner" übersetzen. Hier wird zwar nicht die

---

[63] Vgl. Morus, *Utopia*, 181; vgl. Kuon 1985, 124.

[64] Vgl. Morus, *Utopia*, 35.

[65] A.a.O., 36.

[66] Vgl. a.a.O., 177.

[67] Vgl. Kuon 1985, 125.

[68] Morus, *Utopia*, 120.

Existenz dieses Volkes angezweifelt, allerdings dessen Integrität.[69] Dies wird deutlich, wenn Hythlodeus über die Zapoleten sagt:

Nur zum Kriege geboren, suchen sie eifrig nach Gelegenheit dazu; bietet sich eine, so stürzen sie sich mit Gier drauf, rücken in hellen Scharen aus dem Landen und bieten sich um geringen Sold jedem Beliebigen an, der Soldaten sucht. Nur dieses eine Gewerbe verstehen sie: das Leben zu fristen, indem sie den Tod suchen.[70]

Darüber hinaus sind die weit ausufernden Ausführungen über den Krieg eine satirische Anspielung auf die seinerzeitige Kriegswut der Fürsten, die oftmals unnütze Kriege vom Zaum gebrochen haben.[71]

Beispiele für den Witz, gar Schalk, der der *Utopia* Morus' zugrunde liegt, sind ebenso eine Vielzahl von Aussagen des Hythlodeus. In seiner Äußerung über die Beseitigung des Geldes tritt dies besonders deutlich hervor:

Welche Last von Verdrießlichkeiten ist in diesem Staate abgeschüttelt, welche gewaltige Saat von Verbrechen mit der Wurzel ausgerottet, seit dort mit dem Gebrauch des Geldes zugleich die Geldgier gänzlich beseitigt ist! [...] Ja selbst die Armut, deren einziges Übel doch im Geldmangel zu liegen scheint, würde sogleich abnehmen, wenn man das Geld künftig überhaupt beseitigte.[72]

So führt ihn der Hinweis, daß sich unter den Dieben ehemalige Soldaten befinden, zu der Verallgemeinerung:

Sind doch die Räuber eine recht beherzte Art von Soldaten und die Soldaten nicht die geringsten unter dem Räubervolk – eine allerliebste Übereinstimmung der Berufe![73]

Gekonnt veralbernd vereinfacht Hythlodeus weiterhin, wenn er behauptet, daß mit der Beseitigung des Geldes sowohl „[...] Betrug,

---

[69] Vgl. Morus, *Utopia*, 183; vgl. Kuon 1985, 123.
[70] Morus, *Utopia*, 120.
[71] Vgl. Kern 1951, 77; vgl. Oncken, 1922, 16f.; vgl. Kautsky 1907, 307; vgl. Erzgräber 1983, 37.
[72] Morus, *Utopia*, 145.
[73] A.a.O., 26.

Diebstahl, Raub, Streit, Aufruhr, Zank, Aufstand, Mord, Verrat und Giftmischerei [...]"[74] als auch „[...] Furcht, Kummer, Sorgen, Plagen und Nachtwachen [...]"[75] verschwinden werden. Und in dieses humoreske, sehr vereinfachte Weltbild paßt gleichfalls bestens, daß man dann in der Lage sei,

[...] befreit von jeder Sorge, fröhlichen und ruhigen Herzens zu leben, ohne um seinen Lebensunterhalt zittern zu müssen, ohne gequält zu werden von den klagenden Geldforderungen der Gattin, ohne Furcht, daß der Sohn in Not geraten werde, ohne Sorge um die Mitgift der Tochter [...].[76]

Ebenso süffisant ist die Beurteilung der äußeren Erscheinung von Frauen, die Hythlodeus mit Betonung auf gemachte Erfahrungen der Utopier formuliert:

Wenn sie es auch für Trägheit und Nachlässigkeit halten, natürliche Körperschönheit nicht zu pflegen, so gilt es ihnen doch als unanständig und unverschämt, seine Zuflucht zur Schminke zu nehmen. Sie wissen nämlich aus Erfahrung, daß keinerlei Aufputz der äußeren Erscheinung die Frau dem Mann so weit empfiehlt wie ein züchtiges und ehrerbietiges Wesen. Gewiß lassen sich manche Männer durch bloße Schönheit gewinnen, aber ohne Tugend und Gehorsam ist keiner auf die Dauer festzuhalten.[77]

Deutlich sind die Hinweise, die Morus seinen Lesern gibt. Wenn es heißt, daß den Utopiern „Possenreißer viel Vergnügen machen" und die Utopier nichts dabei finden, „sich mit ihrer Torheit einen Spaß zu machen", denn dies würde „den Narren selbst am meisten zugute kommen",[78] dann ist es naheliegend, daß Witz, Schalk, Ironie, Sarkasmus und Albernheit auch ein Schlüssel zur Beurteilung des Gesamttextes darstellen. Die oftmals feine Ironie wird in diesem Kontext sehr hervorgehoben, beispielsweise wenn es weiterhin über den Umgang mit Narren heißt:

---

[74] A.a.O., 145.
[75] A.a.O., 145.
[76] A.a.O., 142f.
[77] A.a.O., 110f.
[78] Vgl. a.a.O., 110.

Wer aber so ernst und finster ist, daß er über keinen Streich und keinen Witz eines solchen Narren lachen kann, dessen Schutz vertrauen sie keinen an, weil sie fürchten, er werde den Narren nicht mit der nötigen Nachsicht behandeln, weil er ihm keinen Nutzen, ja nicht einmal Erheiterung bringen würde, was doch die einzige Begabung dieser Menschen ist.[79]

Beispiele dafür, daß sich Morus hier sowohl über seine Zeitgenossen als auch über sich selbst lustig macht, finden sich mehr als genügend. Bereits eingangs in der Vorrede schreibt Morus an Peter Aegid, daß er die Zeit für dieses Buch wie für seine übrigen literarischen Interessen dem Schlaf und dem Essen abgespart hätte: „Und doch kann ich mir nur so viel Zeit ersparen, als ich mir vom Schlaf und Essen abziehe."[80] Merkwürdig bleibt, wie viele Interpreten – nicht nur die ideologisch Motivierten wie Karl Kautsky[81], Karl Marx und Friedrich Engels[82], sondern auch moderne Autoren wie z.B. Richard Saage, [83] Arno Waschkuhn,[84] Willi Erzgräber[85] oder Dietmar Herz[86] – dies geflissentlich ganz oder partiell übersehen. An Deutlichkeit sind viele Stellen nicht zu überbieten, wie hier ein letztes Beispiel zeigen soll:

---

[79] Morus, *Utopia*, 110.

[80] A.a.O., 10.

[81] Kautsky 1907.

[82] Vgl. Herz 1999, 141: „In der zweiten Hälfte des 19. Jahrhunderts wurde *Utopia* von Karl Marx und Friedrich Engels entdeckt und als frühes Beispiel des utopischen Sozialismus interpretiert."

[83] Saage erkennt zwar zu einem gewissen Grad die Ironie und den Witz Morus', er kann oder will diese aber nicht als werkimmanent verorten und diesen Stil eine Bedeutung für die Interpretation des Werkes zuweisen. Vgl. Saage, 2006a, 51-61; vgl. auch die folgende ausführlichere kritische Auseinandersetzung mit Saage weiter unten.

[84] Vgl. Waschkuhn 2003, 1-14.

[85] Vgl. Erzgräber, 1983, 40: „Der Entwurf des utopischen Staates ist zweierlei: Vorbild und Gegenbild zugleich." Genau dies entspricht natürlich dann nicht mehr der humanistischen Idee eines Gedankenspiels mit Witz und Geist.

[86] Herz Interpretation erscheint mit in diesem Kontext als besonders tragisch. Einerseits erkennt er die Ironie des Werkes, hält dann aber daran fest, daß Morus' Kommunismus seinen religiösen Überzeugungen entspringen würde. Vgl. Herz 1999, 94.

Ebensowenig begreifen sie, warum das seiner eigentlichen Natur nach so unnütze Gold heutzutage überall in der Welt so hoch geschätzt wird, daß der Mensch selber, durch den und vor allem zu dessen Nutzen es doch erst so hohen Wert erhalten hat, viel weniger gilt als das Gold selbst; und zwar so viel weniger, daß irgendein Dickschädel, der nicht mehr Geist besitzt als ein Holzklotz und ebenso schlecht wie dumm ist, dennoch kluge und brave Männer zu Dienern haben kann, bloß deshalb, weil er zufällig einen großen Haufen goldener Münzen besitzt.[87]

Neben der Satire und Ironie des Werkes, den Eigennamen und anderen Anspielungen ist ein weiteres Indiz zur Hinterfragung des geschilderten Staates *Utopia* die innere Konsistenz der Reiseberichte des von dort berichtenden Erzählers Hythlodeus, die man nicht *per se* als stimmig ansehen darf. Dies wird auch in einer Reihe von Fällen deutlich, die zeigen, daß es sich um alles andere als eine konsistente Erzählung hält. Hier exemplarisch eine Schilderung:

Die Utopier werden uns als merkwürdig begabt für technische Erfindungen dargestellt. Ihre wissenschaftliche Schulung wird gelobt, es heißt im Reisebericht des Hythlodeus:

So sind denn auch die Utopier, dank ihrer wissenschaftlichen Schulung, merkwürdig begabt für technische Erfindungen, die zur Erleichterung einer behaglichen Lebensführung praktischen Nutzen bieten.[88]

Als Beispiele für diese Befähigung der Utopier nennt Morus einerseits die Astronomie[89] und die Hühnerzucht. Während die Erkenntnisse der Astronomie ihnen die Vorhersage von Wetterveränderungen erleichtern soll[90], dient ihnen die Erfindung einer Brutmaschine zur Erleichterung der Geflügelzucht. Hythlodeus berichtet:

Hühner ziehen sie in gewaltiger Menge auf, und zwar mit Hilfe einer erstaunlichen Vorrichtung. Die Hennen brüten nämlich ihre Eier nicht selbst

---

[87] Morus, *Utopia*, 86.
[88] A.a.O, 104.
[89] Vgl. a.a.O., 103f.
[90] Vgl. a.a.O., 88.

aus; vielmehr setzt man diese in großer Zahl einer gleichmäßigen Wärme aus, bringt sie dadurch zum Leben und zieht die Kücken auf.[91]

Man kann diesen Punkt leicht überlesen, aber von einem technisch „merkwürdig begabten" Volk darf man vielleicht doch ein wenig mehr erwarten als die Erfindung einer Hühnerbrutmaschine und der erfolgenden Beobachtung von Wetterveränderungen bedingt durch den Lauf der Gestirne, die so zudem „aus gewissen, altüberlieferten Anzeichen vorauszusagen [verstehen]."[92]

Der Autor Morus treibt mittels der Inkonsistenz des von Hythlodeus geschilderten Reiseberichts sein Spiel und zugleich die Verunsicherung der Leser auf die Spitze. Auch hieran kann man den dringend notwendigen Grad an Differenzierung bei der Hinterfragung der Morus'schen *Utopia* erkennen. Das Buch präsentiert sich extrem vielschichtig, sein Inhalt ist geradezu schillernd. Dementsprechend ist es fatal, wenn Leser unreflektiert die Fiktion der Insel *Utopia* unmittelbar in den eigenen Verständnishorizont transferieren. Nur äußerst schwer erschließt sich der Inhalt, dazu bedarf es mehr als nur das Erkennen der Satire und der Ironie als deren charakteristische Elemente.[93]

Offensichtlich läßt ein solch vielschichtiges Werksverständnis nicht länger eine einfache, eindimensionale Interpretation der Intention des Autors zu. Sicher erscheint, damit einhergehend, zudem, daß *Utopia* nicht als das umfassende sozialreformerische Werk begriffen werden kann, als das es vielfach in der Geschichte der Utopieforschung dargestellt wurde und manchenorts immer noch wird. Das Werk war niemals als Präsentation eines anzustrebenden Ideals zu verstehen. Zugleich aber kann man es nicht einfach nur als eine intellektuelle Spielerei ansehen, denn zu ernst ist der Hintergrund, vor dem dieses fiktive Gedankenexperiment stattfindet, zu beißend die Kritik an den

---

91 Morus, *Utopia*, 60f.
92 A.a.O., 88.
93 Vgl. Kuon 1985, 132f.; vgl. Herz, 1993, 8.

Zuständen der Gegenwart, als daß es keine Konsequenzen zeitigen könnte.

An dieser Stelle sei ein Einschub erlaubt, um ausführlicher auf Richard Saage, seines Zeichens der führende politikwissenschaftliche Utopieforscher in Deutschland, einzugehen: Saage sieht in *Utopia* den Entwurf eines idealen Staat. Er schränkt zwar ein, daß dieser nicht umsetzbar sei, will ihn aber zugleich nicht als eine spielerische, groteske und humorvolle Phantasterei verstanden wissen. Wörtlich:

Im Text der *Utopia* fehlt es an Hinweisen, die für die Annahme sprächen, die sozio-politischen Verhältnisse seiner Zeit sollten und könnten nach dem Vorbild seines idealen Staats umgewälzt werden.[94]

Dennoch hält Saage an der Utopie als Modell für gesellschaftlichen Fortschritt fest, indem er schreibt: „Auch wenn nicht alle Utopier vernünftig handeln und keineswegs ausschließlich rational sind, steht der Prozeß des Fortschritts selbst niemals zur Disposition." [95] Diese Sichtweise von Utopien als eine Art Fortschrittsmodell ersceint angesichts der von mir in diesem Text hervorgehobenen Aspekte der *Utopia* Morus' mehr als fragwürdig.

Einerseits hält Saage am Bild des modellierten Idealstaates als Wunschbild fest, obwohl er das werkimmanente Stilmittel der Ironie nicht negiert. Er schreibt:

Aber ebenso sicher ist, daß Auslegungen, wonach Morus mit dem Stilmittel der Ironie nicht das Wunschbild-, sondern das Furchtbild einer alternativen Gesellschaft entwerfen wollte, im Text keine Anhaltspunkte finden.[96]

Andererseits und an anderem Ort zieht der Autor aber genau dieses Bild eines Idealstaates in Zweifel:

Ich meine nämlich, daß es falsch ist, Utopien immer nur mit idealen Gemeinwesen oder zukünftigen Schreckensszenarien gleichzusetzen und sie ausschließlich unter diesem Aspekt zu sehen.[97]

---

[94] Vgl. Saage, 2001, 147.
[95] Saage 1997, 77.
[96] Saage 2006b, 106f.

Ebenso ist sich Saage der Ironie als Stilmittel im Text bewußt, ohne dies jedoch erklären zu können bzw. ihre Zielrichtung zu erörtern:

Auch hat der komplexe und zudem durch das Stilmittel der Ironie noch zusätzlich gebrochene Text Anhaltspunkte für sehr unterschiedliche Interpretationen geboten.[98]

Saage zeigt sich dem entscheidenden Aspekt des Werkes gegenüber ratlos. Er erkennt zwar, daß es Morus nicht um ein politisches Handlungsprogramm geht, zugleich bietet er aber keinen Ansatz, was Morus mit seiner Utopie intendiert haben könnte. Letztendlich ist er sich nicht einmal mehr sicher, ob Morus sich denn mit „seiner Utopie" des Staates *Utopia* identifizierte:

Aber ebenso klar ist auch, daß weder Morus noch die anderen Utopisten der frühen Neuzeit von der Annahme ausgingen, sie könnten die soziopolitischen Verhältnisse ihrer Zeit nach dem Vorbild ihrer utopischen Gemeinwesen radikal umgestalten. Es ist nicht einmal sicher, ob Morus sich eindeutig mit ‚Utopia' identifizierte.[99]

Obwohl Saage der am meisten publizierende Utopieforscher in Deutschland ist, hat er dennoch bisher keine Antwort auf die Kernfrage des Textes geliefert: Ist der Text wirklich ernst gemeint oder nur Spiel? Oder will er nur einen Diskussionsspielraum eröffnen, um politische Entwürfe in aller Konsequenz zu Ende denken zu können? Dabei bemerkt Saage selbst die Ironie sowie die satirischen Hinweise des Werkes und stellt, zumindest rhetorisch, die dazugehörigen, ja sich geradezu aufdrängenden, Fragen:

Obendrein belegt Morus seinen Gesprächspartner dann auch noch mit dem griechischen Namen „Hythlodeus", d.h. zu deutsch „Possenreißer". Ein Possenreißer ist aber nichts weiter als ein Spaßmacher und Aufschneider. Als Hauptakteur in derb-komischen Theaterstücken mit Gesang- und Tanzeinlagen will er gar nicht ernst genommen werden. Er hat nur ein Ziel: Er möchte sein Publikum durch groteske Improvisationen und übertriebene

---

[97] Saage, 1992, 156.
[98] Saage, 2006b, 106.
[99] Saage 1991, 74.

Streiche unterhalten, wie sie im Bauerntheater oder in den Vorstadtbühnen der Metropolen inszeniert worden sind. Ist also Utopia, der perfekte Staat jenseits von Not und Elend, wie Hythlodeus ihn anzupreisen nicht müde wird, unter diesen Umständen überhaupt ein seriöser Diskussionsgegenstand? Stellt sich am Ende die weltberühmte „Utopia" des Thomas Morus als ein idealisiertes Trugbild, als eine Art humanistisch überhöhtes Wolkenkuckucksheim heraus?[100]

Morus' Kritik am England des begonnen 16. Jahrhunderts und an den damaligen politischen und gesellschaftlichen Verhältnissen Europas im ersten Buch des Werkes ist unstrittig. Dennoch hätte Saage sich der Frage stellen müssen, ob die Beschreibung der Verfaßtheit des Landes der Utopier im zweiten Buch der *Utopia* wirklich eine Besserung gegenüber dem zeitgenössischen *Status quo* darstellt. Genau dies ist meines Erachtens nämlich nicht der Fall. Von der Spielerei mit der wahren Bedeutung der Eigennamen bis zu den ironischen Relativierungen oder gar der inneren Inkonsistenz seiner Ausführungen weist vieles darauf hin, daß der Autor Morus seine Leser zu einer kritischen Hinterfragung seines angeblich idealen Gesellschaftsentwurfs ebenso wie zur kritischen Hinterfragung der gesellschaftlichen Realität der damaligen Gegenwart bewegen will. Der offene Ausgang der Unterhaltung zwischen Morus und Hythlodeus ist gleichfalls ein Beleg hierfür. Warum sollte das Gespräch offen enden, wenn doch alle Probleme und Übel beseitigt wären? Dem humanistisch gebildeten Leser seiner Zeit präsentiert Morus einen gesellschaftlichen Gegenentwurf, der nur vordergründig alle Ungerechtigkeiten gelöst zu haben scheint. Mittels des ersten Buches lenkt der Autor den Blick der Leser auf die soziale Misere ihrer Zeit, bleibt aber dann im zweiten Buch bei genauer Betrachtung eine konkrete Antwort auf diese schuldig, da der alternative Gesellschaftsentwurf – wie von mir skizziert – kritisch zu hinterfragen ist. Letzterer ist somit auch kein sozialreformerisches Manifest – wie oftmals unreflektiert angenommen wird. Das Ziel dieses nur scheinbar ernstzunehmenden Entwurfs muß wohl vielmehr darin

---

[100] Saage 2006a, 55.

gesehen werden, einen Diskussionsspielraum für den Zirkel der gebildeten Humanisten seines Zeitalters zu ermöglichen.

Morus will dem vorherrschenden Diskurs seiner Zeit eine Gegenposition gegenüberstellen, die er mittels eines detaillierten entgegengesetzten Gesellschaftsentwurfs stark macht. Ähnlich einer fiktiven Anti-Ideologie zur bestehenden realen Ideologie soll diese den Leser in eine Außenperspektive versetzen, die es ihm erlaubt, sich unvoreingenommen neuen Gedanken zu stellen. Es wird nichts darüber ausgesagt, ob Morus den von ihm als Diskussionsgrundlage entworfenen Gesellschaftsentwurf befürwortet oder nicht. Auch wenn dieser Entwurf selbst einen Absolutheitsanspruch erhebt, sagt das nichts darüber aus, ob der Autor diesen auch teilt. Dies alles deutet darauf hin, daß es dem Autor der *Utopia* vermutlich ausschließlich darum geht, einen Freiraum zu schaffen, in dem das Pro und Contra bestimmter Ideen abstrakt intellektuell diskutiert und abgewogen werden kann.[101] Die Insel *Utopia* ist somit eine gezielte Provokation, die eine Infragestellung der realen, gesellschaftlichen Wirklichkeit zum Ziel hat. Statt weiterhin gedankenlos den *Status quo* als gottgegeben anzusehen, sollen die Leser sich zur radikalen Erkenntnis der miserablen und dringend verbesserungswürdigen politischen und gesellschaftlichen Verhältnisse Europas des begonnenen 16. Jahrhunderts durchringen. Nicht die Ausarbeitung einer modellhaften zukünftigen Staatsverfassung ist dabei Morus Bestreben. Vielmehr soll gezeigt werden, wie man sich aus den unzufriedenstellenden Staatsstrukturen der Gegenwart reale Ordnungsstrukturen vorstellen kann, die durchaus zu ganz anderweitigen Verwerfungen führen können. Im Falle des Staates *Utopia* schlägt das Vernunftprimat aufgrund seines konstruierten Extremismus nämlich immer wieder in offene Unvernunft um, wie ich in Beispielen darzulegen versucht habe. Letztlich geht es daher vor allem um ein lehrreiches und anregendes Gedankenspiel mit

---

[101] Vgl. hierzu auch den Beitrag von Torben Pahl in diesem Band, der sich ausdrücklich dieser Sichtweise anschließt.

dem didaktischen Ziel, zum Entwurf von neuen möglichen Staatsverfassungen und alternativen Gesellschaftsentwürfen anzuregen.

Die Begleitschreiben der *Utopia* sind dabei mehr als nur Beiwerk. Sie sind vielmehr integraler Bestandteil der Erzählung. Thomas Morus eröffnet mit den sorgfältig ausgewählten Briefen eine zusätzliche Erzählebene, indem er seine humanistischen Freunde mittels mehrerer Begleitschreiben in die Deutung des mehrschichtigen Werkes *Utopia* einbezieht. Das geistreiche Spiel der Fiktion besteht also zusätzlich in einer Reihe von vor- und nachgeschalteten Briefen und Gedichten der mit Morus befreundeten Humanisten, die ihr Urteil zum Modellcharakter der politischen und gesellschaftlichen Institutionen der Utopier im Reisebericht des Hythlodeus abgeben. Zur Verwirrung des Lesers werden so reale und fiktive Aspekte miteinander verwoben. Der Leser steht diesen anfänglich erstaunt gegenüber.

Die ironische Übertreibung im Spiel der *Utopia* beginnt mit einem einleitenden Brief, in dem Morus sich an den Stadtschreiber von Antwerpen, Peter Aegid (latin. *Petrus Aegidius*) wendet und ihn bittet, sein Gedächtnisprotokoll des gemeinsamen Gesprächs mit Raphael Hythlodeus zu überprüfen und falls nötig zu korrigieren. Für die Berichterstattung aus *Utopia* selbst wird weiterhin besagter Hythlodeus als Gewährsmann und eigentlicher Autor eingeführt. Die gesamte Konstruktion des Rahmengesprächs wirft zwangsläufig die Frage nach der Funktion der Staatsschilderung innerhalb der Fiktion der Insel *Utopia* auf. Die Schwierigkeit in der Auswertung der Briefe liegt nun darin, die ironischen Übertreibungen aufzulösen, geistreich verkehrte Sachverhalte zu erfassen und ihren Aussagewert zu erkennen. Mit diesem anspruchsvollen Rätsel zeigt Morus, an welchen Kreis von Lesern sich das Werk richtet und welches der Schlüssel zu seinem Verständnis ist. Gerade durch die Mehrschichtigkeit des Werkes wird deutlich, daß die *Utopia* sich mit dem Gedankengut der Humanisten beschäftigt. Mit Willi Erzgräber kann man sagen, daß

[d]ie *Utopia* [...] sich also an den Kreis der gleichgesinnten christlichen Humanisten richtet, die die Sprache des Autors im doppelten Sinn verstehen,

d.h. die des Lateinischen mächtig sind und die besondere ironisch-kritische Tonlage aufzunehmen vermögen.[102]

Der literarische Charakter der *Utopia* unterstreicht, daß Morus sich bewußt ist, „[...] daß nicht nur der Ernst die Wurzeln der Dinge findet, sondern oft noch leichter, weil spielerischer, die Heiterkeit, die Ironie, der Humor."[103] *Utopia* ist insofern auch eine humanistische Studie, in der sich Morus mit seinen humanistischen Freunden über den Charakter der Menschen austauscht und Gedanken macht.

Literarisch ist die humanistische Studie einfallsreich und sehr gekonnt geschrieben. Morus spielt ständig mit seinen Lesern, beispielsweise, wenn er Peter Aegid bittet, gegebenenfalls seine Zusammenfassung der Ausführungen des Reiseberichts des Hyhtlodeus zu korrigieren, oder ihn beauftragt, diesen zukünftig zu fragen, in welchem Teil der neuen Welt denn die Insel der Utopier liege. Denn ausgerechnet dies zu fragen, hatten die beiden vergessen gehabt: „Wir haben nämlich gar nicht daran gedacht, ihn zu fragen, und er nicht, uns zu sagen, in welcher Gegend jenes neuen Weltteils denn eigentlich Utopia liegt."[104] All dies zeigt die literarische Qualität und den Humor des Werkes, das ganz auf die des Lateinischen und Griechischen mächtigen Humanisten abzielt. Morus selbst soll eine Übersetzung des Werkes ins Englische ausdrücklich abgelehnt haben. Sicher ist, daß sich die Schrift an befreundete Humanisten wendet, die in der Lage sind, die Schrift mit ihren literarischen Kniffen und Anspielungen richtig einzuordnen und zu interpretieren.[105]

Dietmar Herz' Verständnis der *Utopia* weist meines Erachtens daher eher auf ein Unverständnis hin, wenn er resümiert:

Es ist eine offene Bestandsaufnahme der sozialen und politischen Probleme und eine Diskussion möglicher Lösungen dieser Probleme. Kritik und

---

[102] Erzgräber, 1983, 40.
[103] Süssmuth 1967, 109f.
[104] Morus, *Utopia*, 11.
[105] Vgl. Süssmuth 1967, 33.

Lösungsvorschläge werden von den Gesprächspartnern offen präsentiert. Es ist ein schwieriges Buch, aber eine ‚versteckte' Botschaft gibt es nicht.[106]

Meiner Ansicht nach schreibt Morus dagegen bewußt nur für eine intellektuelle Elite, die in der Lage ist festzustellen, ob die Insel *Utopia* Wirklichkeit oder Erfindung ist. Alle, die nicht mit dem nötigen Urteilsvermögen ausgestattet sind, deren Bildung nicht hinreichend ist, die weder Humor noch Satire und Ironie bemerken, werden das Werk nicht verstehen. Sie werden eher die Rede des Hythlodeus mit der Meinung des Thomas Morus gleichsetzen und sowohl den Witz als auch den Ernst im Anliegen des Autors nicht erkennen. Nur wer hinter die Kulisse der humanistischen Spielerei blickt, kann die tiefere Wahrheit des satirischen Textes erfassen. Gerade deshalb kann man berechtigterweise von einer versteckten Botschaft des Werkes sprechen.[107]

Zurück zu den von mir vorgeschlagenen sieben Kriterien für Utopien in der Politischen Philosophie! Wer die hier aufgestellten Kriterien durchspielt, wird sehen, daß es das erste genannte Kriterium ist, welches die Abgrenzung zu heute gängigen literarischen Utopien nach Morus' *Utopia* ermöglicht. Dieses Kriterium lautete:

1. Politische Utopien sind Staatstheorien, die eine fiktive, aber innerweltliche Gesellschaft und ein fiktives, innerweltliches Staatsmodell beschreiben.

Damit wird sicherlich eine literarische Utopie wie beispielsweise George Orwells *1984* aus dem Kreis der Utopien in der Politischen Philosophie ausgeschlossen. Wie sieht es aber aus mit immanent politischen Aspekten wie z.B. das auch in diesem Band befindliche Konzept eines transhumanistischen *Utopia*? – Zweifelsohne sind diese politisch. Wie alle Utopien, die einen sozialen Zustand beschreiben, sind sie politisch, soweit man „sozial" und „politisch" gleichsetzt. Allerdings handelt es sich nach meiner Abgrenzung nicht mehr um Utopien der Politischen Philosophie, da sie keine innerweltliche

---

[106] Herz, 1993, 8.
[107] Vgl. Kuon 1985, 128f.

Gesellschaft bzw. ein fiktives Staatsmodell beschreiben. Sie sind vielmehr utopische Gedanken zu einzelnen Aspekten der Politischen Philosophie.

Den Schwerpunkt auf die Gesellschaft als Ganzes zu legen, das fiktive Staats- und Gesellschaftsmodell einfordernd, bedeutet aber nicht notwendigerweise der Utopie als Entwurf eines erstrebenswerten Idealstaates das Wort zu reden. *Utopia* suggeriert selbst ja nur den Anschein des vermeintlichen Gelingens. Mit Dagmar Barnouw gesprochen:

Utopia war nicht als Vorlage, Modell eines in der Realität zu konstruierenden Gemeinwesens gedacht, sondern als fiktionaler Entwurf eines Gemeinwesens, dessen Einrichtungen dem Leser zum Nachdenken Anlaß geben konnten, gerade weil die Distanz der Fiktion erhalten bleibt.[108]

Genau auf eine solche Abgrenzung zwischen utopischen Gedanken und literarischen Utopien *versus* Utopien der Politischen Philosophie zielt meine abschließende These ab. Ich behaupte: Eine Neuinterpretation des Werkes von Thomas Morus bietet der Utopieforschung eine besondere Gelegenheit, weite Teile der Öffentlichkeit wieder für Staatsmodellentwürfe zu interessieren. Dies kann durchaus auch durch satirische Staatsmodelle à la Morus geschehen. Daß dies eine Chance für die Utopie in der Politischen Philosophie darstellt, sieht auch Joachim Fest:

Würde dies zur herrschenden Auffassung, gewönne auch die Utopie den Platz zurück, den sie so lange innehatte und erst verlor, als sie nicht mehr Kritik und Parodie sein wollte, sondern Handlungsmodell und Prospekt von morgen. Die Lehre aus so vielen vergeblichen Anstrengungen und so vielen Katastrophen kann nur lauten, daß sie nichts mit praktischer Politik zu tun hat, sondern dem Reich der Phantasie entstammt und besser darauf beschränkt bliebe. Sie ist eher Gedankenspiel zum richtigen Zusammenleben, eine Sache von Witz und Geist und gemacht aus dem Stoff, aus dem die Märchen sind.[109]

---

[108] Barnouw 1985, 31.
[109] Fest 1992, 21.

Die sieben von mir benannten Kriterien mögen daher zwar inhaltlich bescheiden sein, aber sie wären zumindest ein Anfang für eine Neufassung des Begriffs der Utopie in der Politischen Philosophie.

Das beste Gemeinwesen?

Utopie und Ironie in Morus' *Utopia*

Guido Isekenmeier

1.

Mit der politischen Philosophie hat der utopische Roman durchaus gemein, daß er eine „[…] normative Fiktion einer Gesellschaft, wie wir sie haben oder nicht haben wollen, […]"[1] entwirft. Dennoch besteht zwischen literarischen und theoretischen Konstruktionen einer „[…] gerechten, freien oder guten Gesellschaft"[2] ein wesentlicher Unterschied, der sich am Maß und Grad der Ernsthaftigkeit der jeweiligen Entwürfe bemißt. Denn im Gegensatz zur politischen Theorie gehört es zur utopischen Literatur, nicht nur eine bessere, ja die beste Gesellschaftsordnung (*de optimo reipublicae statu*) darzustellen, sondern diesen Anspruch auf Optimalität auch selbst zu unterminieren. Am Beispiel des Gattungsmodells der neuzeitlichen Utopie, Morus' *Utopia*, sollen in diesem Aufsatz einige der Verfahren vorgestellt werden, vermittels derer der utopische Roman das eigene Unterfangen, seine utopische Intention, ironisch untergräbt.

In der Annahme, sie seien ernst gemeint, besteht wohl eines der größten Mißverständnisse politiktheoretischer Lektüren literarischer Utopien. Das ist offenkundig in Nozicks Theorie der Utopie, seinem „[f]ramework for utopias"[3]. Die gesamte Argumentation für den Minimalstaat als Rahmen für die Realisierung von Utopien fußt dabei auf der Beobachtung, daß verschiedene Utopien gänzlich unter-

---

[1] Saage 1997, 39.
[2] Kymlicka 1996, 7.
[3] Nozick 1998, 297-334.

schiedliche Vorstellungen von der Ordnung des guten Lebens arti-kulieren: „Utopian authors [...] have differed among themselves [...] in the institutions and kinds of life they present for emulation."[4] Wer eine Utopie verfaßt, so lautet der Vorwurf, müsse wohl vergessen haben, daß die eigene Idee eines besten Gemeinwesens nicht das Maß aller Dinge ist:

The best of all possible worlds for me will not be that for you. The world, of all those I can imagine, which I would most prefer to live in, will not be precisely the one you would choose.[5]

All dies macht natürlich nur Sinn, wenn es den Utopien wirklich ernst ist mit ihren Vorschlägen zur Einrichtung der Welt, weshalb Nozick ihren Autoren auch nachsagt, ein jeder von ihnen sei „[...] very confident of the virtues of his own vision and of its singular correctness [...]."[6] Wen auch immer er damit gemeint haben mag, Morus kann es wohl nicht gewesen sein.

Selbst dann, wenn die Aufmerksamkeit auf *Utopia* selbst fokussiert ist, das einem kaum eine andere Wahl läßt als die „[...] freundlich-vornehme[n] Mischung zwischen Spiel und Ernst [...]"[7] wahr-zunehmen, heißt das noch lange nicht, daß man das Spiel ernst nimmt, daß man der Subversion des Ernst und der Ernsthaftigkeit am Ende einen Platz einräumt. So bemerkt Bloch zwar, daß Morus „[...] aus dem besten Staat nicht nur eine Märchenerzählung [...] im Einklang mit spätantiken Formen [des Schiffermärchens, G.I.] [macht] [...]"[8] und zudem „[...] Elemente eines höfischen Fabelspiels ein[fügt],"[9] resümiert jedoch sodann, Morus habe „[...] in der ‚Utopia' für die Resultate einer Sozialrevolution [...]"[10] geworben. Nicht nur die

[4] Nozick 1998, 311.
[5] A.a.O., 298.
[6] A.a.O., 311.
[7] Bloch 1973, 601.
[8] A.a.O., 601f.; vgl. ebenso a.a.O., 598.
[9] A.a.O., 602.
[10] Ebd.

Diktion wirkt hier irritierend, es ist vor allem die Annahme, Morus habe ein so einfaches Verhältnis zu „seiner" Utopie gehabt, daß sich sagen ließe, er würde für sie „werben". Um so merkwürdiger ist, daß Bloch zwar eine Proliferation von Morussen betreibt – er spricht unter anderem von dem Thomas Morus, „[...] der durch seinen Märtyrertod bekundete, was unter Glauben an eine Sache zu verstehen sei [...]",[11] dem Thomas Morus, der eben mit *Utopia* für eine Revolution wirbt, sowie dem Thomas Morus, der wenige Jahre später, „[...] als diese Revolution in Deutschland ausgebrochen war, den vorhandenen Staat verteidigte [...]"[12] –, ohne daß diese Vervielfältigung von Morus-Personen aber je auf ihren Ausgangspunkt in der *Utopia* selbst zurückgeführt würde: die Persona „Morus" im Text. Diese ursprüngliche Verdoppelung von Morus in Morus I, den Autor des Buches *Utopia*, und Morus II, die Figur des Gesprächspartners von Hythlodeus *in* diesem Buch, hat dann Louis Marin zum Ausgangspunkt einer großartigen Interpretation der Utopie als Bühnenspiel genommen.[13]

Im folgenden interessiert jedoch weniger die Erzählsituation von *Utopia* oder der Verlust ihres Autors („Of course an author split in two is also a disappearing author."[14]) als vielmehr die geschilderte Welt der Insel Utopia, die Welthaltigkeit der Utopie. Damit ist zunächst eine generische Besonderheit von utopischen Romanen gemeint. Im Rahmen einer Typologie der Science Fiction,[15] zu der die literarische Utopie üblicherweise gerechnet wird, zeichnet diese sich dadurch aus, daß sie ein „funktionales Gesellschaftsmodell"[16] entwirft. Der Gegenstand der Utopie ist folglich die Komponente „soziale Ordnung" im Unterschied etwa zur aktantenbasierten Begegnung der dritten Art (dem *alien encounter*).

---

[11] A.a.O., 601.

[12] A.a.O., 602.

[13] Vgl. Marin 1997.

[14] A.a.O., 129.

[15] Vgl. Malmgren 1988.

[16] Seibt 2001, 24.

Tab. aus Malmgren, 1988, 35:

TYPOLOGY OF SCIENCE FICTION

WORLD			Representative Examples		
Component	Novum	SF Type	Extrapolative	Speculative	Themes
	Alien/			Lem, Solaris	
Actants	Robot/	Alien	McElroy	Stapledon,	Self and
	Monster	Encounter	Plus	Starmaker	Other
Social Order	Alternate	Utopia/	Zamiatin,	Delany,	Self and
	Society	Dystopia	We	Dhalgren	Society
Topos:				Clarke,	
		"Hardware"	Asimov,	Rendezvous	Self and
Object	Gadget	Fiction	I, Robot	with Rama	Technology
Planet	Imaginary	Planetology	Niven,	Lindsay,	Self and
	Planet		Ringworld	Voyage to	Environement
				Arcturus	

Diese zunächst inhaltliche oder thematische Festlegung hat weitreichende Konsequenzen auch für die Gestalt der Utopie, denn die Darstellung eines funktionierenden Gemeinwesens verlangt einen hohen Grad an Konkretisierung, was die Ausgestaltung der fiktionalen Welt anbelangt:

Die klassische Utopietradition steht und fällt mit dem Entwurf eines Gesellschaftsmodells, das, staatlich oder nichtstaatlich verfaßt, dem Leser plausibel vor Augen führt, wie das ideale Gemeinwesen von den Beziehungen zwischen den Geschlechtern über die Wirtschaft bis zu Politik, Erziehung, Justiz sowie Kunst und Wissenschaft optimal funktioniert. Demgegenüber bleibt im ursprünglichen Ansatz von *Science Fiction* […] „die fiktive Welt, in der sich die Protagonisten bewegen […], in den meisten Fällen doch nur Staffage" […].[17]

Auf der Beschreibungsebene kann die Utopie also nicht umhin, anschaulich zu machen, was das beste Gemeinwesen ausmacht, also wie Eigentumsverhältnisse und Güterverteilung organisiert sind, welche Rolle die Arbeit oder die Wissenschaft spielen, wie sich das

---

[17] Marzin zit. nach Saage 1997, 39.

Gemeinwohlideal auf das äußere Erscheinungsbild in Architektur und Stadtplanung auswirkt, wie es um Sexualmoral und Familie, um Erziehung, Religion und Kunst bestellt ist usw.[18] Diese generische Forderung nach einer detaillierten Konkretion der Welt erklärt im übrigen auch den weitgehend statischen Charakter von Utopien, der gelegentlich als eine Bannung von Geschichte interpretiert worden ist, also im Hinblick auf die „[...] in geometrisierten Vernunft-Utopien stillgestellte Zeit [...]."[19] Dabei ist die Gattung der Utopie schlicht deskriptionslastig, was einen weitgehenden Verzicht auf eine komplexe Handlung, einen Plot, (eine) Geschichte, nach sich zieht.

Diese Bestimmung der Utopie, daß sie ein Gemeinwesen anschaulich darstellen muß, läßt die generische Differenz zu Texten der politischen Theorie klar hervortreten:

Ein methodologisches Vorgehen, das z.B. aus bestimmten Annahmen über die menschliche Natur abstrakte Prinzipien über eine ideale Verfassung ableitet, stellt im Vergleich zur klassischen Utopietradition ein anderes Genre dar. Der Grund ist offensichtlich. Die utopischen Modelle [...] werden – im Gegensatz zu der Tradition des politischen Denkens [...] – als Fiktionen funktionierender Gesamtgesellschaften vorgestellt und geschildert. Als konkrete Beschreibungen bester oder schlechtester Sozietäten stehen sie unter dem Zwang, von dem politiktheoretische und sozialphilosophische Reflexionen weitgehend entlastet sind: Sie müssen bis ins Detail des Alltagslebens aufzeigen, wie die Mechanismen der gewünschten Gesellschaft aussehen und welche Praxis der in ihr lebenden Menschen aus ihr folgt.[20]

Der Versuch, gegen diesen Gattungsunterschied von politischer Philosophie und literarischer Utopie anzuschreiben, über den Unterschied von theoretischer Reflexion und poetischer Anschauung hinwegzugehen, um – wie bei Nozick – eine „theory of utopia"[21] einzurichten, eine Utopie ohne konkrete Einzelheiten („[...] the details of the

---

[18] Vgl. Saage 1991, 5f.
[19] Vosskamp 1990, 275.
[20] Saage 1997, 2.
[21] Nozick 2006, 297.

framework will not be set down in advance"[22]), also eine Utopie ohne Utopie, dieser Versuch führt notgedrungen zu den merkwürdigsten Formulierungen. Die Unterschiedlichkeit utopischer Entwürfe möchte Nozick z.B. in einem Gedankenexperiment verdeutlichen, das er wie folgt formuliert:

Wittgenstein, Elizabeth Taylor, Bertrand Russell, [...] Ralph Ellison, Bobby Fischer, Emma Goldman, Peter Kropotkin, you, and your parents. Is there really *one* kind of life which is best for each of these people? Imagine all of them living in any utopia you've ever seen described in detail. Try to describe the society which would be best for all of these persons to live in. Would it be agricultural or urban? Of great material luxury or of austerity with basic needs satisfied? What would relations between the sexes be like? Would there be any institution similar to marriage? Would it be monogamous? Would children be raised by their parents? Would there be private property? [...] And so on.[23]

So einleuchtend jedoch der Gedanke auch klingen mag, daß sich die Visionen der genannten Utopisten eben im Detail unterscheiden, so paradox ist die Formulierung der Anleitung zu diesem Experiment: „Imagine all of them living in any utopia you've ever seen described in detail."[24] Als ob es eine (literarische) Beschreibung ohne Einzelheiten geben könnte, eine Utopie ohne deskriptive Details. Als ob man etwas imaginieren könnte, also sich bildlich vorstellen, ohne es zu konkretisieren. Das Widersprüchliche an Nozicks Unterfangen ist, daß er zugleich die Einzelheiten der Utopie („[...] the details of a perfect society"[25]) beseitigen und eine utopische Beschreibung geben möchte: „The framework has two advantages over every other kind of description of utopia [...]."[26] Tatsächlich leistet das „framework for utopias", [27] dieses „meta-utopia", [28] natürlich überhaupt keine

---

[22] Nozick 2006, 329.
[23] A.a.O., 310 f.
[24] A.a.O., 310.
[25] A.a.O., 329.
[26] A.a.O., 318.
[27] A.a.O., 312.

42

Beschreibung mehr, sondern allenfalls eine theoretische Darlegung, eine spekulative Rahmung, kurz: eine Exposition, nicht Deskription des Minimalstaates.

Besonders aufschlußreich für die Frage der Ironisierung der Utopie sind Nozicks Gründe für die Abschaffung der Einzelheiten. Er spricht von der „[...] messiness of the details of a political apparatus and the details of how *it* is to be controlled and limited [...]"[29] und beklagt, daß utopische Texte in der konkreten Darstellung über die Grenzen des Möglichen hinausschießen:

„The details into which some utopian writers plunge indicate a blurring of their line between fantasy and the feasible, not to mention the actually predicted; for example, Fourier's view that the seas would turn to lemonade, friendly antilions and antitigers would evolve, and so on.[30]

Dieser Ablehnung der fantastischen oder jedenfalls chaotischen konkreten Elemente entspricht das Bestreben, aus den Utopien die „[...] rationalistisch geläuterte ‚essentia' eines utopischen Gemeinwesens [...]"[31] zu gewinnen, also das Moment der „rationalen Konstruktibilität"[32] von Gesellschaft zu isolieren.

Obgleich aber die fiktionale Konstruktion einer besseren Gesellschaft das Signum der Utopie ist, so ist die *literarische* Essenz der Gattung – zumindest der sogenannten positiven Utopien von Morus bis Callenbach – doch gerade nicht in der Rationalität, der Vernünftigkeit und somit also der Ernsthaftigkeit dieses Entwerfens zu sehen. Die Eigenheit der Utopie besteht vielmehr darin, daß sie ihren eigenen Anspruch auf Idealität oder Optimalität, ihr Erscheinen als eine „bessere" Gesellschaft, unweigerlich unterwandern muß, gerade insofern sie definitionsgemäß gezwungen ist, die utopische Welt konkret auszugestalten und mit jenen Einzelheiten zu versehen, die für

---

[28] Ebd.

[29] A.a.O., 330.

[30] A.a.O., 308.

[31] Doren zit. nach Seibt 2001, 28.

[32] Doren zit. ebd.

den utopischen Roman charakteristisch sind. Die Exemplifizierung utopischer Verhältnisse zeitigt also unweigerlich Effekte, die den Status der Utopie als „ideale Staatsschilderung"[33] gefährden.

2.

Im Kapitel „Von den Sklaven",[34] das auch von den Ehegesetzen handelt, wird in der *Utopia* von „[...] für den zeitgenössischen Leser skandalösen Eheproben [...]", wie Seibt meint, berichtet, „[...] wonach die Partner sich vor dem Jawort unter Zeugen nackt betrachten dürfen."[35] Dort heißt es:

Ferner beobachten sie bei der Auswahl der Gatten ganz ernsthaft und mit Strenge einen Brauch, der uns höchst unschicklich, ja überaus komisch erschien. Eine würdige und ehrbare Matrone führt nämlich das zur Heirat begehrte Weib, sei es nun eine Witwe oder ein Mädchen, dem Freier nackend vor, und entsprechend stellt ein ehrenwerter Mann dem Mädchen den Freier nackend vor. Während wir nun diese Sitte als unschicklich lachend mißbilligten, wunderten sie sich im Gegenteil über die außerordentliche Torheit aller anderen Nationen, wo man beim Ankauf eines armseligen Pferdes, bei dem es sich doch nur um ein paar Goldstücke handelt, so vorsichtig ist, daß man den Ankauf verweigert, ehe nicht der Sattel abgenommen ist und alle Pferdedecken entfernt sind (obschon das Tier doch von Natur fast nackt ist), damit ja nicht unter diesen Verhüllungen irgendein Schaden versteckt bleiben kann; dagegen bei der Auswahl der Ehefrau, in einer Angelegenheit also, aus der Lust oder Ekel für das ganze Leben folgt, verfährt man so nachlässig, daß man das ganze Weib nach kaum einer Spanne seines Leibes beurteilt; denn nichts als das Gesicht betrachtet man, während der ganze übrige Körper von der Kleidung verhüllt ist; und danach verbindet man sich mit ihr und läuft große Gefahr, daß die Ehe

---

[33] Seibt 2001, 29.
[34] Morus, *Utopia*, 105-115.
[35] Seibt 2001, 42.

schlecht zusammenhält, wenn sich hinterher ein körperlicher Mangel herausstellt.[36]

Um den utopischen Brauch anschaulich zu machen und um ihn zu rechtfertigen, läßt der Text die Utopier einen Vergleich zwischen Partnerwahl und Pferdetausch anstellen. Nun läßt sich zwar nicht sagen, diese Passage würde sich eindeutig über die Utopier lächerlich machen; „[…] der uns […] erschien" legt zur gleichen Zeit eine Identifikation mit dem Erzähler Hythlodeus nahe, wie es sich von seinem Urteil distanziert. Diese „lächerliche" Sitte wird aber sodann mittels eines Vergleichs plausibilisiert, der, so scheint es, zumindest nicht mit vollem Ernst und in aller Strenge gelesen zu werden verdient, wie Seibt es tut:

Morus vergleicht diese Forderung sehr treffend mit dem Pferdekauf. Hier wie dort fällt allein die Körperlichkeit ins Gewicht, von einer geistigen oder charakterlichen Probe ist nicht die Rede.[37]

Das ist nun nicht nur falsch, weil bei Morus sehr wohl vom Charakter gesprochen wird:

Denn nicht alle Männer sind so verständig, daß sie bloß auf den Charakter sehen, und auch in den Ehen verständiger Männer bilden körperliche Reize eine nicht unwesentliche Zugabe zu den geistigen Vorzügen.[38]

Es ist zudem auch noch vollkommen humorlos, indem es mit keiner Silbe das komische, ja lächerliche Potential nicht der Eheszene an und für sich, sondern des Vergleichs mit dem Pferdekauf erwähnt: daß sich nämlich die Ehefrau als ein elender Gaul erweisen könnte, so man sie nicht nackt inspizierte. Nicht nur freundlich gesinnte Anti-Löwen bevölkern somit die Utopie, sondern auch frisch gesattelte Ehe-Stuten, will sagen: Allerlei Figuren, die uns davon unterrichten, daß das utopische Projekt nicht mit völligem Ernst oder in voller Absicht betrieben wird.

---

[36] Morus, *Utopia*, 107f.
[37] Seibt 2001, 42.
[38] Morus, *Utopia*, 108.

Doch damit nicht genug. Morus' utopischer Gründungstext begnügt sich nicht damit, in seiner Schilderung der Insel Utopia allerlei Verfahren der Konkretisierung zu verwenden, die deren Modellcharakter in Frage stellen. Der Text beschränkt sich nicht einfach darauf, vermittels sprechender Namen oder widersprüchlicher Episoden seinen eigenen utopischen Gehalt zu ironisieren. Es ist vielmehr so, daß Morus' Buch in selbstreflexiver Weise Bezug auf diese Strategien der ironischen Brechung nimmt und sie zum Gegenstand paratextueller Explikation macht. In den zahlreichen Briefen und Beigaben, die den verschiedenen Editionen der *Utopia* beigefügt wurden, und zum Teil auch in ihrem ersten Buch, artikuliert sich ein metafiktionales Bewußtsein, ein Wissen über die eigene literarische Verfaßtheit und über das Funktionieren des zweiten Buches, das Morus' Werk erst eigentlich zu einem Ausgangspunkt der modernen Literatur macht, zum Roman vor dem Roman. Dabei wird zunächst auf die Namensgebung zu sprechen zu kommen sein, alsdann auf die Funktionsweise der *Exempla*.

3.

In der *Utopia* finden sich also nicht nur zahlreiche *telling names*, sondern, in dem Begleitbrief „Thomas More to Peter Giles, His Friend, Greetings",[39] auch ein Schlüssel zu ihrer Entzifferung. In einer Weise, die für die *Utopia* als charakteristisch angesehen worden ist und die an die rhetorische Figur des Litotes, der Bejahung durch Verneinung des Gegenteils erinnert,[40] wird dort das Verfahren sprechender Namen wie folgt thematisiert:

I was extremely delighted, my dearest Peter, with a criticism already known to you, made by an unusually sharp person who [...] doubts whether Utopia is real or fictitious. [...] I do not pretend that if I had determined to write about the commonwealth and had remembered such a story as I have

[39] Vgl. More, De Optimo Reipublicae Statu, 248-253.
[40] Vgl. McCutcheon 1971.

recounted, I should have perhaps shrunk from a fiction whereby the truth, as if smeared with honey, might a little more pleasantly slide into men's minds. But I should certainly have tempered the fiction so that, if I wanted to abuse the ignorance of common folk, I should have prefixed some indications at least for the more learned to see through our purpose. Thus, if I had done nothing else than impose names on ruler, river, city, and island such as might suggest to the more learned that the island was nowhere, the city a phantom, the river without water, and the ruler without a people, it would not have been hard to do and would have been much wittier than what I actually did. Unless the faithfulness of an historian had been binding on me, I am not so stupid as to have preferred to use those barbarous and meaningless names, Utopia, Anydrus, Amaurotum, and Ademus. In spite of all, my dear Giles, I see some persons are so wary that they can hardly be induced to believe what we simple and credulous folk have written down of Hythlodaeus' account.[41]

„An-hydros", der Fluß ohne Wasser, „Amaurotum", die schummrige Stadt, und „Ademus", der Herrscher ohne Staat – diese Namen lassen durchaus Zweifel an der Ernsthaftigkeit der Morusschen Utopie aufkommen. Kommt hinzu, daß der Berichterstatter von der besten Staatsverfassung den Namen Hythlodeus trägt, der entweder Schön-[42] oder Schaum[43]-Redner meint, jedenfalls einen erfahrenen (*daios*) Possen(*hythlos*)-Reißer[44]. Sofern sein Vorname zudem auf Heilung verweist („God hath healed" oder „physician of health"[45]) haben wir es bei Raphael Hythlodeus (Raphael Nonsenso in mancher englischen Übersetzung[46]) also mit jemandem zu tun, der durch seinen Hang zum Unsinn Heilung für die „europäischen Krankheiten"[47] bringt. Bis in den Namen dessen hinein, der die Utopie vorbringt, ist sie ein Spiel mit

---

[41] More, De Optimo Reipublicae Statu, 249, 251.
[42] Vgl. Halpern 1991, 142-143.
[43] Vgl. Bloch 1973, 604.
[44] Vgl. Bruce, 1999, xxii.
[45] Erzgräber 1980, 29.
[46] Vgl. a.a.O., 23.
[47] A.a.O., 29.

dem Sinn und Unsinn der Fiktion einer besten Verfassung, sie ist ein Projekt voller Vorbehalte und gewiß keine „Werbung" (Bloch).

Gerne unterschlagen wird in der Utopieforschung, daß sich diese Doppeldeutigkeit bis in den Namen, den Begriff der Utopie selbst fortsetzt. Saage erklärt die „[...] Verständigung über seinen etymologischen Ursprung [...]" für „[n]och am einfachsten [...]" und gibt die allseits bekannte Fassung:

Von Thomas Morus in seiner 1516 erschienenen gleichnamigen Schrift in die Literatur eingeführt, setzt er sich aus zwei griechischen Wörtern zusammen: ‚ou' = ‚nicht' und ‚tópos' = ‚Ort'; ‚Utopia' heißt also ‚Nicht-Ort' oder ‚Nirgendwo'.[48]

Das indes ist bestenfalls die halbe Geschichte. Denn natürlich handelt es sich bei ‚Utopia' um die latinisierte Form der griechischen Zusammensetzung, deren englische Aussprache als */ju/-topia* identisch ist mit der analogen Bildung „Eu-topia" (sprich */ju/-topia*), dem guten[49] oder auch Glücks[50]-Ort. Vorsichtig vermerkt eine englische Herausgeberin, der gattungsprägende Name enthalte ein mögliches Wortspiel auf „eu-" („[...] a possible pun on ‚eu' [...]"[51] [sprich: „you"]).

Dieser zögerliche Hinweis ist indessen ziemlich unverständlich, insofern dieses Wortspiel in einem weiteren Paratext der *Utopia* ausbuchstabiert wird. Es handelt sich um die "Six Lines on the Island of Utopia by Anemolius, Poet Laureate, Nephew of Hythlodaeus by his Sister"[52]. Sie lauten:

The ancients called me Utopia or nowhere because of my isolation. At present, however, I am a rival of Plato's republic, perhaps even a victor over it. The reason is that what he has delineated in words I alone have exhibited

---

[48] Saage 1991, 2.
[49] Vgl. Bruce 1999, xxi.
[50] Vgl. Vosskamp 1990, 274.
[51] Bruce, 1999 xxi.
[52] More, De Optimo Reipublicae Statu, 21.

in men and resources and laws of surpassing excellence. Deservedly ought I to be called by the name of Eutopia or Happy Land.[53]

Angesichts eines solchen paratextuellen Hinweises auf die doppelte, über das Englische vermittelte Herkunft der Utopie, muß es um so mehr überraschen, daß in einer Vielzahl von Arbeiten etymologisch der Nicht-Ort als einzige Bedeutung angegeben wird,[54] während andererseits semantisch auf einer eu-topischen Lesart bestanden wird, also darauf, daß es sich um eine von ihrem Autor, „[...] very confident in the virtues of his own vision [...]" [55], wahrhaftig als besser empfohlene Welt handelt. Daß es sich nach gewissermaßen eigenen Angaben jedoch um einen Nicht-Ort handelt, wird dann in der Interpretation gerne unterschlagen. Man hat sogar (ernsthaft) versucht, den Hinweis darauf, daß Hythlodeus mit Amerigo Vespucci gereist ist, dahingehend zu deuten, daß die zeitgenössischen Entdeckungsreisen *Utopia* gleichsam als reale Möglichkeit erscheinen lassen konnten.

Vielleicht auch deshalb unternehmen es gleich mehrere Begleittexte, indirekt darauf hinzuweisen, daß diese Insel tatsächlich ist, wie sie heißt, nämlich nirgendwo. Die Erklärungen für das Fehlen einer genauen Positionsangabe der Insel überbieten sich dabei geradezu an Unwahrscheinlichkeit. In „To the Most Illustrious Jerome Busleyden, Provost of Aire and Councilor to the Catholic King Charles, Peter Giles of Antwerp sends Greetings"[56] etwa wird folgendes berichtet:

As to More's difficulty about the geographical position of the island, Raphael did not fail to mention even that, but in very few words and as it were in passing, as if reserving the topic for another place. But, somehow or other, an unlucky accident caused us both to fail to catch what he said. While Raphael was speaking on the topic, one of More's servants had come up to him to whisper something or other in his ear. I was therefore listening all the more intently when one of our company who had, I suppose, caught cold on shipboard, coughed so loudly that I lost some phrases of what

[53] Ebd.
[54] Vgl. auch Bloch 1973, 598.
[55] Nozick 2006, 311.
[56] More, De Optimo Reipublicae Statu, 20-25.

Raphael said. I shall not rest, however, till I have full information on this point so that I shall be able to tell you exactly not only the location of the island but even the longitude and latitude – provided that our friend Hythlodaeus be alive and safe.[57]

Es ist gerade so, als wolle diese Episode, die die geradezu absurden Umstände der Unterschlagung der Lage von *Utopia* im gemeinsamen Gespräch schildert, als solle schon hier der nächste und gewissermaßen letzte Hinderungsgrund für eine Positionsangabe vorbereitet werden: Der Tod dessen, der als einziger weiß, wo sich dieser gute Ort befindet. An anderer Stelle und in offenem Widerspruch zu diesem Bericht von Peter Giles alias Petrus Ägidius, wiewohl in einem an ihn gerichteten Brief („Thomas More to Peter Giles, Greetings"[58]) gibt Morus sogar vor, die begehrte Information schlicht kaufen zu wollen:

We forgot to ask, and he forgot to say, in what part of the new world Utopia lies. I am sorry that point was omitted, and I would be willing to pay a considerable sum to purchase that information [...].[59].

Daß *Utopia* in der Neuen Welt liegen soll, sagte wohl indes schon zu Morus' Zeiten mehr über den imaginären Status der Vorstellungen von Amerika als über die Möglichkeit der Utopie, dort real zu existieren.

Mindestens ebensosehr wie auf ihrem Status als gutes Gemeinwesen insistiert die *Utopia* auf ihrer Ortlosigkeit oder Nichtigkeit. Das Gedicht von Anemolius, das diese beiden Richtungen ins Spiel bringt, spricht jedoch noch eine weitere literarische Strategie an, die im Begleitwerk von Morus' Buch eine gewisse Rolle spielt. Es handelt sich um Formen der Fiktionsironie, also meist impliziter Arten und Weisen, von der *Utopia* nicht als Schilderung einer Welt, als Entwurf eines utopischen Staates, sondern als Text, als Literatur oder als Fiktion zu sprechen: „[...] [W]hat he [Plato] has delineated in words I alone have exhibited in men [...]"[60] darf getrost als Fingerzeig darauf gelesen

---

[57] More, De Optimo Reipublicae Statu, 23.
[58] A.a.O., 38-45.
[59] A.a.O., 43.
[60] A.a.O., 21.

werden, daß es *Utopia*, die Insel, natürlich auch nur in *Utopia*, dem Buch, gibt, und sie sich darin von Platons *Staat* gewiß nicht unterscheidet.

Am offensten tritt dieser metafiktionale Zug wiederum im Brief von Ägidius an Busleyden hervor, wenn dort das Verhältnis von Morus' *Utopia* und Hythlodeus' Bericht über *Utopia* erwogen wird, wobei das Buch zur anschaulichen Überbietung der Rede erklärt wird, zur Nach-Erzählung, die ihrem Vorbild weit voraus ist:

Most excellent Busleyden, the other day, Thomas More, the greatest ornament of this age of ours, as you too can testify because of your intimate acquaintance with him, sent me his "Island of Utopia". It is known as yet to few mortals, but it is eminently worthy of everyone's knowledge as being superior to Plato's republic. This statement is true especially because a man of great eloquence has represented, painted, and set it before our eyes in such a way that, as often as I read it, I think I see far more than when, being as much a part of the conversation as More himself, I heard Raphael Hythlodacus' own words sounding in my ears.[61]

Schließlich wird sogar ins Feld geführt, daß Morus' Text nicht nur dem Bericht des Hythlodeus über seine Reisen in Utopia überlegen sei, sondern in gewisser Weise den Erfahrungen dieses Aufenthaltes selbst:

By heaven, I am even disposed to believe that in all the five years which Raphael spent on the island, he did not see as much as one may perceive in More's description.[62]

Daß die Beschreibung derart die Insel und somit der utopische Roman die Wirklichkeit der Utopie überragt, kann sich indes nur der Tatsache verdanken, daß das Buch, die Literatur, der eigentliche Raum der Utopie, der Ort dieses Nicht-Ortes ist.

---

[61] Ebd.
[62] A.a.O., 23.

4.

Um den weitläufigen Apparat des Morusschen Werkes wieder zu verlassen und in sein Inneres zurückzukehren, sei noch auf die Namen dreier utopischer Völker verwiesen, die in Buch I erwähnt werden. Es sind dies: [63] Das Land der „Makkarenser", der Glücksländer, in englischer Übersetzung *Happiland*; das Land der „Achorier", der Landlosen, *Nolandia*; sowie das Land der „Polyleriten", der Vielredner, *Tallstoria*. Mit diesen Namen verbinden sich Kurz- oder Mikro-Utopien, die die Schilderung des utopischen Gemeinwesens, des Landes der Utopier antizipieren:

Erzähltechnisch sind diese knappen, eingeschobenen Exempla als Vorbereitungen für den großen Bericht über die Utopier und ihr Staatswesen zu verstehen, das den Gegenstand des zweiten Buches des gesamten Werkes bildet.[64]

Bezweifeln läßt sich jedoch, ob es sich bei diesen Länder, die Hythlodeus auf seinen Reisen kennengelernt hat, wirklich um Beispiele für jene „sensible arrangements"[65] handelt, als die sie angekündigt werden. Dazu zum Abschluß ein Blick auf die Polyleriten: Nachdem Hythlodeus die Ansicht verteidigt hat, daß ein „[e]infacher Diebstahl ja doch nicht so ein fürchterliches Verbrechen [...]" sei, „[...] daß es den Kopf kosten müßte [...]",[66] hebt er an zu seinem Bericht über die Polyleriten, die den Dieb statt zum Tode zu öffentlicher Arbeit verurteilten. Bezüglich des Strafrechts, so beginnt er, „[...] hat meiner Meinung nach in dieser Sache kein Volk eine bessere Einrichtung getroffen als die, mit der ich auf meinen Wanderfahrten in Persien bei den sogenannten ‚Polyleriten' bekannt wurde."[67] Die nachfolgende Beschreibung der dort angewandten Strafpraxis nimmt sich dann jedoch ausgesprochen humoresk aus. So berichtet er:

---

[63] Vgl. Erzgräber 1980, 23.

[64] A.a.O., 33.

[65] Ebd.

[66] Morus, *Utopia*, 24.

[67] A.a.O., 34.

Sie [die Verurteilten] sind alle ohne Ausnahme in eine bestimmte Farbe gekleidet; das Haar ist nicht ganz geschoren, sondern nur dicht über den Ohrmuscheln, von denen die eine etwas gestutzt wird, beschnitten.[68]

Er folgert sodann:

[...] [E]s besteht keine Hoffnung auf Flucht. Oder wie sollte ein Mensch andere täuschen und seine Flucht verheimlichen können, dessen Kleidung in keinem Stücke der landesüblichen ähnlich sieht, wenn er nicht nackend davoneilen will? Ja, selbst dann würde den Fliehenden die Ohrmuschel verraten![69]

Zurecht ist bemerkt worden, daß diese Argumentation nicht einer gewissen Komik entbehrt:

If the Polylerites saw a naked man running across the countryside, would they really need to pay attention to his haircut, or stop him in order to examine his ears?[70]

Ihren insofern konsequenten Abschluß findet diese merkwürdige Strafrechtsutopie, indem sie den eigenen Anspruch nachdrücklich dementiert. Den solcherart koupierten Dieben droht nämlich allenthalben genau jene Strafe, die abzuschaffen das Regime der Polyleriten angetreten war:

Speise, Trank und Kleidung von der vorgeschriebenen Farbe darf jeder von seinen Freunden annehmen; Geldgeschenke dagegen ziehen für den Geber ebenso wie für den Empfänger die Todesstrafe nach sich, und ebenso gefährlich ist es auch für einen Freien, aus irgendeinem Grunde Geld von einem Sträfling anzunehmen und für die Sklaven (so heißen die Sträflinge) Waffen anzurühren. Jede Landschaft hat ihre eigenen unterscheidenden Kennzeichen für die Sklaven, die abzulegen den Kopf kostet; ebenso geht es, wenn einer außerhalb seines Bezirkes gesehen wird oder mit einem Sklaven einer anderen Landschaft ein Wort spricht. Geplante Flucht belastet nicht

---

[68] A.a.O., 35.
[69] A.a.O., 36.
[70] Bruce 1999, xxii.

weniger schwer als die Ausführung: schon der Mitwisser eines solchen Planes zu sein, bedeutet für den Sklaven den Tod, für den Freien Sklaverei.[71]

Von Hythlodeus als leuchtendes Beispiel eingeführt, führt das Strafrecht der Polyleriten am Ende zu einem vielleicht im Vergleich zum zeitgenössischen England gerade noch besseren System, ganz bestimmt aber nicht zu einem in sich stimmigen und durchdachten Entwurf einer besten Rechtspraxis:

It could be argued that whatever the relation of the conclusion of the example to Hythloday's original claim, the Polylerite practice is still vastly more humane than the profligate use of the death penalty which obtained in More's England. Such an argument is valid, but it cannot eradicate the inconsistency at the heart of the anecdote.[72]

Solche Inkonsistenzen sind in der Utopia allenthalben anzutreffen.[73] Der utopische Arbeitstag etwa, der nur sechs Stunden lang sein soll, dehnt sich bei genauerer Betrachtung immer weiter aus, bis er schließlich den gesamten Tag einnimmt, vom Sonnenaufgang bis zum Sonnenuntergang, also ziemlich genau so lang wie der Arbeitstag eines englischen Bauern im 16. Jahrhundert. Ähnliches gilt für den utopischen Reiseverkehr, der zunächst unbegrenzte Freiheit verspricht, um schließlich in völlige Restriktion überzugehen: „[…] '[F]reedoms […] are heralded, only to shrink in the course of the description'."[74] Und wenn das Beispiel der Polyleriten wirklich ein *Exemplum*, ein Auftakt für die Beschreibung der Insel Utopia als Ganzes ist, was könnte diese dann anderes sein als ein geistreiches Spiel, eine Übung in Ironie, kurz: Das, was man im Englischen als *hoax* bezeichnet, also ein Bär, den man jemandem aufbindet (*to hoax someone*), eine ,Ente' (*hoax*) des humanistischen Diskurses.

---

[71] Morus, *Utopia*, 35f.
[72] Bruce 1999 xxiii.
[73] Vgl. ebd.
[74] Greenblatt zit. in Bruce 1999 xxiii.

Morus und Rousseau:
Sehnsucht nach einer moralisierenden Welt?

Blanca E. Prat Valdés

Obwohl Morus und Rousseau aus verschiedenen Jahrhunderten und verschiedenen Nationen stammen, kann man in den Schriften dieser beiden Autoren Übereinstimmungen in vielen der behandelten Gegenstände entdecken. Vor allem aber findet man Schnittpunkte, was ihre Motivation anbetrifft: Sie befassen sich beide mit den dringendsten Problemen der politischen Systeme und deren Auswirkungen auf die Menschen.

Sowohl Thomas Morus als auch Jean-Jacques Rousseau analysieren die politischen, sozialen und ökonomischen Umstände ihrer Zeit und legen uns ihre Überlegungen dar. Beide lassen in ihren Werken die Unzufriedenheit der Bürger gegenüber den Monarchien Europas erkennen – Morus bezieht sich in *Utopia* auf die schlechte allgemeine Lage in England im 16. Jahrhundert, Rousseau im *Gesellschaftsvertrag* auf das 18. Jahrhundert.

Aufgrund der Betrachtung der Probleme ihrer Zeit werden von beiden Philosophen Fragen der Gerechtigkeit, Gleichheit und Freiheit im politischen System problematisiert. Die ewige Schwierigkeit, Prioritäten im Widerstreit zwischen den Interessen des Individuums und den Interessen des Gemeinwesens festzulegen, sowie die Problematik staatlichen Eingreifens in das Handeln des Einzelnen sind weitere Motive, die von Morus und Rousseau scharfsinnig ausgeführt werden.

Auch wenn sich die durch die Autoren gestellten Fragen grundsätzlich ähneln, so finden beide unterschiedliche Antworten, sowohl was den Inhalt als auch die Form betrifft. Während Rousseau in seinem *Gesellschaftsvertrag* ausdrücklich eine Regierungsform als die Beste vorschlägt (nämlich die bereits bekannte und erprobte Wahlaristokratie, die nach seinem Dafürhalten erneut formuliert und wiederhergestellt werden soll[1]), schrieb Morus ein Werk, das durch die Vielzahl von ironischen Anspielungen und Doppeldeutigkeiten sehr schwer zu interpretieren ist. Es bleibt undeutlich, ob er all das, was er berichtet, auch umgesetzt sehen wollte oder nicht. Seine wahre Anschauung versteckt sich hinter seinem Schreibstil.[2] Bevor nun aber eine Interpretation der Absichten der *Utopia* und des *Gesellschaftsvertrages* versucht wird, werden einige übereinstimmende Aspekte beider Entwürfe und auch einige Punkte, in denen sie sich unterscheiden, untersucht:

Zuerst soll das Augenmerk auf den Anspruch und das inhaltliche Bestreben der beiden Entwürfe gerichtet werden. Sie stellen die Einrichtung eines politischen Systems als Begründung einer neuen Welt und eines neuen Menschen dar. Die von Morus (durch Raphael Hythlodeus) und Rousseau beschriebenen Welten sind vollkommen geordnete und harmonische Gesellschaften, in denen die Mitglieder miteinander im Einklang leben und glücklich sind. Es existiert in beiden Fällen aber weder eine natürliche Ordnung noch eine natürliche Harmonie. In beiden Vorstellungen sind die jeweilige Ordnung und die Glückseligkeit kein Erzeugnis der Natur, sondern Folgen einer bestimmten Form von Regierung und Politik. Beide Werke setzen voraus, daß der Mensch ohne ein solches politisches System keine sichere Welt haben könnte und auch daß der Mensch kein guter Mensch sein könnte.

---

[1] Nämlich die Römische Republik und das damalige politische System von Genf.

[2] Thomas Morus gibt selbst einige Hinweise auf ironische Anspielungen und verborgene Absichten in seinem Werk. In der Vorrede zu *Utopia* erwähnt er z.B., daß er nicht sicher war, ob er dieses Werk veröffentlichen sollte. Später sagt er, daß die meisten Menschen nichts von literarischen Dingen verstehen. So sind diese z.B. so finster, daß sie keinen Scherz vertragen, und andere so fad, daß ihnen ein Witz die Laune versalzt, „manche sind so plattnäsig, daß sie jedes ironische Nasenrümpfen scheuen, wie ein vom tollen Hund Gebissener das Wasser." Morus, *Utopia*, 13.

Sowohl in Morus' *Utopia* als auch in dem durch den Gesellschaftsvertrag sich konstituierenden Staat bei Rousseau sind allein
die Gesetze die Erschaffer eines wahrhaftig guten und sozialen
Menschen, der ohne Laster in der Gesellschaft lebt: Ein durch den Staat
geformter Mensch, der ohne Egoismus, Selbstinteresse und weitere
negative Leidenschaften dargestellt wird. Aufgrund dieser Charakteristika kann man von Konstruktionen reden, die auf die Ausbildung
von Werten abzielen, von Institutionen, die sehr stark mit einer
bestimmten Moralisierung verbunden sind.

Auf der Insel *Utopia* findet man einen Staat, in dem alles angeblich
perfekt funktioniert. Die Menschen sind dort fleißig, großzügig,
vernünftig, solidarisch und gehorsam. Die Insel stellt eine egalitäre
Gesellschaft dar, in der es keine Armut und keine unbefriedigten
Bedürfnisse gibt, in der der Mensch unabhängig von seinem Reichtum
oder seinem Geld geschätzt wird – eine Welt, die ohne Geld und ohne
privates Eigentum auskommt und in der es kein Selbstinteresse,
sondern lediglich das Gemeinschaftsinteresse gibt.[3]

Um all das zu erreichen, organisiert der Staat sogar jedes Detail des
Lebens seiner Bürger. Er modelliert und kontrolliert sie, indem er sie
einer ständigen Erziehung unterzieht, die nicht nur strukturell (oder
formell) vermittelt wird, z.B. in den Schulen, sondern vielmehr auch
durch bestimmte Riten oder alltägliche belehrende Maßnahmen. Die
Utopier lernen bei jeder Mahlzeit durch das Vorlesen eines Textes mit
moralischem Inhalt oder das Gespräch mit den Alten, wie sie sich
verhalten sollen. Sie lernen auch durch Gewohnheiten, wie durch den
regelmäßigen Häuserwechsel oder durch die Betrachtung der goldenen

---

[3] Das alles wird von einem mächtigen Staat durch strenge Kontrolle der
Menschen und ihrer Güter erreicht. Die Macht eines solchen Staates resultiert
aus dessen weitgehenden Befugnissen, die ihn in zahlreichen Angelegenheiten
seines Landes zuständig machen. Er ist verantwortlich für die Gerechtigkeit, für
den Besitz und die Verwaltung der Güter, für den Handel und für die Entscheidungen über Krieg oder Frieden. Aber vor allem ist er für die Erziehung
der Utopier verantwortlich. Mit anderen Worten: Der Staat ist der Erzieher der
Utopier. Und darin besteht überhaupt seine grenzenlose Macht.

Ketten der Sklaven, daß privater Reichtum und Luxus keine Vorteile sind, sondern eine Torheit,[4] die an sich lächerlich ist. Das Leben jedes einzelnen Utopiers wird permanent dirigiert und auch überwacht, damit keiner von den gemeinsamen Regeln abweicht und auf diese Weise die bestehende Eintracht gefährdet.

Diese starke staatliche Kontrolle scheint von den Utopiern jedoch nicht als solche wahrgenommen zu werden, sie ist vielmehr Normalität. Der Grund dafür könnte sein, daß das politische System ein demokratisches System ist – oder zumindest zu sein scheint. Die Beamten werden von den Bürgern gewählt und die Staatsverfassung von *Utopia* zeigt, daß sie ihre Hauptaufgabe in dem Lebensglück der Menschen sieht, nämlich in der freien Pflege der geistigen Bedürfnisse: „Denn darin, glauben sie, liege das wahre Glück des Lebens."[5]

Über allen den vom Staat durchgesetzten wichtigen Werten, die in *Utopia* herrschen, wie Fleiß, Arbeitsamkeit, Gehorsam, Nützlichkeit, Mitleid und Mäßigkeit steht ständig die Sicherheit. Sie erscheint in dem utopischen System nicht nur als eine defensive Notwendigkeit. Sicherheit hat auch einen präventiven Aspekt, sofern alles strikt zu vermeiden ist, was den Utopiern gefährlich werden und die Ordnung zerstören könnte. Die Gefahren werden vom Staat definiert. Zu ihnen gehören vor allem die Armut, aber auch allgemeine Laster wie z.B. Hochmut, Eitelkeit, Habgier und Untätigkeit, weil sie alle bewirken können, daß die Menschen ihre Bestimmung, gute Wesen zu sein, verfehlen. Deshalb muß ihnen auf der Insel vorgebeugt werden:

Habgierig und räuberisch macht ja alle Lebewesen immer nur die Furcht vor künftigem Mangel; nur bei dem Menschen kommt der Hochmut hinzu, der

---

[4] Morus, *Utopia*, 87.

[5] Die genaue Textstelle lautet: „Denn die Behörden beschäftigen die Bürger nicht gegen ihren Willen mit überflüssiger Arbeit, da die Wirtschaftsverfassung dieses Staates vielmehr in erster Linie das eine Ziel vor Augen hat, soweit es die notwendigen Ansprüche des Staates erlauben, für alle Bürger möglichst viel Zeit frei zu machen von der Knechtschaft des Leibes für die freie Pflege geistiger Bedürfnisse. Denn darin, glauben sie, liege das wahre Glück des Lebens." A.a.O., 72.

es für einen Ruhm hält, durch Prunken mit überflüssigen Dingen sich vor den anderen hervorzutun – eine Art von menschlicher Schwäche, für die es innerhalb der gesellschaftlichen Verfassung der Utopier überhaupt keinen Platz gibt.[6]

Man könnte die Kultur der Insel *Utopia* eine Kultur der Vorsorge nennen: Nicht nur, weil alles Materielle immer schon für die zukünftigen zwei Jahre erzeugt wird und so die Armut als etwas Unmögliches vorgestellt wird, sondern auch, weil die Möglichkeit, etwas Unmoralisches zu tun, gar nicht existiert. Dadurch sind die richtigen und korrekten Handlungen der Utopier gewährleistet, denn selbst die Gelegenheit zur Verführung gibt es in *Utopia* nicht.[7]

Die Darstellung des Staates *Utopia* zeigt eine Regierungsform auf, in der nicht nur das Politische, sondern auch das Moralische eine Rolle spielt. Es ist eine Ordnung, deren Erfolg auf den Tugenden der Menschen beruht. Deswegen muss das System, um funktionieren zu können, einen neuen Menschen schaffen, der keinen Widerstand leisten will: Ein Mensch, der ganz gleichmütig und gehorsam die politischen Regeln befolgt.

Das Glück der Menschen in dem Land der Utopier hängt nicht von jedem Einzelnen ab, sondern es ist ein Produkt des politisches Systems und besteht in der Befreiung von jeder Sorge um die Zukunft, in einem fröhlichen und ruhigen Leben, in welchem der Mensch nicht um seinen Lebensunterhalt zittern muß.[8]

Das von Rousseau dargestellte Gesellschaftsmodell stützt sich ebenso auf einen Menschen, der nur in einer besonderen Ordnung existieren kann. Ein Mensch, der seinen alten Zustand verlassen soll, um sich in ein neues Wesen zu verwandeln. Nach Rousseau ist der Mensch ein Wesen, das in einem früheren Zustand ganz solitär und tierhaft war. In diesem Naturzustand hatte der Mensch nicht mehr Bedürfnisse als

---

[6] A.a.O., 75.
[7] Vgl. a.a.O., 80.
[8] Vgl. a.a.O., 142.

irgendein Tier und lebte deswegen in einer Phase, in der Tugend und Laster, Gerechtigkeit und Ungerechtigkeit keine Bedeutung hatten.[9]

Als der Mensch in einer Gesellschaft zu leben begann und als das Eigentum unter den Menschen entstand, entwickelten sich laut Rousseau im Menschen all die Leidenschaften, die ihn zu einem bösen Wesen machen: Nicht nur die Selbsterhaltung, sondern auch die Hochachtung ist ihm sehr wichtig geworden. Seitdem ist der Mensch jemand, der vor allem egoistisch ist und ständig für sich kämpft. Ein Wettbewerb zwischen den Mächtigsten um die Befriedigung der eigenen Interessen setzte ein und machte das Leben der Menschen unangenehm, insbesondere dann, wenn einer von ihnen die anderen zu seinen Untertanen machte. Der Despotismus ist für Rousseau ein gutes Beispiel dafür, wie die ursprüngliche natürliche Gleichheit unter den Menschen durch die Gewalttätigkeit einzelner beseitigt und so die Freiheit der Menschen vernichtet wird. Vor diesem Hintergrund schlägt Rousseau seinen Gesellschaftsvertrag vor. Ein Vertrag, der die Lebensumstände verbessern soll, da durch ihn der Mensch wieder frei und gleich sein kann. Der Vertrag soll aus der Assoziation aller Menschen entstehen, muß alle Mitglieder schützen und sie von den Ketten irgendeiner äußeren Macht befreien. Der neue Souverän ist – dem Vertrag nach – nicht mehr ein Mensch, sondern der Gemeinwille, sprich: das Volk.

Die Begründung der Gesellschaft durch diesen Vertrag besteht in einem bemerkenswerten Akt: Die Übereinkunft entspringt aus einer völligen Entäußerung der Rechte eines jeden Mitglieds an das Gemeinwesen als Ganzes. Dadurch, daß nach Rousseau diese Ausgangslage der neuen Gesellschaft, in die sich jedes Mitglied voll und ganz begibt, für alle gleich ist, hat keiner ein Interesse daran, sie für die anderen beschwerlich zu machen.[10]

Wenn die Entäußerung ohne Vorbehalt geschehe, so folgert er, sei die Vereinigung so vollkommen, daß kein Mitglied mehr etwas zu

---

[9] Vgl. Rousseau 2001, 135.
[10] Vgl. Rousseau 2006, 17.

fordern hat. Es ist natürlich klar, daß dieser Begründungsakt nicht so einfach ist und den Einzelnen sehr beansprucht. Deshalb, erklärt Rousseau, müssen die Gesetze dieser neuen Ordnung eine große Fähigkeit beinhalten: Die Fähigkeit nämlich, die menschliche Natur zu verändern. Die außergewöhnliche Wichtigkeit des Gesetzgebers liegt in dieser Hauptaufgabe:

Jedes Individuum, das von sich aus ein vollendetes und für sich bestehendes Ganzes ist, in den Teil eines größeren Ganzen zu verwandeln, von dem dieses Individuum in gewissem Sinn sein Leben und Dasein empfängt; die Verfaßtheit des Menschen zu ändern, um sie zu stärken; an die Stelle eines physischen und unabhängigen Daseins, das wir alle von der Natur erhalten haben, ein Dasein als Teil und ein moralisches Dasein zu setzen.[11]

Das bedeutet mit anderen Worten, daß der Mensch nicht mehr ein solitäres Wesen sein wird, sondern ein Teil eines Ganzen. Der Mensch muß sich ab jetzt als ein Gemeinschaftswesen verstehen. Es handelt sich hier um eine Verwandlung des ich-zentrierten Menschen in einen gemeinwohlorientierten Bürger, wie Karlfriedrich Herb erläutert.[12] Seine eigenen Interessen müssen immer mit den Interessen der Gemeinschaft übereinstimmen. Es soll keinen Egoismus mehr geben, sondern patriotische Bürger, die durch jenen Assoziationsvertrag wechselseitige Rechte und Pflichten übernehmen.

Diese Verwandlung zeigt auf, daß mit dem Gesellschaftsvertrag für die Menschen eine neue Art von Verhalten anfängt. Durch ihn können

---

[11] Die Fortsetzung des Zitates lautet: „Mit einem Wort, es ist nötig, daß er dem Menschen die ihm eigenen Kräfte raubt, um ihm fremde zu geben, von denen er nur mit Hilfe anderer Gebrauch machen kann. Je mehr die natürlichen Kräfte absterben und vergehen, desto stärker und dauerhafter werden die erworbenen, desto fester und vollkommener wird auch die Errichtung [*institution*]. So daß man behaupten kann, wenn kein Bürger mehr etwas ist oder vermag außer durch alle anderen, und wenn die durch die Gesamtheit erworbene Kraft der Summe der natürlichen Kräfte aller Individuen gleichkommt oder sie übersteigt, dann ist die Gesetzgebung auf dem höchsten Punkt der ihr möglichen Vollkommenheit angelangt." A.a.O., 43 f.

[12] Vgl. Herb 2007, 310.

sie sich von dem Naturzustand entfernen und den bürgerlichen Stand erreichen. Vorher hatten sie keine Ahnung von Gut und Böse, nur der Kampf um Selbsterhaltung und Selbstinteresse war ihnen wichtig. Der Vertrag hingegen begründet für den Menschen die Moralität. Es bedeutet eine Moralisierung, durch die der natürliche Triebegoismus der Menschen moralisch-vernünftig überformt wird. [13] Darüber schreibt Rousseau:

Dieser Übergang vom Naturzustand zum bürgerlichen Stand erzeugt im Menschen eine sehr bemerkenswerte Veränderung, weil dadurch in seinem Verhalten die Gerechtigkeit an die Stelle des Instinkts tritt und seinen Handlungen die Sittlichkeit verliehen wird, die ihnen zuvor mangelte. Erst jetzt, wo die Stimme der Pflicht an die Stelle des körperlichen Triebs und das Recht an die des Begehrens tritt, sieht sich der Mensch gezwungen, der bislang nur sich selbst im Auge hatte, nach anderen Grundsätzen zu handeln und seine Vernunft zu befragen, bevor er seinen Neigungen Gehör schenkt.[14]

Es scheint, als ob durch die Entstehung dieser neuen Ordnung der Mensch zum Menschen wird. Nur als Bürger dieser neuen Gesellschaft erhält der Mensch die menschlichen Eigenschaften. Man kann daher behaupten, daß der Mensch erst dann ein richtiger Mensch ist – und kein tierisches Verhalten mehr zeigt – nachdem er zu einem Bürger geworden ist.

Das Glück wird in diesem Kontext von Rousseau als ein Gewinn von Schutz, Freiheit und Gleichheit definiert. Die Freiheit ist unter diesen drei Werten der wichtigste. Laut Rousseau ist sie eine typisch menschliche Eigenschaft, die von der Natur des Menschen nicht zu trennen ist. Sie ist aber im bürgerlichen Zustand nicht unbegrenzt, wie sie es im Naturzustand noch gewesen war. Die neue Ordnung gibt dem Menschen nicht die Freiheit, alles, was er machen will, zu tun. Es ist keine unbestimmte Freiheit in dem Sinn, „das Recht auf alles" zu haben. Die Freiheit, die der Mensch dank des Vertrages erhält, ist eine

---

[13] Vgl. Kersting 1994, 169.
[14] Rousseau 2006, 22.

moralische Freiheit. Sie setzt auf der einen Seite die Unabhängigkeit eines jeden vom anderen voraus und auf der anderen Seite beinhaltet sie ein Verhalten, das von Laster und Begehren befreit sein soll (da diese die Plagen der Menschheit sind)[15] und das Gehorsam gegenüber dem Gesetz verlangt.

Nach diesen zwei kurzen Erörterungen kann man sagen, daß sich sowohl in der politischen Darstellung von *Utopia* als auch in der des *Gesellschaftsvertrages*, eine Welt entwickelt, in der die Politik und die Moral ganz eng miteinander verbunden sind. In beiden Fällen wird das Bild eines politischen Systems gezeichnet, für das menschliche Tugenden gleichzeitig das Produkt als auch die Basis für diese darstellen. Das Glück erscheint außerdem gleichfalls als ein Resultat politischer Aktionen. Man findet zudem in beiden Werken erstaunlich ähnliche Vorstellungen der sittlichen Welt. Ordnung, Eintracht, Einheit, Mäßigkeit, Gehorsam, Autorität der Gesetze sind beiden gleichermaßen wichtig.[16] Deshalb könnte das folgende Zitat ebenso von beiden Autoren stammen:

---

[15] Vgl. a.a.O., 23.

[16] Bei den beiden Beschreibungen fällt die Vorherrschaft der Gemeinschaft über das Individuum auf. Diese weitere Übereinstimmung, die oben schon indirekt erwähnt wurde, ist so stark in jenen Vorstellungen der Gesellschaft präsentiert, daß sie der Grund für zahlreiche Interpretationen ist, die in beiden Gesellschaftsmodellen kommunistische Organisationsformen sehen. Der Konflikt zwischen dem eigenen Interesse und dem Gemeininteresse hat immer den Sieg der Gemeinschaft als Resultat. Sowohl die oben dargestellte Entäußerung des Gesellschaftsvertrages als auch die Abwesenheit jeglichen Eigentums bei den Utopiern läßt uns von einer Verschmelzung des Bürgers mit dem Gemeinwesen reden (vgl. Herb 2007, 309). So muß beispielsweise nach Rousseau bei einer vollkommenen Gesetzgebung der Sonderwille des Individuums ausgeschaltet und der der Regierung eigene körperschaftliche Wille sehr untergeordnet sein. Folglich herrscht der Gemeinwille oder der souveräne Wille immer und stellt die einzige Richtschnur dar. (vgl. Rousseau 2006, 68). Die Priorität der Gemeinschaft auf der Insel *Utopia* ihrerseits, wurde von Raphael dort angeführt, wo er sagt, daß, obwohl niemand eigene Güter besitzt doch alle reich sind (vgl. Morus, *Utopia*, 142). Diese Darstellungen der sittlichen Aspekte können in dem schönen Bild einer Gesellschaft als einer großen Familie zusammengefaßt

Allein, die Leidenschaften machen die Menschen blind für ihr eigenes Wohl. Diejenigen, welche die Gesetze den Leidenschaften der Menschen unterwerfen, sind die wahren Zerstörer aller Regierungen: dies sind die Menschen, die man strafen sollte.[17]

Dennoch gibt es Unterschiede zwischen den beiden Vorstellungen: Der deutlichste Unterschied scheint in der Bedeutung der Freiheit zu liegen. In den Werken von Rousseau ist die Freiheit eine Grundidee. Trotz all der Widersprüche, die man in seinen Schriften in Bezug auf die absolute Macht des Gemeinwillens gegenüber dem Stand der Einzelnen finden kann, steht bei ihm ständig der Versuch im Mittelpunkt, die Freiheit zu bewahren. Die Freiheit ist die Grundlage für den Gesellschaftsvertrag: Er ist konzipiert worden, um ein Leben in Freiheit und ebenso in Gleichheit, die eine Voraussetzung der Freiheit ist, möglich zu machen. Nur in einer Gesellschaft, in der alle Menschen aufgrund von Gesetzen und mittels der sozialen Verhältnisse gleich sind, muß sich niemand einem anderen unterwerfen. Das ist der Grund für die Vereinigung der Bürger: die Gewährleistung dieser Freiheit.

---

werden, in der sich alle freigiebig, solidarisch und liebevoll zueinander verhalten. Morus drückt dies durch Raphael explizit aus, wenn er schreibt, daß das ganze Inselreich gleichsam eine Familie bildet (vgl. a.a.O., 80). Und Rousseau bezieht sich häufig darauf, wenn er von einem Staat spricht, in dem alle Einzelnen sich untereinander kennen und in dem jene süße Gewohnheit aus der Liebe zum Vaterland eher die Liebe zu seinen Bürger als die zu seinem Boden macht (vgl. Rousseau 2001, 11). Auch seine Worte an die Mitbürger sind gleichfalls ein deutliches Anzeichen, wenn er beispielsweise sagt, daß sie vielmehr seine Brüder sind, da sie die Bande des Blutes ebenso verbindet wie die Gesetze (vgl. a.a.O., 25). In Verbindung mit einer solchen Moralisierung und Vorherrschaft des Gemeinwesens können die Systeme in *Utopia* und im Staat des Gesellschaftsvertrages wegen der Kontrolle und Einmischung des Staates in alle Bereiche des Lebens eines Menschen als demokratischer Absolutismus gedeutet werden: als eine Art von Regierung, in der, obwohl die Beamten gewählt sind, die Einschränkung, die Überwachung und der Einfluß des Staates über die Individuen enorm sind.

[17] Rousseau 1978, 151.

Deshalb sagt Rousseau, Freiheit sei wichtiger als alles andere, sogar wichtiger als der Frieden.

In dem utopischen Staatsgebilde dagegen taucht die Freiheit kaum auf. Die grundlegenden Ziele in diesem Schema sind Ordentlichkeit, Ruhe und Funktionalität: eine Maschine, die einfach laufen soll. Hier ist die Darstellung von Rousseau freiheitlicher, denn es gibt bei ihm zumindest die Absicht einer Freiwilligkeit. Jeder Mensch soll am Gesellschaftsvertrag freiwillig teilnehmen. Das ist der Ausgangspunkt des Vertrages.

Die Gleichgültigkeit ist bei Rousseau etwas gänzlich Negatives: Wenn ein Mensch kein Interesse mehr an den Angelegenheiten des Staates zeigt, dann sei der Staat verloren.[18] Wenn Rousseau von Toleranz spricht, kann man darin immer auch einen Schutz der Freiheit sehen. Jede Religion soll man tolerieren, sofern ihre Dogmen nicht gegen die Pflichten des Bürgers verstoßen.[19] Und was ein Bürger über das Leben im Jenseits glaubt, ist nicht die Sache des Staates.[20]

In *Utopia* ist die Lage ganz anders: Freiwilligkeit spielt keine Rolle, sofern sie sich nicht als Gehorsam äußert. Man weiß zwar nicht genau, wie sich die utopische Staatsverfassung herausgebildet hat, eine freiwillige Assoziation paßt jedoch keinesfalls zu der vorgestellten Struktur des utopischen Staates. Die Figur des Utopos und die Gegenwart eines solchen Fürsten sprechen nicht für einen freiwilligen Zusammenschluß der Bürger. Allerdings kann in der Betrachtung des utopischen Gemeinwesens Gleichgültigkeit, verstanden als eine Art von Folgsamkeit, also als das Gegenteil von Opposition, als ein geeignetes Verhalten auf der Insel angesehen werden. Man könnte sich daher fragen, ob diese Regierungs- und Lebensform der Utopier von Rousseau nicht eher als ein Zustand der Sklaverei betrachtet werden

---

[18] Wörtlich: „Sobald einer bei den Staatsangelegenheiten sagt: *Was geht's mich an?*, muß man damit rechnen, daß der Staat verloren ist." Rousseau 2006, 103.

[19] Vgl. a.a.O., 152.

[20] Hierzu heißt es: „Denn in der anderen Welt besitzt er keinerlei Befugnis, und es ist auch nicht seine Sache, welches das Los der Untertanen in einem künftigen Leben sei, vorausgesetzt, daß sie in diesem hier gute Bürger sind." A.a.O., 151.

würde. Da er unterjochte Völker, die trotz ihrer Knechtschaft friedlich leben, als Sklaven erachtet, kann man es sich durchaus vorstellen. In seinen eigenen Worten: „Auch in den Verliesen lebt man in Ruhe; genügt das, um sich dort wohl zu fühlen?"[21]

Die Toleranz in *Utopia* ist eine andere als die Toleranz bei Rousseau. Obwohl auf der Insel angeblich eine tolerante Atmosphäre herrscht, weil prinzipiell verschiedene Glaubensformen erlaubt sind, ist die Toleranz so eingeschränkt, daß es schwierig ist, hier von einer wahren Toleranz zu sprechen. Der Abschnitt über die Religionen der Utopier schildert dies sehr gut, indem er zeigt, inwiefern eine Glaubensverschiedenheit verurteilt wird:

Und deshalb glauben die Utopier, daß nach diesem Leben Strafen für unsere Verfehlungen festgesetzt, Belohnungen für unsere Tugenden uns bestimmt sind. Wer das Gegenteil glaubt, den zählen sie nicht einmal unter die Menschen, weil er die erhabene Natur seiner Menschenseele auf die niedere Stufe einer elenden tierischen Körperlichkeit herabsetzt; noch viel weniger denken sie also daran, ihn unter die Bürger zu rechnen: würden ihm doch alle bürgerlichen Einrichtungen und moralischen Grundsätze keinen Pfifferling gelten, wenn ihn nicht die bloße Furcht in Schranken hielte. Oder kann es jemandem zweifelhaft sein, daß er versuchen würde, die Staatsgesetze seines Landes [...] umzustoßen, sofern das seinen privaten Wünschen dienlich wäre, da er ja über die Gesetze hinaus nichts fürchtet, über sein körperliches Leben hinaus nichts erhofft?[22]

Hier wird behauptet, daß jemand, der nicht an die Strafen und Belohnungen glaubt, die ihn nach dem Tod erwarten, gleichfalls nicht mehr als Mensch angesehen werden kann, da jemand, der keine Furcht vor dem Tod hat, auch keine Furcht bzw. keinen Respekt vor den Gesetzen des Staates besitzen kann. Dies belegt eine ganz andere Toleranzvorstellung bei Morus als bei Rousseau.

Nach dieser Analyse der Übereinstimmungen und Unterschiede der beiden Werke, kann die Absicht der Autoren betrachtet werden. Zu

---

[21] Rousseau 2006, 11.

[22] Vgl. Morus, *Utopia*, 130f. Darauf bezieht sich Richard Saage, indem er von einer „staatspolitischen Doktrin" spricht. Vgl. Saage 2007, 128.

welchem Zweck haben Morus und Rousseau ihre Schriften geschrieben? Haben sie die Absicht gehabt, dem förderlich zu sein, was sie beschrieben haben; wollten sie dies umgesetzt wissen? Zwar ist die Frage nicht einfach zu beantworten, aber man kann zumindest versuchen, eine Antwort zu finden:

Im Falle Rousseaus trifft man ohne Zweifel auf den Wunsch, bestimmte politische Verhältnisse zu verändern und zu verbessern. Er schlägt eine Regierungsform vor, die die antike Römische Republik und seine eigene Stadt Genf mit ihrer gemäßigten demokratischen Regierung als Muster hat. Die Möglichkeit, diese Ordnungen wiederherzustellen, beruht auf ihrer einstigen Existenz: „Betrachten wir aufgrund dessen, was geschehen ist, das, was geschehen kann."[23] Damit behauptet er ebenso, daß historische Manifestationen der Vergangenheit die unumstößliche Antwort auf alle konstitutiven Schwierigkeiten der gegenwärtigen Aufgaben eines politischen Systems sind und daß man in der Geschichte Beispiele für Staaten, Systeme oder Regierungen finden kann, deren Existenz ein Beweis für künftige Möglichkeiten ist. „Der Schluß vom Wirklichen auf das Mögliche erscheint mir gut",[24] stellt er in diesem Zusammenhang fest.

Er erwartet aber kein perfektes System. Obwohl seine Beschreibungen viele ideale Aspekte enthalten, die den Schilderungen der phantastischen Insel *Utopia* ähneln, so z.B. daß eine autarke Republik angenommen wird, in der die Tugend und das Glück herrschen, wo die Menschen alles aus eigener Hände Arbeit erzeugen, wo das Achten der wenigen Gesetze Gewohnheit ist, wo es eine Vorherrschaft des Gemeinwesens über das Individuum gibt, wo sich alle wie in einer großen Familie liebvoll zueinander verhalten, wo der Luxus verachtet wird und sich jeweils die Städte und die Bürger untereinander wenig unterscheiden usw., heißt das jedoch nicht, daß Rousseau dies alles für realisierbar hält. Diese idealen Bilder werden von ihm als illusorische Ideen bezeichnet. Rousseau glaubt nicht, daß eine reine Demokratie

---

[23] Rousseau 2006, 98.
[24] A.a.O., 99.

überhaupt möglich ist. Deshalb spricht er entweder von Wahlaristokratie oder gemäßigter demokratischer Regierung, aber nicht von Demokratie, wenn er politische Maßnahmen vorstellt. Die Demokratie wäre für ihn eine wünschenswerte Regierung, aber weil sie zu viele Tugenden von den Menschen erfordert, bleibt sie ein undurchsetzbares Modell: „Wenn es ein Volk von Göttern gäbe, würde es sich demokratisch regieren. Eine so vollkommene Regierung paßt für den Menschen nicht."[25] Mit diesem Diktum beendet der Autor das Kapitel über die Demokratie im *Gesellschaftsvertrag*.

Selbst Ungleichheit und Armut werden von Rousseau als zwei unvermeidbare Merkmale unserer mangelhaften Welt akzeptiert. Während sie in *Utopia* abgeschafft wurden, versucht Rousseau sie in seinem Konzept nur zu mindern. Auch die Ewigkeit eines Regimes ist für ihn eine Illusion. Man kann durch eine gute Verfassung die Dauer einer Regierung verlängern, sie aber nie für immer etablieren. Auf diese Weise, indem Rousseau die Kontingenz der menschlichen Natur und der Grenzen der Politik akzeptiert, distanziert er sich von Thomas Morus' Werk *Utopia*: Er klassifiziert es als eines der Werke, die chimäre Ideen abhandeln.[26]

Die Absicht, die Morus verfolgte, als er *Utopia* geschrieben hat, läßt sich nicht so deutlich benennen. Man ist zwangsläufig zur spekulativen Interpretation gezwungen. Was möchte uns Morus mit diesem Werk zeigen? Es gibt mehrere Antworten. Meiner Meinung nach ist das, was Morus über die Insel geschrieben hat, eine Art von Hinweis, vor allem, wenn man den ersten Teil des Buches als eine Anspielung auf den zweiten Teil liest, aber auch dann, wenn man berücksichtigt, daß Thomas Morus ein bekennender Christ war und er sich längere Zeit mit Augustinus und dessen *De civitate Dei* beschäftigt hat.[27]

---

[25] Rousseau 2006, 74.
[26] Vgl. Rousseau 1978, 149.
[27] Im Jahr 1501 hat Morus sogar Vorlesungen über Augustins *De civitate Dei* gegeben. Von Hutten berichtet: „Die Bücher des Augustin *Über den Gottesstaat* hat er, fast noch ein Jugendlicher, vor einer zahlreichen Zuhörerschaft öffentlich behandelt, und weder Priester noch Greise haben sich gescheut noch es bereut,

Abgesehen davon, daß viele von Morus erfundene Namen eine negative Bedeutung haben und so dazu anregen, das Buch mit einer ironischen Haltung zu lesen, scheint die Vorstellung einer solch imaginären Gesellschaft nicht als ein von Morus besonders gewürdigter oder für glaubhaft erachteter Zustand. Wenn man an *Utopia* denkt – einen Ort, wo nicht nur die Laster, sondern auch die Verführung zu sündigen abgeschafft sind, wo es kein Selbstinteresse gibt, wo alle glücklich sind und wo die Regierung, diese irdische und zeitliche Einrichtung, der Begründer alle dieser Verhältnisse ist –, erscheint diese Welt dann nicht anders als die Welt, wie sie von der christlichen Tradition dargelegt wird? Wenn man an Augustinus und die biblische christliche Maxime denkt, nämlich: „Wir leben in der Welt, aber wir sind nicht von der Welt"[28], und deren Grundidee der Unmöglichkeit einer Welt ohne Mängel, die unser Leben als eine Probe und als eine Erdenpilgerschaft erläutert usw., stellt diese Ansicht nicht einen Gegensatz zum Modell von *Utopia* dar? Würde der christliche Morus die utopische Welt wirklich gewünscht, empfohlen oder ernsthaft erwogen haben?

Die verschiedenen Bilder, die er im ersten Dialog mit Raphael Hythlodeus benutzt, könnten auch als ironische Andeutungen verstanden werden, durch die er indirekt andere Ideen vermitteln will. Das Beispiel der Szene des Kardinals und des Possenreißers ist dafür hilfreich: Ist es nicht merkwürdig, daß Morus zum ersten Mal die Idee der Abschaffung der Armut und des großen Übels der Welt durch den Mund eines Possenreißers präsentiert? Der Possenreißer verkündet dort:

Aber jetzt verordne ich, es soll ein Gesetz erlassen werden, alle diese Bettler auf die Benediktinerklöster gänzlich zu verteilen und sie zu so genannten Laienbrüdern zu machen; die Weiber, gebiete ich, sollen Nonnen werden.[29]

---

heilige Wahrheiten von einem jungen Laien zu lernen." Brief des Desiderius Erasmus von Rotterdam an Ulrich von Hutten. Roper 1986, 103.

[28] Vgl. *Evangelium des Johannes*, 15: 19-20; 16.17: 14-18.

[29] Morus, *Utopia*, 39.

Klingt das nicht nach einer Anspielung auf *Utopia*? Ist Raphael Hythlodeus' Erzählung vom Volk der Polyleriten[30], in dem die Diebe mit der Sklaverei bestraft und durch den Staat ernährt und alle gleich gekleidet werden, nicht eine weitere Anspielung auf die Lebensform der Utopier? Hat Morus etwa ähnlich wie Rousseau über eine Gesellschaft ohne Freiheit nachgedacht?

Außerdem berichtet Raphael Hythlodeus, wie sein Geschenk, nämlich ein Kompaß, nach der Begegnung mit Seeleuten eines anderen Volkes, von ihnen angenommen wurde. Die Erfindung war am Anfang für sie sehr attraktiv, aber im Laufe der Zeit sehr gefährlich. Bis dahin hatte man sich nur zaghaft dem Meer anvertraut und gewagtere Fahrten nur im Sommer unternommen:

Jetzt aber, im Vertrauen auf den Magnetstein, achten die Seeleute des Winters nicht, freilich mit mehr Zuversicht als wirklicher Sicherheit, so daß Gefahr besteht, diese Erfindung, von der sie sich so viel Gutes versprachen, könnte dank ihrer Unvorsichtigkeit noch einmal großen Schaden stiften.[31]

Warum erzählt Morus durch den Philosophen Raphael Hythlodeus eine solche Geschichte? Könnte es nicht als eine Mahnung gegenüber neuen und anspruchsvollen politisch-philosophischen Ideen verstanden werden? Es ist klar, daß die politische Realität seiner Zeit von Morus kritisch betrachtet wurde, aber möglicherweise wollte er weitergehen und vielmehr auf die Gefahr hinweisen, die von neuen Entwürfen gleichermaßen ausgehen konnte.

Am Ende dieser Arbeit bleibt anzuführen, daß die Gedanken beider Autoren zu wichtigen Aspekten der politischen Philosophie führen. Die Grenzen eines politischen Systems, die Rolle, die Aufgabe und die Auswirkung eines Staates in den Bereichen der Sittlichkeit und des Begriffes des Glückes, die Relevanz des Individuums gegenüber der Gemeinschaft und umgekehrt, sind einige Themen, mit denen sich sowohl Morus als auch Rousseau beschäftigt haben. Es ist müßig

---

[30] Ein weiterer erfundener Name. Im Griechischen bedeutet er soviel wie „viel Unsinn". Vgl. Morus, *Utopia*, 181.

[31] A.a.O., 19.

festzuhalten, in welchen Punkten die Meinungen der beiden sicher übereingestimmt hätten. Aber was die beiden ohne Frage gemeinsam hatten, ist ein tiefes Verantwortungsgefühl gegenüber den politischen Geschehnissen ihrer Zeit. In ihren Schriften haben sie, direkt oder indirekt, ihre Sorge und Unzufriedenheit über die Realität ihrer Gegenwart bewiesen.

Morus' Worte, als er mit Raphael Hythlodeus über die Angelegenheiten des Staates und die Berater des Fürsten spricht, können dies erhellen:

Kannst du verkehrte Meinungen nicht gleich mit der Wurzel ausreißen und vermagst du herkömmlich eingewurzelte Übel nicht nach deiner innersten Überzeugungen zu heilen, so darfst du deshalb doch nicht gleich den Staat im Stiche lassen und im Sturm das Schiff nicht deshalb preisgeben, weil du den Winden nicht Einhalt gebieten kannst! Du mußt auch nicht den Menschen eine ungewohnte und maßlose Rede mit Gewalt aufdrängen, die ja doch, wie du weißt, bei Andersdenkenden kein Gewicht haben kann, sondern es lieber auf Umwegen versuchen, dich bemühen, nach besten Kräften alles recht geschickt zu behandeln, und was du nicht zum Guten wenden kannst, wenigstens vor dem Schlimmsten zu bewahren. Denn es ist ausgeschlossen, daß alle Verhältnisse gut sind, solange nicht alle Menschen gut sind, worauf wir ja wohl noch eine hübsche Reihe von Jahren werden warten müssen.[32]

Offenbart dieses Zitat nicht, was Morus dachte und was er selbst stets in seinem Berufsleben zu machen versuchte? Nämlich mit verschiedenen Mitteln trotz herrschender Schwierigkeiten seine Gesinnung zu äußern. In der Hoffnung, daß seine Ideen die Welt verbessern könnten, hat er sich sowohl als offizieller Beamter des englischen Königreichs als auch als privater Schriftsteller für das Gemeinwesen eingebracht. Am Ende des Zitats, ebenso wie an seinem überlieferten Lebensende, bezeugt er jedoch die unausweichliche Unvollkommenheit der zeitlichen Welt.

---

[32] A.a.O., 50.

Rousseau hingegen hat seinerseits immer das Recht verteidigt, politische Fragen abstrakt zu untersuchen und Kritik zu üben: „Man darf die Vernunft nirgendwo bestrafen, noch auch das Nachdenken"[33], schreibt der Philosoph als er in den *Briefen vom Berge* seinen *Gesellschaftsvertrag* vor der drohenden Bücherverbrennung zu bewahren versuchte.[34]

Zweifelsohne kann man schließlich beide Autoren innerhalb jener alten philosophischen Tradition zurechnen, in der Moral und Politik als zwei untrennbare Aspekte des gleichen Problems betrachtet werden. Nach dieser Ansicht ist jedes politische Projekt notwendigerweise ein moralisches Projekt, und die Begründung einer politischen Ordnung wird gleichzeitig als Gründungsakt einer Gemeinschaft tugendhafter Bürger vorgenommen. Der Glaube an die Möglichkeit der Veränderung des menschlichen Verhaltens aufgrund eines neuen politischen Systems oder einer neuen Regierung ist eine Tatsache, die sich in der Geschichte seit uralten Zeiten wiederholt. Man kann es durch verschiedene Beispiele aus unterschiedlichen Epochen erkennen: Sowohl in der Antike – als Platon davon träumte, eine Republik zu schaffen, in der die Tugend herrsche – als auch in der Neuzeit – während der Gründung der Kolonien in der Neuen Welt, wo später Republiken entstanden, in den die Firmierung neuer Völker lediglich durch das Erlassen einer poetischen Verfassung proklamiert wurde – sowie in den makabren Fällen der totalitären Systeme, mit ihrem unbeschränkten Anspruch auf die Kontrolle des Verhaltens, Denkens und Fühlens der Menschen.

Es ist dieselbe Problematik, die sowohl von Morus als auch von Rousseau präsentiert wird. Wegen ihrer Aktualität sind ihre Schriften nach wie vor äußerst eindrucksvoll. Ihre Texte zeigen vor allem die

---

[33] Rousseau 1978, 152.

[34] Es soll vor dem Schluß gesagt werden, daß beide Autoren unvermeidbar, bewußt oder unbewußt, in ihren Ideen ihre christliche Weltanschauung, nämlich die katholische (Morus) bzw. calvinistische (Rousseau), ansehen lassen, wie es oben in der Auseinandersetzung mit den Aspekten der Moralisierung beider Werke bemerkt werden kann.

ewige Sehnsucht nach der Schaffung einer vom Laster und Leid befreiten und einträchtigen Welt, indem sie politische Projekte vorschlagen, die ein besonderes Bild des Menschen postulieren: Der Mensch als ein formbares und absolut steuerbares Subjekt, der ganz vom Laster und vom eigenen Interesse durch das politische System gereinigt werden könnte – Reinigung, die von ihm total akzeptiert werden würde, weil er anerkennen würde, daß das Wohl der Gemeinschaft und des Bürgertums vor dem Individuum kommt.

Heutzutage, aufgrund diverser geschichtlicher Ereignisse, ist man sich im allgemeinem des Scheiterns solcher Projekte bewußt. Die Tatsache, daß der Mensch ist, wie er ist, das heißt teilweise schlecht und teilweise gut, sollte von jedem Vorhaben berücksichtigt werden. Ein politisches Projekt, daß die Grenzen des Menschen nicht akzeptiert und daß den Mensch als ein steuerbares Subjekt betrachtet, wird kaum ein erfolgreiches Projekt sein. Aber ein Plan wird wahrscheinlich ebenso kein erfolgreicher politischer Plan sein, wenn er die Moral aus seinen Überlegungen gänzlich verbannt und sich absolut moralisch neutral darstellt. Auf diese Weise bleibt die Debatte ungelöst und offen. Die Lektüre von Morus' sowie Rousseaus Texten ist immer noch eine Quelle für interessante Fragen und Überlegungen auf diesem Gebiet.

Politische Philosophie als die „Kunst des Möglichen"

John Rawls' Konzeption einer realistischen Utopie in Abgrenzung zum Entwurf Utopias bei Thomas Morus

Torben Pahl

In seinem erstmals 1999 erschienenen Buch *Das Recht der Völker* schreibt John Rawls über die Politische Philosophie:

[...] [D]ie Politische Philosophie [ist] in einem realistischen Sinne utopisch, wenn sie das, was man üblicherweise als die Grenzen des praktisch-politisch Möglichen betrachtet, ausdehnt und uns, indem sie dies tut, mit unseren politischen und sozialen Lebensbedingungen versöhnt.[1]

In seinem letzten zu Lebzeiten veröffentlichten Werk *Gerechtigkeit als Fairneß* postuliert Rawls den Entwurf realistischer Utopien schließlich sogar für eine der wesentlichen Aufgaben der Politischen Philosophie.[2] Der Terminus der „realistischen Utopie" wirft jedoch vielfältige Fragen auf, erscheint er doch nach einem gängigen Verständnis des Utopischen als des Unrealisierbaren, des weltfremden „Nirgendwo", zunächst eher als eine Art *contradictio in adjecto*. Das Anliegen dieses Beitrages soll es daher nicht vorwiegend sein, sich mit der inhaltlichen Bestimmung der Rawlsschen Utopie auseinanderzusetzen. Vielmehr soll das Verhältnis des Realistischen zum Utopischen in Rawls' Theorie untersucht werden. Dabei wird sowohl die Abgrenzung der Rawlsschen Realutopie zu Morus' Entwurf des vermeintlichen Ideal-

---

[1] Rawls 2002, 13.

[2] Daneben sieht Rawls drei weitere Aufgabengebiete politischer Philosophie: Die praktische Rolle, die Orientierungsleistung sowie die mit dem Rawlsschen Begriff der realistischen Utopie eng verknüpften und im ersten Zitat schon angeklungene Idee der Aufgabe der Versöhnung. Vgl. Rawls 2006, 22f.

staats *Utopia*, als auch das Aufzeigen der Parallelen bei der Bewertung und der Verortung eines sinnvollen und zeitgemäßen Utopie-Begriffs behilflich sein.

1.

Wenn wir versuchen, uns dem Begriff der „realistischen Utopie" über die Fragestellung zu nähern, was eine Gesellschaftskonzeption in einer modernen westlichen Demokratie leisten sollte und was eine Gesellschafts- und Gerechtigkeitskonzeption überhaupt zu leisten imstande ist, eröffnen sich uns in diesem Kontext zumindest drei relevante Antworten. Die ersten beiden Möglichkeiten ließen sich mit den dichotomischen Schlagworten *Realismus* und *Utopismus* kennzeichnen. Zwischen diesen beiden Polen tut sich schließlich eine dritte Alternative auf, die diese Dichotomie im Sinne der Rawlsschen *realistischen Utopie* zu überwinden sucht.

Der Begriff *Utopismus* ließe sich zunächst in diesem Zusammenhang wie folgt verstehen:[3] Der Utopismus abstrahiert gewissermaßen von den konkreten gesellschaftlichen Verhältnissen und bietet eine Alternative des Gemeinschaftslebens an, wie es sein sollte. Der Utopismus präsentiert uns dabei das Ideal einer Gesellschaft, die von einer umfassenden moralischen oder religiösen Lehre geprägt ist, und der sich jeder innerhalb der idealen Gesellschaft in allen Bereichen des Lebens unterordnet. Eine solche Abstraktion von den faktischen gesellschaftlichen Verhältnissen ist aber nicht nur das wichtigste Merkmal eines so verstandenen Utopismus, es stellt auch seine größte Schwachstelle dar. Denn das Primat des Wertemonismus in Form einer wie auch immer formulierten moralischen oder religiösen Doktrin ist mit unserem modernen demokratischen Verständnis des Bürgers als

---

[3] Es ist zu beachten, daß der hier verwendete (eher pejorativ konnotierte) Utopismus-Begriff, wie er im Folgenden definiert wird, nicht mit dem von Morus ausgehenden Utopie-Begriff deckungsgleich ist, auf den im weiteren Verlauf noch eingegangen wird.

Freiem und Gleichem nicht leicht zur Deckung zu bringen. Denn der Utopismus übersieht, ja er ignoriert geradezu die in einer modernen demokratischen Gesellschaft unleugbar herrschende Meinungs- und Glaubensvielfalt, die ein solches Verständnis des Bürgers als frei und gleich unabwendbar mit sich bringt. So verstanden, gilt jede *um-fassende* Gesellschaftskonzeption, die sich aus einer universell gültigen Idee des Guten und damit gewissermaßen aus einem höchsten Ziel heraus legitimieren möchte, als utopistisch. [4] Ein so verstandener Utopismus kann zwar durchaus ein höchst wünschenswertes kritisches Potential besitzen, indem er durch seine Beschreibung eines alternativen und in gewissem Sinne idealen Gesellschaftsentwurfs die faktischen Bedingungen seiner Zeit normativ reflektiert. Jedoch scheint seine Praktikabilität, das heißt seine praktische gesellschaftliche

---

[4] Darunter fallen nach Rawls so verschiedene umfassende Lehren wie der (Staats-) Sozialismus als auch in gewisser Weise freiheitliche Lehren wie der neuzeitliche Liberalismus im Sinne Kants und John Stuart Mills. Eine interessante Variante des Utopismus stellen jedoch solche Utopien dar, die sich selbst nicht als Ideal, sondern vielmehr als Vorbote einer vermeintlich notwendigen Entwicklung sehen, wie z.B. die marxistisch-leninistische Variante des Kommunismus, die sich dem eigenen Selbstverständnis nach als dezidiert antiutopisch versteht. So wird Lenin in seinem Werk *Staat und Revolution* nicht müde, die geschichtliche Notwendigkeit der kommunistischen Gesellschaft als unabweisbaren Beleg des antiutopischen Charakters des Marxismus anzuführen: „Bei Marx findet sich auch nicht die Spur eines Versuchs, Utopien zu konstruieren, ins Blaue hinein Mutmaßungen anzustellen über das, was man nicht wissen kann. Marx stellt die Frage des Kommunismus so, wie der Naturforscher die Frage der Entwicklung einer neuen, sagen wir, biologischen Abart stellen würde, wenn man weiß, daß sie so und so entstanden ist und sich in der und der bestimmten Richtung modifiziert." (Lenin 1970, 89) Der Kommunismus ist für Lenin gerade kein weit entferntes Ideal, es handelt sich nicht um „Träumereien von Klassenharmonie" (a.a.O., 27). Vielmehr ist Lenin der Auffassung, durch quasi-naturgeschichtliche Analyse den notwendigen quasi-teleologischen Entwicklungsprozeß der Gesellschaft erkannt zu haben, den es durch den Klassenkampf und die radikale Umgestaltung der Gesellschaftsstrukturen voranzutreiben gilt. Das Utopistische dieses Ansatzes ist unschwer zu erkennen: Die Unterwerfung des Individuums unter ein alle Lebensbereiche umfassendes Ziel.

Umsetzbarkeit in den meisten Fällen mehr als fragwürdig, da er die Bedingungen unserer sozialen Welt in unzulässiger Art und Weise vernachlässigt: Die Verabsolutierung einer alle Lebensbereiche umfassenden moralischen, religiösen oder quasi-religiösen Lehre heißt, die unweigerlich in freiheitlich-demokratischen Verhältnissen bestehende Vielfalt umfassender, teils gegensätzlicher Lebensentwürfe zu leugnen. Das Problem der Praktikabilität bezieht sich dabei maßgeblich auf die Fähigkeit zur Motivation des Einzelnen: Sind die Menschen faktisch dazu bereit, ihre individuellen Konzeptionen des Guten, das heißt ihre persönlichen Lebensentwürfe freiwillig zugunsten einer übergeordneten Idee aufzugeben? Es gibt sicherlich genügend Beispiele, um diese Frage grundsätzlich verneinen zu können.[5]

Die Gegenposition des *Realismus* greift genau dieses Problem als das zentrale heraus und zieht daraus die Konsequenzen für eine *praktikable* Gesellschafts- oder Gerechtigkeitskonzeption. Eine Gesellschaftskonzeption, die zumindest von der Mehrzahl der Bürger akzeptiert und getragen werden soll, wird sich daher auch auf die konkret existierenden Auffassungen und Überzeugungen dieser Bürger in irgendeiner Form stützen müssen. Denn nur aufgrund breiter Unterstützung durch die Bürger könnte eine solche Konzeption überhaupt eine maßgebliche praktische Rolle innerhalb der Gesellschaft spielen. Eine solche Konzeption hätte ihren Begriff einer gerechten Gesellschaft unter Berücksichtigung der faktischen Meinungs- und Glaubensvielfalt also in einer Art Kompromiß zwischen den unterschiedlichen Interessenlagen der Gesellschaftsmitglieder anzupassen. Gerecht wäre demnach, worauf sich die Bürger einer bestimmten Gesellschaft einigen könnten. Entscheidend sind bei solchen Kompromißlösungen jedoch nicht nur die bestehenden konkurrierenden umfassenden Lehren, die in den Kompromiß einfließen. Das Ergebnis eines solchen Kompromisses spiegelt auch stets die Macht-

---

5 Thomas Nagel macht explizit auf dieses „Utopismusproblem" der Vernachlässigung individueller Motivationsstrukturen aufmerksam. Vgl. Nagel 1994, 35-50.

verhältnisse der unterschiedlichen Verhandlungspartner wider. Mit anderen Worten: Wer aus der stärkeren Position heraus verhandelt, wird den Kompromiß zu seinen Gunsten beeinflussen können. Damit haben wir es hier jedoch offenkundig mit einer Unterordnung der Frage nach tatsächlicher Gerechtigkeit unter das beherrschende Prinzip der Umsetzbarkeit, das heißt der Praktikabilität zu tun, in der es lediglich um eine Machtbalance zwischen konfligierenden Interessengruppen geht.

Die Schwächen dieser „realistischen" Konzeption eines solchen *modus vivendi* liegen auf der Hand: Durch die Unterwerfung des Gerechtigkeitsdiskurses unter das Diktat der reinen Praktikabilität wird der Gerechtigkeitsbegriff im Grunde unterminiert und verliert folglich auch seine Fähigkeit der kritischen Hinterfragung unserer konkreten gesellschaftlichen Lebensverhältnisse. Gerechtigkeit ist somit keine Frage eines bestimmten Ideals, das es anzustreben gilt. Vielmehr ist es – zugespitzt formuliert – das Ergebnis eines Machtkampfes. Damit birgt der Gerechtigkeitsbegriff des Realismus' jedoch immer das mehr als latente Risiko zu einem bloßen Abbild des *Status quo* zu verkommen und eine Untermauerung der bestehenden Herrschafts- und Machtstrukturen zu befördern. Einen tatsächlichen Maßstab für eine gerechte Gesellschaft aufstellen zu können, an dem sich die bestehenden gesellschaftlichen Verhältnisse messen oder orientieren müssen, ist somit nicht möglich. Die langfristige Akzeptanz und damit letztlich die dauerhafte Stabilität einer solchen rein pragmatischen Übereinkunft hängt jedoch dann von der Aufrechterhaltung der Machtverhältnisse ab, unter denen ein solcher Kompromiß geschlossen wurde. Ändern sich diese Machtverhältnisse und damit die Verhandlungspositionen der Parteien, ist der zuvor geschlossene Kompromiß nicht mehr stabil.[6]

---

[6] So ist die religiöse Toleranz nach dem Ende des Dreißigjährigen Krieges als ein Kompromiß zu verstehen, der Ausdruck der Kriegsmüdigkeit sowohl der protestantischen als auch der katholischen Kriegsparteien ist. Ein eindeutiges Ungleichgewicht in den Machtverhältnissen zwischen Katholiken und Protestanten

Das Rawlssche Diktum der *realistischen Utopie* kann dagegen grundsätzlich als der Versuch gewertet werden, beide Positionen miteinander zu vereinen und das Spannungsverhältnis zwischen Utopismus und Realismus aufzulösen. Das normativ-kritische Ideal des Utopismus und die realistische Prämisse des faktischen Wertepluralismus sollen zu einer kohärenten und „arbeitsfähigen"[7] liberalen Gerechtigkeitskonzeption verbunden werden. In *Gerechtigkeit als Fairneß* faßt Rawls es so zusammen:

Im Grunde stellen wir die Frage, wie eine vollkommen gerechte oder nahezu gerechte konstitutionelle Staatsform beschaffen sein könnte und ob sie [...] unter realistischen, wenn auch einigermaßen günstigen Bedingungen [...] entstehen und stabil gehalten werden kann. In dieser Hinsicht beinhaltet die Konzeption der Gerechtigkeit als Fairneß einen realistischen Utopismus.[8]

Pointiert ließe sich die grundlegende Idee der realistischen Utopie somit folgendermaßen artikulieren: „Nimm die Menschen so wie sie sind, und die Gesellschaft so wie sie sein kann!"[9]

Weniger imperativisch ausgedrückt läuft es auf folgende Frage hinaus: Wie kann eine vernünftige Gerechtigkeitskonzeption verstanden werden, der jeder aus eigener Überzeugung heraus zustimmen kann – trotz eventuell massiv widersprüchlicher Lebensentwürfe, die innerhalb der Gesellschaft vertreten werden?[10] Eine so verstandene liberale Gerechtigkeitskonzeption kann nicht als gesellschaftlich umfassende Auffassung des Lebens als Ganzem begriffen werden.[11] Sie hat sich vielmehr auf die Sphäre der Öffentlichkeit zu beschränken und damit auf den Bereich des Politischen. Rawls kann es demnach nicht darum gehen nach wahren Prinzipien der Gerechtigkeit, das heißt nach einer unabhängigen metaphysischen oder moralischen Ordnung, die es

---

hätte diese rein instrumentelle Toleranz schnell wieder zum Verschwinden gebracht. Vgl. dazu Rawls 2006, 293f., 300.

[7] Rawls 1994c, 343.
[8] Rawls 2006, 35f.
[9] Vgl. Rawls 2002, 15.
[10] Vgl. Rawls 2003a, 119.
[11] Vgl. Rawls 1994c, 343f.

durch die Gesellschaftsstruktur zu verwirklichen gilt, zu suchen. In einer modernen demokratischen Gesellschaft, die maßgeblich durch Meinungs- und Glaubensvielfalt geprägt ist, hätte eine so verstandene Aufgabe der politischen Philosophie etwas zutiefst Intolerantes, ja sogar Antidemokratisches. Es ist schlicht nicht mit dem modernen Bürger als Freiem und Gleichem zu vereinbaren, eine gerechte Gesellschaft auf der Basis einer das gesamte Leben des Bürgers umfassenden Lehre zu legitimieren. Eine auf den Bereich des Politischen eingeschränkte Gerechtigkeitskonzeption hat daher nicht den Anspruch „wahr" zu sein, sondern ist lediglich Ausdruck unseres intuitiven demokratisch-liberalen Ideals einer „[...] Übereinkunft zwischen Bürgern [...], die als freie und gleiche betrachtet werden [...]"[12]. Rawls bleibt mit der Idee dieses Politischen Liberalismus, wie er selbst sagt, „[...] philosophisch [...] an der Oberfläche."[13] Eine solche philosophische „Anspruchslosigkeit" – wie man es vielleicht plakativ ausdrücken könnte – ist der Anerkennung der bestehenden Glaubens- und Meinungsvielfalt geschuldet, dem von Rawls so genannten „Faktum des Pluralismus"[14].

Dabei darf diese programmatische, metaphysische und philosophische Begrenztheit des Rawlsschen Gerechtigkeitsbegriffs keinesfalls als ein immanenter Mangel seiner Konzeption mißverstanden werden, sondern als bewußt auferlegte *Selbstlimitierung*. Über diese von ihm als „Methode der Vermeidung"[15] pointierte Strategie sagt Rawls:

Wir müssen das Toleranzprinzip auf die Philosophie selbst anwenden. [...] [D]iese Methode [der Vermeidung] [wird] uns vielleicht helfen zu verstehen, wie unter der Voraussetzung des Wunsches nach einer freien und unerzwungenen Übereinkunft ein *öffentliches Einverständnis* erreicht

---

12 Rawls 1994a, 264.
13 Ebd.
14 Vgl. u.a. Rawls 2003b, 106.
15 A.a.O., 265.

werden kann, das mit den historischen Bedingungen und Beschränkungen unserer sozialen Welt vereinbar ist.[16] [Hervorhebungen vom Autor]

Rawls bezeichnet seine Theorie daher selbst als „fundierungs-feindlich".[17] Im Rahmen einer politischen Gerechtigkeitskonzeption, die ihre Legitimität aus der öffentlichen Anerkennung ihrer Bürger beziehen will, ist es nicht nur unnötig, sondern unmöglich, sich auf Aussagen ontologischer oder metaphysischer Art zu berufen.[18] So sind bestimmte moralische oder religiöse Ansichten über Sinn und Zweck menschlicher Existenz ebenso wenig Teil einer politischen Ge-rechtigkeitskonzeption wie metaphysische Theorien oder Lehren über die Natur oder das Wesen der Person.[19] Wir brauchen und dürfen uns statt dessen auf nichts anderes berufen als die Voraussetzungen, über die in einer modernen demokratischen Gesellschaft keine vernünftigen Meinungsverschiedenheiten existieren.[20]. Darunter fällt „die Idee der Gesellschaft als faires Kooperationssystem", die „tief in diese Kultur eingebettet ist"[21], und zwar unabhängig von den spezifischen um-fassenden moralischen oder religiösen Lehren. Auch die Konzeption der Person beschränkt sich dementsprechend auf die politische Idee des Bürgers als eines zur langfristigen sozialen Kooperation fähigen freien und gleichen Beteiligten innerhalb der Gesellschaft. Wenn die Natur oder das Wesen der Dinge – was immer das sein mag – nicht Teil einer politischen Gerechtigkeits- und Gesellschaftskonzeption sein kann, so gilt das auch ausnahmslos für den Wahrheitsbegriff: Aussagen über den Wahrheitsgehalt vernünftiger umfassender Lehren vermeidet die poli-tische Gerechtigkeitskonzeption. Statt dessen beruft sie sich auf die Idee der *öffentlichen Rechtfertigung*, auf die sich Vertreter verschie-dener Wahrheitstheorien auf der Grundlage der Ideale von Freiheit

---

[16] Rawls 2003b, 265.
[17] Vgl. Rawls 2006, 63.
[18] Vgl. Rawls 1994a, 277, Fn. 22.
[19] Zur Personenkonzeption vgl. Rawls 2006, 45.
[20] Vgl. Hinsch 1994, 29.
[21] Rawls 2006, 54.

und Gleichheit verständigen können.[22] Die politische Sphäre ist somit geprägt von einem „Vorrang der Demokratie vor der Philosophie"[23] wie es der Pragmatist Richard Rorty in seinem gleichnamigen Aufsatz über Rawls formuliert. Es geht Rawls nicht um Wahrheit oder das gute und richtige Leben, sondern um die Möglichkeit der selbstbestimmten Existenz des Einzelnen.

Eine politische Gerechtigkeitskonzeption zeichnet sich also durch zumindest drei bereits angesprochene Merkmale aus, die sich ausgehend von den „realistischen" Bedingungen des unhintergehbaren Faktums des Pluralismus' und der Idee des öffentlichen Einverständnisses, ergeben:[24] (1) Die Gerechtigkeitskonzeption bezieht sich auf die Grundstruktur einer demokratischen Gesellschaft, das heißt sie gilt nicht unmittelbar für Gemeinschaften und Verbände innerhalb der Gesellschaft;[25] damit hängt zusammen, (2) daß das Bekenntnis zu einer

---

[22] Vgl. Hinsch, 1994, 29. Rawls weist an verschiedenen Stellen darauf hin, daß seine Gerechtigkeitskonzeption keinesfalls als Ausdruck von Indifferenz oder Skeptizismus verstanden werden darf (u.a. in Rawls 2003a, 244; Rawls 1994b, 312; Rawls 2003b, 137f.; Rawls 2006, 69f.). Denn dies wäre eine unzulässige epistemologische Aussage, die der Akzeptanz der Gerechtigkeitskonzeption durch den Einzelnen als Teil seiner jeweiligen umfassenden Konzeption des Guten zuwiderlaufen würde. Sich auf philosophische Skepsis oder Indifferenz zu berufen, würde bedeuten, sich auf philosophische Ansichten zu stützen, die über die Möglichkeiten einer politischen Gerechtigkeitskonzeption weit hinausgingen und daher von vielen umfassenden durchaus als vernünftig anzusehenden Lehren nicht als Ausdruck eines übergreifenden Konsens (der ja mehr sein soll als ein bloßer *modus vivendi*) akzeptiert werden würden. Politische Gerechtigkeitskonzeptionen müssen daher bestrebt sein, „[…] so weit wie möglich religiöse, philosophische oder moralische Theorien und die mit ihnen verbundenen philosophischen Konzeptionen der Wahrheit und des Status von Werten weder zu bejahen noch zu verneinen." Rawls 1994b, 312.

[23] Vgl. Rorty 2005.

[24] Vgl. hier Rawls 2006, 55f.; Ders. 1994c, 341ff.

[25] In *Eine Theorie der Gerechtigkeit* bezeichnet Rawls die Grundstruktur der Gesellschaft als den „Hauptgegenstand der Gerechtigkeit" (Rawls 2003a, 23). Die Grundstruktur der Gesellschaft besteht für ihn aus den wichtigsten politischen und sozialen Institutionen und der Art und Weise ihrer Funktionen innerhalb

politischen Konzeption nicht an eine spezielle umfassende Lehre gebunden ist; und (3) wird dies großteils dadurch erreicht, daß die politische Gerechtigkeitskonzeption ausschließlich auf Ideen zurückgreift, die in der politischen Kultur demokratischer Gesellschaften enthalten sind.[26]

Diese Beschränkung auf den Bereich des Politischen macht die politische Gerechtigkeitskonzeption zu einer *freistehenden* Konzeption. Das ist für die Idee der realistischen Utopie durchaus von großer Relevanz. Denn eine freistehende Gerechtigkeitskonzeption ist allein auf die Grundstruktur der Gesellschaft beschränkt und stützt sich allein auf allgemeine politische Intuitionen, „[...] ohne sich auf unabhängige nichtpolitische Werte zu beziehen oder solche Werte zu erwähnen."[27] Eine freistehende Gerechtigkeitskonzeption zeichnet sich also dadurch aus, sich in keinerlei Weise auf irgendeinen Teil einer umfassenden (moralischen, philosophischen oder religiösen) Lehre zu

---

der Gesellschaft. Darunter fallen beispielsweise die gesetzliche Sicherung der Gedanken- und Gewissensfreiheit, das Wirtschaftssystem und Privateigentum, als auch die in irgendeiner Form institutionalisierte Familie. Vgl. ebd. sowie Rawls 2006, 33.

Rawls nennt drei Ebenen der Gerechtigkeit: Die lokale Gerechtigkeit, die jeweils für Institutionen und Verbände gilt, z.B. Kirche, Universität, etc. Auf der zweiten Ebene gibt es die Binnengerechtigkeit. Diese gilt für die Grundstruktur der Gesellschaft, auf die sich Rawls großteils beschränkt. Und schließlich auf der äußersten Ebene die globale Gerechtigkeit, die sich auf die Prinzipien des internationalen Rechtswesens bezieht. Die Binnengerechtigkeit der zentralen politischen und sozialen Institutionen, um die es Rawls hier geht, steht dabei im Mittelpunkt. Denn sie beeinflußt sowohl die Ebene der lokalen als auch die der globalen Gerechtigkeit. Dabei schreibt sie besonders auf der lokalen Ebene weniger die Gerechtigkeitsgrundsätze vor, als sie vielmehr in ihrem Sinne zu beschränken. Beispiel Kirche: Ketzer dürfen zwar nach den Standards der Kirche exkommuniziert werden, jedoch dürfen Ketzer nicht verbrannt werden. In diesem Sinne schränkt die Binnengerechtigkeit die lokale Gerechtigkeit z.B. unter Berufung auf die Gewissensfreiheit ein. Vgl. a.a.O., 32ff.

[26] So z.B. die bereits erwähnten Ideen der Gesellschaft als faires Kooperationssystem und des Bürgers als freier und gleicher Person.

[27] A.a.O., 279.

berufen.[28] Vielmehr beruft sie sich einzig auf ihre eigenen politischen „intrinsischen Ideale"[29] (wie sie unter Punkt (3) erwähnt werden). Diese intrinsischen Ideale, als Teil der politischen Kultur demokratischer Gesellschaften, geben Rawls' Konzeption des politischen Liberalismus hauptsächlich sein utopisches Moment. Denn nur so kann der Mangel eines politischen Realismus umgangen werden, kein kritisches Korrektiv zur Verfügung zu stellen. Wäre die Gerechtigkeitskonzeption nicht „freistehend", sondern das Ergebnis eines Kompromisses zwischen den in der Gesellschaft vorhandenen umfassenden Lehren, würde Rawls sein Ziel verfehlen, sich tatsächlich an einem unabhängigen Gerechtigkeitsideal zu orientieren. Es wäre im Gegenteil nichts anderes erreicht als ein temporäres und instabiles Gleichgewicht der Kräfte zwischen den unterschiedlichen umfassenden Lehren. Eine Einigung in diesem Sinne wäre nach Rawls „[...] in der falschen Weise politisch."[30] Es ist das bereits erwähnte grundsätzliche Problem des politischen Realismus: Ein Kompromiß dieser Art hätte zwar eventuell den Vorteil, durchaus als erreichbar und damit auch als praktikabel zu erscheinen. Jedoch wäre dieser Kompromiß nur so lange stabil wie es auch die Machtverhältnisse wären, unter denen er zustande gekommen ist.

Aber damit stellt sich die Frage, wie Rawls die Akzeptanz einer freistehenden Gerechtigkeitskonzeption, die sich durch ihre Unabhängigkeit von bestehenden umfassenden Lehren auszeichnet, gewährleisten will. Wie wahrscheinlich ist es, daß sich eine solche politische Gerechtigkeitskonzeption „aus den richtigen Gründen" durchsetzt und langfristig eine stabile Grundstruktur der Gesellschaft bildet? Einfacher gefragt, wie kann eine freistehende Gerechtigkeitskonzeption die freie Unterstützung der Bürger mit ihren unterschiedlichen Lebensentwürfen gewinnen?

---

[28] Vgl. Rawls 2003b, 40.
[29] A.a.O., 41.
[30] A.a.O, 229; ebenso Rawls 2006, 288.

Für Rawls besteht die realistische Legitimierungsstrategie seiner freistehenden Gerechtigkeitskonzeption darin, daß sie „in den Bereich der Kunst des Möglichen"[31] fallen muß. Sie muß praktikabel sein. Das ist es ja, was eine *realistische Utopie* von einer „naiven" Utopie im Kern unterscheidet. Eine solche kann, so Rawls, „[...] die Welt und die menschliche Natur verdammen, weil diese zu verdorben seien, um sich von den Geboten und Idealen dieser Konzeption motivieren zu lassen."[32] Eine grundlegende Bedingung der *realistischen Utopie* ist dagegen die tatsächliche Möglichkeit langfristiger stabiler Verhältnisse, die durch die freie Unterstützung der Bürger gewährleistet wird. Das wichtigste Merkmal, das eine *realistische Utopie* von einem naiven Utopismus unterscheidet, ist demnach die grundsätzliche Möglichkeit der Bejahung einer politischen Gerechtigkeitskonzeption durch die Bürger, die jedoch ansonsten sich gegenseitig ausschließenden umfassenden Lehren anhängen können. Rawls betont immer wieder, daß diese Fähigkeit, nämlich die der „Stabilität aus den richtigen Gründen"[33], die notwendige realistische Legitimitätsbedingung seiner Utopie darstellt:

Eine Konzeption politischer Legitimität soll eine öffentliche Basis der Rechtfertigung bieten und beruft sich auf die öffentliche Vernunft, das heißt auf freie und gleiche Bürger, die wir als vernünftig und rational betrachten.[34]

Um zu zeigen, daß diese realistische Legitimitätsbedingung nicht selbst eine im abwertenden Sinne „utopische" Idee ist, sondern als Bedingung des Realismus auch tatsächlich im Bereich des Möglichen liegt, führt Rawls in einem weiteren Schritt die Idee eines *übergreifenden Konsenses* ein. Ein solcher übergreifender Konsens soll uns dabei behilflich sein, „[...] in realistischerer Weise zu begreifen [...]",[35] wie eine Gesellschaft von einer freistehenden Gerechtigkeitskonzeption

---

[31] Rawls 2006, 282.
[32] Ebd.
[33] Vgl. u.a. Rawls 2002, 15.
[34] Rawls 2003b, 231.
[35] Rawls 2006, 285; vgl. dazu auch a.a.O., 293ff.

getragen werden kann. Das impliziert keineswegs, daß ein solcher dauerhafter übergreifender Konsens tatsächlich bereits existiert oder jemals von einer gesamten Gesellschaft getragen werden wird.[36] Die realistische Utopie ist nicht deshalb „realistisch“, weil sie einen tatsächlichen geschichtlichen Prozeß zu antizipieren in der Lage wäre. Sie ist realistisch, weil sie den politisch-praktischen Spielraum ausdehnt, und damit den „Bereich der Kunst des Möglichen“ auslotet und erweitert. Die realistische Utopie versucht lediglich aufzuzeigen, daß unter den Bedingungen und Merkmalen einer modernen demokratischen Gesellschaft möglichst gerechte gesellschaftliche Institutionen grundsätzlich möglich sind und auch unter der Prämisse des Faktums des Pluralismus langfristig allgemeine Unterstützung finden können.

Rawls versteht den übergreifenden Konsens als eine Art Schnittmenge ansonsten nicht notwendigerweise miteinander zu vereinbarender umfassender Lehren. Das bedeutet jedoch nicht, daß diese Form der Übereinstimmung für jeden Bürger auch auf den jeweils gleichen Gründen basieren muß: Jeder stimmt innerhalb eines übergreifenden Konsenses den Gerechtigkeitsprinzipien vom Standpunkt der *eigenen* vernünftigen umfassenden Lehre zu. Der Konsens beruht nicht auf einer gemeinsamen, von allen geteilten Lehre – das wäre nicht nur unrealistisch und in einem pejorativen Sinne „utopisch“ (obgleich Rawls' erstes Hauptwerk *Eine Theorie der Gerechtigkeit* eine solche Lesart seiner *Fairneßgerechtigkeit* als umfassende Lehre zumindest nicht grundsätzlich ausgeschlossen hat, wie Rawls in seinen späteren Arbeiten selbst bemängelt), sondern widerspricht geradezu der Idee einer liberalen Gerechtigkeitskonzeption, die sich auf den engen Bereich des Politischen beschränken will und muß. Die Parteien teilen eine gemeinsame politische Konzeption gegenseitiger Toleranz, wobei die politischen Werte der Toleranz, der Gleichheit und Freiheit durch die verschiedensten umfassenden Lehren auch unterschiedlich ethisch

---

[36] Vgl. a.a.O., 70.

begründet werden können.[37] Genau aus dieser Fähigkeit heraus, die politischen Werte der Toleranz aus einer bestimmten Globallehre heraus bejahen zu können, unterscheidet Rawls einen generellen Pluralismus von einem *vernünftigen* Pluralismus, der die Möglichkeit eines übergreifenden Konsenses zuläßt.[38]

Der grundlegende Gedanke der realistischen Utopie, wie ich versucht habe darzustellen, sucht die Grenzen dessen zu definieren, was praktisch-politisch möglich ist; das heißt, weder stellt die realistische Utopie die Frage danach, was politisch am wahrscheinlichsten umsetzbar ist, noch macht sie sich vom politischen *Status quo* in irgendeiner Form abhängig. Vielmehr geht es Rawls mit seiner Idee der

---

[37] Dabei muß dieses Faktum des vernünftigen Pluralismus historisch betrachtet nicht unbedingt als Voraussetzung eines übergreifenden Konsenses verstanden werden. Denn ein solcher kann durchaus auch aus einem *modus vivendi* heraus entstehen, der sich erst sukzessive zu einem übergreifenden Konsens entwickelt. Die moralischen Ideen des Politischen mit ihren Konzeptionen der Toleranz, Freiheit und Gleichheit – vielleicht zunächst aus egoistischen Motiven heraus entstanden – können im Laufe der Zeit die Loyalität der Bürger gewinnen, indem sie diese politischen Werte in ihre umfassenden Lehren integrieren und sie daher aus moralischen Gründen bejahen und als Wert an sich betrachten. Als Beispiel dafür dient Rawls mehrfach der Hinweis auf das politische Ideal der religiösen Toleranz, das sich unter anderem aus den Erfahrungen der europäischen Religionskriege herleiten läßt.

[38] Im Zusammenhang mit dem Begriff des Vernünftigen bei Rawls sei hier lediglich kurz auf die Kontroverse zwischen Universalismus und Kontextualismus hingewiesen: Rawls Hinwendung zum „politischen" Liberalismus wurde zunächst von Philosophen wie Richard Rorty gleichermaßen als eine Hinwendung zum Kontextualismus interpretiert. Als „[…] durch und durch historisch und antiuniversalistisch […]" (Rorty 2005, 91) interpretierte Rorty Rawls Idee des politischen Liberalismus. Dieser rein pragmatischen Lesart seines Liberalismus- und Vernunftbegriffs widerspricht Rawls allerdings später: „Und obwohl eine solche Konzeption nicht für alle Gesellschaften zu allen Zeiten und an allen Orten gilt, ist sie darum nicht schon historistisch oder relativistisch, vielmehr ist sie universalistisch, insofern es möglich ist, sie in angemessener Weise zu einer vernünftigen Gerechtigkeitskonzeption für die Beziehungen zwischen allen Nationen auszuweiten." Rawls 1994c, 358.

realistischen Utopie darum, zu zeigen, daß langfristig stabile und gerechte Verhältnisse innerhalb einer Gesellschaft realistischerweise möglich sind, die nicht auf einem Kompromiß, einem *modus vivendi*, sondern auf der aktiven Zustimmung und Bejahung aller Mitglieder einer demokratischen Gesellschaft beruhen.[39]

2.

In welcher Weise kann eine solche *realistische Utopie* aber überhaupt noch im eigentlichen Sinne utopisch sein? Haben wir es bei Rawls' Utopie-Begriff überhaupt mit einer Utopie in der ursprünglichen Morusschen Lesart zu tun oder steht der Begriff der realistischen Utopie zur Idee der *Utopia*, der die Gattung immerhin ihren Namen verdankt, vielleicht sogar im Widerspruch? Betrachten wir also einige Aspekte des Werkes *Utopia* von Thomas Morus, um der Klärung der Frage näher zu kommen, inwiefern sich diese beiden utopischen Entwürfe von Rawls und Morus – wenn überhaupt – aufeinander beziehen lassen.

Die Schilderung des Staatswesens *Utopia* durch den fiktiven Erzähler Hythlodeus als den Morusschen Idealstaat zu verstehen ist sicherlich zu eindimensional gedacht. Morus als geistigen Urvater entweder kapitalistischer, imperialistischer oder kommunistischer Ideologien zu identifizieren wird der komplexen Struktur des Textes dementsprechend nicht gerecht, wie allein schon diese vielgestaltige wie gegensätzliche Rezeptionsgeschichte deutlich werden läßt. Das Buch läßt offenbar die unterschiedlichsten, ja widersprüchlichsten Lesarten zu. Es darf dabei aber nicht – wie so häufig – der Fehler begangen werden, den *Utopia*-Bericht innerhalb des Werkes isoliert zu betrachten, sondern das Buch muß für eine adäquate Interpretation als

---

[39] Rawls 2002, 22. Dort heißt es: „Der politische Liberalismus mit seinen Ideen einer realistischen Utopie [...] bestreitet, was große Teile des politischen Lebens nahe zu legen scheinen, daß nämlich stabile Verhältnisse [...] niemals mehr sein könnten als ein *modus vivendi*."

Ganzes untersucht werden. Das aber soll und kann hier nicht geschehen. Vielmehr möchte ich die Aufmerksamkeit auf zwei – allerdings durchaus grundlegende – Aspekte richten:

Den ersten und offensichtlicheren Punkt möchte ich hier lediglich andeuten: Die an das Griechische angelehnten Eigennamen innerhalb des gesamten Werkes sind nicht nur ein Indiz für die augenscheinliche Fiktionalität des Textes, sondern schaffen zudem eine ironische Distanz zum Inhalt der Erzählung des Hythlodeus, die den gesamten Text der *Utopia* prägt. Alle Orte und Personen, die in irgendeinem Bezug zur Insel *Utopia* stehen, werden so durch ihre Namensgebung auf der Metaebene des Textes, wenn nicht negiert, so doch zumindest ironisch relativiert.[40] Um nur einige wenige Beispiele zu nennen: *Utopia* als das „Nirgendwo" wird von einem Herrscher namens „Ademus" geführt, was übersetzt so viel bedeutet wie „König Ohne-Volk". Die Hauptstadt liegt am Fluß „Anydrus" – „Wasserlos". *Utopia* ist umgeben von Völkern wie den „Nephelogeten", was übersetzt in etwa so viel bedeutet wie „Leute aus Wolkenkuckucksheim" oder auch den „Alaopoliten", den „Leuten aus dem Staat ohne Leute". Die Liste ließe sich problemlos fortsetzen. Selbst der Erzähler und Augenzeuge Utopias, Hythlodeus, läßt sich – wenig schmeichelhaft – mit „Großmaul" oder „Schwätzer" übersetzen.[41]

Daß es sich bei diesem Werk allerdings um mehr handelt, als lediglich einen intellektuellen Scherz eines gebildeten Humanisten, läßt sich bereits auf dieser Ebene der Eigennamen anhand des Vornamens des Hythlodeus zumindest erahnen: Raphael. Der Engel Rafael gilt in der jüdisch-christlichen Tradition nicht nur als Schutzpatron der Reisenden, sondern spielt zudem eine entscheidende Rolle im apokryphen Buch Tobias, in dem er dessen gleichnamigen Vater von seiner Blindheit erlöst.[42] Rafael (hebr. für „Gott hat geheilt") gilt daher

---

[40] Vgl. Morus, *Utopia*, 122.
[41] Vgl. ebd.
[42] Vgl. a.a.O., S. 124.

zudem als Schutzheiliger der Ärzte und Apotheker. [43] Raphael Hythlodeus, der uns die Geschichten über *Utopia* erzählt, so ließe sich sagen, ist ein Schwätzer, der dennoch versucht, uns mit seinen Phantasmen die Augen zu öffnen, uns also – metaphorisch gesprochen – von unserer (politischen) Blindheit heilt. Der Deutungsrahmen läßt nach einer solchen Lesart eindimensionale Interpretationen nicht mehr ohne weiteres zu: Weder das Betrachten Utopias als wünschenswertes Ideal, noch das Abtun der Erzählung und des gesamten Werkes als intellektuellen Witz werden der *Utopia* gerecht.

Diese Vielschichtigkeit der *Utopia* läßt sich vielleicht wiederum exemplarisch an dem Begriff der „Hoffart" [44] verdeutlichen, dem zweiten Aspekt, auf den ich eingehen möchte. Zwei Dinge lassen sich an diesem Begriff aufzeigen, der zeitgemäß vielleicht mit Hochmut oder Arroganz umschrieben werden kann: die prinzipielle Unrealisierbarkeit des utopischen „Ideals" einerseits und die innere Widersprüchlichkeit des vermeintlichen Idealstaats *Utopia* andererseits.

Die Unrealisierbarkeit wird von Hythlodeus selbst am Ende seiner Rede über das utopische Gemeinwesen zugestanden. So äußert sich Hythlodeus zunächst über die positiven Auswirkungen der Abschaffung des Geldes in *Utopia* folgendermaßen:

Welche Last von Verdrießlichkeiten ist in diesem Staate abgeschüttelt, welche gewaltige Saat von Verbrechen mit der Wurzel ausgerottet, seit dort mit dem Gebrauch des Geldes zugleich die Geldgier gänzlich beseitigt ist. [...] Ja selbst die Armut, deren einziges Übel doch im Geldmangel zu liegen scheint, würde sogleich abnehmen, wenn man das Geld künftig überhaupt beseitigte.[45]

Bereits auf der folgenden Seite offenbart Raphael Hythlodeus jedoch die prinzipielle Unmöglichkeit eines solchen Unterfangens:

Ich möchte auch gar nicht daran zweifeln, daß vielleicht schon längst die ganze Welt zu der Gesetzgebung des Utopierstaates bekehrt worden wäre,

---

[43] Vgl. Bocian 1989, 433.
[44] A.a.O., 146.
[45] A.a.O., 145.

wenn nicht ein teuflisches Laster allein dagegen ankämpfte: das Haupt und der Ursprung allen Unheils, die Hoffart. […] [D]ie Hoffart mißt ihr Glück nicht am eigenen Vorteil, sondern am fremden Unglück. […] Sie wühlt sich, eine höllische Schlange, in die Herzen der Menschen ein, hält sie wie eine Bremse (den Wagen) zurück und hindert sie, wenn sie einen besseren Lebensweg einschlagen wollen. Sie hat sich allzu tief in das Menschenherz eingefressen, als daß sie sich ohne weiteres wieder herausreißen ließe.[46]

In diesen Zitaten zeigt sich ein argumentativer Bruch:[47] Der Beseitigung jedweden gesellschaftlichen Übels, der Gier und der Armut durch Beseitigung des Geldes, stehen in unserer Welt der Hochmut und die Arroganz entgegen. Diese haben sich jedoch, so Hythlodeus, „allzu tief in das Menschenherz eingefressen, als daß sie sich ohne weiteres wieder herausreißen ließe[n]." Sie sind also ein unausrottbarer Teil der menschlichen Natur. Die Abschaffung des Geldes setzt damit aber gewissermaßen schon voraus, was durch diese Abschaffung eigentlich erst erreicht werden soll: Die Idee, das Geld abzuschaffen, um den Hochmut zu eliminieren, scheitert am Hochmut selbst. Damit liegt das Problem allerdings tiefer begründet, nämlich in der menschlichen Natur. Nicht das Geld oder das Eigentum, sondern die Hoffart selbst, der Hochmut, ist die wirkliche Quelle des Übels.[48] Das bedeutet allerdings auch, daß die utopische Gemeinschaft, in der dieser Hochmut nicht existiert, für Morus außerhalb der realen Möglichkeiten menschlicher Handlungsfähigkeit stehen muß. Damit kann *Utopia* für Morus jedoch keinem irgendwie zu verwirklichenden Ideal entsprechen, sondern ist vielmehr als eine Art abstraktes Gedankenexperiment zu verstehen, dem die eigene Unrealisierbarkeit bereits immanent ist.[49] Es kann ausschließlich im „Nirgendwo" existieren.

---

[46] Bocian 1989, 146.

[47] Vgl. Kuon, 1986, 131.

[48] Damit ist Morus aber auch als Vorläufer sozialistischen Gedankenguts unbrauchbar, denn die Mißstände führt er auf die Hoffart selbst und nicht im eigentlichen Sinne auf das Privateigentum zurück. Vgl. Voegelin 1995, 112f.

[49] Vgl. Kuon 1986, 131f.

Dennoch ist die *Utopia* mehr als ein folgenloses abstraktes Gedankenspiel: Gerade das Konstrukt einer Gesellschaft, die nicht realisierbar ist, weil sie den Hochmut aus dem menschlichen Wesen eliminiert, kann als Anklage des Autors Morus an den politischen und gesellschaftlichen Verhältnissen seiner Zeit verstanden werden. Wie Voegelin feststellt, ist das utopische „Ideal" insofern durchaus ernst gemeint, als es die sozialen Mißstände der damaligen Zeit benennt und angreift, die Morus großteils auf den übertriebenen Hochmut und Stolz der Herrschenden und Mächtigen zurückführt. Dennoch kann es dabei keinesfalls als umfassendes sozialreformerisches Pamphlet interpretiert werden, als das es vielfach verstanden wurde und wird.[50]

Die kritisch-ironische Lesart kann des Weiteren durch eine nähere Betrachtung des Hoffart-Begriffs bezüglich der Art und Weise utopischer Kriegsführung untermauert werden. [51] Zu Beginn des Kapitels „Vom Kriegswesen" weist Hythlodeus auf die strikt ablehnende Haltung der Utopier in Bezug auf kriegerische Konfrontationen hin, die sie „[...] aufs höchste als etwas ganz Bestialisches [verabscheuen] [...]."[52] Kriege führen sie daher nur, sofern es sich um „gerechte Kriege" handelt. So sind Kriege beispielsweise gerecht, wenn sie bei heimischem Bevölkerungsüberschuß der Kolonialisierung anderer bereits bewohnter Landstriche dienen. Bereits ansässige Völker haben hierbei das Nachsehen:

Wer sich dagegen weigert, nach ihren Gesetzen zu leben, den vertreiben sie aus den Grenzen, die sie sich selber stecken. Gegen die Widerstrebenden führen sie Krieg. Denn sie halten es für einen gerechten Grund zum Kriege, wenn irgendein Volk ein Stück Boden selber nicht nutzt, [...] sich aber doch weigert, die Nutzung und den Besitz anderer zu überlassen, die nach dem Willen der Natur von dort ihre Nahrung ziehen sollten.[53]

---

[50] Vgl. Voegelin 1995, 108f.
[51] Vgl. teilw. die Ansätze von Voegelin, a.a.O., 116ff.
[52] Morus, *Utopia*, 115.
[53] Morus, *Utopia*, 74.

Die Utopier führen in diesem Sinne nach eigenem Selbstverständnis keine machtstrategischen Expansionskriege, sondern wie Hythlodeus wesentlich später im Verlauf seiner Erzählung darlegt:

Nur einen Zweck verfolgen sie im Kriege: das Ziel zu erreichen, das ihnen schon früher hätte zufallen müssen, um den Krieg überflüssig zu machen; oder wenn das der Natur der Sache nach nicht möglich ist, nehmen sie so strenge Rache an denen, die sie für das Vergehen verantwortlich machen, daß der Schrecken sie einschüchtern muß, künftig dasselbe nicht noch einmal zu wagen.[54]

Die Methoden ihrer Kriegsführung stehen zunächst jedoch in einem befremdlichen Kontrast zu ihrem Anspruch gerechter und gerechtfertigter Kriege, denn ihre kriegerischen Praktiken erscheinen in hohem Maße perfide. Sie bedienen sich des Mittels der Bestechung und versuchen ihre Feinde mit hinterlistigen Tricks gegeneinander auszuspielen, sie zetteln Verschwörungen an und verwickeln die Feinde in Kriege mit deren Nachbarvölkern.[55] Hythlodeus selbst weist sogar auf diese Perfidie und die intrigante Art der Kriegsführung der Utopier hin, wenn er sagt:

Dieser Brauch, den Feind öffentlich auszubieten und zu verkaufen, wird von anderen Völkern als Zeichen einer *entarteten Gesinnung* und grausame Untat verworfen.[56] [Hervorhebungen vom Autor]

Dieser Kontrast zwischen dem rationalen und vermeintlich hehren Ideal des gerechten Krieges einerseits und der „entarteten Gesinnung" ihrer Kriegsführung andererseits ist bei näherer Betrachtung nur ein

---

[54] Morus, *Utopia*, 118. Es werden noch weitere Gründe gerechter Kriege aufgeführt: So helfen sie befreundeten Völkern bei der Verteidigung und bei der Vergeltung von Unrecht oder sie befreien – aus Mitleid – unterdrückte Völker. Vgl. a.a.O., 115ff.

[55] Vgl. a.a.O., 120ff.

[56] A.a.O., 119. Nicht weniger grausam ist der gewissenlose und bigotte Umgang der Utopier mit dem für sie kämpfenden Söldnervolk der Zapoleten, die sie nach den Worten Hythlodeus' für den Krieg regelrecht „mißbrauchen", da sie es als moralisch gerechtfertigt ansehen, „wenn sie den Erdball von diesem Abschaum der Menschheit [...] ganz und gar reinigen könnten." A.a.O., 121f.

vermeintlicher. Denn diese angebliche Diskrepanz ist im Grunde eine nahezu unumgängliche Konsequenz der utopischen Denkweise: Die Utopier können nicht falsch handeln, da ihre Kriege *per definitionem* gerechte Kriege sind.[57] Sie erheben die Erhaltung und Erweiterung ihrer Macht zu allgemeinen Gerechtigkeitsprinzipien. Rachefeldzüge und Kolonisationskriege haben daher ihre Berechtigung, weil sie danach bewertet werden, was den Utopiern ohnehin per Gesetz zusteht. Völker, die sich der Kolonisation und den Gesetzen der Utopier nicht fügen, werden daher berechtigterweise bekämpft. Aus dieser Verabsolutierung utopischer Gerechtigkeitsprinzipien resultiert die „entartete Gesinnung" ihrer Kriegsführung: Der Kampf für den – vermeintlich – gerechten Zweck heiligt die Kriegsmittel der Utopier.[58]

Damit taucht aber die Hoffart, die die Utopier als grundlegende Bedingung ihrer Existenz aus ihrer Gemeinschaft eliminiert haben in veränderter Form in ihrer Außenpolitik wieder auf: Selbstgerecht, machtbewußt und überheblich wirkt die „grausame" Kriegspolitik Utopias.[59] Sie unterscheidet sich damit allerdings in vielen Punkten

---

[57] Vgl. Voegelin 1995, 119.

[58] Diese ironisch-kritische Lesart der utopischen Kriegsführung wird zudem von der Tatsache gestützt, daß Erasmus von Rotterdam, ein enger Freund Morus', der Idee eines „gerechten Krieges" grundsätzlich ablehnend gegenüberstand. So schreibt Erasmus in seiner Flugschrift *Querela Pacis* (dtsch. *Die Klage des Friedens*): „Kaum kann je ein Friede so ungerecht sein, daß er nicht besser wäre als selbst der gerechteste Krieg." (Erasmus von Rotterdam 1985, 80) Denn, so führt Erasmus wenig später aus, „[j]edem schmeichelt sein Beweggrund [...], obwohl der Grund oftmals am ungerechtesten ist, der dem Erzürnten am gerechtesten erscheint." A.a.O., 91. Es scheint mir daher zumindest nicht unwahrscheinlich, daß auch Morus' Einstellung zur Idee des gerechten Krieges eher als kritisch einzuschätzen ist, zumal Morus und Erasmus ursprünglich beabsichtigten, beide — etwa zeitgleich fertiggestellten Werke — in einem gemeinsamen Band zu veröffentlichen. Vgl. Hannemann 1985, 12.

[59] Über das Problem des gerechten Krieges bei den Utopiern schreibt Voegelin: „Diejenigen die nach dem Ideal leben, können nicht falsch handeln: Das Ideal bestimmt über die Gerechtigkeit des Verhaltens derjenigen, die es nicht akzeptieren. Und als eine Konsequenz verbinden die Vertreter des Ideals in

nicht wesentlich von den Handlungsweisen der Mächtigen im damaligen England, die im ersten Buch der *Utopia* einer massiven Kritik unterzogen werden. Dieser starke innere Widerspruch, dieses nahezu schizophrene Verhältnis der Utopier zur Hoffart, wie es sich im Vergleich von Innen- und Außenpolitik des utopischen Staates äußert, kann durchaus als eindeutig kritisch-ironische Relativierung des vermeintlichen Ideals gelesen werden.[60]

Die bisherige Analyse macht zumindest Folgendes deutlich: Die *Utopia* lenkt die Aufmerksamkeit des Lesers auf soziale Mißstände ohne jedoch konkrete Antworten und Lösungsstrategien liefern zu wollen. Die inneren Widersprüche, die Eigennamen, aber auch die diversen Relativierungen innerhalb der *Utopia* sowie der offene Ausgang der gesamten Unterhaltung zwischen Morus und Hythlodeus (auf die hier nicht näher eingegangen wurde) legen insgesamt den Schluß nahe, daß der Autor Thomas Morus nicht ein zu erstrebendes Ideal beschreibt, sondern vielmehr den humanistisch gebildeten Leser zu einer differenzierten Auseinandersetzung treiben will. Dabei ist die eine Seite die wirklichkeitskritische Funktion, die andere die kritische Hinterfragung eines alternativen Gesellschaftsentwurfs. Dieser kann dabei aber nicht als Reformmodell verstanden werden, sondern dient als prinzipiell unrealisierbarer Gegenentwurf lediglich dazu, einen möglichen Diskussionsspielraum zu eröffnen.

---

ihren Personen die Funktion von Partei, Richter und Henker." (Voegelin 1995, 119)

[60] Voegelin erkennt hierin allerdings weniger eine bewußte ironische Brechung des utopischen Ideals als vielmehr – wenn auch nicht eine Ursache – so doch eindeutig einen geistigen Vorläufer totalitärer und imperialistischer Politik (a.a.O., 120f.). Die Idee des gerechten Krieges im utopischen Gemeinwesen ist für Voegelin in all ihrer Bigotterie und Widersprüchlichkeit Ausdruck der „spielerischen Grausamkeit des humanistischen Intellektuellen" (a.a.O., 121). Meines Erachtens wird jedoch die These einer vom Autor gewollt kritisch-ironischen Relativierung des utopischen Ideals sowohl durch den Charakter des gesamten Werkes, wie auch durch die enge Verbindung Morus' zu Erasmus von Rotterdam (s.o. Fn. 59) zumindest gut gestützt.

In diesem Sinne scheint es vielleicht verfehlt, Morus' *Utopia* als grundlegendes Gattungsparadigma der Utopie heranzuziehen. George M. Logan hat bereits Anfang der 1980er Jahre die paradox anmutende Feststellung gemacht, daß obwohl die *Utopia* in gewissem Sinne der Ursprung des Genres der Utopie sei und dieses Genre auch maßgeblich beeinflußt habe, selbst doch nicht als Utopie verstanden werden könne. Der Grund bestehe in dem simplen Umstand, daß die *Utopia* nicht den idealen Staat seines Verfassers widerspiegele, wie es für die utopischen Entwürfe der nachfolgenden Jahrhunderte ein maßgebliches Charakteristikum darstellte.[61]

3.

Soll sich die Rawlssche Utopie dessen ungeachtet dennoch an diesen Kriterien der Morusschen *Utopia* messen lassen, scheint die Frage, wie viel Utopie überhaupt in einer *realistischen Utopie* stecken kann, weiterhin mehr als berechtigt. Es geht bei dieser Frage selbstverständlich weniger um die konkreten inhaltlichen Bestimmungen und Ausdifferenzierungen der jeweiligen utopischen Entwürfe. Vielmehr geht es um die grundsätzliche Intention, die sich hinter den jeweiligen utopischen Konzepten verbirgt.

Aus einer strikten Morusschen Perspektive ist Rawls' Konzeption gewiß keine Utopie. Morus' *Utopia* war niemals als anzustrebendes Ideal zu verstehen; Rawls dagegen versucht uns durch seine abstrakte Konstruktion seiner realistischen Utopie Wege aufzuzeigen, wie eine möglichst gerechte Gesellschaft prinzipiell umsetzbar und praktikabel wäre. Er versucht den „Bereich des politisch-praktisch Möglichen" auszuweiten, indem er das Ideal des Bürgers so aufnimmt, wie es in liberalen demokratischen Staaten verankert ist und ausgehend von diesem politischen Ideal eine möglichst gerechte Gesellschaftsordnung entwirft, die den tatsächlichen Bedingungen unserer sozialen Welt,

---

[61] Vgl. Logan 1983, 269, Fn. 8.

dem Faktum des Pluralismus, Rechnung trägt. Gerade hier unterscheidet sich Rawls in offensichtlicher Weise elementar von Morus: Während es für Rawls' realistische Utopie fundamental ist, den Menschen so zu betrachten, wie er tatsächlich ist, verfolgt Morus genau die entgegengesetzte Strategie. Seinem utopischen Staat liegt ganz bewußt ein nicht verwirklichbares Menschenbild zugrunde. Nach dieser strengen Lesart ist die Rawlssche realistische Utopie mit Morus' *Utopia* also grundsätzlich unvereinbar. Dennoch gibt es grundlegende Gemeinsamkeiten. Denn man könnte sowohl Rawls als auch Morus trotz gegensätzlicher Konzeptionen in gewissem Sinne eine ähnliche Intention unterstellen.

Beide Autoren sind in ihren Utopien auf ihre jeweils eigene Weise sowohl gegenwarts- als auch ideologiekritisch. Rawls' Kritik am *Status quo* zeigt sich daran, daß wir, „[…] Sie und ich, hier und jetzt […]",[62] und das heißt unter für jeden allgemein akzeptierbaren Bedingungen, eine wesentlich gerechtere Gesellschaft ermöglichen könnten als der politische Realismus uns gegenwärtig glauben machen will. Der Ausdruck der „realistischen Utopie" soll zeigen, daß eine – in gewissem Sinne ideologiefreie – gerechtere Gesellschaft, die die Ideale von Freiheit und Gleichheit ernst nimmt, nicht nur logisch denkbar, sondern tatsächlich möglich und stabil sein kann. Auch in dieser Zukunftsperspektive liegt sein utopisches Potential.[63] Morus' Kritik am

---

[62] Rawls 2002, 33.

[63] Vgl. u.a. Rawls 2003b, 61f. Ich stimme daher auch nicht ohne Weiteres mit der Schlußfolgerung von Sven Reisch in diesem Band überein, daß die Utopie, verstanden als gegensätzlicher Gesellschaftsentwurf, überflüssig wird, sobald Rechtstaatlichkeit, Demokratie und Freiheit den unbedingten politischen Rahmen gesellschaftlicher Veränderungsprozesse darstellen. Utopien, verstanden als gegenwartskritische Visionen einer möglichen gerechteren Welt – als „neue Modelle gesellschaftlichen Zusammenlebens" (Reisch) – dem liberalen Kanon Taylors als im gewissen Sinne entgegengesetzt zu betrachten, verkennt das grundsätzliche reformerische Potential der liberalistischen Grundsätze, sofern die Ideen von Freiheit und Gleichheit tatsächlich ernst genommen werden sollten. Auch bei Taylor stellt der liberale Kanon eine starke gegenwartskritische Komponente dar. So schreibt Taylor am Schluß seines Aufsatzes

gesellschaftlichen Bild seiner Zeit äußert sich demgegenüber nicht dadurch, was im Bereich des *Möglichen* ist, sondern er weist auf die Übel und Ungerechtigkeiten Mithilfe eines gesellschaftlichen Gegenentwurfs hin, der von diesen Übeln – vermeintlich – befreit ist.

Wieviel Gemeinschaft braucht die Demokratie?: „Wenn es irgendwie gelänge, die Dilemmas zu lösen, die in dem hier skizzierten Modell steckten, könnte sich die ideale demokratische Gesellschaft vielleicht eines bisher nie erprobten Wirtschaftssystems erfreuen [...] Wird es so etwas je geben? Vielleicht nicht. Ich skizziere hier nur [...] die Richtung, in die wir uns vielleicht bewegen müssen, um eine Form der Demokratie zu bewahren, die lebensfähig, lebendig ist und uns ins 21. Jahrhundert trägt." Taylor 2001, 28f. Taylors hier angedeuteter kapitalismuskritischer Wohlfahrtsstaat scheint mir in seiner Konsequenz durchaus verwandt mit Rawls' Ideen einer Demokratie mit Eigentumsbesitz und dem liberalen Sozialismus zu sein, die er als mögliche Varianten eines gerechten und damit wohlgeordneten Staatswesens dem heute verbreiteten wohlfahrtsstaatlichen Kapitalismus entgegensetzt (vgl. dazu Rawls 2006, 215ff.). Beiden Philosophen geht es meines Erachtens nicht einfach um eine wohlfahrtsstaatliche Umverteilung innerhalb des kapitalistischen Systems zugunsten der ärmeren und Bevölkerungsschichten, sondern vielmehr um eine dezentralisierende Verschiebung der Machtstrukturen auch durch eine Umstrukturierung des Wirtschaftssystems zugunsten größtmöglicher politischer Partizipation der Bürger (Taylor) bzw. zur Durchsetzung und Aufrechterhaltung des fairen Wertes der gleichen politischen Freiheiten (Rawls). In diesem Sinne verfolgen beide Philosophen ein in gewissem Maße utopisches Programm, jedoch sicherlich nicht hinsichtlich eines revolutionären Umsturzes, sondern immer in den Grenzen und im Namen der Ideale von Demokratie, Rechtsstaatlichkeit, Freiheit und Gleichheit des Einzelnen. Man sollte dabei das Veränderungspotential der liberalistischen Prinzipien nicht unterschätzen. Wir leben mitnichten in einer Welt, in der die liberale Theorie und die liberale Praxis auch nur annähernd konvergieren. In diese Richtung geht auch Kymlicka Diagnose, wenn er feststellt, „[...] daß die institutionelle Umsetzung des Liberalismus hinter seiner theoretischen Entwicklung zurückgeblieben ist" (Kymlicka 1997, 92) und ein wenig später (in Bezug auf die egalitär-liberalen Ansätze von Rawls und Dworkin) weiterhin feststellt, „[...] daß die im Sinne des liberalen Gleichheitsideals gerechte Gesellschaft einige ziemlich radikale Ziele enthält", auch wenn „[...] Rawls und Dworkin ausgesprochen reformistisch und nicht revolutionär" (a.a.O., 256, Fn. 9) sind.

Auch ist beiden Entwürfen eine gewisse Ideologie-Kritik gemeinsam, wenn auch auf unterschiedliche Ebenen. Rawls versucht auf der inhaltlichen Ebene eine politische Rahmensituation zu schaffen, innerhalb derer jeder seine persönlichen Ziele verfolgen kann. Seine realistische Utopie ist auch deshalb realistisch, eben weil sie nicht die uneingeschränkte Zustimmung eines jeden Einzelnen zu einer bestimmten umfassenden Lehre voraussetzt. Morus Ideologie-Kritik ist diffiziler, weil sie nicht Teil der Konzeption des utopischen Gemeinwesens ist, das zweifellos einer sehr strengen Ideologie unterworfen ist, sondern sich vielmehr nur mittelbar aus der Form des Gesamtwerkes, also dem dialogischen Aufbau, den Relativierungen und den bewußten Unstimmigkeiten, dem Leser erst auf einer Metaebene des Textes zu erkennen gibt. Der Autor Morus versucht, den herrschenden ideologischen Diskurs zu durchbrechen, indem er einen alternativen, den herrschenden Verhältnissen entgegengesetzten Gesellschaftsentwurf zur Disposition stellt, ohne diesen selbst unbedingt in allen Details zu befürworten oder ihm gar einen moralischen Absolutheitsanspruch zubilligen zu wollen. Es geht Morus folglich weniger um einen konkreten Lösungsvorschlag, als vielmehr darum, den Leser in eine Außenperspektive zu locken,[64] um durch eigene intellektuelle Leistung das Für und Wider bestimmter Ideen und Ideologien abzuwägen, ohne ihm eine bestimmte Sicht der Dinge gleichsam aufoktroyieren zu wollen.

Es existieren also durchaus auch gewisse Gemeinsamkeiten zwischen beiden Utopiekonzepten.[65] Diese Gemeinsamkeiten – das spezifisch

---

[64] Vgl. Kuon 1986, 133.

[65] Es ist selbstverständlich wichtig, beide Werke immer aus dem Kontext ihrer zeitlichen Entstehung heraus zu betrachten und zu verstehen. Morus in der Epoche von Renaissance, Humanismus und der allmählichen Erschließung und Entdeckung neuer Welten, griff den gesellschaftlichen wie intellektuellen Umbruch dieser Zeit auf und setzte die Erfahrungen dieser Zeit literarisch um, indem er die reine Möglichkeit einer grundlegend anderen Gesellschaft in den intellektuellen Diskurs seiner Zeit einbrachte. Heute, fünfhundert Jahre später, sind solche Utopien im Morusschen Sinne weder notwendig noch sinnvoll.

Utopische, was sie auch mit allen anderen Utopien gemeinsam haben – liegt in ihrer Idee der Denkmöglichkeit einer zumindest partiell gerechteren Welt, zunächst einmal gänzlich unabhängig von der Frage ihrer Praktikabilität und Realisierbarkeit. Allen Utopien ist dabei – abgesehen von ihren sonstigen möglichen Intentionen – diese eine Aufgabe gemeinsam. Ob nun solch eine Idee einer gerechteren Welt „mehr Wunsch als Hoffnung"[66] bleibt, wie Morus im Schlußsatz seiner *Utopia* wenig optimistisch vermutet, oder ob dieser Wunsch „[...] nicht länger ein schlichtes Ersehnen [...]"[67] bleibt, „[...] sondern [...] zu einer vernünftigen Hoffnung [wird]"[68], wie Rawls zu Beginn von *Das Recht der Völker* seinen realutopischen Entwurf verstanden wissen will, ist für das allgemeine Verständnis des Begriffs der Utopie, als einem Instrumentarium der Gegenwartskritik und somit als grundsätzlichem Ausdruck der Diskursfähigkeit, zunächst sekundär.

Den Begriff der Utopie daher prinzipiell als Synonym totalitärer Ideologien zu verstehen, wird der Rawlsschen Realutopie ebenso wenig gerecht wie der hier vorgestellten Lesart der Morusschen *Utopia*. Auch wenn ein Zusammenhang von totalitärer Ideologie und utopistischem Entwurf in der Vergangenheit sicherlich häufig nicht abzustreiten ist, so ist dies doch kein konzeptioneller Kritikpunkt an der Idee der Utopie im allgemeinen, zeichnen sich doch gerade Rawls und Morus auf je höchst eigene Art durch ihre Fähigkeit zur Reflexion und der Ablehnung von Deutungshoheit und Absolutheitsanspruch aus und gewiß nicht durch einen „Terror der Ideen"[69], auf den z.B. Joachim Fest das Konzept der Utopie in seinem Buch *Der zerstörte Traum* reduziert. Aber genau diese Dimension des Utopie-Begriffs – das gegenwarts- und ideologiekritische Moment – wird dabei

---

Vielmehr zeigt die Erfahrung mißverstandener Utopien und utopischer Eschatologien die Notwendigkeit von Utopien, die die Freiheit des Individuums als grundsätzliche Prämisse ihrer Realisation verstehen.

[66] Morus, *Utopia*, 148.

[67] Rawls 2002, 25.

[68] Ebd.

[69] Fest 1991, 81.

übersehen und der Begriff damit meines Erachtens auf unzulässige Weise verkürzt. Der Aussage Fests, exemplarisch für eine ganze Reihe utopiekritischer Intellektueller, „[...] ein Leben ohne Utopie [gehöre] zum Preis der Modernität [...]"[70], kann aufgrund der bisherigen Betrachtungen des Utopie-Begriffs nicht mehr ohne weiteres zugestimmt werden.[71]

---

[70] Fest 1991, 98.

[71] Allerdings ist auch Fests Auffassung der Utopie nicht so eindimensional, wie es der vorherige Abschnitt suggerieren mag und auch Fest selbst durch seine über weite Teile anti-utopische Rhetorik befördert. Denn auch für Fest kann die Utopie ihre Unschuld bewahren, sofern sie sich selbst als Märchen oder normsetzende Legende versteht, das heißt solange sie sich aus der Sphäre politischer Gestaltung heraushält (vgl. Fest 1991, 25). Morus' *Utopia* stellt für Fest eine solcherart unschuldige Utopie dar: „Utopia war der Maßstab, nicht die Praxis oder die Menschenwelt, wie sie durch einige Eingriffe herstellbar wäre." (a.a.O., 17) Insofern bin ich sogar der Überzeugung, daß Fest der hier dargestellten Analyse der Morusschen *Utopia* durchaus wohlwollend begegnen würde. Um so unverständlicher erscheint mir allerdings die von Fest gezogene Konsequenz, daß der „utopische Gedanke *als solcher* [...] im Ruin geendet" [Hervorhebungen vom Autor] (a.a.O., 59) habe. Die Gefährlichkeit der Utopie begann folglich mit dem Verlust der notwendigen Distanz zwischen Ideal und Realität, der die Utopie zu einem Vorboten totalitaristischer Systeme werden ließ. Eine *realistische Utopie* im Sinne Rawls', ja die Denkmöglichkeit liberaler Utopien überhaupt, scheinen Fest daher nahezu kontradiktorisch (vgl. a.a.O., 95). Dabei findet sich jedoch ausgerechnet das, was Fest an der Idee der Utopie dabei kritisiert, weil es eben die Vorbedingung totalitärer und inhumaner Systeme ist, ganz bewußt in Rawls' Begriff der realistischen Utopie nicht wieder: Die „anthropologische Blindheit" (a.a.O., 31), das heißt den Menschen nicht in seiner Individualität zu akzeptieren, sondern ihn einem zu erstrebenden Ideal zu unterwerfen, die Zurückstellung der persönlichen Bedürfnisse hinter die Forderungen des Kollektivs als auch die Idee der (notwendigen) historizistischen Entwicklung hin zu einem idealen Endzustand menschlicher Existenz (vgl. a.a.O., 18, 57) – alles das also, was Nagel als „Utopismusproblem" zusammenfaßt (s.o. Fn. 5) – widersprechen explizit Rawls' Konzept einer realistischen Utopie. Das Beispiel der Rawlsschen Utopie zeigt dabei, daß sich das Möglichkeitsspektrum der Utopie nicht rein aus dem engen Gegensatz zwischen folgenlosem märchenhaften Gedankenspiel auf der einen Seite und

Denn was heutige liberale und demokratische Gesellschaften von totalitären Systemen prinzipiell unterscheidet, ist ja genau dieses Recht und die Möglichkeit der kritischen Hinterfragung der gesellschaftlichen Strukturen. Die kontinuierliche Fähigkeit zur Selbstreflexion macht die prinzipielle Stärke freiheitlicher demokratischer Gesellschaften aus. Den Liberalismus als Überwindung der Utopie zu verstehen, würde bedeuten, ihn dieses selbstreflexiven Potentials – wie es sich auf je eigene Weise in Morus *Utopia* und Rawls' Realutopie ausdrückt – zu berauben. Die Befähigung zur kritischen Auseinandersetzung mit gesellschaftlichen Mißständen ist gleichermaßen Voraussetzung und Stabilitätsfaktor eines freiheitlichen und demokratischen Systems. Ausdruck dieser Kritikfähigkeit kann die Utopie ohne Zweifel auch heute noch sein. Dieses Potential, diese gesellschaftliche Relevanz des Utopischen artikulierte Warnfried Dettling prägnant in einem kurzen Satz:

[Utopien] bleiben unverzichtbar als Korrektiv zur gedankentumben Affirmation des Status quo.[72]

---

totalitärer Ideologie auf der anderen Seite zusammensetzen muß, sondern daß die realistische, mithin liberale Utopie als zeitgemäße Form der Utopie ihr gegenwartskritisches Potential gerade auch dadurch erhält, daß die Möglichkeit einer gerechteren Gesellschaft unter der Voraussetzung unserer bestehenden politischen und sozialen Lebensbedingungen grundsätzlich möglich wäre.

[72] Dettling 2007, 66.

Utopie als Vermarktung
Nozicks missbräuchliche Verwendung des Begriffs Utopie für seine libertäre Staatstheorie

Michael Schmidt

In *Anarchie, Staat, Utopia* aus dem Jahre 1974 legte Robert Nozick eine libertäre Staatstheorie dar, die er auch als Utopie verstanden wissen will.[1] Ist nun diese Selbst-Etikettierung berechtigt? Hierzu möchte ich sowohl Nozicks Auffassung von einer Utopie betrachten, als auch nach einem sinnvollen Utopie-Begriff suchen, dem ein als utopisch bezeichneter Text zu genügen hat. Dabei werde ich hauptsächlich den Blick auf Thomas Morus' genre-prototypischen Text über die Insel *Utopia* richten. Neben der Frage, ob Nozicks Staatstheorie als Utopie bezeichnet werden sollte, möchte ich zum Schluß versuchen, eine Antwort auf die Frage zu finden, warum sich Nozick eines Begriffs bedient, der im allgemeinen Sprachgebrauch durchaus nicht immer positiv verstanden wird.

1. Kennzeichen der Utopie in *Anarchie, Staat, Utopia*

Das dritte Kapitel seines Buches *Anarchie, Staat, Utopia* dient Nozick dazu, seine in den vorherigen Kapiteln dargelegte Theorie eines Minimalstaats als Utopie zu bezeichnen sowie darzustellen und den Minimalstaat auf diese Weise erneut als einzig legitime Staatsform zu begründen. Eine Utopie als mögliche Welt ist nach Nozick „[...] in

---

[1] Nozick 2006, 437.

irgendeinem eingeschränkten Sinne, das Beste für uns alle [...]" und „[...] die beste vorstellbare Welt für jeden von uns."[2]

Ob eine mögliche Welt für eine bestimmte Person gut ist, wird bei Nozick an dem Grad festgemacht, in dem jene Welt den Nutzen für die Person maximiert, also ihre subjektiven Präferenzen befriedigt.[3] Als Naturrechte, denen Genüge geleistet werden muß, impliziert Nozick (gemäß seinen Ausführungen in den vorherigen Kapiteln des Buchs) nur das Recht auf Privateigentum Lockescher Prägung (welche das Recht auf den eigenen Körper beinhaltet) als auch ein Vertragsrecht.[4] Wegen der sehr unterschiedlichen Präferenzen, welche Menschen im Allgemeinen besäßen, sei, so Nozick, eine in Rechten und Institutionen ausdifferenzierte Gesellschaft, die den Nutzen für jeden maximiert, unmöglich oder zumindest unwahrscheinlich.[5]

Nozicks Lösung dieses Problems besteht darin, daß er sein vorgestelltes Staatswesen in zwei Ebenen unterteilt: Auf einer unteren Ebene können sich Personen in gegenseitigem Einvernehmen auf eine ihnen genehme Gesellschaftsform einigen und in ihr nach ihren eigenen Regeln und Rechten leben. Durch ein Grundrecht auf Auswanderung in andere Gesellschaftssysteme und das Grundrecht, ebensolche selbst zu gründen, soll dafür gesorgt werden, daß ein jeder in der Gesellschaftsform leben kann, welche er für sich als die beste erachtet. Durch die „Macht der unsichtbaren Hand",[6] also den Marktmechanismus,[7] sieht es Robert Nozick gegeben, daß sich die optimalen

---

[2] Beide Zitate: Nozick 2006, 390.

[3] „Die beste aller möglichen Welten [...] [d]ie Welt, in der ich [...] am liebsten leben möchte." A.a.O., 389.

[4] Vgl. z.B. a.a.O., 435.

[5] Und „[...] selbst wenn es eine für alle und jeden beste Art von [ausdifferenzierter] Gemeinschaft gäbe, sei das dargelegte System [die Nozicksche „Utopie"] das beste Mittel, um die Eigenart dieser Gemeinschaft zu bestimmen." A.a.O., 417.

[6] A.a.O., 421: „Es ist seltsam, daß viele junge Menschen [...] Gleichgewichtsvorgängen und Vorgängen der unsichtbaren Hand [auf denen Nozicks System basiert] negativ gegenüberstehen."

[7] Vgl. a.a.O., 394f.

Gesellschaftsformen durchsetzen werden: Sie alleine könnten ihre Einwohner binden und Einwanderer anziehen. Eine Institution mit Zwangsgewalt auf einer übergeordneten Ebene soll das Recht auf Auswanderung sowie die Eigentumsrechte und Verträge der Gesellschaftssysteme untereinander gewährleisten. Zugespitzt formuliert Nozick:

Utopie ist Meta-Utopie, die Umwelt, in der utopische Versuche ausgeführt werden können; die Umwelt, in der die Menschen die Freiheit haben, sich selbst gemäß zu handeln; die Umwelt, die im wesentlichen erst einmal verwirklicht sein muß, wenn speziellere utopische Visionen dauerhaft verwirklicht werden wollen.[8]

Nozick meint, daß es daher ein Alleinstellungsmerkmal seiner Utopie-Theorie sei, daß sie nicht statisch sei. Sie sei vielmehr durch die freien Gemeinschaften auf der Sub-Ebene variabel und habe daher nicht den Fehler, dem Stillstand ausgeliefert zu sein, den alle anderen Utopien besäßen.

2. Kennzeichen der Utopie im Allgemeinen

Um nun, von Nozicks so genannter Utopie abgesehen, im Allgemeinen zu klären, was eine Utopie ausmacht, bietet es sich an, wegen der ungeheuren Vielfalt von als utopisch bezeichneter Literatur den namensgebenden Text des Genres näher zu untersuchen. Aufgrund der Interpretation von Thomas Morus' *Utopia* und seiner Intention als Autor, kann man einige Kriterien herausarbeiten die als Arbeitshypothesen für eine Definition des Begriffs Utopie gebraucht werden können. Man sollte jedoch die Begriffsdefinition nicht allein an Morus' Arbeit messen, sondern man muß vor allem nach einer für die Kommunikation funktional sinnvollen Definition suchen. Diese Definition soll möglichst alle unstreitig als Utopie anerkannten Werke umfassen,

---

[8] A.a.O., 409.

aber auch klare Grenzen gegenüber anderen Theorieformen oder Werkkonzeptionen haben.

Neben einigen strittigen Punkten bezüglich der *Utopia* Thomas Morus' aus dem Jahre 1516 gibt es auch zahlreiche kennzeichnende Merkmale, die meist nicht bezweifelt werden. Die *Utopia* ist sicherlich ein staatstheoretisches Werk, da es sich neben den zu vernachlässigenden erzählerischen Elementen zu allermeist mit den Staatsorganen und -gesetzen der Gesellschaft des Staatswesens *Utopia* befaßt. Diese Gesellschaft war nicht nur fiktiv, sondern unterschied sich auch prinzipiell im Aufbau von allen bisher umgesetzten Staatsformen. Gleichzeitig kann man sich unter physischen und anthroposoziologischen Gesichtspunkten durchaus vorstellen, daß die fiktive Staatskonzeption mit heutzutage lebenden Menschen prinzipiell realisierbar ist – man kann sich zumindest darüber streiten und es erscheint nicht im Vorhinein abwegig und völlig phantastisch.

Für den Autor und seine Zeit mußte eine Umsetzung der Staatskonzeption in ihrem Lebensumfeld in naher oder mittlerer Zukunft jedoch unerreichbar erscheinen.[9] Morus ging meines Erachtens außerdem davon aus, daß diese Staatskonzeption als mögliches Modell der Wirklichkeit nicht ernst genommen worden wäre, wenn man sie als eine realpolitische Option vorgetragen hätte.[10] Hier erkenne ich die Bedeutung der erzählerischen Elemente des Werks, die eine Möglichkeit eröffnet, das Blickfeld der politischen Diskussion über die Hintertür der Fiktion zu erweitern.[11] Hierfür spricht die Mehrdeutigkeit des Namens der Figur des Haupterzählers Raphael Hythlodeus. Einerseits kann man die Bedeutung des Namens Hythlodeus im Sinne von

---

[9] Morus, *Utopia*, 148.

[10] A.a.O., 41–50.

[11] Morus stellt als Figur des Textes selbst die Forderung auf, man solle unschickliche oder irrwitzig erscheinende aber dennoch berechtigte politische Positionen auf Umwegen bei Hofe einbringen. Vgl. a.a.O., 50.

„Freund der Possen", andererseits aber auch als „Feind der Possen" übersetzen (hierbei beziehe ich mich auf Klaus J. Heinisch).[12]

Der Aufwand, eine fiktive Staatsform über die Hintertür als Diskussionsgrundlage zu etablieren, deutet darauf hin, daß mit der vorgestellten Staatsform die Hoffnung verknüpft ist, sie könnte eine bessere sein als die aktuell oder in vergangen Zeiten etablierten.[13] Hierfür spricht auch die Begriffsdoppeldeutigkeit (ein wiederkehrendes Element bei Morus) des Wortes *Utopia*: Die gegenüber dem Griechischen uneindeutige Sprechweise des ersten Phonems im Englischen läßt einerseits die Deutung als „*Ou-Topos*", also „Nirgendwo", als auch des „*Eu-Topos*", also des „guten Ortes", zu. Dieses Deutungsproblems der Aussprache muß sich der Humanist Morus, der nach eigenen Angaben besser das Griechische als das Lateinische beherrschte,[14] bewußt gewesen sein. Vermutlich wird er es absichtlich hervorgerufen haben, um beide Begriffe seiner fiktiven Staatskonzeption zuzuordnen. Dabei ließ er eventuell bewußt einen gewissen Zweifel an der Deutung des Konzepts als *Eu-Topos*, um die offene Kritik der Figur Morus im Werk und dessen angedeutete Kritikpunkte zu unterstreichen, da er selbst ebenso nicht voll von allen Elementen der utopischen Gemeinschaft überzeugt gewesen sein mag.[15]

Eine allgemeine Definition des Begriffs Utopie größtenteils an den Kriterien der Morusschen *Utopia* anzulehnen, scheint nicht nur aus der Entstehung des Begriffs angebracht, sondern es scheint bei weiterer Betrachtung ebenso funktional. Eine Utopie wäre demnach erstens eine

---

[12] Vgl. Heinisch 1960, 232, 284. Die herkömmliche Übersetzung von Hythlodeus als „Possenreißer" würde zu der Haltung Morus' passen, die Thesen des Hythlodeus würden bei Hofe nicht ernst genommen. Selbst wenn die Thesen es verdienen würden ernstgenommen zu werden, „[...] mag dein [Hythlodeus] Beitrag [in der Diskussion] auch der wertvollere sein." Morus, *Utopia*, 50.

[13] Daß Hythlodeus viele Argumente mit Bezug auf Morus Leben anführt (z.B. die Passage über Ereignisse bei Morton oder über den Umgang mit Narren in Utopia) unterstützt diese Vermutung ebenso.

[14] A.a.O., 9.

[15] Vgl. Morus, *Utopia*, 147.

Staatstheorie, welche eine neue und fiktive Gesellschaftsform beschreibt, die unter physischen und anthropo-soziologischen Gesichtspunkten prinzipiell realisierbar zu sein scheint. Zweitens sollte der Staatsform unterstellt sein, daß sie zu einer gewissen Wahrscheinlichkeit besser sei als alle realen und historischen. Und drittens sollte man, vom Zeitpunkt ihrer Entstehung aus, nicht erwarten können, daß sie in naher Zukunft real umgesetzt werden könnte.

Von dieser Definition wäre daher erstens ein großer Teil der *science fiction*-Literatur, der es hauptsächlich auf Unterhaltung ankommt und die keineswegs als Staatstheorien zu bezeichnen sind, ausgeschlossen. Zweitens wären all jene Staatstheorien ausgeschlossen, die keine offenen Wertungen treffen oder noch nicht einmal Wertungen implizieren. Drittens wären sowohl jegliche Staatstheorien außen vor, die sich mit aktuellen oder vergangenen realen Staatsformen und deren systemimmanenten Veränderungen beschäftigen, als auch jene Theorien, die sich mit fiktiven Staatsformen befassen, welche jedoch in naher Zukunft durchaus realisierbar erscheinen.

3. Ist Nozicks Werk als Utopie zu bezeichnen?

Um nun herauszufinden, ob Nozicks Staatstheorie in *Anarchie, Staat, Utopia* als Utopie zu bezeichnen ist, möchte ich sie an den von mir herausgearbeiteten Kriterien für eine Utopie anlegen.

Nozick selber scheint zwar den Begriff Utopie definitorisch nur mit dem Begriff Idealstaat gleichzusetzen, denn er setzt nicht voraus, daß sie fiktiv ist und sagt ebenso nicht, in welchem zeitlichen Rahmen sie realisiert werden könnte.[16] Doch dies bedeutet noch nicht, daß sein

---

[16] Eine Trennung der Begriffe „Idealstaat" und „Utopie" ist angebracht. Einerseits erheben viele Utopien nicht den Anspruch die bestmögliche Staatsform zu sein, so auch die *Utopia* Morus'. Vgl. Morus, *Utopia*, 141, 147f. Zwar bezeichnet er zu Anfang seines Buches die Staatsverfassung *Utopias* als die „beste Staatsverfassung" (a.a.O., Titelblatt), meint dies wahrscheinlich aber im Rahmen seiner Fiktion im Sinne von „die beste der aktuell etablierten Verfassungen". Und

Text nicht doch die Kriterien erfüllt und von außen als Utopie bezeichnet werden kann.[17]

Nozick sieht seine Schrift *Anarchie, Staat, Utopia* mit Sicherheit als ein staatstheoretisches Werk. Dafür beschäftigt er sich aber recht wenig mit den Problemen bei der Ausgestaltung der Institutionen des Staatswesens.[18] Allein auf diesen Einwand hin, über den man sicherlich streiten kann, sollte man aber Nozicks Text den Status einer Utopie nicht aberkennen. Da mit der Verwendung des Begriffs „Idealstaat" immer eine positive Wertung verknüpft ist und Nozick „Utopie" und „Idealstaat" gleichsetzt, bewertet er seine als utopisch bezeichnete Theorie positiv. Damit ist das zweite Kriterium meiner Utopie-Definition erfüllt.

Es bleibt die Frage, ob Robert Nozick eine fiktive und in naher Zukunft nicht umsetzbare Gesellschaftsform beschrieben hat: Meines Erachtens hat er dies nicht getan.[19] Seine Minimalstaatskonzeption, die viele unterschiedliche Sub-Gemeinschaften zuläßt, ist auf die Welt-ebene bezogen. Und dort existieren im beginnenden 21. Jahrhundert von Kuba bis Liechtenstein die unterschiedlichsten kleinen Gemein-schaften und supranational bestenfalls eine Art „Ultra-Minimalstaat",

---

ebenso sind andererseits aktuelle oder auch vergangene Staatsformen schon oft als Idealstaatsformen angesehen worden.

[17] Dies gilt unter anderem auch deshalb, weil die Begriffe „Idealstaat" und „Utopie" nach meiner Definition eine interessante Schnittmenge haben, die man als „Idealstaats-Utopien" bezeichnen könnte.

[18] Beispielsw. gesteht er zwar ein, daß die Ausgestaltung der Meta-Kontrollinstanz seiner Theorie viele schwerwiegende Probleme aufwirft, teilt uns aber auch nicht einmal im Ansatz einen Lösungsansatz mit. Vgl. Nozick 2006, 432 f.

[19] Die von Nozick unterstellte Variabilität seiner Utopie stellt für diese Frage kein Problem dar, da sie auf einer vereinfachten Darstellung Nozicks basiert, die schon an seiner verschwommenen Formulierung der „Meta-Utopie" negativ auffiel. Die staatstheoretisch einzig relevante Ebene seiner Theorie, die sogenannte Meta-Ebene seiner Gesellschaftskonzeption, ist statisch. Dies sieht Nozick selbst auch: „Solange man sich darüber im klaren ist, auf welch *allgemeiner* Ebene die Starrheit [der Staatskonzeption] [...] liegt [...]." A.a.O., 435.

welcher in Form der Vereinten Nationen (VN) und der Welt-
handelsorganisation (World Trade Organiszation; abgek. WTO)
größtenteils die Funktionen erfüllt, welche in Nozicks Konzeption
verlangt werden, nämlich: vornehmlich die Einhaltung des weltweiten
Friedens und die Gewährleistung internationaler Eigentumsansprüche.
Soziale und umverteilende Funktionen, welche Nozick ablehnt, sind
zur Zeit nicht gegeben, wenngleich der Anspruch der VN, die
Menschenrechte international durchzusetzen, weit über die Befugnisse
von Nozicks umrissenem Meta-Kontrollorgan hinausgeht. Viele der
Probleme der Staatskonzeption Nozicks, für die er keine Lösung
anbieten kann, die er jedoch teilweise selbst anspricht, zeigen sich
ebenso in unserer realen Weltordnung.[20]
Sicherlich ist Nozicks Gebilde keine vollständig korrekte Abbildung
der derzeitigen Umstände. Den notwendigen Änderungen hierfür steht
aber jedoch – soweit Nozicks Ideen überhaupt umsetzbar sind – nicht
so viel im Wege, als daß die politische Konzeption in näherer Zukunft
gänzlich unmöglich erschiene. Aufgrund dieses dritten und letzten
Punktes kann ich Nozicks Staatstheorie nicht als Utopie bezeichnen.
Für mich stellt sie vielmehr aufgrund ihrer Aktualität eine realpolitische libertäre (Ideal-) Staatstheorie dar, die sich auf die Weltebene
bezieht.

4. Warum hat Nozick den Anspruch erhoben eine Utopie formuliert zu haben? Versuch einer Interpretation

Nozick definiert die Utopie genau so wie den Idealstaat. Deshalb ist es
sicherlich verständlich, wenn er glaubt eine Utopie formuliert zu haben. Doch Nozick zeigt uns zu Anfang des 3. Kapitels von *Anarchie,
Staat, Utopia* noch einen anderen Grund dafür auf, warum sein Text als
eine Utopie betrachtet werden soll. Er wünscht sich für seine

---

[20] Beispielsweise die schwerwiegende Beeinflussung der VN durch mächtige Mit-
gliedstaaten sowie die teils mangelhafte Durchsetzung der Resolutionen der
Weltgemeinschaft.

Staatstheorie die Ausstrahlungskraft der Utopie und stellt deshalb die rhetorische Frage:

> [...] [F]ehlt der Idee oder dem Ideal des Minimalstaats nicht jeder Glanz? Kann sie das Herz höher schlagen lassen oder Menschen zu Kampf oder Opfern anfeuern? Würde irgend jemand Barrikaden unter seiner Flagge errichten? Er erscheint als blaß und kraftlos im Vergleich mit – um den stärksten Gegensatz zu nehmen – den Hoffnungen und Träumen der utopistischen Theoretiker. Was auch immer seine Vorzüge sein mögen, es scheint klar, daß der Minimalstaat keine Utopie ist.[21]

Dies sagt er, um dann wortreich nachzuweisen, daß sein Minimalstaat eben doch eine Utopie sei, für die es sich zu kämpfen lohne. So heißt es ganz am Schluß in Nozicks Buch apodiktisch: „Das beschriebene System für die Utopie entspricht dem Minimalstaat."[22] Und weiterhin wirft er dort als rhetorische Frage ausblickend auf: „Ist der Minimalstaat, das System für die Utopie, nicht eine begeisternde Vision?"[23]

Es entbehrt nicht einer gewissen Ironie, wenn sich marktradikale Libertäre die massenhafte Unterstützung ihrer Theorie davon erhoffen, daß sie als Utopie vermarktet wird, obwohl sie wissen (oder zumindest ahnen müßten), daß die Massen von ihrer sogenannten Utopie nicht profitieren würden.[24]

---

[21] Nozick 2006, 389.
[22] A.a.O., 437.
[23] A.a.O., 437.
[24] Zu diesem Schluß muß man auch angesichts der die Weltebene heute dominierenden „neoliberalen" Politik kommen, da eine unwahrscheinlich große Kluft zwischen massenhafter Armut und elitärem Reichtum auf der Weltebene herrscht. Fakt ist, daß Nozick die Menschen von der Pflicht zur Solidarität entbindet, die Menschenrechte nicht beachtet, aber das Eigentumsrecht um jeden Preis strikt durchsetzen will.

Der Blick von *Utopia*

„Utopismusproblem" und „Ideal" bei Thomas Nagel

Wolf Rüttinger

Thomas Morus hat 1516, sozusagen an der „Epochenschwelle" vom ausgehenden Mittelalter zur frühen Neuzeit, mit seiner Schrift *Utopia* einen Begriff in das Denken Europas eingeführt, der sich bis heute in seiner schillernden Unbestimmtheit als Bezeichnung für sehr vieles erhalten hat. Konkreter, aber nicht ohne verbleibende Ambiguitäten, wurde mit ihm zumeist dann verfahren, wenn er gemäß ihres vollständigen Titels auf Staatsverfassungen – genauer auf die Idee einer „besten Staatsverfassung" – angewandt wurde.[1]

1. *Utopia* - (k)eine heile Welt?

Abgesehen von der Darstellung eines solchen Konzeptes im Rahmen einer „kurzweiligen" Geschichte, welche der Autor in Form eines fingierten Dialogs zwischen ihm und einem weitgereisten Besucher „Utopias" im zweiten Buch präsentiert, läßt sich diese Mehrdeutigkeit sehr gut auch an dem Wort „heilsam" (lateinisch *salutaris*) festmachen, da das Buch *Utopia*, wie der Verfasser ankündigt, *„libellus vere aureus,*

---

[1] Mit seiner Künstlichkeit weist er sowohl geographisch als auch konzeptionell über Europa bzw. über das „europäische Denken" seiner Zeit hinaus und zugleich, vermittels der Spekulationen über die Möglichkeiten einer „Neuen Welt", zurück auf eine seiner originellsten Quellen: Platons *Politeia*. Liegt *Utopia* jenseits der Ozeane, in weiter Ferne, in einem zeitlosen Nirgendwo der reinen Ideen? Morus scheint es bewußt darauf angelegt zu haben, auch aus einem anderen „Horizont" als dem seinen die Phantasie anzuregen.

nec minus salutaris quam festivus" sei. Was aber an dieser Geschichte ist heilsam? Wovon soll geheilt werden und wie? Geht es um die Vision einer „heilen Welt", die durch die Gesetze und Einrichtungen der utopischen Insel plastisch vermittelt werden soll? Ausgehend von der Überlegung, daß zu Zeiten der Entstehung von *Utopia* gerade ein Kirchenmann und Politiker wie Morus mit dem Begriff des „Heils" (lateinisch *salus*) schwerlich nur in unernster Absicht [2] verfahren konnte, soll hier zunächst dieser Aspekt aufgegriffen werden, um im Anschluß daran die Sichtweise des amerikanischen Philosophen Thomas Nagel unter dem Gesichtspunkt zu konsultieren, ob wir heute überhaupt noch Utopien brauchen, um in der Lage zu sein, neue, „zukunftsfähige" Modelle der politischen Organisation einer Gesellschaft zu entwerfen. Dies ist eine der zentralen Fragestellungen, die in der Beschreibung des hier zu behandelnden Themenspektrums rund um das „Genre der Utopie in der politischen Philosophie" aufgeworfen sind.[3] Ich möchte mit meinen Ausführungen darlegen, daß in Thomas Nagels politischer Philosophie ein kritisches Utopieverständnis vorherrscht und aufzeigen was er zugleich als ein *notwendiges moralisches Konzept* statt dessen an die Stelle eines wie auch immer zu interpretierenden „Heilsversprechens" setzt, – nämlich: Gleichheit und moralische Arbeitsteilung in einer liberalen Vernunftgesellschaft.

1.1 Thomas Morus – die Macht, das Andere zu denken

Thomas Morus, der „klassische" Denker des Utopischen, diagnostiziert eine große Unzufriedenheit in und mit der bekannten

---

[2] Es sei denn man ginge davon aus, daß es gerade seine Absicht war, das Unmögliche, Lächerliche und vor allem Anmaßende an der Vorstellung von einem solchen Staatsmodell aufzuweisen, in dem die traditionell gewachsenen Güter- und Standesverhältnisse scheinbar durch menschliches Planen und die vernünftige Einwilligung aller abgeschafft und durch eine endgültig beste Ordnung ersetzt werden konnten.

[3] Hierzu paßt aber auch keine Lesart von *Utopia* als „Erbauungsbuch".

Gesellschaft – das heißt er registriert und analysiert sie zugleich: Müssen manche Menschen wirklich so leben? Sie sollten so nicht leben müssen! Hierin hat die Argumentation seines literarischen Gegenübers ihren harten Kern und kann somit ihre appellative Kraft aus dem Umstand gewinnen, daß sich Leid und Mitleid ihrerseits keiner intuitiven Kritik ausgesetzt sehen: Man findet die Zustände entweder abscheulich, oder man kennt sie eben nicht gut genug. Morus selbst war schon aufgrund seiner Bildung und seiner Tätigkeiten über die herrschenden sozialen, ökonomischen und politischen Verhältnisse mit Sicherheit sehr gut informiert. Allerdings hatte er, der diesen Dialog ja nur „wahrheitsgetreu nacherzählen" möchte, sich persönlich mit der Verteilung von Ämtern und Würden ganz gut zu arrangieren gewußt.[4]

Dennoch: Nimmt man den Autor beim Wort, so geht er im ersten Teil von *Utopia* mit seiner Herkunftsgesellschaft schonungslos ins Gericht und vollzieht dabei den gedanklichen Bruch mit jeder leichtfertigen Einwilligung in die bestehenden Verhältnisse. Das ermöglicht es ihm, eine neue Skala der Angemessenheit solcher Verhältnisse an die körperlichen und geistigen Bedingungen von Zufriedenheit einzuführen. An ihr bemißt sich auch der allgemeine Wert[5]

---

[4] Vgl. zu diesem Spannungsverhältnis Saage 2006, 15ff.

[5] Nun könnte man die Abhängigkeit des Wertes allerdings auch wegen des Hinweises auf die graecophile Neigung des Hythlodeus und die Andeutung „[...] wenigstens segelt er nicht als Palinurus [Anm.: Er wird also nicht als Träumer dargestellt!], sondern als Ulysses oder gar Plato" (Morus, *Utopia*, 17) in umgekehrter Richtung auf die Angemessenheit bestimmter Lebensformen *für* die Sicherung eines idealen Staatsmodells beziehen. Dies beispielsweise unter Verweis auf eine einschlägige Stelle der *Politeia* Platons: „Da hast Du nun wieder vergessen mein Freund", sprach ich, „daß das Gesetz sich nicht darum sorgt, ob ein einziger Stand sich im Staat besonders wohl fühlt; sondern es will diesen Zustand im ganzen Staat verwirklichen, indem es die Bürger durch Zuspruch und Zwang aufeinander abstimmt, sie untereinander an dem Nutzen teilhaben läßt, den jeder einzelne dem Staat zu leisten fähig ist, und sich Männer solcher Art im Staate schafft, nicht um sie für sich dann nach ihrem Willen leben zu lassen, sondern um sie für den Zusammenhalt des Staates zu verwenden." Platon 2001, 519e–520a, 334. Die Männer, die hier gemeint sind, sind solche, die

der Schaffung und Aufrechterhaltung einer produktiven Soli-
dargemeinschaft, welche sich an erster Stelle auf die aktive Teilhabe
ihrer Mitglieder gründet. Damit entwirft Morus das moralische Gerüst
einer Utopie für alle. Für diese Utopie hat nach der genannten Voraussetzung zu gelten, daß ihre Realisierung nicht einfach so eintritt, sondern aus kluger Überlegung heraus von allen Teilen der Gesellschaft
gleich tatkräftig ins Werk gesetzt und einhellig angenommen werden
muß, wenn sie einen Platz in der Geschichte haben soll.[6]

Übertrüge man diesen normativen Entwurf auf eine reale Gesellschaftsstruktur ergäben sich neben durchaus verlockenden Perspektiven, etwa was die Effizienz der Arbeitsleistung angeht, immer
zugleich auch ethische Komplikationen: Sollte „man" es sich –
abgesehen von allen begründeten Zweifeln an der Machbarkeit –
überhaupt wünschen wie auf einer Insel *Utopia* zu leben? Es darf bzw.
kann hier schließlich *aus übergeordneten Gründen* z.B. kein Platz für
Menschen mit einem ausgeprägt individualistischen Lebensentwurf
geben und gerade dies bleibt trotz des hier noch rein fiktiven Charakters der Geschichte einer solchen Menschengemeinschaft ein höchst
bedenklicher Gedanke; verbirgt sich doch dahinter drohend-
wirkmächtig der für manche später aufkommenden Denkströmungen
inspirierende Ansatz, es lasse sich vom Standpunkt eines (wenn nur
richtig konzipierten) kollektivistischen Ideals mit einem alle individuellen Lebensziele quasi überbietenden *natürlichen Recht eines
solchen Aggregats* für eine durchgreifenden Beseitigung „überflüssiger"
Ideen des Guten der Weg sozusagen frei machen zu einer wahrhaft
gerechten Gesellschaft. Eine solche Dialektik verschleiert natürlich

---

den „Aufstieg" zur Philosophie gegangen sind. Wenn sogar sie sich der
Staatsordnung freiwillig unterordneten, könnte wohl niemand sagen, es gäbe
gute Gründe, ihr zu widersprechen – so werden sie, die Intellektuellen, für den
Zusammenhalt verwendet oder verwenden sich selbst dazu. Wie wäre vor
diesem Hintergrund die Weigerung des Hythlodeus, sich den Mächtigen und
dem Gesetz anzudienen, zu interpretieren?

[6] Vgl. Morus, *Utopia*, 69f.

selbst nur fadenscheinig die historische Kontingenz solcher Gründe – vor allem ihre Anfechtbarkeiten seitens der Subjekte, die sie negieren.

Vor diesem Hintergrund ist zu sehen, wie die im zweiten Buch von Hythlodeus dargelegte Staatsverfassung alle Lebensverhältnisse in einen übergreifenden Ordnungszusammenhang integriert,[7] der einem doppelten Diktat von individueller Vernünftigkeit und Gemeinsinn gehorchend funktionieren soll: Nur die bedingungslos auf Gemeineigentum abgestimmte Staatsform der „Utopier" entspreche mit dem in ihr praktizierten nahtlosen Ineinandergreifen staatlich-sozialer Planungs- und Kontrollinstanzen ganz dem Ideal, wonach der Gesamtheit der natürlichen Bedürfnissen des Menschen am besten dadurch gerecht zu werden ist, daß man alles zu ihrer Befriedigung Erforderliche im Dienste eines – gerade deshalb friedlichen und prosperierenden – Gemeinwesens verrichtet. Kurz: Was die Gesellschaft billigerweise von ihren Mitgliedern einfordert, benutzt der Staat, um alle gleich gut zu versorgen. Die aufgeführten Institutionen wirken so für sich genommen harmonisch; dies verdankt sich aber letztlich nur ihrem dogmatisch verordneten Zusammenwirken, welches als Ausdruck des höchsten egalitären Interesses alle nachrangigen in die Schranken weist respektive alle „schadhaften" systematisch eliminiert. Am Ende resümiert der Erzähler darüber:

Ich habe Euch so wahrheitsgemäß, als mir möglich war, die Form dieses Staates beschrieben, der nach meiner festen Überzeugung der beste, ja der

---

[7] Es finden sich dort solche für so disparate Bereiche wie den städtischen Aufbau und die Gemeindeordnungen, Funktionen der Obrigkeiten, Bestimmungen für das Handwerk, soziokulturelle Vorkehrungen bzw. Routinen im häuslichen und öffentlichen Leben sowie für Reisen, Diplomatie und Formen des interkulturellen Austauschs, die Sklavenhaltung, das Kriegswesen und religiöse Anschauungen. *Pars pro toto* sei dazu auf die folgende Stelle verwiesen: „[...] überall sieht die Öffentlichkeit dem einzelnen zu und zwingt ihn zu der gewohnten Arbeit und zur Ehrbarkeit beim Vergnügen. Aus solcher Lebensführung des Volkes muß notwendig Überfluß an allen Lebensbedürfnissen folgen, und da dieser Überfluß gleichmäßig allen zugute kommt, ist es ganz natürlich, daß es Arme oder gar Bettler nicht geben kann." A.a.O., 80.

einzige ist, der mit Recht den Namen eines staatlichen „Gemeinwesens" für sich beanspruchen kann. Denn wer anderswo vom „Gemeinwohl" spricht, denkt doch überall nur an seinen Privatvorteil; hier dagegen, wo es kein Privateigentum gibt, betreibt man ernsthaft die Interessen der Allgemeinheit. Und gewiß geschieht beides mit Recht. Denn wer wüßte nicht, daß er anderswo als in Utopien trotz noch so großer Blüte des Staates für seine Person Hungers sterben muß, wenn er nicht für seinen Sondernutzen sorgt?[8]

1.2 Posse oder Streitschrift?

Die Frage bleibt zu allererst berechtigt, von wessen Warte aus gesehen die beschriebene Nivellierung der gesellschaftlichen Verhältnisse alleine schon von unbestreitbar hohem Wert sein könnte und wie man diesem Wunsch begegnen soll. Macht sich Morus denn nicht gerade zum Anwalt all derer, die durch strukturelle Gewalt tatsächlich jeder Aussicht auf ein menschenwürdiges Auskommen beraubt sind und welche ihre unverschuldete Zwangslage gegen jede Strafandrohung zum Überschreiten der Gesetze treibt? Doch, aber nur insofern, als er die Determinanten der Mißstände aufdeckt, die in jedem fairen Prozeß Gehör finden sollten. Und daß gerade dieses Recht unter der herrschenden Praxis seiner Zeit nicht gewährleistet ist, macht Morus durchaus anschaulich geltend. Auf was zielt dann aber die inszenierte Gegenüberstellung mit den Sitten und Rechtsgepflogenheiten in einem nirgendwo verorteten Staatsgebilde ab, wenn davon keine andere Rechtfertigung zu erwarten ist als die, daß Menschen, denen für das herrschende Ordnungsgefüge die nötige Achtung bereits abhanden gekommen ist und deren „Wert" und Selbstachtung schon unter den des Viehs gesunken ist, „dort drüben" ein ihnen just in ihrer jetzigen Lage angemessener erscheinendes Ideal vorfänden? Man könnte das, ohne zu übertreiben, als Symptom einer moralischen Krankheit bezeichnen, die sicher nicht den Betroffenen allein anzulasten ist.

---

[8]   Morus, *Utopia*, 142.

Würden diese Folgen der sozialen Schieflage – als verständliche Quelle der Unzufriedenheit und schlimme Dysfunktion des Staatswesens – nicht zumindest vom Utopisten Hythlodeus selbst als etwas angesehen, das vernünftige Personen aus Eigeninteresse für jede annehmbare Konzeption von Gerechtigkeit behoben sehen wollten, dann wären seine Überlegungen allesamt müßig oder, schlimmer noch, zynisch. Auf der anderen Seite läßt sich der im Dialog nicht mehr zur Sprache gebrachten Reaktion des Ich-Erzählers Morus am Ende unschwer ein grundsätzlicher Zweifel entnehmen: Sind wir mit dem geschilderten Zuschnitt der utopischen Gesellschaft mit einem Idealzustand konfrontiert, den eine relativ freie und vernunftorientierte Bürgerschaft sich lieber als jeden anderen zur Grundlage ihrer Gesetzgebung aussuchte?[9] Vielleicht erfordert gerade dieser „Doppelaspekt" auch eine Art Doppelstrategie des Autors, welche die disparaten Seiten mit ihrem jeweiligen Blickwinkel „von unten" und „von oben" auf das Gemeinsame der Problemsituation hinweist. Wozu verhilft man Menschen, die an ihrem sozialen Elend leiden, indem man ihnen die Geschichte einer Insel „Utopia" erzählt, auf welcher die Not der Armen ein Ende gefunden hat – unter weitgehender Preisgabe individueller Freiheiten, von denen sie, die Verarmten, faktisch kaum oder gar keinen Gebrauch machen können? Hythlodeus artikuliert auf intellektuell ansprechende Weise, was den Randständigen der Gesellschaft, denen oft nur noch der Weg in die Kriminalität und damit an den Galgen bleibt, wie ein billiger und gangbarer Weg in ein diesseitiges Paradies erscheinen muß. Gleichzeitig verweigert er sich selbst jedem Dienst als „Politikberater" unter Verweis auf seine eigene Freiheit. Der direkte Vorwurf gegenüber einem so verantwortungs-losen „Schwätzer" könnte wie folgt lauten: Hilft man denn not-leidenden Menschen überhaupt, indem man ihnen etwas über

---

[9] Vgl. a.a.O, 147; ebenso den fast gleichlautenden Einwand, den Thomas Nagel als eine Möglichkeit der Rechtfertigung gewisser Ungleichheiten seiner eigenen Befürwortung von rationalem Streben nach ökonomisch-sozialer Gleichheit im Kapitel über „Ungleichheit" entgegenhält. Vgl. Nagel 1994, 190ff.

unvergleichlich viel „glücklichere" *alter egos* in einem phantastischen Land erzählt und minutiös beschreibt, wozu ihre schafsmäßige Haltung sie dort befähigt?

1.3 Vernünftige Mahnung im Gewand eines „Narrenmärchens" vom besseren Leben

In der Tat müßte, wer sich hierbei nicht dem berechtigten Vorwurf heuchlerischer Augenwischerei aussetzen möchte, mit bestem Wissen und Gewissen davon ausgehen, daß seine Ausführungen – und sei es, daß er sich damit nur in rhetorischer Form an das *Establishment* richtet, das die herrschenden Verhältnisse für ebenso einträglich wie schicksalhaft, und die Gesellschaft in ihren Grundfesten gesichert hält – einen „heilsamen" Effekt haben können. Man übersähe also einen offensichtlich pragmatisch motivierten Aspekt, wenn man am Bild von Thomas Morus als einem großen Humanisten festhalten will: daß sich etwas so Ungeheuerliches in einer so „lässig-schlichten Sprache" erzählen, sich die Hoffnung vieler zu kurz Gekommener auf einen – wenngleich vom realpolitischen Standpunkt phantastisch anmutenden – einzigen großen Nenner bringen läßt. Die implizite Warnung wäre dann im übertragenen Sinne wohl diese: „Seht her, wie leicht es in Zeiten wie heute sein kann, unter Rückgriff auf bereits vorhandenes Gedankengut eine Vision auszubuchstabieren, die trotz aller Ungereimtheiten eine hinreichende Faszinationskraft haben könnte, – und der Bürgerkrieg in Cornwall ist nicht lange her!"

Der Utopist in der Geschichte muß diese Spannung „erzeugen" und dazu die Attraktivität eines derartig radikalen Umdenkens so anschaulich und zielgruppengerecht wie möglichen machen, das heißt ein scharf konturiertes Bild einer alternativen Gesellschaftsform zeichnen, die seiner ursprünglichen Kritik nun ihrerseits standhält. Er tut dies, indem er aufzählt, wie sich *im Rahmen eines einzigen geschlossenen Gesellschaftsmodells* für jeden defizitären Bereich eine aus Sicht der Angesprochenen begründete Alternative darstellen läßt. Dieses Vorgehen verleiht seiner Kritik doppeltes Gewicht. Hätte er damit doch gezeigt, daß alle bisherigen Ungleichbehandlungen weder sozioökonomisch zwingend erforderlich (und aus diesem Grund *von allen* zu bejahen) sind, noch für sinnvoll erachtet werden müssen – schließlich sorgen sie für eine aufreibende Konkurrenz zwischen Individuen, die unter anderen Umständen zum allseitigen Nutzen kooperieren könnten. Sich solche Bedingungen zu wünschen kann doch nicht irrational sein?!

Entscheidend ist jedoch die unmittelbar daran anschließende Frage nach der Zumutbarkeit der Konsequenzen eines so umfassenden Gedankenexperiments: Welche praktischen Schlüsse sollen seine Adressaten ziehen? Welche der für eine in der angedachten Art zur Umgestaltung der gesamten gesellschaftlichen Ordnung als erforderlich ausgewiesenen Handlungsweisen entgegen jeder Gewohnheit als vernünftig annehmen? Alle institutionellen Umstellungen sollen aus der Sicht jedes einzelnen Individuums akzeptabel erscheinen, da nur Verzichtbares für die in *Utopia* verwirklichte Staatsverfassung aufgegeben zu werden bräuchte. Im Gegenzug erhielten alle die Möglichkeit zu gleichem Wohlstand bei mehr oder weniger gleicher Arbeitsleistung. Aber könnte menschliches Glück denn tatsächlich so aussehen?

Die Frage, wie sich die Bewohner von *Utopia* darin selbst erleben, erschließt Morus seinen Lesern indirekt mittels der Charakterisierung des Ordnungsgefüges, das sich in diesem fiktiven Staat über alle Lebensbereiche erstreckt und wie von einer einzigen, kollektiven Vernunft getragen erscheint. Zuschnitt und Akzeptanz der utopischen Institutionen seitens ihrer Mitglieder rühren jeweils von der Vorstellung her, daß Menschen, die einmal erkannt haben, wozu einträchtiges Handeln sie befähigt, auch motiviert sind, nicht nur alles zu unterlassen, was diesem sozialen Frieden abträglich ist, sondern auch ganz selbstverständlich ihr ganzes Leben in den Dienst genau solcher Anforderungen stellen, aus denen die für ihr dauerhaftes und produktives Fortbestehen notwendigen Konkretisierungen gleichsam abgeleitet werden können.

Und dies in der vorgetragenen Überzeugung, daß sie sich lieber damit identifizieren, als nach einer anderen Grundordnung ihrer

Gesellschaft zu trachten. Hier spricht er diejenigen als *moralische Gemeinschaft* an, die sich in seinem Denken wiedererkennen sollen, denn es geht dem Humanisten Morus, wenn man ihn so *modern* verstehen will, in seiner politischen Utopie dann um nicht weniger als die Mobilisierung eines von allen geteilten Bewußtseins ihrer Menschenwürde und der Möglichkeit einer Staatsverfassung, die diese in jeder Hinsicht mehr achtet als alle bisherigen.[10] Noch vernünftiger wäre es allerdings, so sollte man dem wohl ergänzend hinzufügen, den relativen „Abstand" zwischen sozialer Utopie und Wirklichkeit auf politischem Wege mit Bedacht zu verringern und das Szenario so zu „entschärfen".

Läßt Thomas Morus seine Erzählfigur Raphael Hythlodeus eine plausible Geschichte davon erzählen, was vernünftige Menschen von einer Staatsverfassung verlangen können und zu deren perfekter Umsetzung sie auch – mehr als zu jeder anderen – motiviert sein sollten? Die Autonomie des Subjekts steht „in Utopien" überall unter dem Primat der Disziplinierung zum Zweck des Ordnungszusammenhalts, der allgemeinen und gleichen Wohlstand für alle verspricht. Es scheint so aus der Erzählung heraus, als wäre sämtlichen Bürgern von *Utopia* durch die in alle Lebensbereiche eingreifende Ordnung *selbst* ein hinreichender Grund gegeben, diese Staatsverfassung als die denkbar beste anzunehmen. Wer ihre Vernünftigkeit nicht einsieht, ist eben ein Narr oder ein Feind der Gesellschaft – was auf dasselbe hinausläuft.

Ist es aber wirklich so, daß für niemanden in diesem Staatswesen gute und gewichtige Gründe bestehen könnten sich ihr oder zumindest manchen ihrer Institutionen zu widersetzen? Etwa weil seinen bzw. ihren Bedürfnissen, Wünschen oder Lebensabsichten nicht so viel Toleranz und Achtung entgegen gebracht wird wie man es billigerweise von einer Gesellschaft verlangen kann, deren Grundordnung von

---

[10] In diesen Zusammenhang stellt z.B. Arnd Uhle den Autor im Rahmen einer „Bestandsaufnahme" der historischen Quellen des modernen freiheitlichen Verfassungsstaates. Vgl. Uhle 2004, 159.

allen als „die beste" anerkannt zu werden verdient? Das trifft aber auch in erheblichem Ausmaß auf die realen Zustände in England und dem Rest Europas um 1516 zu. *Utopia* zeigt somit gewiß nicht zuletzt, was für eine Vorstellung vom Gebrauch ihrer Freiheit[11] den Menschen wie ein Heilsversprechen im Diesseits erscheinen könnte – die Sprengkraft einer von Krone, Kirche, Parlament und Kapital übergangenen Möglichkeit für viele, sich eine scheinbar gerechtere und zustimmungsfähigere Gesellschaft auszudenken bzw. suggerieren zu lassen. Nur waren allerdings nicht viele so erfinderisch wie Thomas Morus, der damit zugleich eindrucksvoll seine Qualitäten als Politikberater unter Beweis stellen konnte.

2 Was macht eine Theorie des Politischen utopisch und wo ist das Problem?

Für Thomas Nagel bildet die konstruktive Auseinandersetzung mit einem Ideal die Voraussetzung dafür, einen institutionellen Rahmen überhaupt erst finden zu können, in welchem Subjekte nach einhellig gebilligten Prinzipien sowohl für sich als auch in Gemeinschaft frei von unangemessenen Zwängen leben können. Aber ein übergreifendes Ideal dieser Art existiert ihm zufolge noch nicht. Der Weg dorthin führt jedoch nicht vorbei an einem aufgeklärten Verständnis für bestimmte ethische Sachverhalte und erfordert vor allem Sensibilität für ein Problem, das sich jeder Gerechtigkeitstheorie stellt, die nach Möglichkeiten eines praktikablen Ausgleichs zwischen unhintergehbaren individuellen Interessen und nicht abzuweisenden rationalen Anforderungen sucht. Nagels moralische Theorie und politische

---

[11] Diese ist nämlich dann selbst unter eine ordnungsstaatliche Doktrin eines kommunitaristischen Lebensideals zu stellen: Zum Wohle der Allgemeinheit hat man sich neutral gegenüber eigenen Sonderinteressen zu verhalten bzw. soll verhindern, daß diese sich bei einem selbst und anderen überhaupt in nonkonformistischer Weise regen.

Philosophie soll dazu hauptsächlich anhand seiner *Abhandlung über Gleichheit und Parteilichkeit*[12] mit Morus' *Utopia* verglichen werden.

2.1 Sich selbst und andere sehen

Subjektive und objektive Gründe haben sowohl im privaten als auch im öffentlichen Leben von Personen oftmals unterschiedliche und vielfach konfligierende Geltungsansprüche. Manche der dahinter stehenden Interessen sind partikular und in diesem Sinn zu achten, wohingegen andere aufgrund einer allgemein zustimmungsfähigen Zielsetzung prinzipiell von allen angenommen werden können. Im einen Fall wird die jeder Person zustehende Parteilichkeit *für sich* berücksichtigt. Im anderen Fall berufen sie sich „[...] auf etwas, dessen Wert [vernünftigerweise] von einem *jeden* zu achten ist, egal in welcher Beziehung es zu ihm *selbst* steht."[13] Letzteres ist Kennzeichen für die Neutralität von Gründen. Wir sehen auch, daß Gründe eine entscheidende Rolle bei der moralischen Rechtfertigung von Handlungen oder Urteilen spielen, und es erscheint äußerst plausibel, daß sie das nur können, weil sie bei deren Zustandekommen einen unverzichtbaren kognitiven Beitrag dazu leisten, daß das Resultat einerseits als legitim gelten kann und andererseits auch die Zuschreibung von Werthaltungen ermöglicht. Stünde nun zumindest der Idee nach eine Art Regelwerk zur Verfügung, um aus allen diesen Werten ein gültiges Verfahren zu gewinnen, das den institutionellen Ausgleich der Interessen und die richtige Art der Abwägung persönlicher und überpersönlicher Motive erlaubte, wäre damit viel gewonnen.

Nagel ist nun ein prominenter Vertreter des Standpunktes, daß unser Verständnis von uns als Personen, die sich an ihren eigenen Entscheidungen und deren Konsequenzen orientieren und daran moralisch beurteilen lassen müssen, Prinzipien bereitstellen kann, die den Formen der Rechtfertigung von Gründen als Interpretationsrahmen

---

[12] Vgl. Nagel 1994.
[13] A.a.O., 50.

126

dienen:[14] Das ist zum einen die Achtung des autonomen Subjekts; und zum anderen die Idee des Vernünftigen, wonach all jenes,

[…] was ich als etwas gutheißen kann, das von jedem getan werden soll, der sich an meiner Stelle befände, und was daher von allen übereinstimmend als das für mich in der gegebenen Situation Richtige gebilligt werden muß.[15]

Seine Position ist ausdrücklich an Kant angelehnt und verweist auf eine in den Bedingungen für die Zuschreibung von Rationalität an sich selbst und andere enthaltene konzeptionelle Verbindlichkeit für jede Inanspruchnahme von Moralität.[16]

Klug an einer Handlung ist zunächst das aufgeklärte Eigeninteresse, das in die dazu erforderlichen Überlegungen eingeht und die resultierende Handlung erst zu einer solchen macht, die ich für mich als Person – und dabei vor allem nicht als bloßes Mittel zum Erreichen eines vorgegebenen Zweckes für ein beliebiges nicht-reflektierendes Naturwesen – als eine überlegens*werte* anerkenne. Moralisch gerechtfertigt bzw. legitim ist eine Entscheidung – auch und gerade eine so komplexe wie die für ein Gefüge politischer Institutionen –, aber eben gerade nur dann, wenn sie einen angemessenen Grad an Emanzipation von individualistischen Interessen impliziert. Gleichzeitig darf sie nicht deren unbillige Unterdrückung verlangen bzw. *in praxi* bewirken. Legitimität und Billigkeit vererben sich demnach an Institutionen, solange Einigkeit unter den darunter lebenden Personen besteht, daß

---

[14] Vgl. Nagel 2005, 30ff.

[15] Nagel 1994, 29.

[16] David Copp hat dazu allerdings kritisch angemerkt: „Kant did not aim to *prove* immorality is irrational, but rather to show the conceptual penalty for denying that it is. His idea is that there is a price to be paid for denying that morality is binding on all rational agents, that is, the inability to conceive of ourselves as rational agents in a sense which would imply that we are capable of performing actions for reasons that are fully our own. If I am correct, however, Kant failed to show that we must pay this price. There are contemporary Kantian arguments which also aim to show that the price of moral skepticism is prohibitive. [The best known contemporary example of a Kantian strategy is Thomas Nagel's.]." Copp 1995, 69.

durch sie niemand Unrecht erfährt bzw. kein begangenes Unrecht durch sie toleriert wird.[17] Prägnant und für unsere Betrachtung von hohem Aussagewert ist dabei Nagels folgende Charakterisierung idealer Funktionen in der Schnittmenge objektiver persönlicher und öffentlicher Interessen, – die reale Absicherung ihres, man könnte sagen, „moralischen Tauschwertes" betreffend:

> Politische Institutionen lassen sich nämlich zu einem wesentlichen Teil auch als Reaktionen auf eine ethische Forderung begreifen: die Forderung, einen Kontext zu schaffen, in dem es für jeden von uns möglich wird, zu einer guten und integrierten Lebensform zu finden, da sowohl die Folgen unserer Handlungen vermöge dieses Kontexts andere [gemeint sind „moralischere"; Anm. d. Verf.], als auch wir selbst durch unsere Stellung in ihm berichtigt würden. Politische Institutionen dienen einigen derselben Interessen wie moralische Konventionen, obschon die Teilnahme an ihnen im Gegensatz zu unserer Subordination unter ethische Forderungen nunmehr keine freiwillige mehr ist, sondern uns mit Zwangsmitteln auferlegt wird.[18]

Die Ermittlung des Grades, in welchem sich die politischen Interessen der im Ausgang stehenden ethischen Forderung unterordnen lassen, ist jedoch ein echtes empirisches Problem, dem auch Nagel nur eine bescheidene Hoffnung entgegen halten kann, daß allgemeine und von moralischen Maximen geleitete Lernmechanismen uns der Tendenz nach dazu verhelfen können sollten, persönliche und überpersonale Werte irgendwann gemeinsam geordnet zur Geltung zu bringen. – Was spricht für eine solche Hoffnung? Für sie spricht laut Nagel immerhin,

---

[17] Die Frage, inwieweit sich hierunter auch Regelungen aufstellen lassen, wie anderen gegenüber zu verfahren ist, die noch nicht unmittelbar zum Kreis der berücksichtigten Personen zählen bzw. wie sich auf dieser Grundlage Kriterien finden lassen, die gesellschaftliche Inklusion ihrerseits gemäß der ethischen Forderung nach allen Seiten zu erweitern, darf trotz ihrer immensen Schwierigkeit nicht ausgeklammert werden. Soll es z.B. Abstufungen geben, je nachdem, wie *aufrichtig* ein „Beitrittsgesuch" ist?

[18] Nagel 1994, 30. Man beachte, daß hier keine vollständige Kongruenz moralischer und politischer Interessen gefordert, wohl aber auf die erwähnten „Lernmechanismen" hingewiesen wird.

daß Menschen in der Regel ihre eigene, höchst persönliche Motivationsstruktur in nicht zu großem Kontrast zu moralisch relevanten Tatsachen sehen wollen, die sich schlechterdings kaum ignorieren lassen und zu denen man sich in einer kommunikativen Gesellschaft durchaus manchmal genötigt sieht, Stellung zu beziehen – unter Umständen aber auch vor sich selbst:

Jedem Individuum sind *Gründe gegeben*, die aus der impersonalen Perspektive erwachsen, eine Verfassung der Welt zu wollen, die mit den Forderungen, die Unparteilichkeit an es richtet, in höherem Maße in Einklang steht – welche Beziehung eine solche Entwicklung zu seinen Partikularinteressen auch immer haben wird. Keine politische Theorie, die auch moralischen Anstand zu ihren Zielen rechnet, kann umhin, auf den Entwurf und die Begründung einer institutionellen Lebensgestaltung auszugehen, die dem uneingeschränkten Gewicht unpersönlicher Werte Rechnung trägt, ohne das Faktum aus den Augen zu verlieren, daß wir auch mit anderen Werten zu rechnen haben.[19]

Die vom impersonalen Standpunkt aus begründete Moral muß, um die erforderliche motivationale Kraft aufbringen zu können, immer gegenüber Subjekten mit spezifisch persönlichen Werten gerechtfertigt werden, und erst diese Rechtfertigung komplettiert die Begründung. Der formende Einfluß, der hierbei auf die so genannten „relativen Gründe" einer Person ausgeübt wird, darf allerdings weder außer Acht gelassen noch überschätzt werden. Daher schreibt Nagel:

Um den persönlichen Standpunkt in eine Ethik integrieren zu können, bedarf man notwendig einer Theorie spezifisch relativer Gründe – von objektiven und doch persönlichen Bestimmungsgründen für menschliches Handeln, die zwar gleichermaßen in Prinzipien zum Ausdruck kommen, die Allgemeinheit beanspruchen, deren Form jedoch unbeschadet ihrer Allgemeinheit immer einen nicht eliminierbaren Bezug auf die Eigentümlichkeiten oder die Lage des *Subjekts* in seiner Besonderheit einschließt, *für das sie rechtfertigende Gründe sind*. Im Gegensatz zu ihnen berufen sich

---

[19] A.a.O., 33.

neutrale Gründe auf etwas, dessen Wert von einem *jeden* zu achten ist, egal, in welcher Beziehung es zu ihm *selbst* steht.[20]

Als rational-autonome Handlungssubjekte sind wir der Einsicht in diese kategorischen Beschränkungen unserer Motivationsstruktur, was die Akzeptierbarkeit von Neutralitätsgründen anlangt, sowohl fähig als auch bedürftig.[21] Man könnte in einem kantianischen Jargon auch sagen, daß es unsere Pflicht ist, bis an die „Grenzen dieser Objektivität" heran zu gehen, um unseren persönlichen Absichten weder zu viel noch zu wenig Raum bei der Gestaltung einer öffentlichen Ordnung zu gewähren. Es sollte uns allerdings gerade wegen der Transparenz dieser Voraussetzung ebenso wenig verborgen bleiben, daß wir als Personen eben auch „nur" Gleiche unter Gleichen sind, wir unsere praktische Vernunft also nicht für uns allein gepachtet haben. Objektive Gründe sind in diesem Sinn, obschon sie immer *irgend jemandes* Gründe sind, moralisch von Belang. Das und die tatsächliche Vielzahl „von objektiven und doch persönlichen Bestimmungsgründen" engt den legitimen Spielraum für die Einigung auf einen Gesellschaftsvertrag – denn darauf zielt der „Entwurf und die Begründung einer institutionellen Lebensgestaltung" ab – weiter drastisch ein. Nagel zitiert hierzu zustimmend einen anderen einflußreichen amerikanischen Moralphilosophen, Thomas Scanlon:

Eine Handlung ist unrecht, wenn ihr Vollzug unter den betreffenden Umständen von den Regeln eines jeden verhaltensregulierenden Systems untersagt würde, das von niemandem als Grundlage einer wohlinformierten und zwanglosen allgemeinen Übereinkunft vernünftigerweise zurückgewiesen werden könnte.[22]

---

[20] Nagel 1994, 60.
[21] Eine in diesem Zusammenhang für den Vergleich mit Morus' *Utopia* bemerkenswerte Stelle findet sich in *Die Möglichkeit des Altruismus*. Vgl. Nagel 2005, 177.
[22] Vgl. Nagel 1994, 55f., dort zitiert Nagel: T. M. Scanlon, „Contractualism and Utilitarianism", in: A. Sen / B. Williams (eds.), *Utilitarianism and Beyond*, Cambridge 1982, 110.

2.2 Das bifokale Bild - nicht einseitig, aber liberal

Es ist eine Sache vorzugeben, man verfüge über ein ideales Regelwerk dieser Art. Eine andere ist es, einen mit den tatsächlich zu Gebote stehenden diskursiven Mitteln zu unternehmenden Harmonisierungsprozeß zwischen widerstreitenden Handlungsmaximen einzufordern, aus dem heraus beide Komponenten vereinigt zur Geltung gebracht werden sollen. Nicht eliminierbar ist dabei zum einen der Verfolg von objektiven Eigeninteressen, welche realen Menschen unter den Lebensumständen ihrer Zeit gegeben sind und sie rational motivieren. Auf der anderen Seite stehen Gründe, die aus der impersonalen Perspektive erst entdeckt, dann aber auch nicht wieder hintergangen werden können. Im Gelingen eines solchen Projekts allein läge ein achtbares Ideal für jede Vertragstheorie. Nagel erhebt zugleich gegenüber jeder Konzeption des Politischen den kritischen Anspruch, den Rahmen von Anforderungen und Erwartungen an Legitimität weder vorgefertigt zu denken, noch einseitig die Schaffung von geeigneten Institutionen von der privaten Nutzenverfolgung[23] oder der allseits geteilten Verinnerlichung eines einzigen Bildes „der richtigen" Gesellschaftsordnung abhängig machen zu wollen. Letzteres führt Nagel zufolge immer zu unhaltbar utopischen Resultaten, beispielsweise im Gewand eines radikalen Egalitarismus, der dazu den Menschen eingetrichtert werden müßte. Daraus leitet sich auch Nagels unmißverständliche Warnung ab, ein liberales Ideal müsse mit Augenmaß zwischen Werten der Gleichheit und der Freiheit austariert werden und für immer neue Feinjustierungen offen bleiben:

Die Gefahr des Utopismus verdankt sich der politischen Tendenz, beim Streben nach idealer moralischer Gleichheit zu viel Druck auf die persönlichen Antriebe des einzelnen auszuüben oder gar seine konkreten individualistischen Interessen im Zuge einer impersonalen Wandlung gesellschaftlicher Wesen insgesamt überschreiten zu wollen. Eine

---

[23] Für die Überbetonung dieser Sichtweise kritisiert Nagel an anderer Stelle in seinem Buch *Gleichheit und Parteilichkeit* die sogenannten Libertären, namentlich Robert Nozik. Vgl. „Anhang 1": Nagel 1994, 251ff.

*nicht*utopische Lösung verlangt immer einen angemessenen Ausgleich zwischen diesen Komponenten, wofür man sie aber erst einmal kennen und verstehen muß, wie sie aufeinander wirken.[24]

Diese zwei Seiten sind es, die für Thomas Nagel einen zentralen Aspekt der Begründungsproblematik des Politischen in der von ihm analysierten Polarität zweier Standpunkte – des persönlichen und des unpersönlichen – als Angelegenheit sorgfältiger ethischer Überlegungen ersten Ranges ausweisen: Wie läßt sich einer formal gerechten, das heißt von allen aus neutralen Gründen des gerechten Handelns annehmbaren Ordnung von Institutionen eine motivational gehaltvolle Interpretation geben? Die vorgestellte „Grundfigur eines Gesellschaftsvertrages" von Scanlon verdeutlicht hierzu, daß relative Gründe, die gerade aus dem autonom geführten Leben von Personen nicht wegzudenken sind, in dem berücksichtigt sein müssen, was genug „normative Kraft" aufweist, damit über seine Durchsetzung mit Zwangsmitteln überhaupt einhellige Zustimmung erreicht werden kann. Darin schwingt natürlich die Hoffnung mit, daß besonders gute nicht-relative Gründe aufgrund des durch sie ausgedrückten allgemeinen Interesses Menschen davon überzeugen können, daß manche institutionellen Anordnungen auch dann *in ihrem moralischen Sinn* gerechtfertigt sind, wenn sie nicht unmittelbaren persönlichen Zwecken dienen.

Nagel insistiert hier wie andernorts zu Recht, daß Moralität sich nicht in der Frage erschöpft, wie wir vor anderen mit unseren Entscheidungen da stehen, schließlich könnten sich darin alle immer gegenseitig etwas vormachen; vielmehr kommt es darauf an, zu erkennen, daß in der Möglichkeit eines Perspektivwechsels zu Gunsten anderer ganz allgemein jene soziale Fähigkeit begründet liegt, die dann auch im Bereich des Politischen als Reziprozität ein unverzichtbarer Teil jeder fairen Kooperation ist. Der Gedanke, in dieser Weise die Reflexion über die Verallgemeinerbarkeit von Handlungsgründen in die Bedingungen dafür einzubauen, wie Menschen beim Ordnen

---

[24] Nagel 1994, 38f.

politischer Verfahrensweisen ihren subjektiven Absichten aufgrund der jeweiligen „ethischen Plausibilität" vernünftigerweise mehr oder weniger Gewicht beimessen sollten und darüber auch unabhängig von ihrer jeweiligen Situation Einigkeit erzielen können, hat eindeutig kantische Züge. Sicher sollte sich niemand durch die Privatheit mancher Entscheidungen von weiter reichenden ethischen Überlegungen abhalten lassen; aber gerade in der Möglichkeit, graduell nach Begründungsbedarf die Parteilichkeit für sich selbst als ebenso achtbaren Punkt geltend zu machen, liegt der Witz einer „moralischen Arbeitsteilung" bei Nagel:

Ethische Argumentation deckt Möglichkeiten moralischer Motivation auf, die ohne sie gar nicht zu verstehen gewesen wären, und politische Theorie entwickelt diese Möglichkeiten mit Hilfe von Institutionen weiter, denen Menschen sich zum Teil gerade wegen ihrer moralischen Attraktivität anschließen können.[25]

Die konsequent Fortsetzung dieses Gedankens bei der Konstruktion von Strukturen des Politischen bedeutet bei Nagel umgekehrt auch, daß die Akteure selbst den Grad aushandeln, zu welchem das institutionelle Gefüge ihrer moralischen Motivation entspricht, so daß alle sich davon als Zwecke-an-sich behandelt sehen können. Die sozialen Kräfte der Einigung sind somit immer auch zugleich individuelle Antriebe, deren politischer Entfaltung niemand aus ebenso verallgemeinerbaren Gründen widersprechen kann:

Der Leitgedanke ist deshalb der folgende: Begründung muß in der politischen Theorie an die Adressaten jederzeit *zweifach* gerichtet sein. Einmal an sie als Individuen, die den impersonalen Standpunkt einnehmen, und das andere Mal an sie als solche, die im Innenbereich eines überpersönlich zustimmungsfähigen Systems ihre je eigene Rolle zu spielen haben.[26]

---

[25] A.a.O., 42.
[26] Nagel 1994, 47.

Nagels Idee einer „moralischen Arbeitsteilung"[27] markiert nun hierbei den Versuch, ausreichend viel von dem Anforderungsdruck des überpersönlichen Standpunkts vom einzelnen Individuum zu nehmen und in institutionellen Rollen aufzufangen, so daß die moralische Motivation nicht wirkungslos bleibt und jedem noch Anreize gegeben sind, öffentliche Pflichten in die eigene Lebensplanung zu integrieren; genau so, wie der Allgemeinheit bestimmte Pflichten aufzuerlegen wären, Ungleichheiten abzumildern. Es gälte dabei, noch weitaus genauer die Unterschiede zwischen Individuen – ihren natürlichen Talenten und der Verteilung ihrer Chancen in einer Gesellschaft – zu berücksichtigen, was hier aber nicht ausführlicher behandelt werden soll und kann.

2.3 Notwendigkeit und Grenzen der Parteinahme für sich und andere

Die prinzipielle Wünschbarkeit eines gänzlich nach Maßgabe der eigenen Bedürfnisse und Wünsche rundum gelingenden Lebens dürfte außer Frage stehen – ebenso wie seine Unrealisierbarkeit. Nun lassen sich aber für ein Leben in Gemeinschaft im Rahmen einer politischen Theorie Kriterien zur Optimierung seiner institutionellen Grundstruktur angeben und es wird dabei auch auf gewisse, vielleicht als fundamental ausgewiesene Werte rekurriert werden müssen. Der Umstand aber, daß alle vernünftigen Menschen, die unter einer solchen Ordnung dann zu leben hätten, diesem Sachverhalt aufgrund ihrer auf individueller Rationalität fußenden Autonomie auch zuzustimmen haben, kann keinesfalls alleine schon wegen der postulierten „Idealität" des Gemeinschaftskonzepts als inhaltlich gerechtfertigt gelten. Im Gegenteil: Die Relation einer „Rationalität für sich" weist als motivierende Kraft *per se* immer in Richtung auf Ziele, die im Interesse der Einzelnen mit ihren Besonderheiten liegen. Ein radikal individua-

---

[27] Vgl. Nagel 1994, 78ff.

listisches Ideal, das dem vollständig gerecht werden wollte, wäre in so viele Teilbereiche fragmentiert wie es Individuen in der Gesellschaft gibt. Darf also diese grenzenlose Autonomie nicht als Grundwert in einer politischen Konzeption fungieren? Muß die moralische Gleichheit aller also als etwas der zweckrationalen Motivation Äußerliches vielmehr den Menschen rigoros verordnet werden, um dem Standpunkt der Unparteilichkeit die gebührende Geltung zu verschaffen, der ansonsten ständig mit den persönlichen Zielen konkurrieren müßte, aus denen heraus sich doch kein achtbares Gemeinschaftsideal entwickeln ließe? Es müssen auf alle Fälle moralisch gerechtfertigte Realitäten geschaffen werden, mit denen echte Menschen aus Fleisch und Blut zu leben haben und mit denen sie leben können.

Zunächst ist festzustellen, daß Nagel eine Position vertreten möchte,

[...] nach welcher unser *persönlicher* Standpunkt auf direktem Wege in die Legitimation jedes ethischen oder politischen Systems mit eingehen muß, nach dem gewöhnliche Menschen sich in einem konkreten Leben richten können sollen.[28]

Eine politische Theorie wird also immer schon dadurch utopisch (im Sinne von „moralisch unplausibel") sein, wenn sie wie in der Rede des Raphael Hythlodeus über die beste Staatsverfassung dem Umstand nicht Rechnung trägt, „[...] daß eben das von der Motivation her Rationale für das Richtige auch von theoretischer Relevanz sein kann."[29] Außerdem ist – gerade auch für einen ideengeschichtlichen Vergleich mit Morus bzw. seinen „Nachfolgern" – zu beachten, daß Nagels Zielsetzung dabei die gleiche ist, die er bereits *1977/79* in seinem Aufsatz *Equality* vorgetragen hat. Er grenzt also zunächst seinen *liberalen Egalitarismus* von kommunitaristischen Idealen des Guten für eine Gesellschaft ab, das heißt von der Idee des absoluten Wertes, den eine alleine nach Gleichheitsprinzipien strukturierte Gesellschaft an sich habe:

---

[28] Vgl. a.a.O., 27.
[29] Vgl. a.a.O., 35.

Egalitarianism may once have been opposed to aristocratic theories, but now it is opposed in theoretical debate by adherents of two nonaristocratic values: utility and individual rights.[30]

Dann bringt er auf individual-ethischer Seite einen „dritten Weg" zwischen Utilitarismus und Individualrechtslehre ins Gespräch, der seinerseits überpersönlich begründete Gleichheitsgrundsätze zu berücksichtigen hätte, ohne dabei in die Falle des Utopismus zu gehen. Für diesen Weg verfügt Nagel noch über kein stichhaltiges Argument. *Gleichheit und Parteilichkeit* ist aber sicher als der Versuch zu lesen, einem solchen einen Schritt näher zu kommen.

3 Abschließende Bemerkungen

Das wünschenswerte Idealbild einer gerechteren Gesellschaft wird im Prozeß des Nachdenkens und öffentlichen Diskutierens an zahllosen Stellen immer wieder, sozusagen prismatisch, zerlegt werden müssen. Denn um hinter allen in vermeintlich unauflösbarer Opposition zueinander stehenden moralischen Argumenten („Gleichheit *versus* Freiheit") den persönlichen Standpunkt[31] als etwas für jeden politischen Begründungszusammenhang notwendig zu Berücksichtigendes erkennen zu können, muß die faktische Pluralität dieser Standpunkte den Mitgliedern der politischen Öffentlichkeit zum notwendigen Thema ihrer Verständigung untereinander werden; der Leitgedanke einer solchen öffentlichen Verständigung rückt, wo er bei der Begründung von Legitimität zum Tragen kommt, stets aufs Neue den Zwang und die Möglichkeit der Einigung in den Fokus der individuellen Überlegungen.

---

[30] Vgl. Nagel 2002, 62.

[31] Für diesen Standpunkt haben, wie hoffentlich deutlich geworden ist, als Ergänzung zu seiner eigenen moralphilosophischen Relevanz *sui generis* ebenfalls auch unparteiische Gründe eine Rolle zu spielen, will er als legitimierend wirkender Bestimmungsort des öffentlichen Vernunftgebrauchs gelten.

Für Nagel handelt es sich daher in erster Linie um einen Konflikt, der im Inneren jeder Person entsteht und ausgetragen werden muß – und jede Theorie, die diesen alles andere als trivialen Konflikt ignoriert oder auf einen anderen Schauplatz verlegt und mit anderen Mitteln ausgetragen sehen möchte, verkennt, daß die im Rahmen der Realisierung eines Konzepts von Gleichheit sowohl zulässige als auch erforderliche Parteilichkeit nur dann auf akzeptable Weise in ein anerkennenswertes Ideal von gesellschaftlicher Einigkeit eingebettet werden kann, wenn

[…] ein allgemein gültiges Verfahren zur Auflösung des inneren Konfliktes, [...] ein Verfahren, das unbeschränkt anwendbar wäre und von jedem einzelnen im Lichte der Universalität des Konfliktes gebilligt werden könnte[32]

zumindest dem Prinzip nach allgemein angewendet wird. Hierzu ergänzt Nagel:

Ein vollständig verwirklichtes politisches Ideal hätte jederzeit die überpersönliche Handlungsbereitschaft der Individuen zu mobilisieren und ihren persönlichen Motiven zugleich im Rahmen der vom Gesellschaftssystem verlangten Verhaltensweisen freies Spiel derart zu garantieren, daß die harmonische Koexistenz und Integration der Komponenten gewährleistet wäre, die sich im Innenleben jedes einzelnen in einem potentiellen Bürgerkriegszustand befinden. Fehlt eine solche Lösung, kommt es zu jenem schlechten Gewissen einer ganzen Zivilisation, mit dem wir alle so eingehend vertraut sind.[33]

Beide Autoren, Morus und Nagel, haben in diesem schlechten Gewissen einen gemeinsamen Ausgangspunkt ihrer Betrachtungen: Man kann die tatsächliche Art und Weise, in der Menschen ihre Existenz teilen, sowie die mangelhafte Rücksichtnahme auf begründete individuelle und überindividuelle Interessen nicht ignorieren, wenn die Orientierung an denkbar besseren politischen Lösungen möglich sein soll. Morus erweckt mit dem zweiten Buch seiner „Utopie" den Anschein, als wolle er den zuvor gescholtenen Verhältnissen so etwas

---

[32] Vgl. Nagel 1994, 29.
[33] A.a.O., 49.

wie einen Narrenspiegel vorhalten, denn seine darin erdachte Gesellschaftsordnung bleibt trotz aller beschriebenen „Fortschritte" ein Unding angesichts der realen Motivationsstruktur von Menschen gestern wie heute. Heilsam daran könnte die Einsicht sein, daß mit einem so „großen Wurf" nicht gerechnet zu werden braucht, und bei aller Faszinationskraft auch nicht soll, denn die utopische Vernunftgesellschaft aus einem Guß kann es nicht geben!

Viel direkter als Morus geht Nagel auf die Bedingungen der rational zu erwartenden Veränderungsmöglichkeiten ein, indem er den grundsätzlichen Konflikt im dynamischen Innenbereich der Akteure thematisiert und auf die Grenzen aufmerksam macht, die aus diesem heraus für ein freies und geregeltes Gemeinschaftsleben erwachsen. Das Projekt einer politischen Theorie, die all dem Rechnung trägt, muß für einen fairen Streit individueller Werte und objektiver Prinzipien offen sein, damit Paradoxien erkannt und behandelt werden können, anstatt sie zu zementieren.

Utopien der Gleichheit

Der Einfluß der *Utopia* auf moderne egalitaristische Ansätze

Michael Wendland

In diesem Beitrag werden die Formen der Egalität, die in Morus'
Gedankenexperiment einfließen, dargestellt. Die Aktualität des Topos
wird vor allem anhand der Positionen Ronald Dworkins und Philippe
van Parijs' belegt. Die Auseinandersetzung mit diesen Autoren läßt
eine Betrachtung aktueller Diskurse im Rahmen der Egalitarismusdebatte sowie der mit ihr einhergehenden Egalitarismuskritik zu,
welche zusammengenommen einen bedeutenden Platz in der heutigen
politischen Philosophie sowie der Rechtsphilosophie einnehmen; nicht
zuletzt, da ein Diskurs um distributive Gerechtigkeit und Eigentumsrechte nicht ohne den Begriff der Egalität auskommen kann. Es
sollen hier beispielhaft Dworkin, Nagel, Rawls, Frankfurt, van Parijs,
Gosepath und Kersting genannt werden. Der aktuelle Diskurs macht
die Übertragungsprobleme von der Theorie in die Praxis der *modi
operandi* gegenwärtiger Gesellschaften deutlich. Die Utopie ist von
jeher ein probates Mittel der Simulation, die es ermöglicht, ein Modell
eines fiktiven Staates als Vergleich zum gegenwärtigen durchzuspielen.
Im Mittelpunkt soll die Frage stehen, inwieweit das Instrument der
Utopie der Idee egalitaristischer Ansätze einen Reflektionsraum
verschaffen kann.

In der seit einigen Jahren in den Vordergrund rückenden textnahen
Lesart wird das Werk *Utopia* zunehmend als Satire interpretiert.[1] Dies

---

[1] Vgl. Kuon 1985. Detailliert wird dieser Aspekt in dem hier vorliegenden Band
von Arnswald in der Einleitung ausgeführt.

führt zu einem neuerlichen Verständnis des Begriffes Utopie. Im Gegensatz dazu, verwende ich hier den Begriff der Utopie in dem Sinne wie er sich seit Anfang des 19. Jahrhunderts ausgeprägt hat. Dieser wurde als alternative Staatsfiktion eingeführt. Als solche wird die Utopie heute bis in den Alltagsgebrauch hinein verstanden, unabhängig ihrer ursprünglichen satirischen Bedeutung im Sinne Thomas Morus. Aus Gründen der Dominanz des Begriffes in der Diskussion egalitaristischer Ansätze gebrauche ich hier diesen gängigen Utopie-Begriff, auch wenn mir die neuere Lesart des Werkes *Utopia* als Satire durchaus plausibel erscheint.

1 Was ist Gleichheit? – Grundannahmen

„[S]owohl Hitler als auch Mutter Theresa gehören nicht nur zu einer biologischen Art, sondern sie sind in einem gewissen Sinne, um dessen Erläuterung es hier gerade geht, wie alle anderen, sie sind *gleich*, wenn auch in höchstem Grade unähnlich."[2] Dieses Zitat des Philosophen Leszek Kołakowski scheint den Begriff der Gleichheit gut zu umreißen und seine Problematik zu verdeutlichen. Sind wir in unserem Menschsein gleich, so unterscheiden wir uns dennoch in allem darüber hinausgehendem. Fordern wir auf der einen Seite Gleichheit, möchten wir sie auf der anderen Seite womöglich vermeiden. Von allen Formen des Egalitarismus ist der *strikte* Egalitarismus die schärfste Ausprägung. Er geht von der Prämisse aus, daß die Menschen in ihrer Existenz als Mensch gleich sind und daher jedem auch Gleiches zukommen muß. Man spricht in diesem Fall von *normativer* Gleichheit. Diese Art des Egalitarismus läßt Leistung und Bedarf des Individuums unbeachtet. Sie ist nicht auf Gerechtigkeit ausgelegt, sondern trägt wesentlich einem natürlichen Neidverhalten Rechnung. Demnach ist nicht ein besseres Leben entscheidend, sondern es wird

---

[2] Kołakowski 2001, 22.

vielmehr bezweckt, daß niemand besser lebt als der andere.[3] Somit erwächst aus der erwirkten Gleichstellung ein neues Eigentumsverständnis und eine Neidfreiheit, da alle Menschen alle Güter zu numerisch gleichen Teilen besitzen.

Auch in *Utopia* besitzen alle Bürger alle Güter zu gleichen Teilen. Jedoch wird nach Bedarf gleich verteilt. Sie sind daher sowohl gleich in ihrer Besitzlosigkeit als auch in ihrem Reichtum. Alle Güter der Gesellschaft werden folgerichtig von allen mitbesessen.[4] *Utopia* präsentiert sich zwar nicht als ein *Schlaraffenland*,[5] aber als Über-

---

[3] Vgl. a.a.O., 24. Das genannte Gleichheitsprinzip scheint in der vorgeschlagenen Abschaffung des Privateigentums im ersten Teil der Utopia, sowie dem „faktischen" Gemeineigentum im zweiten Teil anzuklingen. Es ist dem Werk ganz eigen, daß hier dem Individuum nicht direkt etwas vorenthalten wird, um eine Gleichstellung im Besitz zu erreichen; vielmehr wird der Pflichtteil der Leistung limitiert und damit auch der Anspruch auf Entlohnung. Ebenso liegt es in der Ideologie Utopias, daß ein jeder im Staat für den Staat und so wieder für sich arbeitet und dies in einer Art welche die Befriedigung der Grundbedürfnisse sicherstellt. Die Eigeninteressen und die Staatsinteressen fallen damit zusammen. Prima facie genügt Utopia damit einem demokratischen Staatsmodell, in dem Individuen nicht an den Effekten ihrer Arbeit partizipieren, sondern an den Effekten ihrer Arbeit in der Gesellschaft; an Effekten also, die ohne die Gesellschaft nicht möglich wären. Siehe hierzu: Nagel 1994, 170f.; vgl. ebenso Murphy/Nagel 2002, 173ff.

[4] Vgl. Morus, *Utopia*, 53, 74.

[5] Der Begriff „Schlaraffenland" soll hier nur für einen weiteren fiktiven Ort stehen, der im Gegensatz zu Utopia ein Ort des Überflusses ist. Das Beispiel ist zugegeben nicht ganz treffend, da Schlaraffenland ein Ort ist, an dem keinerlei Arbeit notwendig ist; sie ist sogar strafbar. Schlaraffenland ist ein Ort des Müßiggangs, wo jedermann die Speisen in den Mund fliegen und das Alter durch einen Jungbrunnen kuriert wird, und zudem niemand arbeiten muß. Nichtsdestoweniger ist Schlaraffenland einen Blick wert, denn auch hier handelt es sich um eine Utopie in dem von mir verstandenen Sinn. Die Idee zu Schlaraffenland wurde vermutlich erstmals 1494 von Sebastian Brant formuliert. Ebenfalls finden sich ähnliche Ideen bereits in sokratischer Zeit. In Brants Version ist Schlaraffenland eine Parodie auf das Paradies und in diesem Zuge auch eine Satire über christliche Vorstellungen und den klerikalen Lebenswandel seiner Zeit. Vgl. Pleij 2000; vgl. ebenso Richter 1995.

flußgesellschaft. [6] Angeblich herrscht keine relative Güterknappheit, wobei noch viel wichtiger ist, daß es keine Position des Schlechtestgestellten mit der Ausnahme des Sklavenstandes gibt. Aber selbst dieser ist so attraktiv, daß unterprivilegierte Menschen lieber in Utopia Sklaven sind als arme Knechte andernorts. [7] Die Güterverteilung findet *bedarfs*gleich statt, so daß der Staat keine Umverteilung von einer Wohlfahrtsspitze hin zu einer breiten Basis Einkommensschwacher vornehmen muß. [8]

Allerdings ist selbst in *Utopia* die Egalität beschränkt. Dann nämlich, wenn man z.B. die Ungleichheit von Mann und Frau anführt [9] und sich vielleicht nicht damit zufrieden gibt, festzustellen, daß Morus hier einfach nur ein Kind seiner Zeit ist. Ebenso wird die Egalität dahingehend eingeschränkt, daß in einer Überflußgesellschaft der Suizid der nicht mehr Arbeitsfähigen zum Wohle der Gesellschaft empfohlen wird. [10] Nicht einmal der Einwand, daß die Stabilität *Utopias* auf einer strengen Gleichverteilung sowohl des Arbeitseinsatzes als auch des Lohns beruht, [11] würde bei einem solch erwirtschafteten Überfluß diese Politik rechtfertigen. Denn die Mehrzahl der Bürger wird eines Tages ein so hohes Alter erreichen, das sie nicht mehr an der Kooperationsgesellschaft teilhaben läßt, zuvor hat dieses Bevölkerungssegment aber gleichermaßen den Überfluß miterwirtschaftet.

Wenden wir uns nun wieder der Debatte in Bezug auf das Privateigentum zu: Das Privateigentum fällt gewöhnlich von Person zu Person anders aus. Die darin bestehende Ungleichheit führt zu Emp-

---

[6] Vgl. Morus, *Utopia*, 61.
[7] Vgl. a.a.O., 105.
[8] Dies entspräche dem Prinzip einer arithmetischen Gleichheit.
[9] Morus, *Utopia*, 73f., 77.
[10] Vgl. a.a.O., 106f. Zum Suizid gezwungen, werden die Utopier allerdings nicht. „Gegen seinen Willen aber bringen die Utopier niemanden ums Leben; auch lassen sie es keinem trotz seiner Weigerung, freiwillig aus dem Leben zu scheiden, an irgendeinem Liebesdienst fehlen." (ebd.)
[11] Vgl. a.a.O., 67ff.

findungen von Ungerechtigkeit und Neid; Neid deshalb, weil ein höheres Maß an Gütern begehrenswert erscheint. Ungerechtigkeit wird empfunden, weil Gleichheit in verschiedener Form ein immanenter Bestandteil des Gerechtigkeitsbegriffes zu sein scheint – so etwa Gleichheit vor dem Gesetz oder Chancengleichheit.[12] Bei einer Gleichheit der Verteilung von Ressourcen bzw. Gütern ändert sich der Gegenstand der Gleichheit. Dies bedingt sich durch die Unähnlichkeit der Menschen. Nicht jeder Mensch nutzt die gleichen Ressourcen gleich bzw. benötigt diese im gleichen Maße und dennoch legen die Menschen auf ihre Rechte wert. Dies führt dazu, daß sie bei Vergütungen gleich behandelt werden wollen, obwohl sie in der Ressourcenverwendung „unähnlich" sind.

Vor allem Ungleichheiten bei Chancen und Verteilung werden deshalb als ungerecht empfunden, weil darin Leistung bzw. Einsatz zuweilen mit Bildungsstand oder Herkunft korreliert. Folgende Fragen stellen sich z.B.: Warum soll jemand für einen geringeren Einsatz an Arbeit mehr an Gütern erhalten? Warum soll ein Kind aus wohlhabendem Haus bessere Chancen und möglicherweise Ämter erhalten als ein Kind aus ärmeren Verhältnissen?

Hier gehen verschiedene Ansätze oftmals durcheinander: (i) Die Behandlung der Individuen nach ihren Verdiensten, (ii) die Gleichbehandlung aller Individuen bei der Verteilung von Lasten und Gewinnen und (iii) die Behandlung der Individuen nach ihren Bedürfnissen und Fähigkeiten. Das erste Kriterium (i) ist das klassisch Aristotelische. Verdienst ist demnach eine Sache der Tugend. Die Gerechtigkeit besteht ferner in der Verteilung des Guten entsprechend des Verdienstes. Man spricht auch von *geometrischer* Gleichheit.[13] Das

---

[12] Vgl. Rawls 2003a, 94, 334f., 555f.

[13] Frankena weist darauf hin, daß man Verdienst auch von anderen Dingen wie Intelligenz, Fähigkeiten, Hautfarbe etc. ableiten kann. Morus bedient sich wohl mittelbar des geometrischen Egalitätsansatzes, entledigt sich aber solchen Definitionen des Verdienstes wie den eben genannten. Der Arbeitseinsatz alleine zählt und dieser muß nach eigener Befähigung in einer allen gleichen Arbeitszeit

zweite Kriterium (ii) gilt als modernes demokratisches Kriterium. Das dritte Kriterium (iii) wird heute häufig mit realsozialistischen Strömungen assoziiert.[14]

Mit Hinblick auf die Relevanz der antiken Egalitätsprinzipien werde ich später auf die geometrische Gleichheit zurückkommen, die eine *proportionale* Gleichheit ist. Neben diese tritt die ausgleichende, *arithmetische* Gleichheit. Proportionale Gleichheiten, wie die geometrische und die arithmetische, sind auf die *Gerechtigkeit der Verhältnisse* ausgerichtet. Da der erste Teil der *Utopia* Anlaß zur Sorge über die Gerechtigkeit der Verhältnisse im England des 16. Jahrhunderts gibt,[15] findet dieser Punkt an anderer Stelle in dieser Untersuchung mehr Aufmerksamkeit.

2 Utopien als theoretische Prüfsteine

Die Utopie ist wörtlich genommen ein ‚Nicht-Ort', der sich nicht finden läßt. Er ist kein „Irgendwo", sondern vielmehr ein „Nirgendwo" Als eine Vorstellung ist die Utopie formbar und kann so beliebige Zustände annehmen, von denen man entweder nicht erwartet, daß sie zu Lebzeiten eintreten oder hofft, daß sie es nicht tun werden. Letzteres ist z.B. der Fall in der Dystopie, die nichts anderes als eine negative Utopie ist.[16] Utopien sind zuweilen auch schlicht Annahmen zur Verdeutlichung bestimmter Theorien. So gesehen ist die Utopie ein komfortables Gedankenlabor, welches für Gedankenexperimente zur Verfügung steht. In der politischen Philosophie kann die Utopie ein

---

erbracht werden. Die Entlohnung ist stets die gleiche. (Vgl. Frankena 1981, 67; vgl. Nagel 1994, 170f.; vgl. ebenso Locke 1988, 285-302).

[14] Vgl. Frankena 1981, 67.

[15] Dies ist nicht etwa ironisch gemeint. Soziale Verhältnisse fasse ich hier als Folge von Güter- und Rechtsverhältnissen auf.

[16] Der Begriff der negativen Utopie, auch Dystopie genannt, steht heute vor allem für Namen wie Huxleys *Brave New World* und Orwells *1984*. Utopien also, die eine pessimistische Vision einer Alternativgesellschaft oder gar Welt beschreiben. Vgl. hierzu Kumar 1991.

Medium sein, in dem sie häufig eine Kritik an bestehenden Strukturen, Institutionen sowie Prozeduren vermittelt, [17] auf die oftmals eine Fiktion über eine denkbare Alternative folgt. Mit Blick auf Morus' *Utopia* kann der erste Teil des Werkes eine Sozialkritik genannt werden.[18] Der zweite Teil schildert die „fiktive, aber rational durchdachte Gegenwelt".[19] Dort vermag der Autor Überlegungen durchzuspielen, die bereits im ersten Teil anklingen (z.B. die Idee zur Abschaffung des Privatbesitzes). Die Utopie wirkt als Prüfstein mittels dessen sich Theorien begutachten lassen. Utopien der Gleichheit sind dementsprechend Fiktionen über verschiedene egalitaristische Ansätze und deren Mechanismen zur Umsetzung. Ein gutachtender Blick auf diese Utopien eröffnet Schlüsse über die notwendige Beschaffenheit des Rahmens in dem egalitaristische Ansätze „erprobt werden" und in dem – ebenso wichtig –Wirkungsweisen, Stärken, Schwächen und Konsequenzen der Ansätze bekannt werden.

Im Werk *Utopia* wird der Leser im ersten Buch durch Raphael Hythlodeus in die zu kritisierenden Zustände eingeführt. Exemplarisch greift er die Armut infolge ungerechter Güterverteilung im England des 16. Jahrhunderts auf. Die Armut ist seiner Meinung nach die Ursache der wachsenden Kriminalität. Anstelle der Todesstrafe schlägt der Erzähler Raphael Hythlodeus vor, die Quelle der Kriminalität zu eliminieren. Dies soll geschehen, indem man für ein Grundauskommen sorge, welches die Menschen vom Druck der Existenzsicherung befreie.[20] Mit Hythlodeus' Worten:

---

[17] Mir ist diese Trias sehr wichtig, da Topoi wie Strukturgleichheit, prozedurale Gerechtigkeit und gerechte Institutionen auch im heutigen Diskurs häufig in einem Atemzug genannt werden und den Zusammenklang oder auch eine Dissonanz von Gleichheit und Gerechtigkeit im Staat und dort eben bei Strukturen, Institutionen und Prozeduren beschreiben.

[18] Als eine Kritik an der Ungleichheit der Verhältnisse ist es ein Hinweis auf inadäquate proportionale Zustände.

[19] Saage 1991, 24.

[20] Vgl. Adam 1988; vgl. auch Vanderborght/van Parijs 2005, Kap. 4.

[Man setzt] [...] fürchterlich harte Strafen für Diebe fest, während man viel lieber dafür sorgen sollte, daß sie ihr Auskommen haben, damit nicht einer in den harten Zwang gerät, erst stehlen und danach sterben zu müssen.[21]

Mit diesem Satz eröffnet Morus die Debatte um das, was man heute ein allgemeines Grundeinkommen nennen würde.[22] Diese Thematik ist gerade im gegenwärtigen öffentlichen Diskurs wieder höchst aktuell. Als prominentester Befürworter einer Spielart des allgemeinen Grundeinkommens gilt Philippe van Parijs, dessen These vom bedingungslosen, also vom Arbeitseinsatz losgelösten Grundeinkommen der des Thomas Morus' gegenübergestellt werden soll. Doch zurück zur *Utopia*: Raphael Hythlodeus knüpft keinerlei Konditionen an ein Grundeinkommen, vielmehr geht er über die Forderung eines Armengeldes hinaus. Aber damit nicht genüge. Da er sieht, daß es ohne Abschaffung des Privateigentums zu keiner Gleichheit unter den Menschen kommen kann, fährt er in Anlehnung an Plato fort:

[...] das hat dieser tiefe Denker [Plato] ohne weiteres gesehen, daß nur ein einziger Weg zum Wohle des Staates führe: die Verkündigung der Gleichheit des Besitzes, die doch wohl niemals durchgeführt werden kann, wo die einzelnen noch Privateigentum besitzen.[23]

Hier finden wir die grundlegende Utopie von einer Gleichheit des Besitzes. Raphael Hythlodeus fährt fort:

So bin ich denn überzeugt, daß der Besitz durchaus nicht auf irgendeine billige oder gerechte Weise verteilt und überhaupt das Glück der Sterblichen nicht begründet werden kann, solange nicht vorher das Eigentum aufgehoben ist; solange es bestehen bleibt, wird vielmehr auf dem weitaus

---

[21] Morus, *Utopia*, 24f.

[22] Eine erste Konzeption eines garantierten Grundeinkommens lieferte ein Freund Morus', der humanistische Gelehrte Johannes Ludovicus Vives in *De Subventione Pauperum* (1526). Er knüpft das sogenannte Armengeld an einen Arbeitseinsatz. Zusätzlicher Verdienst ist in seiner Konzeption ebenfalls möglich. Vgl. Adam 1988.

[23] Morus, *Utopia*, 53f.

größten und weitaus besten Teil der Menschheit Armut, Plackerei und Sorge [...] lasten.[24]

Weiterhin führt er aus, daß man Milderung schaffen, aber keine Heilung dieser Zustände erreichen könne. Das heißt, er vertritt hier einen realistischen Standpunkt, nicht den utopischen. Unter anderen sieht er Möglichkeiten zur Verbesserung der Lage des Englands seiner Zeit durch eine Limitation der Grundstücksgrößen, des Geldvermögens sowie der Macht der Herrschenden. Die literarische Figur des Morus' legt im Buch *Utopia* Einspruch gegen die Idee des Gemeinguts ein:

Mir scheint umgekehrt, daß eine vernünftige Lebensordnung niemals dort möglich ist, wo Gütergemeinschaft besteht. Wie soll denn die Menge der Güter ausreichen, wenn jeder sich von der Arbeit drückt, weil ihn ja kein Erwerbstrieb mehr anspornt und jeder so im Vertrauen auf den Fleiß anderer Leute faul wird?[25]

Selbst hier erscheint Morus auf Augenhöhe mit dem heutigen Diskurs. Die Frage lautet heutzutage: Welche Anreize werden in einem System des Gemeinwesens sowie des Grundeinkommens geliefert, um durch Arbeitserträge eine Finanzierung des Systems zu gewährleisten?

3 Ein allgemeines Grundeinkommen

Ein allgemeines Grundeinkommen entspricht in der heutigen Version der Vorstellung einer monetären Leistung, die regelmäßig vom Staat und ohne vorherige Beitragsleistung gezahlt wird. Sie erfolgt ohne Bedürftigkeitsprüfung. Individuell gestaffelt wird sie ohne Gegenleistung gezahlt. Ein Zuverdienst ist zulässig, sogar erwünscht, jedoch nicht zwingend. Das Konzept gleicht somit dem des Hythlodeus im ersten Buch *Utopia*. Vergleicht man nun die Grundeinkommensideen bei Morus und van Parijs muß zunächst auffallen, daß die Utopier

---

24 A.a.O., 54.
25 A.a.O., 55.

durch ihren Arbeitseinsatz eine Bedingung für ihr allgemeines Grundauskommen erfüllen müssen. Weiterhin fällt auf, daß *Utopia* offensichtlich wohlfahrtsegalitär und glücksegalitär strukturiert ist. Nichtsdestoweniger bedeutet den Utopiern angeblich Wohlstand, also Reichtum nichts,[26] weshalb Wohlstand als Egalitätskriterium und Anreiz ausfällt, wobei Glück im antiken, aristotelischen Sinn mit einem tugendhaften Leben identifiziert wird.[27] Die Maßstäbe sind hier überpersönlich, nicht individuell. Daher ist ein direkter Vergleich mit van Parijs, dessen Maßstäbe individuelle Vorstellungen abbilden, nicht möglich. Es zeigt sich lediglich, daß wohlfahrtsegalitäre und glücksegalitäre Konzeptionen wie hier bei Morus im zweiten Buch *Utopias* und bei van Parijs sehr verschiedene Formen annehmen können. Brian Barry kritisiert in diesem Kontext den egalitaristischen Ansatz van Parijs': Dessen Vorschlag bediene in Wahrheit verantwortungslose Faule auf Kosten Bedürftiger.[28]

Die Crux der Form des Egalitarismus *à la* van Parijs – und hier greift Barrys Kritik – ist das Problem der Exklusivität individueller Bedürfnisse. So muß ein luxuriöser Geschmack einiger Individuen immer von anderen finanziell mitgetragen werden.[29] Dies wird um so schwieriger

---

[26] Vgl. Morus, *Utopia*, 98ff.

[27] Vgl. a.a.O., 89f.

[28] Vgl. Anderson, 2000, 133; vgl. Barry 1992, 138.

[29] Man verwechsle den Wohlfahrtsegalitarismus van Parijs' nicht mit utilitaristischen Modellen. Denn was hier angestrebt wird, ist eine faktische Gleichheit der individuellen Wohlfahrt und nicht etwa eine Inkaufnahme geringerer Wohlfahrt an einer Stelle um die Summe des gesamtgesellschaftlichen Glücks in der Bilanz zu heben. Barrys Kritik wie auch die vieler anderer (vgl. Krebs 2000) geht auch dahin, daß man das eine ohne das andere nicht haben kann, also eine gleiche Wohlfahrt aller ohne eine Minderung der Wohlfahrt für einzelne Personen, was dem individuellen Glück dieser Personen abträglich wäre. Van Parijs Vorstellung scheint also, widersprüchlich zu sein. In *Utopia* wird dieser Vorwurf neutralisiert, in dem das persönliche Eigentum und Glück mit dem des Staates identifiziert wird. Ein höheres Einkommen und daran gemessenes Glück ist durch die Konstruktion des Staates schlicht unmöglich. Die

als das (Grund-)Einkommen vom Arbeitseinsatz entkoppelt wird. Sind die Anreize also zu gering, kann dies das System in Form des Allmende-Problems korrumpieren. Die Allmende nämlich, die gemeinschaftlich genutzt wird, bleibt nur dort effizient, wo sie auch gleichermaßen geschont wird. Auf das obige Prinzip übertragen muß es Bürger geben, die das System durch Einzahlungen unterstützen. Dies wiederum bedeutet, dass hinreichender Anreiz geboten sein muss, um Arbeit zu schaffen. Als Richtwert für das Grundeinkommen wird daher häufig das untere Niedrigeinkommen angegeben.[30]

Im Unterschied dazu ist das heutzutage ebenfalls diskutierte garantierte Mindesteinkommen ausschließlich den Ärmsten vorbehalten und setzt damit eine Bedürftigkeitsprüfung voraus. Zudem erfolgt eine Berücksichtigung der familiären Situation der Anspruchsberechtigten und das Mindesteinkommen ist an deren *Arbeitsbereitschaft* gekoppelt. Dieses Konzept vertritt auch Jean Luis Vives mit seinem „Armengeld".[31] Vives' These lautet, daß eine sozialnützliche Arbeit das Gesamtniveau der Gesellschaft hebt und ihre Bezahlung tragfähig macht. Im Rahmen der Egalitarismuskritik wird dieser Ansatz befürwortet.

Greift man Barrys Kritik an van Parijs' Theorie auf, so wird deutlich, daß gleicher Wohlstand von manchen mehr verlangt als von

---

Utopier schöpfen also bereits das mögliche Maximum aus, welches einen stabilen Staat erlaubt. Sie leben, ironisch gesagt, im besten aller möglichen Staaten.

[30] Vgl. Vanderborght/Van Parijs 2005, 40; vgl. ebenso Anderson 2000, 133. Trotz der genannten Probleme fand die Idee des Grundeinkommens oftmals den Weg in die Wirklichkeit. Wenn, wie geschehen, eine Utopie schließlich den Schritt zu einer Umsetzung findet, wird das Nirgendwo zum Irgendwo. Dies geschieht, wenn in der Realität Strukturen geschaffen werden, die den Platz des fiktiven Ortes einnehmen, an dem es ermöglicht wird, zentrale Theorien der Utopie umzusetzen. Ein aktuelles Beispiel bilden die Bemühungen Brasiliens um ein allgemeines Grundeinkommen. Brasilien führte 2004 Maßnahmen für dieses Projekt ein, die vor allem die Gesetzgebung und das Steuerrecht betrafen. Hierdurch wurde die Theorie, daß ein Grundeinkommen die sozialen Zustände verbessern würde, anwendbar.

[31] S. Fn 16.

anderen. Es ist daher eine Konzeption die einen Standard festlegen muß, etwa den Mindestlohn als Orientierungspunkt zur Bestimmung des Grundeinkommens. Da nach Barry manche nicht als Kooperationspartner am System teilnehmen und lediglich Nutznießer wären, würden jene, die in die Staatskasse einzahlen, mehr leisten als jene, die lediglich Zahlungen entgegennehmen würden. Die Wohlstandsangleichung kann deshalb nicht neidfrei vonstatten gehen, *ergo* kann sie auch nicht glücksegalitär sein. Die Bedürfnisbefriedigung ist nicht individuell, da einige Individuen mehr profitieren als andere – im Gegensatz zur egalitären Verteilung von Arbeit und Lohn in *Utopia*.

Dworkins Konzept einer neidfreien Ressourcenverteilung, die noch näher beschrieben wird, entspricht dagegen einem System, das ganz individuell Bedürfnisse befriedigt. Jeder ist für die Kultivierung seiner Präferenzen selbst verantwortlich. Dworkin verlangt damit dem Einzelnen ein aufgeklärtes Eigeninteresse ab.[32] Die Verteilung in Form einer Auktion stellt – trotz einer relativen Güterknappheit – sicher, daß jeder zumindest anteilig jene Ressourcen erhält, die er selbst für sich als essentiell oder besonders sinnvoll einschätzt. Die Nutzung dieser Ressourcen ist dann weiter dem Einzelnen überlassen. Tritt ein Schadensfall ein, der nicht kalkulierbar oder nicht selbstverschuldet war, ist in Dworkins Modell eine Versicherung für den Schadensausgleich vorgesehen. Für ein selbst verschuldetes Unglück muß der Einzelne selbst aufkommen.

Im Vergleich zur *Utopia* kann festgehalten werden, daß die Verteilung der Ressourcen anders als in *Utopia* einer relativen Güterknappheit unterliegt. Morus unterstellt den Utopiern ebenso ein aufgeklärtes Eigeninteresse, das heißt hier eine rationale Einschätzung ihres Arbeitseinsatzes als Vorbedingung einer regelmäßigen und ausreichenden Verteilung der Ressourcen. Weiter ist die Verteilung in

---

[32] Vgl. Gosepath 1992. Ich verstehe diesen Begriff hier ebenso wie Gosepath als einen Begriff der praktisch angewandten Rationalität im Eigeninteresse. Über diese Minimaldefinition des Begriffes „aufgeklärtes Eigeninteresse" gehe ich aber nicht hinaus und beziehe mich daher auch nicht auf Gosepaths Argumentation in seinem gleichnamigen Buch.

Utopia neidfrei, denn jeder erhält was ihm zusteht und was er benötigt. Eine Befriedigung individueller Bedürfnisse über die Grundgüter hinaus ist kaum möglich. Man muß unterstellen, daß die Utopier nicht vermissen können, was sie nicht kennen, wie z.B. Privateigentum im Sinne einzigartiger Gegenstände von persönlichem Wert. Da die Grundgüterverteilung sich in der Überflußgesellschaft nicht nach begrenzten Auszahlungsmitteln richten muß, ist sichergestellt, daß jeder nach seinen körperlichen Bedürfnissen, also gleich nach Bedarf mit den Grundgütern, wie Kleidung und Lebensmitteln, versorgt wird. Die Ressourcenverteilung ist folglich nicht nur neidfrei, sie befriedigt die individuellen Bedürfnisse und ist zudem glücksegalitär und wohlfahrtsegalitär, da ein egalitärer Maßstab der Ressourcenverteilung anliegt. Weiterhin ist diese Verteilung proportional egalitär und mit wenigen Einschränkungen normativ. Sie ist proportional egalitär, da sie die Bedürfnisse der Bürger befriedigt, und sie ist normativ, da sie dem Neidverhalten entgegenwirkt und dafür sorgt, daß niemand besser lebt als ein anderer. Selbst dann, wenn die Verteilung nicht strikt egalitär ist.

4 Das Problem der Motivation und die Uniformität in der Gesellschaft

Morus muß sich zwangsläufig der Frage stellen, welche Motivation die Utopier antreiben soll. Man könnte banal antworten: der Zwang. – Das wäre allerdings zu kurz gegriffen. Man erinnere sich an die Gleichheitsprinzipien (i) und (ii), an das geometrische Prinzip das nach Verdienst sowie an das demokratische Prinzip das Lasten und Güter gleich verteilt. Das erste der beiden Prinzipien steht für eine Güterverteilung, die jenen zugute kommt, welche sich an der Produktion des Gemeingutes in Form des Sozialproduktes beteiligen. Die Arbeit am Gemeingut wird als tugendhaft angesehen. Es ist nur gerecht, wenn alle für das Gemeingut arbeiten. Darüber hinaus ist es sinnvoll, da sowohl die eigene als auch die allgemeine Grundgüterversorgung dadurch sichergestellt wird. Nach dem zweiten Prinzip wird hingegen bei der

Verteilung der Arbeitslasten und Gewinne eine Gleichbehandlung vorgezogen. Die Motivation, so will uns Morus glauben machen, würde ausschließlich der Tugendhaftigkeit und der Vernünftigkeit des Konzepts entspringen. Warum dann also noch Zwang? – Allein Wohlwollen würde wohl kaum ausreichen. Frei nach Hobbes bleiben Abmachungen ohne das Schwert nur Worte. Die Auszahlung von Gütern wie Kleidung und Nahrung ist immer an den Einsatz von Arbeit gekoppelt. Dies ist bei Morus essentiell. Daher steht Strafe auf Mißachtung. Weiter ist die Beschäftigung ein für den Mensch wertvoller Teil seiner Identität, da er mit seinen Handlungen sein Wesen ausdrücken und sich selbst bestimmen kann.

Wie der Leser feststellen kann, sind die staatlichen Vorsorgeeinrichtungen, die Arbeitszeiten sowie die Güter-Distributionen in allen Teilen des Staates egalitär. Somit findet man einen vermeintlich gerechten Staat vor, in dem angeblich eine „glückliche Politik" herrscht. Da das Privateigentum abgeschafft wurde, ist den Utopiern eine Unterscheidung von „privat" und „öffentlich" nicht bekannt. Sie kennen nur eine „[...]allumfassende Gemeinschaftlichkeit, die freilich den latenten Totalitarismus der Utopie ausmacht."[33] Wie Saage kommentiert:

Die Homogenität der Architektur, die geometrischen Grundrisse der utopischen Insel und die Funktionalität der Gestaltung städtischer und ländlicher Räume haben ihre Entsprechung in den gesellschaftlichen Beziehungen. [...] [S]o ist die Differenzierung zwischen Arm und Reich aufgehoben. Auf jeden Fall gehören soziale Konflikte und Klassenkämpfe der Vergangenheit an.[34]

Selbst in Sitten, Sprache sowie den Institutionen herrscht eintönige Uniformität. Ebenso sind Tagesablauf und Kleidung einheitlich.[35] Neid wird ebenso unmöglich wie das Problem des Trittbrettfahrertums, da angeblich allüberall Überfluß herrscht, jeder in seinen Grundbedürf-

---

[33] Adam 1988.
[34] Saage 1991, 28; vgl. ebenso Morus, *Utopia*, 86.
[35] Vgl. a.a.O., 71.

nissen befriedigt wird, und es zudem keine Möglichkeit gibt, sich in Akkumulation von oder mittels der Form der Güter hervorzutun.[36] In Raphaels Hythlodeus' Worten:

Denn wie sollte man auf den Gedanken kommen, es könnte einer überflüssige Forderungen stellen, der doch sicher ist, daß es ihm nie an etwas fehlen wird? Habgierig und räuberisch macht ja alle Lebewesen immer nur die Furcht vor künftigem Mangel; nur bei dem Menschen kommt der Hochmut hinzu, der es für einen Ruhm hält, durch Prunken mit überflüssigen Dingen sich vor den anderen hervorzutun – eine Art von menschlicher Schwäche, für die es innerhalb der gesellschaftlichen Verfassung der Utopier überhaupt keinen Platz gibt.[37]

5 Gleichheit und Freiheit

Kommen wir auf das Neidproblem zurück. In diesem Abschnitt soll Morus den Thesen Dworkins gegenübergestellt werden. Dworkin vertritt eine moderne Variante des Egalitarismus. Demnach befinden sich alle Ressourcen im Privatbesitz von Individuen. Privatbesitz wird dabei nicht als eine eindimensionale Größe definiert, sondern als „[...]an open-textured relationship many aspects of which have to be fixed politically." [38] Privatbesitz beeinflußt analog neben der Sphäre des Privaten auch die öffentlichen Machtverhältnisse. Der Ressourcenegalitarismus verfolgt die Forderung, daß Menschen Anspruch auf gleiche Ressourcen besitzen. Sie sind jedoch selbst dafür verantwortlich, ihre Vorlieben in einer Form zu kultivieren, die den Umgang mit diesen erfolgreichreich macht.[39]

---

[36] Bereiche in *Utopia* in denen Gleichheit herrscht sind etwa: Der Bereich des Eigentums (53/74), Gleichheit der Chancen und politische Gleichheit (54/65f.), Gleichheit der Berufschancen und der Entfaltung (66ff.), Gleichheit des Arbeitseinsatzes (67), Uniformität (71), Entbehrung einer Ungleichheit durch Familienbande oder Stand (86).

[37] A.a.O., 75.

[38] Dworkin 1981, 283.

[39] Vgl. Dworkin 1996.

Im Aufsatz *Do Equality and Liberty conflict?*[40] entwirft Dworkin eine utopische Verteilungssituation.[41] Eine Gruppe Schiffbrüchiger ist angehalten das zwangsläufig gemeinsame Zusammenleben auf einer Insel zu organisieren, die sie nun notbedingt ihr Heim nennen. Um Konflikte zu vermeiden streben sie eine Ressourcengleichheit an. Gleichheit gilt dabei als Zustand der Neidfreiheit. Die Schiffbrüchigen führen eine Auktion durch, die ihnen hilft, die Ressourcen untereinander aufzuteilen. Da wie eingangs erwähnt Menschen mit Ressourcen unterschiedlich umgehen, scheint das Verfahren einige Plausibilität aufzuweisen. Am Ende der Auktion sollten alle jeweils die Ressourcen besitzen, die ihnen am wichtigsten sind, oder zumindest im Ausgleich einige Güter erworben haben, die diesen Mangel effektiv substituieren.[42]

Neidfreiheit ist ein guter Indikator für die Gleichverteilung von Ressourcen in einer Gesellschaft. Jedoch sollte es nach meinem Erachten kein Kriterium für eine Umverteilung sein. So würde man wohl kaum plausibel finden, daß jemand zur Beseitigung seines Neidgefühls willkürlich Anspruch auf das Eigentum anderer erhebt. In Übereinstimmung mit Elizabeth Anderson kann man argumentieren, daß Neid kein Umverteilungsgrund sein sollte. Für die Umverteilung sollte vielleicht vielmehr der Anspruch auf Gleichheit in der Befriedigung der Grundbedürfnisse an Relevanz verfügen, also ein Anspruch auf Verteilungsgerechtigkeit.[43]

---

[40] Dworkin 1996.

[41] Dworkin bedient sich hierbei einer Idee des Ökonomen Léon Walras (1801–1866). Dieser führte die Figur des Auktionators in die Ökonomie ein, um das Zustandekommen von Gleichgewichten in der Preisentwicklung zu verdeutlichen. Dworkins Ersetzung der Preise als numerische Benennung des Wertes einer Sache durch eine spezielle Sache, nämlich die Ressourcen, ist dabei plausibel, da es sich in beiden Fällen um Größen handelt, welchen ein Wert entspricht.

[42] Man kann hier hinzufügen, daß die Auktion sogenanntes kalkuliertes Pech zur Folge haben kann. Dworkin denkt ein Versicherungssystem an, welches nicht-kalkuliertes Pech ausgleicht. Ist der Akteur jedoch am eigenen Pech selbst schuld, so ist die Gemeinschaft aus der Fürsorgepflicht entlassen.

[43] Vgl. Anderson 2000, 127f.

Hier soll noch kurz auf die Abhängigkeit von Freiheit und Gleichheit eingegangen sowie die Frage erörtert werden, welchen Einfluß diese Beziehung auf totalitäre Tendenzen haben kann. Die beiden Begriffe Gleichheit und Freiheit bilden eine Dichotomie: Ein höheres Maß an Gleichheit scheint Freiheiten zu minimieren. Ein höheres Maß an Freiheit dagegen scheint interpersonelle Ungleichheiten zu fördern. In Morus' *Utopia* herrscht große Gleichheit, jedoch zugleich ein enger Begriff von Freiheit.[44] Andernorts sind die Freiheiten groß, wobei dort jedoch große Ungleichheit herrscht. Oft lautet die Kritik an egalitären Theorien, daß sie anfällig für totalitäre Tendenzen sind. Totalitarismus fordert stets ein hohes, wenn nicht gar zu hohes Maß an Gleichheit. Diese geht oft mit einer Uniformität einher, die zu einer Ent-individualisierung führt und den Menschen seiner Freiheit beraubt, die auch Freiheit zur Selbstentfaltung ist. Daraus resultieren weitere Unfreiheiten, die Geschichte demonstriert dies trefflich. So sorgen totalitäre Systeme für eine strukturelle Einheit, indem sie verändernde Einflüsse, andere Meinungen als die dem System immanente, verbieten. Dem stehen extrem freie Gemeinschaftskonzepte wie der Anarchismus gegenüber. Aber auch dieser bietet keine Möglichkeit auf Entfaltung aller, weil in einem Gefüge absoluter Freiheit eigentlich niemand frei sein kann. Denn die eigene grenzenlose Freiheit würde andere behindern, und andere Menschen würden ebenso reziprok wiederum in ihrer grenzenlosen Freiheit die Freiheit anderer einschränken. Der Anarchismus in seiner Extremform gleicht damit schon wieder einem vitalistischen Naturzustand. Der goldene Mittelweg ist der einer Limi-tierung von Freiheit und Gleichheit, von Rechten und Pflichten auf ein vernünftiges, beschränktes und somit verträgliches Maß.

---

[44] Tugendhat weist darauf hin, daß Dworkin seine Form des egalitären Liberalismus schlicht Liberalismus nennt und soweit gehe, daß der Liberalismus einer Egalität entspringe. Wichtig scheint mir zu verdeutlichen, daß Gleichheit und Freiheit zwar eng miteinander verbunden sein mögen, aber nicht identisch sind oder vielmehr ein Teil der einen Konzeption mit einer anderen identisch ist. Vgl. Tugendhat 1992; 2008.

Die Fragen, die hier nun aufgeworfen werden lauten unter anderen: Inwiefern kann man Bereiche positiver und negativer Freiheit gegeneinander abwägen? Wo büßt man Freiheit ein, um an anderer Stelle mehr Freiheit genießen zu können? Welche Form von Gleichheit kann man damit erzielen? Und welche Art von Gleichheit will damit verhindern?

6 Fazit

Man kann Morus nicht vorwerfen ein „unterkomplexes" Modell entwickelt zu haben. Das heißt, die Insel *Utopia* als Staatswesen würde in ihrer Verfaßtheit nicht alle Bedürfnisse der zur Diskussion gestellten Gesellschaft bedienen. Die Lebensumstände sind so eingerichtet, daß fast jedes egalitaristische Prinzip hier appliziert werden kann. Für die Utopie als Experimentierfeld egalitaristischer Prinzipien ist daher erst einmal wenig getan. Denn ein Experiment, das alles, aber auch alles vorgibt zur maximalen Zufriedenheit aller umzusetzen, ist nicht gerade zielführend. Man könnte auch sagen, mein Begriff der Utopie als Prüfstein egalitärer Theorien sei letztlich unzutreffend. Meine Pointe ist eine andere, denn die Stoßrichtung der Utopie ist gleichfalls eine andere. In *Utopia* wird die Egalität in Teilen gewünscht, etwa bei der Gleichheit der Güterverteilung. Andere Gegebenheiten wie die der Uniformität sind keine Ziele, sondern Bedingungen, um an anderer Stelle Gleichheit im zugrunde liegenden System zu erzwingen. Mithin ist Gleichheit hier also kein Ziel, sondern immer schon eine Bedingung.

Die Frage kann daher nicht nur lauten, was sich in den Rahmenbedingungen ändern muß, um Egalität zu ermöglichen, sondern, was die Egalität umgekehrt in der Gesellschaft bewirkt. Eine so egalitäre, uniforme Gesellschaft wie die des Staates *Utopia* ist eine Gesellschaft ohne Originalität, auch dann, wenn dies hier explizit so gewünscht ist. Die mangelnde Originalität geht einher mit der Entindividualisierung der Bürger. So systemimmanent sie im Zusammenhang der Fiktion *Utopias* erscheint, so sehr läßt sie in Sachen pluralistischer Lebendigkeit jedes Staatswesen veröden. Hierin liegt für mich die Relevanz:

Utopia ist zwar von egalitären Ansätzen durchdrungen, dennoch erscheint der Staat, wie sich nachvollziehen läßt, keineswegs ideal.[45] In Hinblick auf die Egalitarismusdebatte kann die Utopie zeigen in welchem Rahmen egalitäre Ansätze vernünftig sind und wo sie sinnlos, ja sogar gefährlich werden.

Morus' Versuch die Debatte über das fiktive Staatswesen *Utopia* gewähren zu lassen, um zu sehen wohin dies führt, kann nach meiner Auffassung erstaunlich weit getrieben werden und zeitigt interessante Resultate. Die Konstruktion des Staates, ungeachtet offensichtlicher sardonischer Elemente, ist hinreichend konsistent. Und dennoch läuft am Ende *Utopia* gewissermaßen der moralischen Intuition der Leser zuwider. Es liegt zweifellos an der bereits erwähnten totalitären Tendenz, die sich naturgemäß zunehmend zu verstärken scheint.

Festgehalten werden kann daher, daß sich zunächst rational keine Unstimmigkeiten ergeben, sondern daß es vielmehr *prima facie* Phänomene gibt, die unserer Intuition sukzessive entgegenarbeiten.[46] *Secundam facie* kann man dort an der Kohärenz der Utopie zweifeln, wo die Institutionen des Staates und dessen extreme egalitären Prinzipien die Bürger mehr oder weniger entmündigen.

---

[45] Der Fairneß scheint nach Rawls' Definition einer „Gerechtigkeit als Fairneß" durchaus genüge getan zu sein, denn es herrschen faktisch gleiche Chancen auf die Grundgüter, Rechte und zu vergebende Ämter. Das Individuum wirkt allerdings unfrei qua seiner Fremdbestimmung, was als ungerecht erscheint.

[46] S. Fn 41.

„Verpflichtung zur Demokratie"

Thomas Morus' Utopia im Kontext von Charles Taylors Gesellschaftsmodell

Sven Reisch

Um eine Einordnung des durch *Utopia* von Thomas Morus begründeten Genres der Utopie in das sozialtheoretische und politischphilosophische Werk des kanadischen Philosophen Charles Taylor zu ermöglichen, sollen zwei Gesichtspunkte genauer analysiert werden: Zum einen sei die Frage aufgeworfen, inwiefern Morus' Konstrukt der Utopie, in dessen Zentrum ein „Nirgendwo" als Paradigma des besten Gesellschaftsmodells fungiert, ein Platz in Taylors Forderung nach einer *„Social Theory as Practice"*[1] zugeordnet werden kann. Dieses Modell sozialwissenschaftlicher Theoriebildung geht von einer Wechselwirkung zwischen Theorie und sozialer Praxis aus, wodurch die Theorie selbst zu einem Teil der sozialen Praxis wird. Im Zentrum des Interesses ist hierbei, welche Schnittpunkte entstehen, wenn das Ansinnen der Gesellschaftsbegründung bei Thomas Morus auf die theoretischen Anforderungen von Charles Taylor trifft. Zum anderen soll untersucht werden, wie sich Taylors gemeinschaftsorientiertes Gesellschaftsmodell und die Utopie des Thomas Morus in Bezug auf die gesellschaftlichen und staatlichen Strukturen im Gemeinwesen zueinander verhalten und inwiefern der Begriff der politischen Utopie im Allgemeinen in Taylors politischer Philosophie überhaupt eine Rolle spielen kann.

---

[1] Taylor 1985.

1.

Auf die Frage, was in einem Gemeinwesen vorgeht, wie es funktioniert und unter welchen Bedingungen seine Institutionen durch die Mitglieder des Gemeinwesens getragen werden, gibt es nach Taylor vor jeder theoretischen Antwort ein nichttheoretisches *common-sense-*Verständnis, ohne das ein funktionierendes Gemeinwesen schlichtweg nicht vorstellbar wäre.[2] Soziales Handeln setzt sowohl ein Bewußtsein für die Regeln und Institutionen als auch für die eigene Rolle innerhalb des Gemeinwesens voraus. Der Einzelne ist hierbei nicht auf theoretische Konzepte angewiesen. Es geht schlicht darum, sich gewissen sozialen Praktiken und des eigenen Verhaltens, das diesen Praktiken angemessen ist, bewußt zu sein. In einem ersten Verständnis kommt einer Theorie des Sozialen also die Rolle zu, die Praktiken und das hierfür konstitutive Selbstverständnis der Handelnden explizit darzulegen und deren Handeln zu erklären. Gleichwohl kann sie darüber hinausgehen, indem sie das *common-sense-*Verständnis erweitert, kritisiert und gegebenenfalls unter der Annahme einer unbewußten Realität als unkorrekte, irreführende Auffassung der tatsächlichen Verhältnisse verwirft.[3]

Eine Theorie des Sozialen ist nicht unabhängig von ihrem Objekt, dem sozialen Handeln, und übernimmt in diesem Sinne nicht nur eine deskriptive Aufgabe in Bezug auf die gesellschaftlichen Praktiken, sondern wirkt immer auch präskriptiv auf das den Praktiken zugrunde liegende Selbstverständnis.[4] Die Politische Theorie ist von dieser Wechselwirkung geprägt: Sie erhebt den Anspruch, die Institutionen und Funktionen innerhalb des Gemeinwesens erklären zu können,

---

[2] Taylor 1985, 93.

[3] Vgl. a.a.O., 94: Taylor spielt hier u. a. auf die marxistische Gesellschaftstheorie an. Dem *common-sense-*Verständnis – bei Marx der „ideologische Überbau" – bliebe die „reale Basis", die ökonomische Gesellschaftsstruktur, die die eigentliche Erklärungsmatrix sozialer Praktiken und Institutionen darstelle, verborgen.

[4] Vgl. a.a.O., 98.

wirkt jedoch dort, wo sie eine vom *common-sense*-Verständnis der sozialen Praktiken und Institutionen abweichende Haltung einnimmt, auf das politische Selbstverständnis manipulierend ein:

The latter [political theories] can undermine, strengthen or shape the practices that they bear on. And that is because (a) they are theories about practices, which (b) are partly constituted by certain self-understandings. To the extent that (c) theories transform this self-understanding, they undercut, bolster or transform the constitutive features of practices.[5]

In dieser Funktion der Selbstdefinition begründet eine jede Politische Theorie die gesellschaftlichen Praktiken und Institutionen ihres Dafürhaltens unter letztendlicher Bezugnahme auf ein Wertekonzept, das die Basis des Aufbaus des Gemeinwesens bildet.[6]

Das hat Einfluß auf die Kriterien für die Plausibilität einer Theorie. Eine ausschließliche Überprüfung der theoretischen Aussagen an der Wirklichkeit greift zu kurz, da die Theorie die soziale Praxis selbst beeinflußt. Aussagekraft und Plausibilität einer Theorie erweisen sich nicht nur durch die Erklärung gesellschaftlicher Phänomene, sondern hängen auch davon ab, inwieweit die Theorie in ihrer selbstdefinierenden Funktion eine verbesserte Abbildung des sozialen Handelns leisten kann, das dem eigenen konstitutiven Wertekonzept entspricht. In diesem konzeptuellen Schema liegt der Ansatzpunkt für die Beurteilung einer Theorie: Sofern die von der Theorie geforderten Praktiken und Institutionen dem zugrunde liegenden Wertekonzept entgegenwirken, erweist sich die Theorie in der Praxis als widersprüchlich.[7]

Unterschiedliche Gesellschaftsmodelle sind dann zu vergleichen, wenn sie sich an den gleichen Grundwertekonzepten orientieren, da das Kriterium der Beurteilung an der Praxis am zugrunde gelegten Selbstverständnis anzusetzen hat. Charles Taylor veranschaulicht dies

---

[5] A.a.O., 101.

[6] Vgl. a.a.O., 107ff.

[7] Vgl. a.a.O., 109: Taylor beschreibt Theorien dieser Art als „in an important way self-defeating", insofern sich zeigt, dass die praktische Umsetzung der Theorie den selbst angestrebten Werten nicht entsprechen kann.

anhand des Bildes von rivalisierenden Theorien als Landkarten. Gesell-
schaftstheorien, die sich in der Beschreibung unterscheiden, wie ein
Wertekonzept durch soziales Handeln transportiert werden kann, sind
mit unterschiedlichen Landkarten desselben Terrains zu vergleichen.
Analog zu diesen läßt sich die Qualität sozialer Theorien daran messen,
wie gut man mit ihnen zurechtkommen kann.[8]

Damit kann freilich nicht die Frage beantwortet werden, woran
letztendlich ein in der Geschichte erprobtes Gesellschaftsmodell schei-
terte. Lag es daran, daß die Gesellschaft auf einer widersprüchlichen
Theorie aufbaute? Oder stellte die Praxis nur eine Karikatur der
Theorie dar? Dann wäre kein Schluß auf die Aussagekraft der Theorie
möglich. Erst eine Auseinandersetzung mit der selbstdefinierenden
Funktion der Theorie für die Praktiken und Institutionen eines Gemeinwesens und den Auswirkungen auf das Selbstverständnis der
Handelnden macht ein Urteil über die Theorie möglich.

Dieser durch Charles Taylor vertretene methodische Anspruch an
eine politische Theorie wirft im Hinblick auf Thomas Morus' *Utopia*
und die Rolle der Utopie innerhalb der Politischen Philosophie im
Allgemeinen zwei erörterungswürdige Fragen auf: Wie ist es unter
theoretischen Gesichtspunkten zu beurteilen, daß Morus sein Gesellschaftsmodell als eine fiktive soziale Praxis, als ideales Gemeinwesen
im Staate *Utopia*, vorstellt?[9] Und wie steht es um die präskriptive Kraft
der Utopie, wenn die in ihr angelegte soziale Praxis dem Selbstverständnis der Adressaten widerspricht?

---

[8] Vgl. Taylor 1985, 111.

[9] Dieser Arbeit wird ein konventionelles Verständnis von Thomas Morus' *Utopia*
als einem Idealstaatsmodell, einer „[...] Fiktion, die verdeutlicht, daß es
zumindest im vernünftigen Denken bessere Alternativen zur bestehenden Wirklichkeit gibt" (Saage, 2004, 148), zugrunde gelegt. An dieser Stelle kann dieser
Interpretationsansatz keiner eigenen Kritik unterzogen werden. Zur Frage nach
alternativen Interpretationsmöglichkeiten der *Utopia* und den Intentionen ihres
Autors sei aber auf den Aufsatz von Ulrich Arnswald im vorliegenden Band und
weiterhin auf die Einführung von Dietmar Herz verwiesen. Herz 1999.

Schaut man mit dem Taylorschen Blick auf Morus' Werk, dann muß auch das Erste Buch von *Utopia* eine wichtige Funktion zugesprochen bekommen. In ihm findet sich die Auseinandersetzung mit der zu Morus' Zeiten herrschenden politischen Praxis und den gesellschaftlichen Strukturen. Mit Taylor gesprochen wird hier der den Praktiken und Institutionen zugrunde liegenden Selbstinterpretation auf den Grund gegangen.

Das Urteil bei Morus über die politischen Verhältnisse Englands um 1500 fällt vernichtend aus: ein brutales aber marodes Strafsystem, wachsendes soziales Elend durch wirtschaftliche Veränderungen und nicht zuletzt korrupte Politiker, denen Machtstreben über politische Gestaltung geht. Als Ursache allen Übels wird gegen Ende des Ersten Buches das Privateigentum angeführt. Dadurch gedeihen Gier, Hoffart, Besitzstreben und Ausbeutung in England und ganz Europa:

[W]o es noch Privatbesitz gibt, wo alle Menschen alle Werte am Maßstab des Geldes messen, da wird es kaum jemals möglich sein, eine gerechte und glückliche Politik zu treiben.[10]

Zweifellos gehört aber die Möglichkeit, Privateigentum zu besitzen und zu erwerben, zum Selbstverständnis der damaligen Europäer genauso dazu, wie es heute der Fall ist. Ebenso ist unbestritten, daß die Praktiken und Institutionen, die eine Gesellschaft unter der Prämisse der Möglichkeit Privateigentum zu besitzen und zu erwerben, herausbildet, zu einiger Kritik Anlaß bieten mögen. Politische Theorien können hier ansetzen, indem sie von der Analyse ausgehend andere Wege aufweisen, ein reformiertes Gesellschaftsmodell vorstellen und die Strukturen und Institutionen des Gemeinwesens neu definieren. In Taylors Bild gesprochen, geht es darum, das vorhandene Terrain durch eine verbesserte Darstellung auf der Landkarte neu zu erschließen. Allerdings ist für Taylor der Einfluß einer Theorie begrenzt:

[A] theory is the making explicit of a society's life, that is, a set of institutions and practices. It may shape these practices, but it does not replace them.[11]

---

[10] Morus, *Utopia*, 53.

Die Modelle der politischen Theorie erhalten ihren präskriptiven selbstdefinierenden Gehalt dadurch, daß sie an ein *common-sense-*Selbstverständnis anknüpfen. Eine solche Anknüpfung des neuen Modells an das der herrschenden Praxis zugrunde liegende Wertekonzept ist in der Utopie bei Thomas Morus nicht gegeben. Durch die Gegenüberstellung von Privateigentum und Gütergemeinschaft wird ein radikaler Bruch gefordert. Die Abschaffung des Privateigentums ist allerdings mit der vorherrschenden sozialen Praxis und deren zugrunde liegendem Wertekonzept nicht vereinbar. Jedoch hängt der Einfluß einer politischen Theorie von ihrer Vereinbarkeit mit dem Selbstverständnis der Menschen, dem Wertekonzept, das der politischen Praxis zugrunde liegt, ab. Die Politische Theorie alleine kann eine soziale Struktur nicht vorgeben: *„Theory can never be the simple determinant of practice.*"[12]

Unter diesem Gesichtspunkt macht der Schritt, den radikalen Bruch zwischen Privateigentum und Gütergemeinschaft in Morus' Schrift nicht innerhalb des existierenden Gemeinwesens zu vollziehen, durchaus Sinn. Statt dessen wird eine Gegenwelt, die Insel *Utopia*, inszeniert, deren Gesellschaftsstrukturen und Institutionen nach dem Ideal der Gütergemeinschaft gestaltet sind. In *Utopia* leben die Mitglieder der Gesellschaft glücklich, zufrieden und in Einklang mit sich und der Natur zusammen. Es ist nicht diese Vorstellung des idealen Lebens, daß die Utopier vom real existierenden Europäer, ob zu Mores Zeiten oder heute, prinzipiell unterscheidet. Es ist aber das gewachsene Selbstverständnis eines Europäers, das Privatbesitz und Privatsphäre als Teile des Lebens einschließt, das der politischen Praxis wie sie bei Morus in der Utopie beschrieben wird, fundamental widerspricht.[13]

Wie steht es dann aber um die präskriptive Kraft der Utopie, wenn die in ihr angelegte soziale Praxis dem Selbstverständnis der Adressaten widerspricht? Eine präskriptive Rolle kann der Utopie, wenn man

---

[11] Taylor 1985, 100.
[12] A.a.O., 101.
[13] Zu den totalitär-kollektivistischen Strukturen in *Utopia* siehe Herz 1999, 78-83.

Taylors Maßstäbe anlegt, nicht anerkannt werden. *Utopia* erfüllt zwar eine deskriptive Rolle im doppelten Sinne: Das Werk beschreibt und kritisiert die herrschenden Verhältnisse im Tudor-England um 1500 (Erstes Buch) und es beschreibt auch die politischen Strukturen im fiktiven Land der Utopier (Zweites Buch). Im Taylorschen Bild gesprochen verhalten sich diese Beschreibungen aber zueinander wie zwei Landkarten, die unterschiedliche Terrains skizzieren: Ein Vergleich untereinander ist unmöglich. So ist die Beschreibung der Praktiken und Institutionen der Utopier keine potentielle Grundlage realer Praktiken und Institutionen, weil es an einem verbindenden Element zwischen „schlechter" realer Praxis und „idealer" Praxis der Utopier fehlt: Die „utopische Theorie" ist mit dem Selbstverständnis eines real existierenden Europäers und den sozialen Praktiken und Institutionen des Gemeinwesens nicht zu vereinbaren.

2.

Die Utopie kann dem Taylorschen Theorieverständnis offensichtlich nicht Genüge leisten. Heute sind liberale Grundwerte konstitutives Element des Selbstverständnisses europäischer Gemeinwesen, von denen eine Theorie mit präskriptivem Anspruch nicht abrücken kann. Auch die Wertekonzepte frühneuzeitlicher Gemeinwesen ließen, wenn es sich auch nicht um liberale Gemeinwesen handelte, den radikalen Bruch von Privateigentum zur Gütergemeinschaft nicht zu. Die Utopie kann einem theoretischen Wahrheitsanspruch in Bezug auf reale gesellschaftliche Phänomene nicht gerecht werden. So bleibt auszuloten, worin ein Verfechter eines utopischen Denkansatzes in der Politischen Philosophie dessen Bedeutung sehen kann. Sollte er für den politischen Diskurs im Sinne von partiellen Denkanstößen und Reformvorschlägen fruchtbar sein, dann wäre zu ergründen, welche gesellschaftlichen Praktiken des Morus'schen Staatsideales an das herrschende Selbstverständnis anschlußfähig sind. Charles Taylor liefert eine Interpretation des herrschenden Selbstverständnisses und der politischen Praktiken und Institutionen anhand einer Analyse der Entwicklung europäischer Gesellschaften.[14]

Taylors Politische Philosophie interessiert sich in erster Linie für das Verhältnis, in dem die Bürger eines demokratischen Gemeinwesens zueinander stehen. Es geht darum, die Sphären des Privaten, der Gesellschaft und des Staates zueinander in Beziehung zu setzen bzw. voneinander abzugrenzen. Grundlage hierfür ist eine historisch gewachsene Verbindung von Demokratie, Freiheit der Person und Rechtstaatlichkeit. Historisch gewachsen deshalb, weil ein gegenseitiges Bedingungsverhältnis nicht immer geherrscht hat. So waren beispielsweise im Zeitalter des Absolutismus durchaus rechtstaatliche Strukturen für einen Teil der Bürgerschaft geschaffen, wenngleich eine politische Einflußnahme nicht vorgesehen war. Diese Möglichkeit ist nach Taylor „[m]it dem Zerfall hierarchischer Formen samt den entsprechenden klaren Grenzen zwischen den Klassen [...]"[15] aufgehoben worden. Heute ist nur mehr die Demokratie die einzige Regierungsform, die sowohl die Freiheit der Person als auch die Wahrung rechtstaatlicher Strukturen ermöglicht. Gleichzeitig ist der liberale Kanon Grundpfeiler für die Legitimität einer Demokratie. Hieraus erwächst für Charles Taylor, daß für jedes Gemeinwesen, das dem Wertekonzept des liberalen Kanons durch seine sozialen Praktiken und Institutionen zu entsprechen versucht, eine „Verpflichtung zur Demokratie"[16] besteht.

Nun ließe sich eine Definition, was eine Demokratie ausmacht, über die Prozesse und Institutionen politischer Praxis angeben. Taylors Demokratieverständnis wählt jedoch den Weg über das Verhältnis Bürger - Gesellschaft - Staat, welches auf drei Grundkriterien basieren soll.[17]

---

[14] Der folgende Abschnitt bezieht sich auf Taylors Aufsätze „Wieviel Gemeinschaft braucht die Demokratie?", 11-29, sowie „Die Beschwörung der *Civil Society*", 64-92, erschienen in: Taylor 2001.

[15] A.a.O., 12.

[16] A.a.O., 11.

[17] Vgl. a.a.O., 21-29.

Erste Bedingung ist die *Einheit*. [18] Diese bedeutet, daß sich die Mitglieder der Gesellschaft als Gemeinschaft zur Wahrung des gemeinsamen Wertekonzepts verstehen. Die Solidarität untereinander soll sich für Taylor hierbei nicht nur in einem allgemeinen Bekenntnis zum demokratischen Gemeinwesen, sondern in einer gemeinsamen Verteidigung der Bürgerrechte ausdrücken.

Die zweite von Taylor genannte Bedingung für eine funktionierende Demokratie ist die *Partizipation*.[19] Eine Demokratie lebt natürlich von regelmäßigen Wahlen, aus denen eine den Wählern verantwortliche Gewalt hervorgeht. Doch ist dies nicht die einzige Form von Bürgerbeteiligung, die für das Funktionieren der Demokratie nötig ist. Partizipation im Sinne Taylors bedeutet, daß die Bürger im Gemeinwesen sich selbst in Bewegungen organisieren, die Einfluß auf die politische Gestaltung nehmen. Zum einen wird eine solche Partizipation direkt ausgeübt, z.B. durch Bürgerinitiativen, die außerhalb des bürokratisch-politischen Systems Einfluß nehmen. Zum anderen fordert Taylor die Integration möglichst vieler Bürger in das politische System durch Beteiligung an der Arbeit von Parteien und direkter Einflußnahme auf lokaler Ebene, was nur dann möglich ist, wenn die politische Gewalt möglichst dezentral organisiert wird.

Die dritte Bedingung für das Gemeinwesen nach Taylor betrifft den *gegenseitigen Respekt*, womit die Achtung eines jeden Bürgers der Gesellschaft durch den anderen gemeint ist.[20] Eine Demokratie kann nur funktionieren, wenn alle Mitglieder sich in gewisser Weise in das Gemeinwesen integriert fühlen und keine Teilgruppe diskriminiert wird. Institutionell stellt sich für Taylor dieser gegenseitige Respekt vor allem in der Einrichtung des Wohlfahrtsstaates dar.

Aus diesen drei Bedingungen ergibt sich das Bild eines Gemeinwesens, daß nicht nur durch eine gemeinsam getragene politische Gewalt, sondern durch übergeordnete geteilte Werte und Überzeugungen

---

[18] A.a.O., 21ff.
[19] A.a.O., 23-26.
[20] A.a.O., 26.

getragen wird. Diese Gesellschaft ist stark differenziert, indem sie verschiedene Ebenen der politischen Einflußnahme, aber auch außerpolitische Vereinigungen zur Gestaltung der gemeinsamen sozialen Praxis vorsieht. Zwischen der Sphäre des Privaten bzw. Nicht-politischen und dem Bereich staatlicher Ordnung sieht Taylor also auch einen starken nicht-staatlichen gesellschaftlichen Bereich als konstitutiv für das demokratische Gemeinwesen an. Gesellschaftliche Institutionen, die als Beispiele für eine solche *civil society* stehen, sind unter anderem die Kirche, die Ökonomie und die öffentliche Meinung. Ohne das Vorhandensein großer Bereiche sozialer Interaktion, die unabhängig von staatlichem Einfluß erfolgt, ist ein Gemeinwesen, das beansprucht, den liberalen Wertekanon als Grundlage zu haben, für Charles Taylor nicht legitimiert.[21]

Sofern man die Gesellschaft so versteht, erwachsen die Risiken, denen sie ausgesetzt ist, von zwei Seiten.[22] Einerseits besteht die Gefahr, daß die *civil society* an Wertigkeit verliert, weil sie durch individuelle Interessen überlagert wird. Die Auffassung einer Gesellschaft als Konvergenz individueller Interessen hat, so Taylor, eine „[...] Wendung von der Öffentlichkeit hin zum Privaten, die zwar verführerisch ist, aber auch eine Minderung der menschlichen Würde der Bürger ist",[23] zur Folge. Es entsteht eine bipolare Situation mit einem Mangel an Identifikation, da der Staat als schlichter Regelungsmechanismus von individuellen Interessen keinen geteilten Wert mehr darstellt. Von einer solchen Entwicklung werden dann die von Taylor genannten Bedingungen eines demokratischen Gemeinwesens in Mitleidenschaft gezogen.[24]

Die zweite Seite, von der Risiken für die *civil society* zu erwarten sind, ist dem Problem der Individualisierung entgegengesetzt. Die Gefahr ist, daß die nicht-staatlichen gesellschaftlichen Institutionen

---

[21] Taylor 2001, 90ff.
[22] Zu einer Skizzierung dieser Risiken bei Taylor siehe: A.a.O., 26-29.
[23] A.a.O., 88.
[24] Zur Kritik eines radikalen Liberalismus siehe auch: Taylor 1995.

unter den Einfluß staatlicher Kontrolle geraten, z.B. unter dem Vorwand besserer Effizienz und Stabilität.[25]

Der Staat der Utopier bei Morus stellt ein auf diese Weise konstituiertes Gemeinwesen geradezu paradigmatisch dar. In *Utopia* ist eine nicht-politische Sphäre gesellschaftlicher Praxis schlichtweg nicht vorhanden. Alle sozialen Praktiken und Institutionen sind in ihrer Funktion am Staatswohl orientiert. So wie die Gütergemeinschaft das Wirtschaften zu einem Staatszweck macht, so ist mit dem Verbot, außerhalb der politischen Institutionen über politische Themen zu diskutieren, die Bildung einer politischen Öffentlichkeit verhindert. Doch nicht einmal die private Sphäre ist von staatlicher Kontrolle frei, angefangen bei der Geburtenkontrolle über die Reisebestimmungen bis zur staatlichen Pflichtgenehmigung zum Freitod.[26] Auch der religiöse Glaube ist letzten Endes staatlich motiviert: Er soll durch seine Glaubensgesetze zur Stabilität des Staates *Utopia* beitragen.[27]

Der utopische Gesellschaftsentwurf bei Thomas Morus ist daher nicht nur in ganzem Umfang mit dem herrschenden Selbstverständnis und den sozialen Praktiken und Institutionen europäischer Gemeinwesen unvereinbar, sondern auch als Denkanstoß für partielle Reformen untauglich. Es ist kein gesellschaftlicher Ansatzpunkt erkennbar, bei dem uns eine Utopie im Stile jener bei Thomas Morus weiterhelfen kann. Dies war keinesfalls seit jeher der Fall. Immer wieder haben Autoren utopische Gesellschaftsideale geschaffen, deren Werke die politischen Wirren der eigenen Gegenwart darzustellen und die Leserschaft zu bewegen und zu inspirieren vermochten.

Der Reiz des utopischen Denkens in der Politischen Philosophie mag daher vor allem in der Kritik der herrschenden Zustände zur Zeit des Autors zu suchen sein. Die Utopie entwirft ein stabiles Staatsideal, das in Zeiten reeller Instabilität lediglich denkbar, keineswegs aber in

---

[25] Vgl. Taylor 2001, 16-19.

[26] Zur politischen Öffentlichkeit siehe Morus, *Utopia*, 65, zur privaten Sphäre siehe u.a.: 73ff., 79f. und 106.

[27] A.a.O., 127-131.

vollem Umfang realisierbar erscheint. Die Frage, welche Rolle die Utopie in der Politischen Philosophie der Gegenwart spielen kann, ist dann aber auch eine Frage nach der Stabilität der heutigen Gesellschaft. Sofern utopisches Denken nur unter instabilen politischen Verhältnissen floriert, ließe sich von der Verfassung der politischen Gesellschaften auf die Möglichkeiten utopischen Denkens schließen.

In Charles Taylors Wort von der „Verpflichtung zur Demokratie" für Gemeinwesen, die sich an liberalen Prinzipien und Rechtstaatlichkeit orientieren, ist die Annahme einer solchen Stabilität der Gesellschaft hineinzulesen:

Die einzige Garantie für Freiheit der Person und Wahrung des Rechts bietet die Demokratie oder zumindest die Aussicht, daß sie in absehbarer Zeit eingerichtet wird.[28]

Folgt man Taylor in diesem Punkt, so scheint das utopische Denken, sofern es aus der Unzufriedenheit mit den herrschenden Verhältnissen ausbrechen will, hin zu neuen Modellen gesellschaftlichen Zusammenlebens, die der Natur des Menschen und seinem Selbstverständnis besser entsprechen, keine Option in der Politischen Philosophie zu sein. Ein Ausstieg aus dem Zusammenspiel von liberalem Kanon, Rechtstaatlichkeit und Demokratie ist, dort wo es bereits funktioniert, kein denkbares Szenario.

Daß die Demokratie insofern stabil sein soll, daß sie – einmal etabliert – von keinem anderen System mehr zu verdrängen ist, ist jedoch nicht so zu verstehen, daß Taylor die Demokratie an sich für statisch hält. Im Gegenteil ist sie als ein differenziertes Gebilde zu betrachten, das sich ständig in der Ausprägung der drei Sphären Privatheit - Gesellschaft - Staat wandelt. So sind die Streitfragen in der Demokratie, wie groß der Einfluß des Staates auf das Leben seiner Bürger sein darf, in welchem Ausmaß der Bürger am politischen Prozeß Einfluß nehmen kann, ob er sich aktiv zu seinem Gemeinwesen bekennen sollte oder ob der Staat lediglich zum Nutzen der in ihm lebenden Individuen besteht. In diesem Rahmen spielt sich der

---

[28] Taylor 2001, 12.

politische Diskurs ab. Das sind die Fragen, deren Antworten die politische Praxis und die Ausgestaltung politischer Institutionen prägen. Die Grenzen dieses Diskurses und damit die Spannweite möglicher Praktiken und Institutionen sind jedoch durch die Demokratie und ihre Werte abgesteckt. Die politischen Veränderungsbewegungen sind also durch die Übereinkunft auf den liberalen Kanon, Rechtstaatlichkeit und Demokratie, die herrschenden sozialen Praktiken und Institutionen und der daraus erwachsenden Stabilität der Gesellschaft begrenzt. So wäre die Frage, ob die Formulierung einer politischen Utopie innerhalb dieses Rahmens Sinn macht, zu verneinen. Die differenzierte Demokratie nach Taylorschem Vorbild, in der sich die drei Sphären gegenseitig kontrollieren und die Waage halten, läßt sich durch keine großen Umwälzungsentwürfe beeinflussen.

Freilich ist es eine ganz andere Frage, ob eine Utopie im Stile des Werkes von Thomas Morus überhaupt als ein Gesellschaftsmodell der Politischen Philosophie gedacht sein sollte. Gleichwohl wurden Utopien in diesem Sinne rezipiert.[29] Wenn jedoch der Begriff „Utopie" in der Politischen Philosophie nicht nur als Synonym für „kaum umsetzbarer Vorschlag" oder „Zukunftsvision" gebraucht werden, sondern tatsächlich ein solches Gesellschaftsmodell, das am Wohl der Bürger ausgerichtet ist, bezeichnen soll, dann wären mit Taylor einige Argumente für die Irrelevanz des Begriffes „Utopie" in der Politischen Philosophie der Gegenwart genannt.

---

[29] Einen erhellenden Einblick in die Geschichte des Genres Utopie und seiner Rezeption liefert der Artikel „Utopie" von Lucian Hölscher. Siehe Hölscher, 1990.

Der Utopie-Begriff bei Habermas
Zur Reformulierung des Vernunftkonzepts

Sonia Mokni

1. Der Utopie-Begriff bei Morus

Das 1516 erschienene Buch *Utopia* von Thomas Morus hat die Geburt der Sozialutopie eingeleitet. In diesem Buch unterzieht Morus die damalige englische Gesellschaft einer Kritik und stellt sie dem imaginären Staat *Utopia* mit seiner idealen Gesellschaft gegenüber. Diese Gesellschaft ist das Gegenbild der englischen Gesellschaft des 16. Jahrhunderts.

Das Buch ist in zwei Teile gegliedert. Im ersten Buch treten die drei Hauptpersonen auf: Peter Aegid, Raphael Hythlodeus und Morus. In diesem ersten Teil des Buches wird die damalige gesellschaftliche Situation heftig kritisiert: Politik (Verfassungsstaat), Religion (als Institution), Krieg. Auch Themen wie Werte und Ethik werden angesprochen. Im zweiten Buch beschreibt Hythlodeus die Insel *Utopia*. Sie umfasst 54 Städte, die alle ähnlich sind (z.B. in Größe, Sprache, Sitten, Einrichtungen und Gesetze). Sie sind fast ununterscheidbar: „Wer eine Stadt kennt, kennt sie alle."[1] Die Städte leben in Frieden miteinander, vor allem deswegen, weil keine von ihnen irgendeinen Anspruch auf Gebietserweiterung erhebt. Hythlodeus erklärt dazu, daß die Utopier sich mehr als „[...] Anbauer denn als Herren ihres Besitzes"[2] verstehen. Diese Idee der Abschaffung des Privateigentums herrscht im ganzen Buch. Die Abschaffung des

---

[1] Morus, *Utopia*, 62.
[2] A.a.O., 60.

Privateigentums geht so weit, daß selbst die Häuser alle zehn Jahre den Besitzer wechseln „[...] und zwar nach dem Lose."[3]

Die Utopier sind eine außergewöhnliche Gesellschaft mit strengen Regeln. Auch die menschliche Natur der Utopier scheint anders zu sein. Die Utopier zeigen z.B. kein Bedürfnis nach Individualität. Alle Einwohner tragen die gleiche Kleidung, die für jede Jahreszeit passend ist.[4] Der Arbeitstag ist auf sechs Stunden pro Tag festgelegt. Selbst die Schlafenszeiten werden auf nicht mehr als acht Stunden limitiert. Die übrige Zeit ist jedem freigestellt, wobei Utopier ihre Freizeit mit logischen und vernünftigen Spielen verbringen.

In *Utopia* herrscht eine reelle Religionsfreiheit. Diese wurde von Utopus, dem Gründer des Staates, eingeführt, um Streitigkeiten über die Religion innerhalb der Gemeinschaft zu vermeiden. Utopus meinte,

[...] es sei leicht vorauszusehen, daß die Macht der Wahrheit sich von selber dereinst einmal durchsetzen und offenbar werden müßte, wenn ihre Sache nur mit Vernunft und Mäßigung betrieben würde.[5]

Insofern glaubt „der vernünftigste Teil des Volkes" nicht in irgendeiner Form von monotheistischen Religionen,

[...] sondern nur an ein einziges, ewiges, unendliches, unbegreifliches göttliches Wesen, das die Fassungskraft menschlichen Geistes übersteigt und durch dieses gesamte Weltall ergossen ist, als wirkende Kraft, nicht als materielle Masse.[6]

Wie beim Thema Religionsausübung ist auf der Insel gleichfalls alles der Vernunft untergeordnet. Dies gilt auch für die Tugend, worin Utopier das „Ziel aller Handlungen"[7] sehen. Denn durch Vernunft erkennt man,

---

[3] Morus, *Utopia*, 63.

[4] A.a.O., 72: „So kommt es, daß [...] hier in Utopien sich jeder mit einem Anzug, gewöhnlich für zwei Jahre, begnügt. Er hat ja auch gar keinen Grund, sich mehr Kleidung zu wünschen."

[5] A.a.O., 130.

[6] A.a.O., 127.

[7] Vgl. a.a.O., 91.

[...] daß alle unsere Handlungen, und darunter sogar die tugendhaften, in letzter Linie auf das Vergnügen und die Glückseligkeit als auf ihren Zweck abzielen.[8]

Die Vernunft ist die Basis jeder Handlung und öffnet den Weg für Brüderschaft, Solidarität, Tugendhaftigkeit und Glückseligkeit. Aus diesem Grund herrschen überall auf der Insel moralische Grundwerte wie Vertrauen, Toleranz und Zuverlässigkeit. Nicht zuletzt ist die Abschaffung des Privateigentums diesen Grundwerten zu verdanken. Das Leben der Utopier ist geprägt von Gemeineigentum, umfassenden alternativen Bildungsprozesse, Dezentralisierung und jeglicher Ablehnung von Luxus. Eines der Hauptcharakteristika der Utopier besteht also in ihrer *Vernunftkonzeption*. Sie nutzen ihre Gebrauchsfähigkeit der Vernunft in ihrem Alltag fast völlig spontan. Die Vernunft, die Morus in seinem Werk schildert, ist eine von kirchlicher Bevormundung emanzipierte Vernunft. Mit dieser neuen Konzeption versucht Morus seinen Zeitgenossen zu zeigen, wie sehr Vernunft, auf den Alltag übertragen, die schlechten Gewohnheiten überwinden kann. Denn wer vernünftig ist, meidet gemäß Morus schlechte Gewohnheiten. Durch Vernunft ist man aufgeklärter, da man zur Kritik und Infragestellung der gegenwärtigen Lage fähig wird und dadurch zur Aufrechterhaltung einer bestimmten zwischenmenschlichen Harmonie beiträgt. Dementsprechend ist das Leben in *Utopia* durch und durch vernünftig und klar geregelt. Die allgegenwärtige Vernunft führt zu einer egalitären Gemeinschaft, mit dem Ziel, eine menschenfreundliche Vernunftskonzeption als staatstragendes Konzept zu etablieren. Dies soll zur Auslöschung alles Individuellen, einhergehend mit einer allen verordneten Kollektivierung, beitragen. Dabei ist hier zu erwähnen, daß die literarische Person des Thomas Morus von der Idee der Auslöschung des Individuellen nicht überzeugt war. Für die Erzählfigur Morus soll daher die egalitäre Gesellschaft mit ihren strikten Normen nicht die eigene Individualität der Utopier hindern bzw.

---

[8] A.a.O., 92.

abschaffen. Beide Kriterien, Egalität und Individualität, müssen im Alltag in einer harmonischen Art und Weise realisiert werden.

Ferner ist auf der Insel ein Verfassungsgesetz schwer zu erkennen, denn die Rechtsprechung ist dort sehr einfach. Gesetze existieren zwar, wenn auch nur sehr wenige. Alles bleibt der Vernunft überlassen getreu dem Motto: Jeder weiß, was vernünftig bzw. vernünftiger ist. Als Kritik an der bestehenden Komplexität der Jurisprudenz führt der Autor Morus das Gegenteil an: Was zählt, ist die „gröbste Auslegung", die „[...] immer für die richtigste"[9] gehalten wird. Diese neue Art von Rechtswissenschaft ist auf „eine schlichtere und näher liegende Deutung der Gesetze" begründet, die „[...] jedermann zugänglich ist."[10]

Weniger exponiert als Morus hat sich der deutsche Sozialphilosoph Jürgen Habermas mit der Utopieproblematik und deren Vernunftkonzeption beschäftigt. Sein gesamtes Denken und Werk widmet sich gewißermaßen der altbekannten Utopiefrage. Habermas' Reflexion kreist nämlich um die Frage nach einer gelingenden Gesellschaftstheorie sowie nach den Bedingungen und Normen zur Verwirklichung einer besseren Gesellschaft. Habermas' Utopieprogramm wird am deutlichsten in seinem Werk *Theorie des kommunikativen Handelns* dargelegt, wobei die Frage der Utopie dort nicht wörtlich aufgegriffen wird.

2. Der Utopie-Begriff bei Habermas

Durch seine Wahrnehmung der gesellschaftlichen Entwicklung kommt Habermas zu einer Neubestimmung bzw. Reformulierung des Utopieproblems, denn eine

---

[9] Morus, *Utopia,* 112.
[10] Ebd.

[...] Gesellschaft ist nicht nur System der Selbsterhaltung. Eine lockende Natur [...] hat sich aus dem Funktionskreis der Selbsterhaltung gelöst und drängt nach utopischer Erfüllung.[11]

Im Rahmen seines utopischen Programms ist Habermas auf der Suche nach einer idealen Gesellschaft bzw. einer durch Kommunikation emanzipierten Gesellschaft. Bei ihm bildet die Idee der besseren Gesellschaft nicht ein konkretes Utopieprogramm, sondern das Ideal der herrschaftsfreien Kommunikation. Habermas erklärt die Bedingungen herrschaftsfreier Kommunikation zu einer plausiblen Rahmenkonstruktion der Utopie. Er verzichtet daher auf eine inhaltliche Festlegung der Utopie. Nur die emanzipierte Gesellschaft als Ideal ist für ihn in der Lage, die Bedingungen der Möglichkeit herrschaftsfreier Kommunikation zu erkennen sowie sozialkritische Überlegungen auf die Gesellschaft selbst anzuwenden. Als Rahmen für die Umsetzung seines utopischen Programms einer besseren Gesellschaft definiert Habermas die Theorie des gesellschaftlichen Diskurses und die daraus abgeleiteten Geltungsansprüche, die aber im kommunikativen Handeln einfach vorausgesetzt werden müssen.[12]

Habermas unterteilt sein Diskursprogramm in zwei Theorien: die des praktischen Diskurses einerseits und die des theoretischen Diskurses andererseits. Im praktischen Diskurs wird die Begründung von Normen thematisiert, während im theoretischen Diskurs Geltungsansprüche wie Wahrheit oder Richtigkeit Thema sind. Anhand dieser Unterteilung kommt Habermas der traditionellen Utopieproblematik am nächsten – Utopien zielen ja auf die Formulierung von plausiblen Normen zur Verwirklichung einer besseren Gesellschaft. Allerdings entfernt sich Habermas von der alten utopischen Tradition, indem er durch die Transzendierung des traditionellen Utopie-Begriffs einen neuen Utopiebegriff schafft. Habermas' Variante konzentriert sich auf den Primat der Utopiebildung. Die Habermassche Utopie

---

[11] Habermas 1968, 161.

[12] Habermas/Luhmann 1971, 117: „Der Diskurs dient der Begründung problematisierter Geltungsansprüche von Meinungen und Normen."

versteht sich als eine zu realisierende Utopie. Bei ihm weist der Spannungsbogen des utopisch Wünschbaren stets auf ein praktisch Machbares zurück. Demgemäß ist die Habermassche Utopie auf Verfahren bezogen. Indem er das Verfahren hervorhebt und das Utopische ins Prozedurale wendet, übt er eine reelle Dezentralisierung der Utopie aus. Dabei werden sowohl die Zukunftsdimension als auch die inhaltliche Ausformulierung der Normen aufgegeben, die beide in den utopischen Setzungen vom besten Staat, vom guten Leben oder von gelungener Emanzipation enthalten waren. Über Nähe und Differenz von Habermas zur klassischen Utopie schreibt Peter J. Brenner:

An die Stelle der Begründung materialer Inhalte von Normen tritt nur noch die Notwendigkeit einer Begründung des Verfahrens, mit dem Inhalte als verbindlich ausgewiesen werden können.[13]

Die Essenz der Habermasschen Utopie besteht weniger in der Suche nach Vorstellungen eines sozial gerechten und moralisch guten Gemeinwesens, als vielmehr in der Begründung eines Verfahrens, in dem verbindliche Normen erst in einem zweiten Schritt zu finden sind. Die Utopie wird bei Habermas im Diskurs verräumlicht, d.h. der Diskurs selbst ist der Raum, in dem in reflexiver Form versucht wird, einen Konsens der Teilnehmer zu erzielen. Das Utopische wird also in einem Gesprächsmodus eingeführt. Zu diesem Zweck entwickelt Habermas eine *Diskursethik* als neuen Raum des Utopie-Gedankens. Habermas definiert die Weichen der *Diskursethik* folgendermaßen:

Die diskursethische Strategie, die Gehalte einer universalistischen Moral aus den allgemeinen Kommunikationsvoraussetzungen zu gewinnen, ist gerade darum aussichtsreich, weil der Diskurs eine anspruchsvollere, über konkrete Lebensformen hinausgreifende Kommunikationsform darstellt, in der die Präsuppositionen verständigungsorientierten Handelns verallgemeinert, abstrahiert und entschränkt, nämlich auf eine ideale, alle sprach- und handlungsfähigen Subjekte einbeziehende Kommunikationsgemeinschaft ausgedehnt werden.[14]

---

[13] Brenner 1982, 43.
[14] Habermas 1991, 18.

Die Utopiekonstruktion bei Habermas findet im Diskurs und in der daraus abgeleiteten Kommunikationsgemeinschaft statt. Der Diskurs ist nach Habermas eine „Art reflexiv gewordenes kommunikatives Handeln",[15] dessen Utopiepotenzial auch dementsprechend ein reflexives ist. Habermas verzichtet darauf, das Ideal in die Zukunft zu projizieren. Aus diesem Grund etabliert er einen neuen Utopietypus, der aus den Regeln kommunikativer Praxis gewonnen wird. Habermas' Utopie soll keine Abstraktion sein, sondern eine Form erstrebenswerter Ideale, die dann als Prinzipien oder Maximen die Handlungen der Menschen steuern (Einführung in die Lebensformen, die kulturellen Überlieferungen, die Alltagsgewohnheiten usw.). Zu diesem Zweck der Anti-Dogmatisierung stützt er sich auf die Sozialwissenschaften, denen er dabei die handlungsrelevanten Theoriebestandteile entnimmt. Dadurch ist es ihm gelungen, zu einer Entzeitlichung der Utopie und deren Universalien zu kommen.

Der utopisch-praktische Diskurs ermöglicht Habermas also die Suche nach allgemein verbindlichen Inhalten, die einen legitimen Geltungsanspruch erheben und demzufolge den Weg zu einer besseren Gesellschaftsform öffnen. Normen im Diskurs müssen einen kompromißübersteigenden Charakter erhalten aufgrund der formulierten Bedürfnisse, die einen universalen Charakter besitzen. Dieser universale Charakter befähigt sie, verallgemeinerungsfähig zu sein. Mit dem Charakter der Universalität der Normen hat Habermas ein Kriterium gefunden, das den Normen einen einzigartigen Status verleiht. Habermas unterteilt den utopisch-praktischen Diskurs in vier Stufen, mit denen er eine Selbstreflexion des handelnden Subjekts ermöglichen will:

Eintritt in den Diskurs:

[...] Übergang von problematisierten Normen, die selbst Handlungen verkörpern, zu Befürwortungen oder Ablehnungen eben dieser Normen wird

---

[15] Vgl. a.a.O., 17.

vollzogen. Dies soll zur Folge haben, daß deren kontroverser Geltungsanspruch zum Inhalt des Diskurses erhoben wird.[16]

Der praktische Diskurs:

Vollzug [...] der theoretischen Rechtfertigung der problematisierten Normen [...] und zwar unter Angabe von wenigstens einem Argument innerhalb eines gewählten Sprachsystems.[17]

Der metatheoretische oder metapolitische Diskurs:

[...] Übergang zu einer Modifikation eines gewählten Sprachsystems oder zu einer Klärung der Angemessenheit alternativer Sprachsysteme.[18]

Die erkenntnispolitische Willensbildung:

[...] Übergang zu einer Reflexion auf die Bedingtheit unserer Bedürfnisstrukturen nach dem Stand unseres Wissens und Könnens, mit der Intention, daß eine Interpretation der Bedürfnisse im Fokus der vorhandenen Informationen über tatsächlich vorhandene Spielräume des Machbaren und Erreichbaren möglich wird.[19]

Auf die Frage nach der Legitimität des Diskurses unterscheidet Habermas den wahren Konsens vom falschen durch die Konstituierung einer *idealen Sprechsituation*:

Ein vernünftiger Konsensus kann von einem trügerischen in letzter Instanz allein durch Bezugnahme auf eine ideale Sprechsituation unterschieden werden.[20]

Die ideale Sprechsituation ist dadurch charakterisiert, daß sie jegliche Verzerrung der Kommunikation ausschließt. Zu diesem Zweck nennt Habermas vier Bedingungen zur Erfüllung der idealen Sprechsituation:

Alle potentiellen Diskursteilnehmer müssen Chancengleichheit hinsichtlich der Verwendung kommunikativer Sprechakte erhalten, so daß sie als Gleich-

---

[16] Richert 2001, 228.
[17] Ebd.
[18] Ebd.
[19] Ebd.
[20] Habermas 1984a, 179.

berechtigte jederzeit Diskurse beginnen und durch Rede bzw. Gegenrede, Frage bzw. Antwort im Diskurs fortfahren können.[21]

Chancengleichheit bei der Aufstellung von Deutungen, Behauptungen, Empfehlungen, Erklärungen und Rechtfertigungen mit der Möglichkeit zu problematisieren, zu begründen oder zu widerlegen, damit „[…] keine Vormeinung oder kein Vorurteil dauerhaft der Thematisierung und der Kritik entzogen werden kann."[22]

Sprecher des Diskurses sind *nur diejenigen,*

[…] die als Agierende die gleichen Chancen aufweisen, repräsentative Sprechakte zu verwenden, d.h. ihre Einstellungen, Wünsche und Gefühle zum Ausdruck zu bringen.[23]

Teilnehmer des Diskurses dürfen nur Sprecher sein,

[…] die als Agierende die gleiche Chance haben, sich regulativer Sprechakte zu bedienen, d.h. also Befehle zu erteilen und sich zu widersetzen, zu erlauben und Verbote auszusprechen […].[24]

Im Diskurs spielt die ideale Sprechsituation eine regulative Rolle. Sie erlangt ihre volle Bedeutung erst in der Kommunikation, nachdem sie beim ersten Sprechakt faktisch postuliert wird.[25] Im Diskurs muß die ideale Sprechsituation schon als verwirklicht angenommen bzw. antizipiert werden. Habermas konstruiert also seine Utopiekonzeption anhand dieses Theorems der Antizipation und will damit nachweisen, daß diese Antizipation bei jedem Akt der Verständigung faktisch vorgenommen werden muß. Mit dem Theorem der Antizipation der idealen Sprechsituation antwortet Habermas auf das alte Begründungsproblem – Ist die Utopie an einem bestimmten Ort oder in einer bestimmten Zukunft anzutreffen? –, indem er die Utopie in den „Modus eines präsentischen Futurums"[26] stellt.

---

21 Richert 2001, 229.
22 Ebd.
23 Ebd.
24 A.a.O., 230.
25 Vgl. Habermas 1984a, 181.
26 Richert 2001, 233.

Kernstück von Habermas' kommunikationstheoretischem Entwurf ist die Anerkennung des Geltungsanspruchs der Richtigkeit in der idealen Sprechsituation. Allerdings kann dieser Geltungsanspruch den Charakter der Richtigkeit erst bei Aufhebung aller Einschränkungen erhalten. Habermas wendet die Geltungsansprüche der Richtigkeit oder Wahrheit am theoretischen Diskurs an. Für ihn sind diese Geltungsansprüche in jedem Sprechakt entweder explizit oder implizit erhoben, wobei sie im kommunikativen Handeln grundsätzlich im Diskurs begründet oder kritisiert werden können. Auch weist Habermas der Sprache die Idee der vernünftigen Rede durch die Geltungsansprüche der Wahrheit oder Richtigkeit zu, um den Anspruch auf Objektivität zu erheben:

Welches Sprachsystem wir auch immer wählen, stets gehen wir intuitiv von der Voraussetzung aus, daß Wahrheit ein universaler Geltungsanspruch ist.[27]

Diese Geltungsansprüche, die der Sprache innewohnen, haben zur Folge, daß sich die normative Geltungsbasis des Diskurses und die daraus resultierenden Normen von den Strukturen der Kommunikation grundsätzlich ableiten lassen. Habermas bettet diese Geltungsbasis der Rede in eine Universalpragmatik ein, mit dem Ziel,

[...] daß jeder kommunikativ Handelnde im Vollzug einer beliebigen Sprechhandlung universale Geltungsansprüche erheben und ihre Einlösbarkeit unterstellen muß.[28]

Er begründet den universalen Geltungsanspruch jedoch nicht nur transzendental, sondern auch mit apriorischen und empirischen Argumenten. Brenner schreibt:

Damit wird der Status der ‚Geltungsansprüche' etwas unklar: Sie sollen mehr sein als ‚empirische Allgemeinheiten' und zugleich weniger als transzendentale Kategorien – eben ‚Universalien, die man auf dem Wege rationaler Rekonstruktion gewinnt'.[29]

---

[27] Habermas 1981, Bd. 1, 92f.
[28] Habermas, 1984b, 354.
[29] Brenner, 1982, 47.

Die Utopiekonstruktion bei Habermas basiert auf empirischen Elementen. Aus diesem Grund stützt er sich konkret auf die Analyse einer Gesellschaft der westlichen Welt bzw. des Gesellschaftsmodells der westlichen Gesellschaft. Bei der Wahrnehmung seiner Utopiekonstruktion stellt er fest, daß die größte Bedrohung der Gesellschaft in der sich immer stärker ausbreitenden Bürokratisierung der Gesellschaft liegt. Diese Bürokratisierung bildet eine Deformation der menschlichen Kommunikationsstrukturen. Diese Pathologie nennt Habermas „These der inneren Kolonialisierung"[30]. Ferner erklärt er, daß

[...] die Subsysteme Wirtschaft und Staat infolge des kapitalistischen Wachstums immer komplexer werden und immer tiefer in die symbolische Reproduktion der Lebenswelt eindringen.[31]

Ferner bildet das Konzept der Rationalisierung der Lebenswelt das Kernstück von Habermas' Reflexion. Für ihn bedeutet sie eine Dezentrierung der Weltbilder. In seiner Gesellschaftsanalyse stellt er eine zunehmende Rationalisierung der Lebenswelt im Verlauf der evolutionären Entwicklung fest, mit dem Ergebnis, daß das moderne, okzidentale Weltbild als ein dezentriertes bestimmt wird.

An die Stelle der ehemaligen lebensweltbestimmenden Gottheiten sind abstrakte und formale Weltkonzepte getreten, die einen reflexiven Umgang der Kommunikationsteilnehmer mit der Wirklichkeit ermöglichen. Voraussetzung für dieses reflexive Agieren mit der Wirklichkeit ist die strenge Trennung zwischen den beiden Realitätsbereichen Sprache und Welt,

[...] also zwischen dem Kommunikationsmedium Sprache und dem, *worüber* in einer sprachlichen Kommunikation eine Verständigung erreicht werden kann.[32]

---

[30] Habermas 1981, 539.
[31] Ebd.
[32] Habermas, 1981, Bd. 1, 81.

Habermas versucht diese Dezentrierung der Weltbilder als einen kollektiven Lernprozeß zu beschreiben. Durch seine Konzeption der Rationalisierung der Lebenswelt reformuliert Habermas die Webersche Analyse des kulturellen Entzauberungsprozesses mit kommunikationstheoretischen Mitteln.

3. Fazit

Die Umrisse der Utopiekonzeption und des Utopieprogramms nach Habermas sind also deutlich zu erkennen. Er vertritt die Idee der Utopie einer idealen Gesellschaft im Sinne einer emanzipierten Gesellschaft. Den Weg dorthin beschreibt er anhand seiner *Theorie des kommunikativen Handelns*. Ebenso versteht Habermas seine Utopie als eine Utopie der kommunikativen Vernunft. Aus diesem Grund nimmt der Diskurs bei Habermas' Konzeption des Utopischen eine wichtige Rolle ein. Denn der Diskurs ermöglicht einen kritischen Prozeß öffentlicher Kommunikation. So wichtig der Diskurs ist, um so wichtiger ist die Sprache. Habermas sieht darin das einzige Medium einer kommunikativen Gesellschaft, das die Überwindung der Dialektik der Vernunft ermöglicht. Durch seine *Diskursethik* und die dadurch angenommene *ideale Sprechsituation* zielt Habermas auf die Realisierung seiner Utopie.

Denn im Gegensatz zu Morus begreift Habermas die Utopie als ein Ziel, das erreichbar und von den Zeitgenossen zu realisieren ist. Wie bei Morus dient Habermas' Utopieprogramm der Kritik der Lebenswelt. Mit seiner *Theorie des kommunikativen Handelns* haben Zeitgenossen die Möglichkeit, die allgemeinen Strukturen ihrer Lebenswelt objektiv und konstruktiv zu betrachten. Der Gedanke einer kritischen Gesellschaft entspricht der Idee, die sich Habermas von der idealen Gesellschaft macht. Mit dieser Theorie konnte Habermas tatsächlich die Utopiediskussion in neue Bahnen lenken. Denn obwohl Habermas' Utopiebegriff – um das Thema der Vernunft – an die Utopietradition anknüpft, gelingt es ihm, eine Neukonzeption von Rationalität über eine Reformulierung des Vernunftkonzepts zu entwickeln. Diese neue

Form kommunikativer Rationalität trägt einer empirisch-historischen Fundierung der Utopie Rechnung. Habermas formuliert sein Utopie-programm sogar in klarer Abgrenzung sowohl von den Klassikern der Utopietradition als auch von den Gesellschaftstheoretikern von Marx bis Weber, indem er den zentralen Utopiebegriff „Arbeit" durch den der Kommunikation ersetzt,

[...] weil sich mit dem Paradigmenwechsel von der Arbeits- zur Kommu-nikationsgesellschaft auch die Art der Anknüpfung an die Utopietradition ändert.[33]

Sowohl Habermas als auch Morus wenden für ihre Vorstellungen des Utopischen jeweils ein dialektisches Verfahren an. In *Utopia* bilden das erste und das zweite Buch einen Rahmen: Im ersten Buch steht die Kritik der englischen Gesellschaft im 16. Jahrhundert, während im zweiten Buch ein Gegenentwurf präsentiert wird. Meiner Meinung nach ist es allerdings falsch, wenn man den idealen Staat *Utopia* und dessen Gesellschaft als *das* Ideal zu interpretieren versucht. Vielmehr versuchen Morus und Habermas anhand einer durch den Diskurs realisierten dialektischen Konstruktion, ihre Zeitgenossen zu einer kritischen Auseinandersetzung zu bewegen, zu einer gesunden und vor allem *vernünftigen* Kritik. Die ideale Gesellschaft der Utopier ist nicht ohne weiteres auf die reale Lebenswelt übertragbar. Das ist von Morus auch nicht beabsichtigt. Die ideale Gesellschaft entsteht vielmehr aus einer Mischung der bestehenden Strukturen des englischen Staates des 16. Jahrhunderts mit denen des imaginären Staates *Utopia*. Aus diesem Grund beendet Morus auch sein Buch mit der Äußerung, „[...] daß es in der Verfassung der Utopier sehr vieles gibt, was ich in unseren Staaten eingeführt sehen möchte."[34] Jedoch fügt er hinzu, daß so etwas „freilich [...] mehr Wunsch als Hoffnung"[35] sei.

Die Wörter „Wunsch" und „Hoffnung" haben zwar eine sehr ähnliche semantische Bedeutung, sie zielen jedoch nicht auf die gleiche

---

[33] Habermas 1985, 160.
[34] Morus, *Utopia*, 148.
[35] Ebd.

Wirkung. Der Begriff „Wunsch" impliziert nicht unbedingt den Gedanken der Realisierung, während „Hoffnung" auf eine gewisse Weise pragmatischer erscheint und der prinzipiellen Realisierbarkeit nähersteht. Meines Erachtens ist hier der Staat *Utopia* der ideale Staat, aber nur für Menschen wie die Utopier. Denn, wie oben erörtert, erscheinen die Utopier meistens als ideale Menschen bzw. als eine ideale Gesellschaft. Für solche Menschen und eine solche Gesellschaft ist der Staat *Utopia* zu *hoffen*, in dem Sinne, daß solche Gesellschaften und Menschen auf eine mögliche Verwirklichung dieser utopischen, idealen Staatsform zielen. Aber für *unsere* Gesellschaften bilden die gesamten Regeln, die in *Utopia* vorhanden sind, eher einen „Wunsch", ohne das Ziel der Verwirklichung tatsächlich ernst zu nehmen. Aus diesem Grund ist für unsere Gesellschaften etwas anderes als der Staat *Utopia* zu erhoffen, etwas Machbares, wie es Jürgen Habermas durch seine *Theorie des kommunikativen Handelns* zu entwickeln versucht hat. In diesem Sinne kann man in Habermas' Utopieprogramm eine Art Kontinuität zu Morus' *Utopia* erkennen.

Die Kontingenz der Utopie nach Richard Rorty

Vanessa Scheel

Richard Rorty sieht in seinem Buch *Kontingenz, Ironie und Solidarität* in der französischen Revolution einen maßgeblichen Nährboden, der Utopien als Instrument politischer Handlungsoptionen erst befördert hat. Den damaligen Intellektuellen sei demonstriert worden, daß Veränderungen, die für unmöglich gehalten wurden, sich doch als realisierbar erwiesen haben. Dies habe dazu geführt, daß utopische Gedanken in der Politik von der Ausnahme zur Regel wurden. An den Geschehnissen dieser Zeit kann deutlich gesehen werden, daß bestehende Restriktionen und vermeintliche Sachzwänge in Gesellschaft und Politik nicht unabänderbar sind, sondern gesellschaftliche oder politische Verhältnisse sich stets variabel gestalten lassen. Diese Aussicht hat Neuentwürfe der Gesellschaft, die mutmaßliche Grenzen ignorieren, vorstellbar und somit zur Grundlage für Utopien gemacht.

Während Richard Rorty die Möglichkeit politischer Utopien positiv bewertet wissen will, führten die Ereignisse im Jahr des Erscheinens seines Buches 1989 dazu, daß deutsche Intellektuelle die Aussichten politischer Utopien gänzlich in Zweifel stellten. So propagierte z.B. Joachim Fest das „Ende des utopischen Zeitalters", und fügte hinzu, daß zum Preis der Modernität ein Leben ohne Utopie gehöre.[1] Mit dem Sozialismus sei nach dem Nationalsozialismus der andere machtvolle Utopieversuch des Jahrhunderts gescheitert. Zurückgeblieben sei kaum mehr als eine Spur des Schreckens. Erst die zurückliegenden Jahre hätten eine Abkehr von der utopischen

---

[1] Vgl. Fest 1991, 98.

Träumerei zur politischen Realität gebracht.[2] Das wirft die Frage auf, ob politische Utopien tatsächlich entbehrlich sind und in der „modernen Welt" nicht mehr von Bedeutung sind. Beweist das Scheitern vergangener Utopien, daß ein solcher sozialer und kultureller Wandel nicht mehr nötig oder gar kontraproduktiv ist? Ist der Kapitalismus schlicht das System, das besser „auf die Welt paßt", das einem „wahren, besten System" nahe kommt? Gibt es einen solchen Horizont, gegen den unsere Wirklichkeit konvergiert, so daß wir schlußendlich die beste Staatsverfassung haben? Und haben wir diesen Schlußpunkt bereits erreicht?

Richard Rorty bezieht gegen solche Auffassungen entschieden Stellung. Er bestreitet, daß am Horizont immer schon ein Ziel stehen würde, gegen das wir zwingend konvergieren. Ebenso widerspricht er der Aussage, daß die Menschen von Natur aus nun mal sind, wie sie sind. Fortschritt findet nicht statt, indem man Schritt für Schritt in die „richtige" Richtung geht. Für ihn dagegen bedeutet Fortschritt im naturwissenschaftlichen Sinn, darin besser zu werden, „[...]künftiges Geschehen vorherzusagen und daher dieses künftige Geschehen zu beeinflussen."[3] Philosophischer Fortschritt bestehe darin, eine vermittelnde Rolle zwischen in der Gesellschaft verankerten Traditionen und unter den Menschen verbreiteten Intuitionen sowie neuen Ideen der Wissenschaften oder „sonstigen Neuheiten" zu übernehmen.[4] Es gehe also nicht darum, der „Wahrheit" näher zu kommen, sondern vielmehr darum, besser mit den Umständen umgehen zu können, in denen man sich befindet. Tatsächlich lehnt Rorty einen Zusammenhang zwischen Forschung bzw. Rechtfertigung und Wahrheit ab.[5] Aufgrund des

---

[2] Vgl. Fest 1991, 81.

[3] Rorty 2000, 12.

[4] Vgl. a.a.O., 13.

[5] Vgl. Rorty 1994, 31; Rorty entledigt sich damit der Notwendigkeit eines Gottes oder eines Planes, der über allem steht. Da er keine letzte Rechtfertigung fordert, sondern in pragmatischer Tradition stets nur davon ausgeht, wie wir uns vor „einem bloß endlichen Auditorium menschlicher Hörer" rechtfertigen, läßt

ständigen Zugewinns neuer Erkenntnisse ergeben sich zwangsläufig stets neue Lebensumstände und Möglichkeiten, so daß ein abzusehendes Ende der Entwicklungen in politischen oder gesellschaftstheoretischen Fragestellungen nicht plausibel ist. Da Rorty Fortschritt also nicht als Aufdecken einzelner Tatsachen bis zum Erreichen eines bestimmten, zu entdeckenden Zieles definiert, stellt sich die Frage, wie Fortschritt im Sinne Rortys überhaupt stattfindet. Hierzu sind für ihn Utopien von großer Bedeutung.

Um deutlich zu machen, was Richard Rorty unter einer Utopie versteht und worin er ihren Nutzen sieht, geht dieser Beitrag zunächst der Frage nach, wie sich Gesellschafts- oder Systemveränderungen ergeben. Dazu soll darauf eingegangen werden, warum gemäß Rorty eine solche Veränderung überhaupt möglich ist. Anschließend soll geprüft werden, inwiefern seine Thesen Thomas Morus' Entwurf entsprechen könnten. Also einer Utopie, die weit vor der französischen Revolution entstanden ist, in der allerdings der Wunsch des Autors Morus nach Veränderung des *Status quo* auch nicht eindeutig belegt werden kann. Das Buch erscheint vielmehr als Vergleich zwischen Bestehendem und Neuem, ohne die einzelnen Entwürfe eindeutig zu bewerten. Ein Umstand, der sich wiederum gut in Rortys Darstellung einfügt. Sein Utopie-Verständnis, das die Utopie weniger nach ihrem Inhalt bewertet, sondern als Methode begreift, soll deutlich charakterisiert werden, und abschließend auf mögliche Gemeinsamkeiten zwischen den beiden Autoren eingegangen werden.

1. Die Kontingenz der Sprache

Utopische Politikentwürfe und eventuelle Veränderungen, die sich aus diesen ableiten, sind für Rorty vor allem aus einem Grund plausibel, nämlich aus dem Gedanken heraus, daß „die Wahrheit gemacht, nicht

---

er die Frage nach einem übergeordneten Blickpunkt und damit die Frage nach einer grundlegenden, „echten" Wahrheit beiseite.

gefunden wird."[6] Diese These erklärt er mittels der Kontingenz der Sprache. Dabei geht er davon aus, daß wir Menschen unsere Sprachen selbst gemacht haben. Wir haben nicht ein vorgefertigtes Vokabular und eine vorgegebene Grammatik entdeckt, die wir dann angewendet haben, sondern unsere Sprachen haben sich im Laufe der Geschichte durch eine Reihe von Zufällen von selbst ergeben und entwickeln sich auf diese Weise stetig.[7] Menschen leben zusammen und daher ist es nützlich, daß sie sich untereinander verständigen können. Aus dieser Gegebenheit heraus haben die Menschen begonnen, Metaphern zu erfinden, so daß sie sich in bestimmten Situationen einfacher verständigen können. Einige dieser Metaphern wurden von den Mitmenschen als nützlich erachtet und wurden mitbenutzt, so daß daraus eine erste Sprache resultierte. Ganz im Sinne derer, die die Sprache benutzten, entwickelte sie sich weiter. Mit der Zeit wurde die Sprache komplexer, es entstanden Regeln, Grammatik, Schriften. Die Regeln und Bezeichnungen, die dabei mittels Sprache eingeschlossen werden, sind rein zufällig entstanden, insofern ist die Entstehung der Sprache kontingent. Das heißt nicht, daß wir willkürlich entscheiden können wie wir sprechen. Natürlich sind wir heute an Regeln gebunden, die sich mit der Zeit ergeben haben, wenn wir von unseren Mitmenschen verstanden werden wollen. Mit der Anzahl der etablierten Beschreibungsmöglichkeiten und der daraus entstehenden Komplexität begeben sich die Mitbenutzer einer solchen Ansammlung von Metaphern in eine immanente Abhängigkeit zu dieser. Als Konsequenz einer solchen Sprachgemeinschaft ergeben sich bestimmte Weltansichten, Handlungsoptionen und Moralvorstellungen. Denn alle Angaben können nur in dem konkreten Vokabular gegeben werden, das die Sprachgemeinschaft verwendet. Es entstehen also für die Gemeinschaft spezifische Beschreibungsmöglichkeiten. Das jeweilige

---

[6] Rorty 1992, 21; vgl. a.a.O., 27.
[7] Vgl. a.a.O., 25 f.

„abgeschlossene Vokabular"[8] ist hochvernetzt und hängt demnach mit vielerlei kulturellen Strategien, Verhaltensmustern, Werten, Meinungen sowie Überzeugungen zusammen. Es ist das Vokabular, mit dem die Menschen ihre Lebensgeschichte erzählen können. Wir sollten uns in der Regel an dieses etablierte Vokabular halten, das wir anzuwenden wissen, wenn wir uns mitteilen wollen. Es herrscht gewissermaßen ein Konsens über die Sprachregeln und die damit verbundenen Möglichkeiten, Gegebenheiten zu beschreiben.

Sprachregeln sind aber nicht für immer festgeschrieben oder unverrückbar. Ganz im Gegenteil. Die Benutzer einer Sprache haben jederzeit die Möglichkeit, Regeln in Frage zu stellen, eine neue Regel anzubieten oder eine alte umzufunktionieren. Der Prozeß des Vorschlagens fremder Metaphern oder neuer Verwendungen alter Begriffe findet fortwährend statt. Für Rorty ist jede Rechtfertigung quasi Überredung, sowohl bei wissenschaftlichen Arbeiten als auch bei gewöhnlichen Meinungsverschiedenheiten.[9] Andere müssen zustimmen, damit die eigene Aussage als „wahr" deklariert werden kann. Ist eine Argumentation hinreichend nachvollziehbar, gelingt dies. Findet jemand neue, aber gut funktionierende Begriffe, werden diese in den Sprachgebrauch übernommen. So beschreibt Rorty Worte wie „Wissen", „Erkenntnis" oder „Wahrheit" als „[...] Lob, das man den Überzeugungen spendet, die man für derart gerechtfertigt erachtet, daß eine weitere Rechtfertigung zur Zeit nicht vonnöten sei."[10] Nicht nur die Wissenschaften generieren neuartige Erklärungsmöglichkeiten, auch die sich verändernden Sprachen einzelner Gesellschaftsgruppen wie der Jugend machen den hohen Veränderungsgrad einer Sprache ersichtlich.

Dennoch wird hier zugleich auch die Starrheit einer Kultur deutlich. Die Menschen in ihr sind außerstande, gewohnte Artikulationen und

---

[8] „Ein Vokabular ist ‚abschließend' insofern, als dem Nutzer keine Zuflucht zu nicht-zirkulären Argumenten mehr bleibt, wenn der Wert seiner Wörter angezweifelt wird." A.a.O., 127

[9] Dazu vgl. ausführlich: Rorty, 1993.

[10] Rorty 2005, 17.

Handlungsweisen einfach abzustreifen, ohne daß eine Alternative vorhanden ist, die auch bei genügend anderen Sprachpartnern Anklang findet. Erst Letzteres macht Veränderung möglich. Die Einigkeit in einem Sprachsystem aufzubrechen ist jedoch schwierig. Schließlich sind die Mitglieder der Sprachgemeinschaft fest in ihr verwurzelt und stellen mit der Aufgabe einzelner Wahrheiten gegebenenfalls viele weitere Überzeugungen bis hin zu ihrem Selbstverständnis in Frage. Wenn wir unser Sprachsystem ablegen, würde uns außerdem schlicht die Kommunikationsgrundlage fehlen. Dann stünden persönliche Vorstellungen über das Selbst und die Welt plötzlich in Zweifel. Denn ohne Sprache wäre eine solche Vorstellung nicht möglich. Sind wir demnach Mitglied einer Sprachgemeinschaft, in die jeder Mensch normalerweise einfach hineingeboren wird, können wir uns nicht ohne weiteres von dieser distanzieren. Wir haben uns nie für oder gegen sie entschieden, vielmehr haben wir sie durch unsere Sozialisation erhalten und sind somit zunächst gewohnt, sie unreflektiert anzuwenden.

Dies ist auch der Grund, warum wir niemals von einem „objektiven" Standpunkt aus darüber entscheiden können, welches von zwei Sprachsystemen das „richtige" oder „bessere" ist. Einer Sprachuntersuchung kann keine voraussetzungslose kritische Reflexion vorangehen. Wir sind immer in unserer Sprache, in den uns aufgrund unserer Kultur gegebenen Mitteln gefangen. Eine Ebene, die über den Sprachen steht, gibt es laut Rorty nicht. Die Wahl zwischen verschiedenen Vokabularen ergibt sich immer im Verborgenen. Die zugrunde liegenden Entscheidungsprozesse sind keine bewußten. Es findet kein Diskurs auf einer sprachanalytischen Ebene statt, der die Sprachen beurteilt. Ein neues Vokabular wird vielmehr gegen das alte ausgespielt. Mit der Zeit bürgert sich entweder das neue Vokabular ein, oder es bleibt beim Alten. Aufgrund der Tatsache, daß wir schon wissen, wie wir mit dem uns vertrautem Vokabular umgehen müssen, erscheint uns dieses oftmals als vorteilhafter. Es zu benutzen, ist nämlich für uns schlichtweg einfacher. Ein neues Vokabular kann aber Möglichkeiten bieten, die das alte nicht hat. Es kann neue Erklärungen präsentieren, die den Menschen besser gefallen oder besser nützen als die alten. Wichtig ist, daß bei einer ausreichend großen Zahl von Menschen Einigkeit herrscht, wie und in welcher Form man diese Worte benutzt. Der Wahrheitswert eines Satzes ergibt sich daher aus der Tatsache, daß die meisten Sprachgemeinschaftsmitglieder dem Satz zustimmen. Eine Korrespondenz zu der „Wirklichkeit da draußen" gibt es nicht. Wahrheit ist laut Rorty eine Eigenschaft von Sätzen und nicht eine Eigenschaft der Welt. Die Wahrheit einer Aussage mißt sich daran, ob sie in einer Sprachgemeinschaft etabliert ist oder nicht. Sätze sind rein sprachliche Gebilde, die kein Pendant „in der Welt" haben, das sie wahr oder falsch macht. Da also die Sprache ein menschliches Produkt ist, ist auch die Wahrheit vom Menschen gemacht.[11]

Die Auffassung von Sprachen, die sich wie ein Puzzle zusammenfügen, hält Rorty demnach für fehlleitend, denn dabei wären bereits vorgefertigte Puzzleteile als Bestandteil eines ganzen, stimmigen Bildes vorausgesetzt. Für eine bessere Metapher hält er Wittgensteins Bild von Worten oder Sätzen als Werkzeuge.[12] In manchen Situationen scheint es sinnvoll, neue Werkzeuge zu erfinden, die bestimmte Ziele erreichen lassen oder schwierige Prozeduren vereinfachen. Die Erfindung des Rads oder des Flaschenzugs eröffnete Möglichkeiten, die zuvor vermutlich nicht verfügbar waren. Über die Zeit haben sich diese Werkzeuge so eingebürgert, daß ihr Einsatz und die damit in Verbindung stehenden Ziele vollkommen gängig sind. Analog dazu sieht Rorty die Möglichkeit, neue Vokabulare zu erschließen, die wiederum neue Wege eröffnen. Menschen, die neue Vokabulare oder neue Verwendungen alter Begriffe anbieten, sollten wir als „Werkzeugmacher" betrachten. Sie sind innovativ, können aber nicht ahnen, zu welchen Zwecken andere Menschen dieses neue Vokabular einsetzen werden. Erst im Nachhinein läßt sich eine Geschichte des Fortschritts erzählen, die mit einer Beschreibung der für die eigene Zeit charakteristischen Dinge beginnt und sich zu einer Leitidee zu-

---

[11] Vgl. Rorty 1992, 24.

[12] Angemerkt sei, daß auch diese Metapher nicht ganz ohne Schwierigkeiten ist, da, so Rorty, ein Handwerker gewöhnlich weiß, wozu er seine Werkzeuge benutzen kann, während die Menschen oft neue Werkzeuge erst ausprobieren müssen, ohne daß sie ahnen, was sie damit bewirken. Vgl. a.a.O., 36.

sammenfassen läßt, für die *ex post* man eine Reihe historischer Entwicklungen dann verantwortlich machen kann. Als Beispiel nennt er unter anderem das neue „mathematisierte" Vokabular der Wissenschaftler des 16. Jahrhunderts, die sich mit Mechanik befaßten und denen dabei das traditionelle aristotelische Vokabular im Wege war.[13]

Rorty bezeichnet Menschen, die neue Begriffe schaffen, als „Dichter" im weitesten Sinn. Darunter fallen Autoren, Philosophen, Wissenschaftler etc. Bei ihren Tätigkeiten kommt es vor, daß sie Neues ausprobieren und sie die Welt anders beschreiben, als sie zuvor beschrieben wurde. Diese Menschen sind für ihn Helden. Die Phantasie, nicht die Vernunft sei das zentrale menschliche Vermögen, da sie Fortschritt erst möglich mache.[14] Zusammenfassend kann man festhalten, daß wir eine Sprache haben, die wir nicht einfach ablegen können. Verknüpft mit dieser sind bestimmte Möglichkeiten der Weltanschauung, Moralansicht, Selbstbeschreibung und der Kommunikation. Manchmal werden neue Sprachformen für die eigene Sprachgemeinschaft generiert. Erscheinen diese neuen Vorschläge anderen Sprachmitgliedern nützlich, so bürgern sie sich ein und lösen gegebenen Falles alte Vorstellungen oder Regeln ab. Rorty umschreibt diesen Vorgang derart, daß die „Dichter" manchmal

[...]zufällig treffende Worte für ihre Phantasievorstellungen fanden; Metaphern, die zufällig den undeutlich empfundenen Bedürfnissen der übrigen Gesellschaft entsprachen.[15]

2. Die Kontingenz der Utopie

Die hier beschriebene Auffassung über Sprache und Wahrheit bildet die Grundvoraussetzung für Rortys Utopieverständnis. Veränderungen der Sprache ziehen Veränderungen des Menschen nach sich. Die menschlichen Möglichkeiten der Ausdrucksweise und damit auch

---

[13] Vgl. Rorty 1992, 35 f.
[14] Vgl. a.a.O., 28.
[15] A.a.O., 110.

die Ziele verändern sich durch das neue Begriffssystem. Er stellt fest, daß mit neuen Vokabularen Menschen geschaffen werden, „[...]die es nie zuvor gegeben hat."[16] Hauptinstrument eines kulturellen Wandels ist also die Begabung, anders zu sprechen als zuvor.[17]

Utopien sind Vorschläge, die Welt anders zu beschreiben. Qualitative Aussagen sind damit nicht verbunden. Eine andere Beschreibung der Welt impliziert nur, daß sie nicht der gängigen entspricht, und damit zunächst als nicht wahr, voraussichtlich auch als nicht möglich und demnach zwangsläufig als utopisch angesehen wird. Dennoch werden zumindest einige solcher Vorschläge der sprachlichen Gemeinschaft in Form von Büchern, Abhandlungen, wissenschaftlichen Beweisen oder sogar Predigten angeboten. Falls eine neue Beschreibung der Welt auf Interesse stößt, wird sie mit der eigenen verglichen. Vielleicht werden sich einige Punkte der jeweiligen Utopie für die Mitglieder der Gemeinschaft als nützlich erweisen. Diese Punkte werden in den Sprachgebrauch übergehen. Dadurch werden neue Werkzeuge geschaffen, die neue Möglichkeiten eröffnen. Je umfassender neu beschrieben wird, desto größere Veränderungen ergeben sich, falls die Neubeschreibung akzeptiert wird. Ein neues Vokabular zieht nämlich neue Verhaltensmuster nach sich, so daß sich ein Wandel der Lebenswelt ergibt. Richard Rorty gibt Beispiele dafür, daß wenn immer mehr Dinge neu beschrieben worden und in den Sprachgebrauch übergegangen seien, die kommende Generation auch nach angemessenen neuen Formen nicht-sprachlichen Verhaltens suchen werde, „[…] sich etwa neue naturwissenschaftliche Ausrüstungen oder neue soziale Institutionen[...] [zulegen]."[18] So wurde eine für utopisch gehaltene Idee in das Alltagsleben integriert. Das muß nicht unbedingt

---

[16] A.a.O, 28.

[17] Rorty stellt das in Gegensatz dazu, daß man meinen könne, gut zu argumentieren könne Hauptinstrument des kulturellen Wandels sein. Das hält er eher für unwichtig, bliebe dabei im Endeffekt das meiste doch beim Alten. Vgl. ebd.

[18] A.a.O., 30.

eine vollständige Theorie sein, es kann auch sein, daß sich nur Teile einer utopischen Idee durchsetzen.

Anders als der eingangs zitierte Joachim Fest hat Rorty völlig gegensätzlich dazu keine Zweifel an der Nützlichkeit von Utopien. Jegliche Erfahrungen sind Artefakte, die bei dem immerwährenden Prozeß neuer utopischer Vorstellungen und damit einhergehenden Veränderungen der Gesellschaft auftreten. Dabei kann es auch zu Zuständen kommen, die später, nachdem der eingetretene Zustand sich wiederum geändert hat, als grausam bezeichnet werden. Rorty kann konsequenter Weise nichts Gefährliches an Utopien erkennen. Unser System ist das Produkt einer Reihe kontingenter Vorschläge, Ereignisse und Utopien und beruht auf keinerlei Grundlagen, die es zu schützen gilt oder die man entdecken müßte. Es gibt demnach keine Wahrheit, die allen gemeinsam ist und die aufgefunden werden kann. Das bedeutet, daß jede Gesellschaft ihre eigene Wahrheit hat.

Als Folge muß Rorty sich dem Relativismus-Vorwurf stellen. Tatsache ist, daß er keine universelle Lösung anbieten will. Er versucht, deutlich zu machen, daß es keine Gründe außerhalb des Sprachsystems geben kann. Also auch keine außersprachlichen Gründe für ein bestimmtes Vokabular gegenüber einem anderen. Auch Rationalität ist nicht neutral gegenüber Vokabularen, da die Rationalität, wie wir sie verstehen, laut Rorty dem Vokabular der Aufklärung entsprungen ist.[19] Mit dem Vokabular dieser Sprache können wir aber nicht über die Wahrheit eines anderen Vokabulars entscheiden. Mit diesem Argument möchte er sich gegen den Relativismus-Vorwurf wehren. Er behauptet schlichtweg, daß dieser absurd ist, wenn man annimmt, daß es keine absolute Geltung einer Sprache geben kann. Er möchte dabei nicht gegen die klassische Auffassung von Rationalität und Wahrheit argumentieren. Zudem bemüht er sich nicht, die Frage nach universeller Wahrheit zu beantworten, sondern will diese hinter sich lassen, da er sie für nicht sinnvoll und unnütz hält. Er ist vielmehr bestrebt, die

---

[19] Vgl. Rorty 1992, 84f.

Vorstellung von Sprache als Medium zwischen Mensch und Realität[20] durch seinen neuen Vorschlag zu ersetzen.

Weil es über Vokabulare hinaus nichts gibt, was als Entscheidungskriterium zwischen ihnen dient, ist Kritik eine Sache dieses Bildes und jenes Bildes, nicht eine Sache des Vergleichs beider Bilder mit dem Original.[21]

Wer aber den Gebrauch absoluter Begriffe ablehnt, kann mit einem Relativismus-Vorwurf genauso viel anfangen wie ein Atheist mit Blasphemie.[22] Das wirft die Frage auf, an was man sich halten soll, wenn es keine grundlegende Wahrheit gibt. Ist es nicht gefährlich, wenn man sich auf keine philosophischen Grundlagen mehr berufen kann?[23] Es scheint dann keinen Sinn zu machen, die Menschenrechte anzuführen, um einem Unrechtsregime wie dem Nationalsozialismus argumentativ oder auch gewaltsam entgegenzuwirken. Schließlich kann man selbst nicht sicher sein, daß man im Recht ist. Es scheint, als würde die Möglichkeit verschwinden, für die eigenen Überzeugungen argumentieren und kämpfen zu können.

3. Die liberale Utopie

Nichtsdestoweniger bestreitet Rorty, daß die Möglichkeit verschwinden könnte. Gründe für die eigenen Überzeugungen müssen nicht auf einer philosophischen Grundlage beruhen, die außerhalb des

---

[20] Als Vokabular des Aufklärungsrationalismus beschreibt Rorty die Vorstellung, Sprache sei ein Medium, das zwischen menschlichem Subjekt und nicht-menschlicher Realität vermittele. Vgl. a.a.O., 31ff.

[21] A.a.O., 138.

[22] Vgl. a.a.O., 94.

[23] Reese-Schäfer äußert folgende Kritik an Rorty: „Rortys Philosophie eignet sich ganz offenbar nur zur Selbstbeschreibung *liberaler* Gesellschaften, enthält aber keinen gedanklichen Ansatz um im Falle des Aufeinandertreffens verschiedener Kulturkonzepte Lösungen zu finden.", Reese-Schäfer 2006, 95. Eine ähnliche Kritik, speziell zur Begründung von Menschenrechten, findet sich u.a. bei Kettner 2001.

menschlichen Seins zu finden sind. Man kann auch für seine Überzeugungen einstehen, ohne dabei auf für alle Menschen gleichermaßen zugrunde liegende Tatsachen zu verweisen. Rechtfertigungen seien immer relativ[24], was aber nicht bedeutet, daß man sie nicht anbringen kann. Er expliziert dies mit der Bemerkung, daß man im Deutschen einen Unterschied zwischen überreden und überzeugen mache, während es im Englischen keine adäquate Übersetzung für diesen Gegensatz gebe.[25] So versucht er deutlich zu machen, daß dieses „überzeugen" eine Scheinproblematik hervorruft, da es suggeriert, daß es eine vom Menschen unabhängige Wahrheit gebe, während „überreden" darauf abzielt, den Mitmenschen die eigenen Gedanken näherzubringen. Überredung ist die Praxis, derer man sich bedienen muß, um gegen vermeintliche Unrechtsregimes oder ähnliches zu argumentieren. Man hat keine andere Wahl, als von dem auszugehen, was man selbst für richtig hält: *„Wir* müssen da anfangen, wo *wir* sind."[26]

Aus vielen kontingenten Entwicklungen hat sich die Leitidee für unsere Kultur ergeben, daß Grausamkeit und Schmerz verhindert werden möge. Fortschritt bestünde also darin, daß Schmerz und Leid umfassend vermieden werden sollen. Diese Situation beschreibt Rorty als das Ergebnis der „Kulturevolution",[27] wobei sich aus einer Reihe von Kontingenzen mehrere Kulturen entwickelt haben und sich noch entwickeln. Wie die biologische Evolution schreitet die Kulturrevolution fort, ohne gesteuert oder geplant zu sein. Neben glücklichen Entwicklungen gibt es dabei auch unglückliche Entwicklungen. In liberalen Gesellschaften hat sich dabei das Paradigma entwickelt, daß Leiden vermieden werden soll. Damit diesbezüglich Fortschritt erlangt wird, schlägt Rorty seine „liberale Utopie" vor. In seiner liberalen Utopie wird die „'Methode' utopischer Politik"[28] eingesetzt: Um Grausamkeiten zu verhindern, sollen Neubeschreibungen gefunden

---

[24] Vgl. Rorty, 2001a, 196.
[25] Vgl. a.a.O., 195.
[26] Rorty 1992, 319.
[27] Rorty 1994, 35.
[28] Rorty 1992, 30.

werden, die dieses Ziel unterstützen. Der wichtigste Charakter bei seinem Entwurf ist die „liberale Ironikerin". Die Ironikerin charakterisiert Rorty in Form von drei Bedingungen:

(1) sie hegt radikale und unaufhörliche Zweifel an dem abschließenden Vokabular, das sie gerade benutzt, weil sie schon durch andere Vokabulare beeindruckt war, Vokabulare, die Menschen oder Bücher, denen sie begegnet ist, für endgültig nahmen; (2) sie erkennt, daß Argumente in ihrem augenblicklichen Vokabular diese Zweifel weder bestätigen noch ausräumen können; (3) wenn sie philosophische Überlegungen zu ihrer Lage anstellt, meint sie nicht, ihr Vokabular sei der Realität näher als andere oder habe Kontakt zu einer Macht außerhalb ihrer selbst.[29]

Eine Ironikerin ist ein offener Mensch, der belesen und neugierig auf anderes ist. Sie weiß von der Möglichkeit der Veränderung der Begriffe, die sie benutzt, und der Kontingenz und Hinfälligkeit ihrer Vokabulare und damit ihrer Überzeugungen. Wenn man die oben erläuterte Kontingenz der Sprache also unterstellt, bedeutet das, daß man sich immer darüber im klaren sein muß, daß ein anderer genau so Recht haben kann wie man selbst. Der andere befindet sich nur in einem anderen Sprachsystem. Solange keine gemeinsame Sprachgrundlage besteht, kann der jeweils andere nicht widerlegt werden. Ironikerinnen haben trotzdem eine Meinung und eine Weltansicht. Sie sind gleichermaßen Mitglieder im Sprachsystem der Gemeinschaft. Sie versuchen jedoch stets, sich von diesem System zu entfremden, um nicht der Illusion zu unterliegen, daß es für dieses System eine gesicherte Grundlage gibt.

Liberal bedeutet für Rorty, in Übereinstimmung mit Judith Shklar, der Meinung zu sein, daß Grausamkeit das Schlimmste ist, was wir tun können.[30] Wie oben erläutert, stammt dieses Gedankengut aus einer Reihe historischer Kontingenzen. Die liberale Ironikerin verbindet nun „[…]Engagement für eine weniger grausame Welt mit dem Sinn für die

---

[29] A.a.O., 127.
[30] Vgl. a.a.O., 14.

Kontingenz ihres Engagements [...]."[31] Diese beiden Charaktereigenschaften scheinen nicht unbedingt zusammenzupassen: Wie kann man unerschrocken dafür einstehen, daß moralischer Fortschritt, also weniger Grausamkeit unter den Menschen, möglich und nötig ist, wenn man gleichzeitig überzeugt ist, daß ebendiese Meinung kontingent ist? Während ein liberaler Metaphysiker seinen liberalen Geist durch ein Argument gestützt sehen möchte, also eine Antwort auf die Frage erwartet, warum man nicht grausam sein soll, möchte die liberale Ironikerin nur, „[...]daß unsere *Chancen, freundlich zu sein*, und die Demütigung anderer zu vermeiden, durch Neubeschreibung erhöht werden."[32] Sie benötigt keine moralphilosophisch begründete Motivation. Sie akzeptiert die ihrer Kultur eigenen Paradigmen, indem sie sie als historisch-gewachsen begreift. Ihre Aufgabe sieht sie darin, ihr Wissen über andere oder neue Vokabulare stets aufzubessern. Dieses Wissen kann sie anschließend so anwenden, daß Grausamkeit, z.B. im Sinne von Demütigung, vermieden wird. Grausamkeit soll in Worte gefaßt und dadurch erkennbar gemacht werden.

Vor dem Hintergrund dieser Interpretation des Liberalismus kann die liberale Ironikerin auch bei anderen Kulturen Möglichkeiten einer Grausamkeit, die man den anderen zufügen könnte, ermessen. Damit deckt sie Ähnlichkeiten unter den Menschen auf, z.B. die Möglichkeit der Demütigung. Dieses Erwägen der Ähnlichkeiten schafft ein Gefühl der Solidarität. Für Rorty heißt das, auch andere zu „uns" zu zählen. Schließlich geht es nicht darum, den Menschen in Übereinstimmung mit „der Natur" zu bringen, sondern darum, „[...]wie man sie dafür gewinnt, in Gemeinschaft mit Leuten zu leben, die andere Vorstellungen über das menschliche Leben haben."[33] Grausamkeiten können dadurch verhindert werden, daß wir das Gefühl der Solidarität stärker ausbilden und ausweiten. Solidarität beinhaltet für Rorty nicht, daß man aufgrund einer metaphysischen Begründung, einer „Natur des

---

[31] Rorty 1992, 111.
[32] A.a.O., 156.
[33] Rorty, 2001c, 112.

Menschen", den Menschen auf eine gewisse Art und Weise begegnen muß; genau so wenig, wie man eben eine Grundlage für einen guten Staat finden muß. Solidarität impliziert für ihn, sich auf die einzige Verbindung zu besinnen, die für eine liberale Ironikerin bedeutsam ist: Schmerzempfindlichkeit bzw. Verletzbarkeit im Sinne von Demütigung. Diese Demütigung kann am ehesten vermieden werden, wenn man so ironisch ist, daß man versucht, jede andere Meinung zu verstehen, um zu vermeiden, daß man den anderen verletzt bzw. demütigt. Das also heißt, daß eine liberale Gesellschaft, wie Rorty sie sich vorstellt,

[...]kein Ideal [hat], außer Freiheit, kein Ziel außer der Bereitwilligkeit, abzuwarten, wie solche Begegnungen [der verschiedenartigen Beschreibungen] ausgehen, und sich dem Ausgang zu fügen.[34]

Aus Rortys Sicht geht es nicht darum, dem Willen Gottes oder der Natur zu entsprechen. Er fordert, sich selbst als Produkt einer durch Kontingenzen geformten und weiterhin zu formenden Geschichte zu begreifen, ohne daß darin etwas Erschreckendes oder Grausames gesehen wird. Das ist vielmehr die Chance in die Geschichte einzugreifen und sie so neu zu erzählen, daß – ganz im liberalen Geiste – die Grausamkeit immer mehr verschwindet; und dies kann man durchaus, wenn man Utopien zuläßt und zugleich abwartet, was sich aus ihnen ergibt. Dadurch kann sich nach Rorty moralischer Fortschritt einstellen, denn durch größere Vergleichsmöglichkeiten, das heißt aufgrund unserer Geschichte und der daraus gewonnenen Erfahrung sowie durch zukünftige Utopien, wird uns ermöglicht, immer mehr zu erkennen, daß die Gemeinsamkeiten die Unterschiede überwiegen. Diese Betrachtungsweise bringt er wie folgt auf den Punkt:

Sie [die Solidarität] ist zu denken als die Fähigkeit, immer mehr zu sehen, daß traditionelle Unterschiede (zwischen Stämmen, Religionen, Rassen, Gebräuchen und dergleichen Unterschiede) vernachlässigbar sind im Vergleich zu den Ähnlichkeiten im Hinblick auf Schmerz und Demütigung

---

[34] Rorty 1992, 110.

– es ist die Fähigkeit, auch Menschen, die himmelweit verschieden von uns sind, doch zu „uns" zu zählen.[35]

Die liberale Ironikerin fühlt sich in der liberalen Gemeinschaft besonders wohl, da ihr hier die Möglichkeit gegeben wird, sich von eben ihrer eigenen Kultur zu entfremden und neue Wege zu denken, die vielleicht fortschrittlich sein könnten. Die genaue Beschreibung von Schmerz und Demütigung sei demnach der wichtigste Beitrag moderner Intellektueller zum moralischen Fortschritt. Deswegen hält Rorty eher literarische und soziologische Entwürfe für hilfreich. Wichtig sei eine möglichst präzise Beschreibung oder Neubeschreibung der Kultur. Nur dann hätten die Menschen die Möglichkeit zum Vergleich. Seine liberale Utopie ist also eine Gesellschaft, in der die Menschen stets die Kontingenz der eigenen Sprache, Hoffnung, Überzeugung und Selbstwahrnehmung vor Augen haben, demnach für andere Erklärungen offen sind, aber dennoch für die eigenen einstehen. Ungeachtet unterschiedlicher möglicher Erklärungen haben alle Liberalen in seiner Utopie das gemeinsame Ziel, Grausamkeit zu verringern. Durch einen unendlichen Prozeß von Utopien soll so die Freiheit immer weiter verwirklicht werden.[36]

Dieser Liberalismus kann nicht in dem Sinne gerechtfertigt werden, indem man versucht, philosophische Grundlagen zu finden, die unser Gesellschaftssystem rechtfertigen sollen.[37] Ein nationalsozialistisches oder marxistisches System kann in einer solchen Theorie nicht widerlegt werden. Rorty muß solche Versuche vielmehr als Artefakte

---

[35] Rorty 1992, 310.

[36] Vgl. a.a.O., 17.

[37] Vgl. dazu auch Rorty 2001b, 260. Rorty geht hier noch einmal ausführlich darauf ein, daß man Gründe anführen kann, warum man ein solches „liberales Utopia" für gut und erstrebenswert erachtet, macht aber dabei deutlich, daß solche Gründe dennoch niemals eine Letztbegründung sein können. Sie sind nur ein „der Verbesserung unserer Lage dienendes Werkzeug neben anderen." Er schlägt vor, die „wissenschaftliche Methode" durch den Ausdruck der „Expertenkultur" zu ersetzen, damit deutlich wird, daß auch die Wissenschaft keine Beziehung zu außersprachlichen Gegebenheiten hat.

einer kontingenten Geschichte betrachten, die dabei helfen, durch vielfältigere Vergleichsmöglichkeiten einen Fortschritt erst möglich zu machen. Dabei soll man die Rechtfertigung einer liberalen Gesellschaft

[...]einfach als eine Frage des historischen Vergleichs mit anderen Versuchen zu sozialer Organisation – vergangener und solcher, die Utopisten sich für die Zukunft ausmalen – betrachten.[38]

4. Morus als ein „liberaler Ironiker"?

Auf diesem Hintergrund soll nun Thomas Morus' Buch *Utopia* analysiert werden. Interessant ist hierbei nicht die Utopie selbst, sondern die Art und Weise wie Morus sie präsentiert. Die dabei relevante Frage ist, ob man Morus als liberalen Ironiker beschreiben kann. Thomas Morus' Buch stellt sich nicht als philosophische Abhandlung, sondern als literarisches Werk dar. Der Autor erzählt eine Geschichte in Form eines Dialogs. Thomas Morus spricht als literarische Figur mit dem weit gereisten Intellektuellen Raphael Hythlodeus. Die Lektüre wird auf dem Titelblatt als „nicht minder heilsam als kurzweilig zu lesen"[39] empfohlen. Bereits die Bezeichnung „heilsam" deutet darauf hin, daß der Leser dazu aufgefordert wird, sich aus dem Text neue Denkmöglichkeiten anzueignen, um Irrtümer durch neue Meinungen ersetzen zu können. Auf den ersten Seiten des Textes wird Morus' ironische Haltung erneut untermauert, indem die literarische Figur Thomas Morus die Möglichkeit der Nützlichkeit fremder Kulturen für die eigene aufzeigt:

Vielleicht werde ich andernorts einmal die Gelegenheit finden, vor allem das zu erzählen, was nützlich zu wissen ist; dazu gehört vor allem, was er [Raphael Hythlodeus] an trefflichen und klugen politischen Maßnahmen bei allerhand gesitteten Völkern wahrgenommen hat. [...] Soviel er indessen bei jenen unbekannten Völkern an verkehrten Einrichtungen bemerkt hat, so wußte er doch auch nicht weniges zu berichten, das unseren Städten,

---

[38] Rorty 1992, 98.
[39] Morus, *Utopia*, Titelblatt.

Nationen, Völkern und Herrschaften als Beispiel dienen könnte, unsere eigenen Fehler zu verbessern.[40]

Morus scheint damit an den Leser zu appellieren, die politischen Vorschläge seines Dialogpartners Raphael Hythlodeus als Möglichkeit in Erwägung zu ziehen, auch wenn sie zunächst unrealistisch erscheinen. Er hat die Figur Hythlodeus, die von unbekannten und unwahrscheinlichen Kulturen erzählt, „Schwätzer" getauft.[41] Doch weist er darauf hin, daß trotz des Anscheins der Irrealität der Geschichten dennoch ein Nutzen in diesen gefunden werden kann. Morus empfiehlt Hythlodeus mehrfach als Berater des Königs, da er so anderen Menschen, im privaten wie im öffentlichen Interesse, nützlich werden könne.[42] Der Eindruck, daß Morus somit neuen Denkmöglichkeiten gegenüber mehr Offenheit einfordert wird weiter gefestigt, wenn man einen Monolog von Raphael Hythlodeus betrachtet, der zum Inhalt hat, daß viele Menschen die Eigenart besitzen, das Eigene am besten zu finden:

Und gewiß, es ist ja nur natürlich, daß jedem seine eigenen Einfälle am besten gefallen. So entzückt den Raben die eigene Brut, und dem Affen schmeichelt der Anblick seines Jungen. Bringt deshalb einer in diesem Kreise von Leuten, die auf fremde Meinung immer neidisch sind oder doch die eigene stets vorziehen, etwas vor, das er aus der Lektüre von den Geschehnissen anderer Zeiten oder aus der Anschauung fremder Länder kennt, so tun die Zuhörer so, als geriete der ganze Ruhm ihrer Weisheit ins Wanken, wenn sie nicht gleich etwas finden können, um das Fündlein der anderen damit herabzusetzen.[43]

Nach dieser Sensibilisierung für Ironie bietet Morus eine erste Beschreibung über einige Verhältnisse im damaligen England, verbunden mit der Kommentierung seitens des Hythlodeus. Solche Beschreibungen können, wie von Rorty erläutert, Vehikel für moralische

---

[40] Morus, *Utopia*, 19f.
[41] Aus dem Griechischen übersetzt bedeutet Hythlodeus „Schwätzer".
[42] Vgl. a.a.O., 21.
[43] A.a.O., 22.

Veränderungen sein. Durch den Aufbau des Buches, bei dem Morus vertraute und nachvollziehbare Beschreibungen der Realität eine fremde, fiktive Welt gegenüberstellt, wird der Leser geradezu zu einem Vergleich der beiden Welten gezwungen. Neben dem Disput darüber, ob Raphael Hythlodeus nicht Berater des Königs werden solle,[44] wird weiterhin erörtert, daß die Menschen sich ungern durch fremde Kulturen oder Meinungen belehren lassen. Morus als literarische Figur versucht dabei Hythlodeus davon zu überzeugen, daß er eine Pflicht habe, der Öffentlichkeit mit seinen Ratschlägen zu Diensten zu sein,[45] indem er sagt, daß, wenn dieser seine Vorschläge nicht direkt anbringen könne, weil ihm nicht zugehört wird, solle er es auf Umwegen versuchen.[46] Hythlodeus aber wehrt sich gegen ein solches Vorgehen und konstatiert, daß man nicht alles beiseite lassen darf, „was menschliche Unnatur als seltsam erscheinen läßt", denn dann „[...]müßten wir auch unter den Christen fast alles geheimhalten, was Christus gelehrt [...] hat[...]."[47] Schlußendlich geht das Gespräch in eine Diskussion über Privateigentum über, wobei die Figur Morus exemplarisch die im damaligen England populäre Meinung vertritt, daß man Privateigentum brauche, während Hythlodeus erneut die gegenteilige Annahme darlegt. Diese Überleitung illustriert Morus' Interesse für andere Meinungen und seinen Willen, diese fremde Ansicht zu diskutieren.

Gegen Ende des ersten Buches stellt Hythlodeus schließlich fest, daß die Utopier „[...] sich alle unsere nützlichen Erfindungen zu eigen machten[...]"[48], während England sich dagegen sträubt, selbst besseres von anderen zu übernehmen. Diese Bemerkung ist neben den oben erwähnten Passagen ein weiteres Indiz für die Annahme, daß Morus die „Methode der utopischen Politik", die Rorty vorschlägt, gleichsam empfiehlt. Das erste Buch von Utopia ist gewissermaßen die

---

44 Vgl. a.a.O., 41.

45 Ebd.

46 A.a.O., 50.

47 A.a.O., 51.

48 A.a.O., 57.

Hinführung zu der erforderlichen Ironie, die die Auseinandersetzung mit der darauf folgenden Utopie benötigen wird, die in eine ausführliche Schilderung des Staates *Utopia* mündet, deren Inhalt hier nicht näher wiedergegeben werden soll. Nachdem die Utopie durch Raphael Hythlodeus vorgetragen worden ist, wird die ironische Einstellung, die Morus eingenommen hat, besonders deutlich. Im letzten Abschnitt des Buches formuliert Morus zwar seine Zweifel an dem utopischen System, gibt aber schließlich zu:

[...] indessen gestehe ich doch ohne weiteres zu, daß es in der Verfassung der Utopier sehr vieles gibt, was ich in unseren Staaten eingeführt sehen möchte.[49]

Er steht also für seine Überzeugungen ein, ist aber gleichzeitig bereit, die neuen Ideen als Möglichkeit in Betracht zu ziehen. In dieser Interpretationsvariante des Textes wird Morus die Absicht zugeordnet, diese andere Beschreibung der Welt mit seiner Veröffentlichung zur Diskussion zu stellen. Der Sinn des Lesers für eine ironische Lesart des Buches wird mit dem ersten Buch gestärkt, so daß ein ernsthaftes Nachdenken über die dargelegten Neubeschreibungen anempfohlen wird. Betrachtet man die Endnotiz, ist hier nicht mehr von „der besten Staatsverfassung", sondern lediglich noch von den „Gesetzen und Einrichtungen der utopischen Insel" die Rede, die zudem „bisher nur wenigen bekannt" sind.[50] Ein absoluter Geltungsanspruch der Utopie als beste Staatsverfassung, wie man zunächst erwarten könnte,[51] wird zu keinem Zeitpunkt von Morus vertreten. Es scheint vielmehr so, als wolle er ganz in Rortys Sinne diese Neubeschreibung der Öffentlichkeit zur Verfügung stellen, so daß die Möglichkeit besteht,

---

[49] Morus, *Utopia*, 148.
[50] Vgl. ebd.
[51] Da Morus als Schöpfer des Begriffes „Utopie" bezeichnet wird, wäre zu erwarten, daß er eine Utopie ausformuliert hat, die der heutigen Verwendung des Begriffes entspricht. Eine solche Utopie sollte also einen *besseren* Ort bzw. eine *bessere* Gesellschaft beschreiben. Hier soll jedoch verdeutlicht werden, daß dieser Anspruch von Morus nicht gestellt wurde.

nützliches Vokabular aus der Utopie abzuleiten. Statt also nach der wahrhaftig besten Staatsverfassung in einer Utopie zu suchen, hat bereits Thomas Morus lediglich eine andere Beschreibung eines Staatswesens veröffentlicht, um diese den damaligen Zuständen Englands entgegensetzen zu können. Dem Leser wurde somit eine Alternative geboten. Bewerten mußte der Leser diese selbst. Den Modus Utopie nicht als zu erreichenden Idealzustand zu begreifen, sondern als Methode zur ständigen Verbesserung der Zustände zu verwenden, trifft auf Richard Rorty wie Thomas Morus gleichermaßen zu.

Ob Morus wie Rorty auch für eine liberale Politik eingetreten ist, ist zunächst sekundär. Denn schließlich stellt Rorty fest, daß unsere heutige liberale Einstellung erst durch eine Reihe von kontingenten Entwicklungen entstanden ist. Thomas Morus kann demnach nicht bereits die gleiche Einstellung gehabt haben. Für die Bezeichnung „liberal" in Rortys Utopie fehlt ihm die Voraussetzung, in unserer heutigen Gesellschaft zu leben, in der die kontingente Tatsache, daß wir Grausamkeit als das Schlimmste, was wir tun können, bezeichnen, historisch weiter manifestiert ist. Die von Raphael Hythlodeus vorgebrachte Kritik an England im ersten Buch von *Utopia* deutet jedoch bereits auf eine liberale Einstellung im Sinne Rortys hin. Unnötige Grausamkeiten sollen minimiert werden. Weiterhin stellt Morus als literarische Figur fest, daß solange nicht alle Menschen gut seien, auch nicht alle Verhältnisse gut sein könnten.[52] Diese Aussage ist zwar einerseits sehr allgemein gehalten, rekurriert jedoch andererseits auf eine Solidarität untereinander, mit der der erhoffte Zustand zu erreichen wäre. Denn bloß wenn jeder Mensch gut ist, werden alle Verhältnisse auch gut sein. Insofern wird bei Morus ein liberaler Geist erkennbar.[53]

---

[52] A.a.O., 50.

[53] Anzumerken ist, daß Thomas Morus zwar humanistisch engagiert, aber gleichfalls für sein hartes Vorgehen gegen Ketzer bekannt war. Er war gläubiger Katholik und verurteilte während seiner Amtszeit als Richter zahlreiche Ketzer. Sein strenger Glaube wird auch dadurch deutlich, daß er den Suprematseid gegenüber dem König von England, der sich hat scheiden lassen und sich deshalb von der katholischen Kirche und dem Papst lossagen wollte, ver-

Das Anprangern von Grausamkeiten von Hythlodeus sowie Morus' Bitten, daß Hythlodeus für das öffentliche Wohl den König beraten solle, bekräftigen dies. Gepaart mit der Ironie, die Morus dem Leser empfiehlt, ist festzustellen, daß Thomas Morus in Rortys Sinne eingeschränkt als liberaler Ironiker, zumindest aber als Ironiker zu beurteilen ist. Eingeschränkt liberal aus heutiger Sicht ist er, da er nur auf seine Zeit bezogen liberal genannt werden kann.

Es ist interessant, Beschreibungen des heutigen Englands mit den Beschreibungen Thomas Morus' des Englands des 16. Jahrhunderts sowie des fiktiven Staates der Utopier zu vergleichen. Man findet erstaunlicherweise Elemente aus beiden damaligen Beschreibungen in der Gegenwart: Z.B. gibt es heute, wie bereits in Morus' *Utopia*, ein öffentliches Gesundheitswesen.[54] Privatbesitz gibt es heute wie damals immer noch. Eine detaillierte Untersuchung darüber, welche Elemente der Utopie sich als erfolgreich erwiesen haben und welche nicht, würde hier den Rahmen sprengen. Wie auch immer, die Diskussion der Beispiele belegt die Methode der utopischen Politik empirisch. Die einst als unmöglich etikettierten Vorhaben wurden – wider Erwarten vieler – oftmals zu einem späteren Zeitpunkt erfolgreich in die Tat umgesetzt. Nach dieser Auslegung sollte der Utopie ein hoher Wert für die Gesellschaft als visionäres Instrument beigemessen und die weitgehend negative Konnotation des Begriffes sollte durch ein neues Denken ersetzt werden.

---

weigerte. Dies führte schließlich zu Thomas Morus' Hinrichtung und seiner späteren Heiligsprechung durch die katholische Kirche. Laut Peter Berglar (vgl. Berglar 1979, 87ff.) ist es der tiefe Glaube, der Morus zu seinen Maßnahmen und Schriften gegen Ketzerei bewegte, damit er die Seelen der Ketzer befreien konnte. Diesen Charakterzug in die Beurteilung über Thomas Morus als liberalen Ironiker hinzuzuziehen ist an dieser Stelle nicht möglich. Deswegen beschränkt sich dieser Beitrag darauf, Morus nur insofern zu beurteilen, wie sich der Charakter Morus in seinem Buch *Utopia* präsentiert.

[54] Morus, *Utopia*, 75.

Staat und Utopie

Anmerkungen

Peter Winter

Der literarischen Gattung der Utopie werden nach gängiger Lesart
zwei Funktionen zugeschrieben: Utopien sollen als Gegenentwürfe zu
bestehenden gesellschaftlichen und politischen Verhältnissen als Auf-
weise möglicher künftiger Besserung dienen und sind zugleich Kritik
am Bestehenden. Durch ihre Verortung im „Nirgendwo" geben sich
die Utopien den Anschein spielerischer Möglichkeitsform und ent-
heben dadurch Autor und Leser scheinbar handelnder Verantwortung.
Welche Wirkmächtigkeit Utopien dennoch erlangen können, zeigen
die vergangenen 2000 Jahre der Kulturgeschichte (zumindest) Europas,
die durch zwei utopische Entwürfe entscheidend geprägt wurde –
durch Christentum und Kommunismus. Obwohl weder Christentum
noch Kommunismus jemals in dieser Zeit tatsächlich über Einzel-
aspekte des jeweiligen utopischen Gesamtentwurfs hinaus Wirklichkeit
wurden, beeinflußten sie dennoch die geschichtliche Entwicklung
dadurch nicht unerheblich, daß sie als utopische Fernziele zu Aus-
richtungspunkten des mehrheitlichen Handelns werden konnten. Heute haben Christentum und Kommunismus ihre Leitfunktion in Politik
und Gesellschaft weitgehend verloren und es ist kein neuer
Ausrichtungspunkt in Sicht: Die Zeit utopischer Entwürfe scheint
vorbei – vielleicht sind Utopien ja tatsächlich überflüssig geworden.

Der Wunsch nach Veränderung tritt in Gesellschaft und Politik
zumeist dann deutlicher hervor, wenn Situationen als krisenhaft erlebt
werden. Deshalb läßt die gegenwärtige Wirtschaftskrise Rufe nach

einer Umgestaltung (zumindest) der wirtschaftlichen Verhältnisse laut werden. Nicht nur Gewerkschafter greifen so in diesen Tagen verstärkt auf marxistische Denkansätze zurück, um vermeintliche Wege aus der Krise aufzuzeigen: Mittels einiger geistiger Bausteine des marxistischen Systems sollen die die Krise verursachenden Fehlfunktionen des herrschenden wirtschaftlichen Systems, der Marktwirtschaft, also jener Form der Wirtschaft, bei der der Markt regelt, welche Güter hergestellt und wie sie verteilt werden, überwunden werden. Diesem Denken liegt ein zweifacher Irrtum zugrunde. Zum einen taugen die marxistischen Ideen kaum zur Behebung von Krisen der Marktwirtschaft – sie sind Bestandteile eines prinzipiell anderen Systems und daher kaum „marktwirtschaftskompatibel". Zum anderen ist die Annahme einer Krise der Marktwirtschaft falsch: Wenn einzelne Marktteilnehmer, also Unternehmen und Arbeitnehmer, vom Markt verschwinden, sind das zum Wesen der Marktwirtschaft gehörende Ereignisse und – mögen sie von den Betroffenen auch als Krise erlebt werden – keine Indikatoren einer Krise der Marktwirtschaft selbst. Um das an einem Beispiel zu verdeutlichen: Wenn ein Fußballverein mehrfach verliert, weil die Spieler in den Spielen viele individuelle Fehler gemacht haben oder die Taktik des Trainers falsch war, mag das für den Verein durchaus zu krisenhaften Konsequenzen führen – aber sicherlich bewirkt das keine Krise des Fußballspiels selbst. Weder die vermeintliche Krise der Wirtschaft noch die Tatsache, daß Politiker und Gewerkschafter verstärkt auf ursprünglich utopisches Gedankengut zurückgreifen, lassen es daher als gerechtfertigt erscheinen, von einer Renaissance des Utopischen zu sprechen.

Aber möglicherweise sollten wir utopische Konzepte gerade deshalb nicht vorschnell aufgeben, weil die Marktwirtschaft eben nicht in der Krise steckt. Denn bei näherer Betrachtung stellt sich schnell heraus, daß die Marktwirtschaft als System Eigenschaften aufweist, die in ihren Auswirkungen zu dem führen, was als Krise wahrgenommen wird. Einige dieser Krisen auslösenden Systemeigenschaften von Marktwirtschaft wollen wir hier kurz vorstellen, weil sie erkennbar machen, wie durch den technischen Fortschritt und die globale Ausdehnung dieser

Wirtschaftsform die Marktwirtschaft zu einer Gefahr für die Menschheit zu werden droht.

1. Marktwirtschaft ist ungerecht und unvernünftig

Als Ganzes betrachtet ist die Marktwirtschaft ein System, in dem die Faktoren Vernunft oder Gerechtigkeit keine systematische Funktion haben: Vernunft und Gerechtigkeit sind weder systemnotwendige Kriterien der Herstellung noch der Verteilung von Gütern durch den Markt. Daraus folgt also, daß die für den Mensch nicht unwichtigen Aspekte der Vernunft und der Gerechtigkeit von der Marktwirtschaft als System nicht berücksichtigt werden können.

2. Nicht marktbare Güter

Es gibt eine ganze Reihe für den Menschen lebenswichtiger Güter, die nicht „marktbar" sind, d.h. weder vom Markt bereitgestellt noch durch den Markt verteilt werden können. Dazu zählt beispielsweise das heute global immer wichtiger werdende Gut „Umwelt".

3. Marktwirtschaft vergeudet Ressourcen

Das systembedingte immanente Wachstumsgebot der Marktwirtschaft zwingt die einzelnen Marktunternehmen dazu, auch auf an sich gesättigten Märkten durch künstlich hervorgerufene Nachfrage weitere Absatzmöglichkeiten zu schaffen. Diese Produktion überflüssiger Güter vergeudet heute Ressourcen, die künftigen Generationen nicht mehr zur Verfügung stehen werden.

Vor dem Hintergrund dieser „unmenschlichen" Systemeigenschaften der Marktwirtschaft – und nicht zuletzt angesichts der erschreckend ungleichen globalen Güterverteilung: Auf der einen Seite einzelne Reiche, deren Privatvermögen das ganzer Staaten übersteigt, auf der anderen Seite täglich über 100 000 Hungertote – scheint es vermutlich ratsam, sich nach möglichen Alternativen zum System der Marktwirtschaft umzusehen: Vielleicht braucht die Menschheit heute Utopien als geistige Gegenentwürfe zur Marktwirtschaft dringender denn je.

Nun sind die für den Menschen fatalen Folgen der Marktwirtschaft bereits seit längerem bekannt – wenn auch bislang nicht in dieser praktischen Brutalität sichtbar geworden – und haben zu dem geführt, was gemeinhin als „Soziale Marktwirtschaft" bezeichnet wird: Der Staat soll durch Eingriffe in die Lenkung wirtschaftlichen Handelns und durch „soziale" Güterumverteilung die für den einzelnen Menschen besonders nachteiligen Systemeigenschaften der Marktwirtschaft ausgleichen. Das dieser Ansatz in der Praxis nicht greift (s.o.), hat unter anderen nachfolgende Gründe:

1. (Stichwort: „globaler Markt") Die bestehenden Staaten sind im wesentlichen ordnungspolitisch regional gebunden, die wirtschaftlich bedeutenden Unternehmen agieren zunehmend global. Die Diskrepanz der daraus resultierenden Handlungsspielräume für Wirtschaft und Politik sind offenkundig – die Politik bleibt in vielen Bereichen ohne Gestaltungsmöglichkeit. Daß die Politik durch ihre finanzielle Abhängigkeit von der Wirtschaft selbst bei bestehenden Handlungsmöglichkeiten vielfach nur sehr bedingt dem Gemeinwohl verpflichtete Entscheidungen trifft, sei hier nur am Rande erwähnt.

2. (Stichwort „Dilemma der Macht") Der einzelne Politiker steckt – zumal in den westlichen Wahldemokratien – in einem Dilemma: Um Sachpolitik, also die Veränderung bestehender Sachverhalte, betreiben zu können, muß er politische Macht erlangen. Politische Macht ist jedoch nur durch Machtpolitik, also die Durchsetzung gegen politische Konkurrenten, erreichbar. Da die meisten Politiker zunächst daran interessiert sind, ihre eigene Machtposition zu sichern oder gar auszubauen, müssen sie primär (persönliche) Machtpolitik betreiben – die Sachpolitik wird dadurch zwangsläufig zu einem sekundären Ziel. Aus diesem Grunde ist es verständlich, daß der einzelne Politiker in dem Maße eine Veränderung der bestehenden politischen Machtverhältnisse ablehnt, in dem es ihm gelungen ist,

seine persönliche Macht innerhalb dieses Systems auszubauen: Utopien als Gegenentwürfe zu den bestehenden Machtverhältnissen werden vermutlich vor allem bei denen Anklang finden, die durch die bestehenden Systeme eher machtlos geblieben sind.

Im Zeitalter von Satellitenüberwachung und Weltalltourismus findet die utopische Insel „Nirgendwo" des Thomas Morus auf unserer Erde kaum mehr Platz. – Müssen die modernen Utopien daher in die Weiten des Weltalls flüchten? Wohl kaum, denn die Utopie hat von ihrer Grundintention her kaum an Aktualität verloren: Gegenentwürfe zu bestehenden gesellschaftlichen und politischen Verhältnissen hier auf Erden sind heute mindestens so notwendig wie zu Morus Zeiten. Solange die Güter dieser Erde so ungleich verteilt bleiben, solange Umwelt- und Klimakatastrophen nicht abgewendet werden und solange die auf Erden herrschenden Eliten vor allem für den Erhalt der eigenen Macht Sorge tragen, solange bedarf es utopischer Gegenentwürfe: Wenn auch ohne aktuell unmittelbare Auswirkung, sollten sie als Ausrichtungspunkte des mehrheitlichen Handelns geistige Leitfunktion in Politik und Gesellschaft behalten.

Ein transhumanistisches Utopia?

Michael Reuß

Die Transhumanisten gehen davon aus, daß die Abschaffung des Todes mit technischen Mitteln noch in diesem Jahrhundert möglich sein wird. Pointiert dargestellt wollen sie dieses Ziel über folgende Schritte erreichen:

1) Die Stärkung des menschlichen Körpers mit Hilfe neuer Produkte und Technologien, durch die ein vielfach höheres Alter bei gleichbleibender körperlicher und geistiger Leistungsfähigkeit ermöglicht würde.

2) Die Befreiung der Menschheit von heute unheilbaren Krankheiten, Hunger und Armut mittels neuartiger Therapien und synthetischer Herstellung von Nahrungsmitteln.

3) Die Übertragung der Informationen unseres Gehirns auf ein anderes, nichtbiologisches Medium. Dieser Schritt wird als Eingang in ein posthumanes Zeitalter bezeichnet.

Der Glaube an diese Entwicklung wird mit den derzeitigen Geschehnissen auf verschiedenen Wissenschaftsfeldern begründet: Bisher Ungeahntes könne durch eine immer stärker werdende Annäherung von Nano-, Bio-, Informations- und Kognitionswissenschaften bald Realität werden. Eine zunehmende Miniaturisierung von Implantaten und Mensch-Maschine-Schnittstellen mache den gezielten Zugriff auf Körperfunktionen möglich.

Mit künstlichen Organen – die auch über zusätzliche Funktionen verfügen könnten – und intelligenten Drogen („*smart drugs*") wollen die Transhumanisten 200 Jahre alt werden. Diese Zeit sollte genügen, um die Übertragung ihres Bewußtseins auf ein dauerhafteres Medium als das Gehirn technisch möglich zu machen. Es geht den Transhumanisten mit der technischen Verbesserung des Menschen also nur um die Überbrückung des zeitlichen und intellektuellen Grabens, der sie von der Unsterblichkeit trennt.

Eng verbunden mit diesen Vorstellungen ist die Kryonik, die ihre Gönner damit lockt, sich nach dem Tod oder angesichts einer unheilbaren Krankheit einfrieren zu lassen. Eines fernen Tages würden sie aufgetaut und könnten von den neuen Möglichkeiten profitieren.

Dieser Artikel ist in drei Teile untergliedert: Zunächst folgen weitere erklärende Anmerkungen zum Transhumanismus. Anschließend werden Texte von Nick Bostrom Auskunft über utopische Elemente des Transhumanismus geben. Der Philosoph war 1998 Mitbegründer der Welttranshumanistenorganisation (WTA), die Anfang des Jahres 2009 ca. 5.400 Mitglieder zählte.[1] Schließlich sollen Texte von Bostrom und von anderen Vertretern des Transhumanismus der Utopia des Thomas Morus gegenüber gestellt und – soweit möglich – mit ihr verglichen werden.

Das Wort „transhuman" soll durch die Übersetzung von Dantes *Divina Commedia* in die englische Sprache eingegangen sein. Damals meinte der in der deutschen Version mit „übermenschlich" übersetzte Begriff das Erleben einer göttlichen Vision und der Aufstieg zu Jesus im Paradies. Erst im Laufe des 20. Jahrhunderts bildeten sich Sichtweisen heraus, die dem Menschen die Perspektive des Mitwirkens an seiner eigenen Verbesserung durch im weitesten Sinne technische Eingriffe eröffneten. Zu nennen sind hier der Biofuturismus der 1920er und 30er und die Kybernetikbewegung in den 50er Jahren.[2]

Die für die Transhumanisten namens- und sinnstiftende heutige Bedeutung bekam „transhuman" nachweisbar erst Mitte des letzten Jahrhunderts, als es 1949 mit „superhuman" im New „Standard" Dictionary of the English Language und ein wenig konkreter 10 Jahre später im *Webster's New International Dictionary of the English Language* mit den Worten „transcending human limits" umschrieben

---

[1] Vgl. www.transhumanism.org/index.php/WTA/join#membership.
[2] Vgl. Coenen 2007, 7.

wurde.[3] Dieses Überschreiten der menschlichen Grenzen wurde mit der Zeit immer deutlicher ausformuliert, in den 1970er Jahren vor allem durch den amerikanisch-iranischen Futurologen und transhumanistischen Vordenker Esfinadari. Er sah den Tod als „Tragödie" und die Menschen ihrer Freiheit beraubendes Problem, das durch neue Technologien behoben werden müsse. Der Mensch solle entbiologisiert und so unsterblich werden.[4] Er leitete den Begriff „transhuman" aus „transitional human" ab. Das meint einen Menschen, der sich im Übergangszustand von der „klassisch" humanen in eine posthumane Existenz befindet.[5]

Die Beiträge zahlreicher anderer Persönlichkeiten haben zum heutigen Selbstverständnis des Transhumanismus beigetragen. Am bekanntesten sind sicherlich der Erfinder der künstlichen Intelligenz, Marvin Minsky, und der Nanotechnologie-Visionär Eric Drexler sowie der Robotiker Hans Moravec. Ihre und die Visionen jüngerer Vertreter des Transhumanismus ergeben ein Gesamtbild, das in einigen Punkten mit der aktuellen politischen Philosophie kollidiert. In ihrer *Transhumanist Declaration* fordert die WTA das moralische Recht eines Jeden ein, seine Körperfunktionen mit technischen Hilfsmitteln zu erweitern. Gleichzeitig sieht man die Gefahr für die Menschheit:

Andererseits wäre es auch tragisch, wenn das intelligente Leben durch eine Katastrophe oder einen Krieg ausgelöscht würde, in denen die neuen Technologien eine Rolle gespielt hätten.[6]

Die allgemeine Freiheit zur individuellen Lebensgestaltung setzen die Transhumanisten als Argument für ihre Freiheit auf technische Veränderung ihrer Körper ein. Wer sich ergänzen will, soll dies dürfen, auch wenn ihn keine Krankheit dazu zwingt:

[D]er Einzelne [hat] in der Regel darüber zu befinden [...], was gut für ihn/sie ist. Deshalb treten Transhumanisten für individuelle Freiheit ein,

---

3 Vgl. Krüger 2004, 110.
4 Vgl. a.a.O., 134f.
5 Vgl. www.transhumanism.org/index.php/WTA/more/162/.
6 Vgl. www.transhumanism.org/index.php/WTA/declaration/.

insbesondere für das Recht derer, die Technologie zur Erweiterung ihrer psychischen und physischen Kapazitäten einzusetzen beabsichtigen und ihre Kontrolle über ihr Leben zu verbessern wünschen.[7]

Drohte nun bei einer globalen Diffusion lebensverlängernder Technologien nicht die Gefahr der Überbevölkerung durch eine enorme Anzahl Hundert- bis Zweihundertjähriger, die weiterhin versorgt werden wollen? Nein, beschwichtigt Max More, Gründer der amerikanischen WTA-Schwesterorganisation (des *Extropy* Instituts):[8] Wer länger lebe, bekäme seine Kinder eben auch später und außerdem habe wirtschaftlicher Wohlstand einen Rückgang der Geburtenrate zur Folge (den er anhand von Zahlen in den Industrienationen nachweist).

Wenn die Weltbevölkerung dennoch um ein paar Milliarden Menschen anwachse, so könnten die verbesserten Produktionstechniken Abhilfe in Fragen der Ernährung schaffen (z.B. durch um ein Vielfaches ertragreichere genetisch veränderte Pflanzen). Die Ungerechtigkeit durch Ressourcenknappheit sei somit aufgehoben, die Verteilung regele der freie Markt in einer freien Welt. Die Tage von Diktatoren seien mit einem Anstieg des weltweiten Wohlstands ohnehin gezählt, da ohne existentielle Risiken das Mitsprachebedürfnis der Bevölkerung wachse. So würden heute noch bestehende Handelsbarrieren und Informationssperren zunehmend abgebaut.

Daß es sich hierbei um eine überaus optimistische Sicht der Dinge handelt, liegt auf der Hand. Die Transhumanisten benötigen diesen Fortschrittsoptimismus, um ihre weiteren Vorhaben auf eine stabile argumentative Basis zu stellen. Allerdings werden auf diese Art und Weise einige drängende Fragen unbeantwortet gelassen. Was passiert beispielsweise mit den neuen Technologien, wenn sie in die Hände von Despoten gelangen? Auch könnte es auf dem Weg ins Paradies Verteilungskämpfe von bisher unvorstellbaren Ausmaßen geben. Denn es wäre möglich, daß ein Teil der Welt oder ein Land gegenüber anderen, die ihre Bewohner signifikant verbessern, zurückbleibt. Es

---

[7] www.transhumanism.org/index.php/WTA/more/162/.
[8] Vgl. More 2004, 170 ff.

geht hierbei nicht nur um Wohlstand, den man durch harte Arbeit erlangen kann, sondern um einen Vorsprung an künstlich geschaffener Intelligenz und Lebensdauer, der schließlich nicht mehr einzuholen sein könnte. Solcherlei Rivalitäten sind auch auf einer individuellen Ebene denkbar. Wie kann garantiert werden, daß überragende Intelligenz nicht mit lebensverachtender Arroganz einhergeht? Wie werden „verbesserte" Wesen mit ihren „natürlichen" Mitmenschen umgehen? Die mögliche Abhängigkeit von der Güte derer, die sich der Spezies *homo sapiens* irgendwann nicht mehr zugehörig fühlen werden, ist ein beunruhigender Gedanke.

Und was geschieht bei persönlichen Streitigkeiten, die unter verbesserten, langlebigeren Menschen ausgetragen werden? Jahrhundertelange Fehden mit potentiell zerstörerischer Technologie könnten große Gefahren für deren Umwelt bergen. Die Antworten der Transhumanisten-Organisationen[9] auf diese Fragen sind wenig befriedigend: Die zukünftigen verbesserten Wesen wären zwar dem heutigen *Homo sapiens* nicht mehr in allem ähnlich, sie würden jedoch ihre Wurzeln nicht einfach vergessen. Damit könnten die Menschen mit einer ihnen wohlgesinnten Haltung der „Über-Menschen" rechnen. Außerdem wäre es hilfreich, heute schon verstärkt Toleranz und Respekt gegenüber Anderen zu lehren, um diese Werte später auch bei posthumanen Wesen verankert zu wissen. Daß vermögende Bürger sich die Verbesserungen eher leisten könnten als weniger Betuchte, wäre ein normaler Vorgang, der sich stets auf dieselbe Weise abspiele: erst genössen die Wohlhabenden die gesamten Vorteile. Schließlich würde jedoch der zu verteilende Kuchen durch den Fortschritt insgesamt größer, so daß alle profitierten. Fragen nach einer existentiellen Gefahr für die Menschheit wird entgegnet, daß man sich darüber unterhalten müsse, und zwar so schnell wie möglich. Denn daß uns die beschriebene Entwicklung bevorsteht, daran hegen die Transhumanisten keine Zweifel.

---

[9] Vgl. für nachfolgende Ausführung unter anderen: www.transhumanismus.de/bibliothek/faq.html#c488.

Es soll nun kurz Nick Bostroms *Letter from Utopia* vorgestellt werden, um dann einen Vergleich mit Morus' *Utopia* vorzunehmen. Durch den „Brief aus Utopia" läßt Bostrom eine posthumane Existenz seine Welt beschreiben. Dieses zukünftige Lebewesen gibt uns einen Einblick in sein Dasein, das wir uns in seiner Vollkommenheit in etwa so vorzustellen haben: Der Utopier hat seinen Geist in vielen aufeinanderfolgenden menschlichen Lebensspannen in alle Richtungen ausgebildet. Er hat die gesamte irdische Literatur gelesen und jeden ihm interessant erscheinenden Aspekt des Lebens ausgekostet.[10] Nur auf dieser Basis könnten Gedanken und Ideen entstehen, die uns Menschen nicht mitteilbar wären, da wir sie nicht begreifen würden. Auch dem Weisesten von uns fehle dafür das nötige Verständnis.

Der Zustand der Utopier ließe sich am besten Mithilfe der tiefsten menschlichen Glücksgefühle beschreiben, die nur „von Zeit zu Zeit" auf uns kommen würden. Als Beispiel dient unter anderen das Augenleuchten bei einer plötzlich aufkeimenden Erkenntnis.[11] Gefühle dieser Art seien in Utopia der ewig selige Normalzustand. Utopia sei kein Ort und werde nicht durch eine Änderung der Gesellschaftsstrukturen erreicht.[12] Was können wir also heute schon unternehmen? Wir brauchen die besten Wissenschaftler und Politiker, die die richtigen Rahmenbedingungen schaffen müssen. Denn das zukünftige Utopia basiere auf den uns bekannten Materialien und Naturgesetzen. Diese Grundlegung in der heutigen Welt soll suggerieren, daß wir hier und jetzt anfangen könnten – durch den zielgerichteten Gebrauch der aktuell vorhandenen materiellen und intellektuellen Ressourcen – die Welt zu schaffen, aus der der Utopier uns schreibt. Bei alledem müsse man sehr vorsichtig mit den neuen Erkenntnissen und Technologien ans Werk gehen, da ihre Benutzung auch zu einer Katastrophe führen

---

[10] Vgl. Bostrom 2008, 2.

[11] Neben einem verliebten Lächeln und der Genesung eines Kranken. Vgl. A.a.O., 7.

[12] Vgl. a.a.O., 5.

könnte.[13] Ein Super-GAU oder ähnliches aber würde eine Welt verhindern, die wahrhaft menschenwürdig ist. Es geht also um eine Ausweitung der menschlichen Erfahrungswelt. Man erkennt ein Utopia des Individuums, das die Gesellschaft nur noch zur intellektuellen Stimulanz benötigt, nicht jedoch aus existentiellen Gründen, da reine Geistwesen nicht um materielle Ressourcen wetteifern müssen.[14]

Mit dem Ziel, den Utopiegehalt des Transhumanismus zu bestimmen, folgt nun eine Gegenüberstellung der Texte seiner zwei gegenwärtigen Hauptakteure Max More und Nick Bostrom, sowie der Morusschen *Utopia*. Dieses Vorhaben wird für den *Brief aus Utopia* auf der inhaltlichen Ebene am gewinnbringendsten sein. Denn Bostrom läßt ein klares theoretisches Konzept vermissen beziehungsweise liefert keinen Gesamtentwurf einer zukünftigen Gesellschaft. Es werden also einzelne Elemente herausgegriffen und soweit möglich in Beziehung zueinander gesetzt. Interessant ist vor allem die allgemein hohe Wertschätzung der geistigen Aktivität in beiden Texten: Das Wesen aus Bostroms *Brief aus Utopia* hatte so viel Zeit und Energie, all unsere Autoren zu lesen und sich jegliche Facette der menschlichen Kultur anzueignen, daß ihm ein viel tieferes Weltverständnis möglich wurde.[15]

Auch innerhalb der relativ statischen Gesellschaft der Morusschen Utopia ist viel geistige Bewegung möglich und erwünscht. Wer sich in diesen Dingen nur gut genug hervortut, darf die körperliche Arbeit ruhen lassen und sich seinen Studien widmen.[16] Diese mündeten unter anderem in die Begründung von Astronomie und Meteorologie, die zu etablierten Wissenschaften geworden sind. [17] Hythlodeus erzählt weiter, daß die Utopier Neuerungen, die das Leben erleichterten, mit

---

[13] Bostrom verwendet das Bild der Motte, die auf der Suche nach einer helleren Zukunft verbrennt aber bei einem wohlbemessenen Abstand von Licht und Wärme profitieren kann. Vgl. a.a.O., 5.

[14] Vgl. a.a.O., 6.

[15] Vgl. a.a.O., 2.

[16] Vgl. Morus, *Utopia*, 70.

[17] Vgl. a.a.O., 88.

großer Offenheit und Begabung empfangen hätten.[18] So hätte ein Laienbericht der Besucher über den Buchdruck und die Papierzubereitung genügt, um die Utopier zur mühsamen, aber erfolgreichen Aneignung dieser Technologien zu motivieren. Der technische Fortschritt findet also statt in Utopia, und wenn der Buchdruck vorerst nur der Vervielfältigung griechischer Werke diente, so kann niemand absehen, wofür das gedruckte Wort dereinst noch verwendet werden könnte.

Die positive Einstellung zum technischen Fortschritt ist es auch, auf der die Transhumanisten all ihre Ideen aufbauen. Ohne die Hoffnung auf neuartige Techniken machen ihre Vorstellungen von einer übermenschlichen Zukunft keinen Sinn. Die gegenwärtige Menschheit ist aufgerufen, diese anzusteuern und die dazu nötigen materiellen und personellen Ressourcen freizustellen. Man ist froh über kluge Köpfe und empfiehlt (potentiellen) Anhängern, beispielsweise Wissenschaftlern, in einem für die menschliche Weiterentwicklung wichtigen Feld tätig zu werden.[19]

Auffallend ist das Verhältnis zum Tod, daß in beiden Texten entworfen wird. Es ist den Utopiern „streng verboten",[20] an das Weiterleben einer Seele *nicht* zu glauben. Wer dies tut, dem wird gar das Menschsein abgesprochen, weil er sich auf eine reine, tierische Körperlichkeit herabsetzt.[21] So stellt es für sie keine moralische Verwerflichkeit dar, unheilbar Kranken, die unter ihren Gebrechen leiden, nahezulegen „[...] nicht [zu] zaudern, in den Tod zu gehen [...]."[22] Sie würden sich solchermaßen „[...] wie aus einem Kerker oder einer Folter befreien [...]"[23] und in hohen Ehren bestattet. Ähnlich

---

[18] „So denn auch die Utopier, dank ihrer wissenschaftlichen Schulung, merkwürdig begabt für technische Erfindungen, die zur Erleichterung einer behaglichen Lebensführung praktischen Nutzen bieten." Morus, *Utopia*, 104.
[19] Vgl. Bostrom 2003, 54.
[20] Morus *Utopia*, 130.
[21] Vgl. a.a.O., 131.
[22] A.a.O., 106.
[23] Ebd.

beschreibt Bostroms Wesen den Körper als eine „Todesfalle", die man schnellstmöglich verlassen müsse. Nach siebzig oder achtzig Jahren der Entwicklung hätte die Seele ihren höchsten Reifegrad noch lange nicht erreicht.[24] Allein die Möglichkeit von Krankheiten und die Gefahr des Todes durch äußere Einflüsse mache den gesunden Menschen hier zu einem verbesserungswürdigen Wesen beziehungsweise den schwachen Körper zu einer abschaffungswürdigen Hülle.

Für die Zeit, die bis zum Gehirn*scan* und der anschließenden Übertragung auf ein besseres Medium noch vergehen wird, muß die Gefahr des endgültigen Todes gezwungenermaßen akzeptiert werden. Die schon erwähnte Kryonik bietet hier einen Ausweg, der ein wenig an Morus sterbende Kranke erinnert. Durch das Wissen auf dauerhafte Konservierung mittels Einfrieren des toten Körpers wird eine tröstlichere Perspektive geboten als ein unumkehrbares Dahinscheiden: denn wenn die Seele aus den Synapsen des Gehirns besteht, sollten auch die Informationen von eingefrorenen Toten irgendwann auf technische Medien übertragbar sein. Daher dürfte eigentlich auch kein kryonikgläubiger Transhumanist zaudern, in den Tod zu gehen.

Der zentrale Unterschied zwischen Morus und den Transhumanisten ist unzweifelhaft die Ganzheitlichkeit der *Utopia*, in der eine funktionierende Gesellschaft ins Bild gerückt wird. Der Grund für die Selbstbeschränkung des Transhumanismus auf die Technikentwicklung und ihrer Chancen ist banal: Niemand weiß genau, was sein wird. Keiner kann sagen, wie Mensch-Maschine-Mischwesen sich in unsere Gesellschaft eingliedern würden und ob sie das überhaupt vorhätten.[25]

Grundlegender Natur sind Gedanken des bereits erwähnten Max More, der über die besten Voraussetzungen für eine fortschrittliche Gesellschaft nachdenkt: More beschreibt in seinen *Extropy Principles* einen liberalen Gegenentwurf zur statischen utopischen Gesellschaft:[26]

---

24 Vgl. Bostrom 2008, 3.
25 Vgl. hierzu: „Wie könnte eine Gesellschaft aussehen, in der Posthumane leben?"
   http://www.detrans.de/infothek/faq.html#c490
26 Vgl. hierzu: http://www.extropy.org/principles.htm

Einzelne Personen und Gruppen sollten die Institutionen gründen dürfen, die sie für die Regelung ihres Zusammenlebens für am besten geeignet halten. Jeder könnte beliebigen Institutionen beitreten und jeder hätte das Recht, sie wieder zu verlassen. Auf diese Weise würde sich eine viel dynamischere Gesellschaft entwickeln, in der Individuen besser ihren Bedürfnissen entsprechend wirken könnten. Dabei solle eine zentrale Kontrolle der Mitglieder einer Institution vermieden werden, da niemand wisse, was für andere Menschen das Beste sei. Das gleiche gelte auch auf höherer Ebene; denn wie ein Staat am besten funktioniere, das müßten seine Mitglieder in ständig neuen Experimenten herausfinden und nicht in zentralen Weisungen empfangen. Funktionieren könne dieses System nur gepaart mit einem starken Verantwortungsgefühl aller Beteiligten.

More vertritt damit eine anarchistische Position, die nicht nur der Organisation der Morusschen Utopia zuwiderläuft. Die Zielsetzung scheint klar: Jeder soll nach seiner Façon leben und wirken dürfen. Wem das Verhalten seiner Gruppenmitglieder zu weit geht, der kann beziehungsweise muß sich eine neue Gruppierung suchen, die seinen Vorstellungen entspricht. In einer solchen „offenen Gesellschaft" wäre auch für die Transhumanisten mehr Bewegungsfreiheit vorhanden, da zweifelnde und bremsende Stimmen ungehört verklängen. Die strenge Ordnung der Utopia, die das Leben des Einzelnen bis in viele Details bestimmt und kontrolliert, steht dem diametral entgegen.

Diese Überlegungen haben gezeigt, daß man den Transhumanismus nicht eindeutig verorten kann. Auf keinen Fall ist er eine moderne "Vollblut-Utopie", dazu fehlt ein ganzheitlicher Entwurf über die Gesellschaft der Zukunft und ihr Funktionieren im Detail. Auf der anderen Seite gibt es verbindende Konzepte zwischen Transhumanismus und *Utopia*. Die Wertschätzung des Geistigen und die Vorstellung einer unsterblichen Seele haben beide gemein, wenn auch in sehr verschiedenen Ausgestaltungen.

Ein transhumanistisches Utopia können wir nicht ausmachen – wohl aber trägt der Transhumanismus utopische Versatzstücke in sich. Mit

Herfried Münkler gesprochen: Er gründet sich auf „utopische[m] Denken"[27] – und macht nachdenklich.

---

[27] Vgl. Münkler 1992, 210.

Mythos und Utopie
Über die Urbanisierung der Seele

Heinz-Ulrich Nennen

Utopie und Mythos sind durchaus miteinander vergleichbar, beide stiften Orientierung, liefern Sinnerfahrung, bieten Deutungen, verschaffen Identität und erläutern, warum die Welt so und nicht anders ist, aber auch, warum sie anders sein könnte, vielleicht sogar gänzlich anders sein sollte oder aber auch gar nicht anders sein sollte, als sie ist. In einem aber unterscheiden sich Mythos und Utopie, in ihrer Ideal-Zeit.

Während Mythen ihre Idealzeit zumeist eindeutig in den Urzeiten der eigenen Vergangenheit verorten, spielen Utopien mit der eigenen Ortlosigkeit. Wenn es sie denn real gäbe, die utopische Wirklichkeit als verwirklichte Utopie, sie könnte sich als wirkliche Wirklichkeit immer nur ganz woanders einstellen, nur in einer wahrhaft idealen, vielleicht aber auch in einer ganz und gar kontra-idealen Zukunft. Im Guten wie im Schlechten wird sich Utopisches daher immer nur dort einfinden, wo die entlegenen, oft nur sehr schwer erfüllbaren Bedingungen ihrer Möglichkeit sich wider Erwarten doch eingestellt haben. Insofern spielt die Utopie nicht nur mit ihrer Ortlosigkeit, vielmehr ist es ihr Prinzip, äußerst schwer nur erreichbar zu sein. – Dabei muß Utopisches nicht stets erstrebenswert sein, aber selbst die Menetekel-Utopie folgt demselben Prinzip, auch der Ort einer jeden Dystopie, als schlechteste aller möglichen Welten, liegt stets in einem sonstwie aufgekommenen Nirgendwo, und das liegt in der Regel eher in einer Zukunft.

Der mythisch-utopische Idealort muß bei Utopien aber nicht obligatorisch nur an entlegenem Ort, in entlegener Zeit und stets nur in der Zukunft liegen. Als utopischer Ort wäre auch eine ausgezeichnete Vergangenheit möglich, was Platon mit seinem umstrittenen Bericht über Atlantis demonstriert hat, anhand von Aussagen, die nicht nur als Mythos, sondern auch als Utopie aufgefaßt werden könnten. Seine Atlantis-Sage muß nicht nur als Mythos, sondern kann auch als Utopie aufgefaßt werden, schließlich steht die Atlantis-Passage bei Platon im Kontext ernsthafter politiktheoretischer Erwägungen. Dann müßte mehr damit verbunden werden als nur eine mehr oder weniger verläßliche Botschaft über ein längst untergegangenes ideales Inselreich, vielmehr müßte sich das Utopische als solches erweisen, wenn zugleich eine immer wieder offene, eine noch immer ausstehende, eine mögliche Zukunft zur Darstellung gebracht werden soll.

Während also der Mythos seine wirkliche Wirklichkeit längst errungen hat und fähig ist, diese Idealzeit immer wieder zu erneuern, ist die Utopie noch ganz und gar nicht bei sich angekommen. Während der Mythos seine Urzeit in der Regel bereits durchlebt hat, steht für eine jede Utopie ihre ureigene Idealzeit noch aus, sie liegt in einer offenen Zukunft, von der noch nicht ausgemacht sein kann, wie sie ausgehen wird.

Spekulationen über einen wünschenswerten oder auch äußerst beunruhigenden möglichen Ausgang dieser offenen Entwicklungsgeschichte sind ein Spezifikum der Utopie, – ein Problem, daß sich so dem Mythos nicht stellt, denn für ihn ist der Ausgang jeglicher Geschichte gewiß, es ist die garantierte Wiederkehr des Gleichen. Die urzeitliche Idealzeit wird planmäßig ohnehin immer wieder neu durchschritten, immer wieder neu restituiert.

Utopien dagegen wollen das radikal Neue, das gänzlich Andere, das Niedagewesene, daher interessieren sie sich auch nur mittelbar für Vergangenes, allenfalls um sich noch bewußter vom Herkömmlichen abzusetzen. Utopien sind auf Zukunft aus, sie lassen sich insofern als eine Sonderform von Mythen thematisieren, bei denen allerdings die Zeitachse umgekehrt worden ist. Selbst wenn sie ausnahmsweise eine goldene Urzeit wieder herstellen wollen würden, gehen Utopien anders zu Werke, sie suchen ihre Ideale stets in der Zukunft als etwas vollkommen Neues.

Mythen dagegen können die regelmäßige Wiederherstellung der alten Ordnung geradewegs garantieren, etwa weil alle 75 Jahre mit der Wiederkehr des Halleyschen Kometen gerechnet werden darf, was bedeutet, daß mit dem großen Ritual spätestens dann alle zwischenzeitlich aufgekommenen Unausgewogenheiten wieder ausgeglichen sein werden. Utopien können dagegen keinerlei auch nur annähernd verläßliche Garantien übernehmen, utopische Ideale zu verfolgen bedeutet schlichtweg, sich auf riskante Unternehmen, auf eine Fahrt ins Ungewisse, auf eine offene Zukunft einlassen zu müssen. – Daher rührt dann auch die Schwäche des Utopischen für Geschichtsphilosophie: Wenn schon Ungewißheit, dann doch wenigstens im vollen Bewußtsein einer Navigationskunst, wie die *docta spes* bei Ernst Bloch, eine Hoffnung, die für sich beansprucht, aus Schaden klug geworden zu sein. Es ist die Hoffnung mit dem Trauerflor.

Mehr als eine Generation nach dem Tod von Ernst Bloch stellen sich inzwischen Fragen, wie sie die Organisatoren dieser Tagung, Ulrich Arnswald und Hans-Peter Schütt, aufgeworfen haben: Ist nicht die Zeit für Utopien abgelaufen, haben Utopien selbst noch eine Zukunft, insbesondere, wenn sie auch noch als Staatstheorien daherkommen? – Auf diese Frage einzugehen bringt die interessante Herausforderung mit sich, den Standort des Betrachters so zu wählen, daß dieser außerhalb dessen steht, was es nunmehr aufzufassen gilt. Es gilt, die Utopie des Utopischen in den Blick zu bekommen.

Unternehmen wir also den Versuch einer Hermeneutik der Einfühlung, versetzen wir uns vor Ort, dorthin, wo diese entscheidende Umkehrung der Zeitachse vom Mythos zur Utopie erstmals vor sich gegangen sein muß, – auch auf die Gefahr hin, selbst wieder nur einen Mythos zu schaffen, mit den nun folgenden Erklärungs- und Deutungsversuchen. Arbeit am Mythos bedeutet, wenn es Not tut, sie weiterzuschreiben, um einer jeden Gegenwart immer wieder neu zu sagen, worauf es ankommen könnte. Das Sympathische am Mythos ist, daß er im Unterschied zum Logos nie rechthaberisch ist, daß er niemals so fanatisch werden kann, wie jene, die auf utopische Risiken setzen und dabei nicht selten das Glück, das Leben und das Seelenheil gänzlich Unbeteiligter einfach verspielen.

Bislang wurden Utopien entweder gepflegt oder kritisiert, gefeiert oder verdammt, es wäre aber sehr viel hilfreicher, ließe sich nachvollziehen, wie es erstmals zu dieser eklatanten Umkehr der Zeitachse gekommen sein mag, warum urplötzlich die ideale Welt nicht mehr am Anfang, sondern am Ende der Geschichte gesucht werden sollte. Es gilt, das Utopische am Utopischen zu verstehen, daher scheint es angeraten, sich vor Ort in jene Zeit zu versetzen, wo erstmals dieser Impuls aufgekommen sein muß. Wir fragen also nach den Bedingungen für die Möglichkeit des Utopischen: Wann, wo und unter welchen Umständen wird es erstmals von elementarer Bedeutung, Utopien zu hegen? Wie müßten wir uns daraufhin den Ort, die Zeit und die näheren Umstände vorstellen, wo Mythen ihre Dienste der Orientierung versagen und wo stattdessen Utopien auf den Plan treten?

Betrachten wir Utopien als Sonderklasse von Mythen mit umgekehrter Zeitachse, so stellt sich die Frage, was diese Umkehrung ausgelöst haben mag, die Idealzeit nicht mehr am Ursprung, sondern am Ende der Geschichte zu suchen, unter welchen Umständen diese fundamentale Revolution der Denkungsart erstmals vor sich gegangen sein dürfte. Utopien behaupten schließlich gegen jeden Mythos, vorher nie Dagewesenes sei nicht nur möglich, sondern verheißungsvoll, daher sei es notwendig, die urtümlichen Bahnen immerwährender Wiederkehr zu verlassen. – Aus der Perspektive der Mythen ist bereits diese Idee etwas Unausdenkbares, aber eben genau darin nimmt es die Utopie unmittelbar mit dem Mythos auf, sie setzt ihm und seinen Idealen etwas Eigenes, das radikal Andere entgegen, etwas, bei dem die Mythen nicht mithalten können. So werden Mythen von Utopien überboten, noch dazu auf ureigenstem Gebiet, indem weit mehr versprochen wird, als Mythen je in Aussicht gestellt hätten. Utopien versprechen sehr viel mehr Hoffnungsdividende, als jemals zuvor auch nur für möglich gehalten worden wäre.

Um nun das Utopische zu verstehen, wäre es angebracht, die Quellen dieser zu einem gewissen Zeitpunkt erstmals aufgekommenen exorbitanten Hoffnungen zu lokalisieren; es gilt zu klären, wie diese vollkommen neuartigen utopischen Wünsche, Risiken, Hoffnungen und nicht minder großen Befürchtungen urplötzlich in die Welt gekommen sind; es gilt, die Bedingungen für die Möglichkeit von Utopien in Erfahrung zu bringen, was gelingen kann, wenn wir die Differenz zum Mythischen genauer in Augenschein nehmen, wenn wir uns in die Situation versetzen, in der die Mythen versagen. Es ist jedoch weit mehr als ein beliebiger Paradigmenwechsel, wenn Utopien an die Stelle von Mythen treten, weil sich im Zuge dieser Kulturrevolution die Auffassung von Welt generell wandelt. Während die heiligen Ordnungen mythischer Weltmodelle stets innerweltlich sind und sich daher auch durch einschlägige Riten stets wieder herstellen lassen, behauptet sich die Utopie gegen den Mythos, indem sie etwas gänzlich Neues ins Spiel bringt, indem sie insinuiert, ihr Reich sei nicht von dieser, sondern von einer kommenden, anderen, sehr wohl aber mehr oder minder möglichen Welt.

Infolgedessen müssen Mythos und Utopie auseinandertreten, weil die Utopie in Gang setzt, was der Mythos um jeden Preis gerade zu verhindern beabsichtigt: Differenz, Wandel, Geschichte, Historizität. Während die Utopie ihr Ideal nur erreichen kann, indem sie die Welt völlig verändert, sucht der Mythos gerade zu verhindern, daß sich überhaupt etwas ändern müßte. Während der Mythos die urtümlich ausgewogenen Verhältnisse seiner idealen Urzeit durch regelmäßige Riten, durch die wiederkehrende *Apokatastasis panton*, durch ultimativen Ausgleich aller Differenzen zwischen sozialen Gruppen, Göttern und Menschen, Lebenden und Toten und auch zwischen Mensch und Tier wieder herstellt, zielt die Utopie auf etwas vollkommen anderes: Sie will diesen Ausgleich nicht, sie will weder den Ausgleich noch will sie alte Verhältnisse nur wieder herstellen, sie will etwas gänzlich Neues, sie will das Niedagewesene.

Derweil sind die Ambitionen des Utopischen aus der Perspektive des Mythischen einfach nur abwegig, überhaupt nicht nachvollziehbar, nicht von dieser Welt, nicht von der Welt, wie sie den Mythen bekannt ist. Aber Utopien sind nicht von dieser Welt, auch nicht für gegenwärtige, sondern nur für zukünftige Menschen, sie zielen auf eine Neue Erde und Neue Menschen, und dafür gehen sie, wenn es Not tut, auch über Leichen. – Aber nehmen wir diese nicht unberechtigte Protestnote gleich wieder zurück, bleiben wir ganz bewußt unentschieden, um zu sehen, was sich zeigt, wenn das Utopische aufkommt, weil es uns nicht in erster Linie ums Urteilen, sondern ums Verstehen geht.

Im Zentralmythos des Abendlandes, dem des Prometheus, findet sich eine bezeichnende Schnittstelle, es scheint, als habe der Mythos eigens der Utopie seine Referenzen erweisen wollen. Auch wenn es wieder ein Mythos ist, die Promethie kann es mit dem Utopischen bereits aufnehmen, weil das Unheil, das die vormaligen Mythen noch hatten verhindern sollen, hier inzwischen bereits eingetreten ist, denn wenn die Figur des Prometheus aufkommt, und mit ihm das, worauf dieser Mythos nun seinerseits eine Erklärung geben soll, so ist der Prozeß der Zivilisation, auf den wir es hier abgesehen haben, längst initiiert.

Der ungeheure Paradigmenwechsel vom Mythos zur Utopie, von der Kultur zur Zivilisation war bereits vollzogen, als sich dem Hesiod diese Entwicklung ganz eindeutig als Verfallsgeschichte darstellen sollte. Einiges davon läßt sich inzwischen durchaus mit neuesten Erkenntnissen aus der Archäologie in Deckung bringen, etwa wenn Hesiod die Menschenzeitalter Revue passieren läßt. Es sind insbesondere die mit den Grabungen der Nekropole von Warna an der bulgarischen Schwarzmeerküste gewonnenen Erkenntnisse, die sich konkret mit weiter reichenden Hypothesen über Zivilisationsprozesse insgesamt verknüpfen lassen.[1] Hier zeigt sich anhand eines einzigen Gräberfeldes, welche ungeheuren Wandlungsprozesse innerhalb kürzester Zeit vonstatten gegangen sein müssen, wenn sich Bestattungssitten so schlagartig verändern, wenn eine vormals offenkundig egalitäre Gesellschaft sich urplötzlich hierarchisch gliedert.

Mythen haben auf ihre Weise Geschichte zu schreiben, es ist bei aller Phantasie stets auch Realgeschichte, auf die angespielt wird, etwa wenn bei Hesiod vom vormals noch einvernehmlichen Verhältnis zwischen Menschen und Göttern gesprochen wird, von der vormaligen Mühelosigkeit und von der späteren Mühseligkeit in der Subsistenzweise, wenn, was vor allem von Interesse ist, das Aufkommen von Metall zum

---

[1] Siehe hierzu Strahm 2006, 154.

Thema wird, wodurch, so die hier vertretene Hypothese, der Prozeß
der Zivilisation ausgelöst werden sollte. Für Hesiod ist dieser Prozeß
eine einzige Verfallsgeschichte, wobei es interessanterweise zwei ideale
Orte gibt, einen am Anfang, den anderen aber gleichwohl auch am
Ende dieser Entwicklung.

Wie auch immer sich Hesiod dieses Ende vorgestellt haben mochte,
es ist bereits das notorische Hadern utopischen Ungenügens, das sich
hier Ausdruck verschafft, wenn er das fünfte Geschlecht derer, die sich
vom Acker ernähren, als das von Zeus geschaffene identifiziert und
ausruft:

Wäre ich doch nicht selbst ein Mitgenosse der fünften
Männer und stürbe zuvor oder wäre spät geboren!
Jetzt ja ist das Geschlecht ein eisernes; niemals bei Tage
Ruhen sie von Mühsal und Leid nicht einmal die Nächte,
O die Verderben! Da senden die Götter drückende Sorgen.[2]

Hesiod hat offenbar auf seine Weise vor Augen, was inzwischen als
gesichert betrachtet werden darf: Nach dem Ablauf einer urlangen
Geschichte des Nomadentums wurde urplötzlich Seßhaftigkeit nicht
nur möglich, sondern auch umgesetzt – mit immensen Folgen, denn
von Stund an sollte ein im Verhältnis zur Gesamtgeschichte geradezu
atemloser Fortschrittsprozeß, eine ungeheure und zuvor unvorstellbare
Entwicklung in Gang gesetzt werden. Auslöser, so dürfen wir
inzwischen mit großer Sicherheit annehmen, war Metallurgie, zunächst
Kupfer, dann Bronze und schließlich Eisen; nicht von ungefähr spielt
daher der hinkende Erfindergott Hephaistos eine entscheidende Rolle,
daher auch ist das geraubte Feuer ganz gewiß kein einfaches Herdfeuer,
es ist vielmehr das Schmiedefeuer und als solches ist es „die" Allegorie
„der" Technik. Und Hesiod weiß, worauf es ankommt, wenn er
hervorhebt, welches der Menschengeschlechter bereits über „schwärz-
liches Eisen" verfügt, denn Eisen als erstes synthetisches Metall, das
nicht nur höhere Temperaturen und nicht mehr nur Gießereien

---

[2] Hesiod 1965, 58f.

sondern Schmieden erforderlich machte, kam erstmals ab 1200 v. u. Z. auf.

Mit dem Metall kommt sehr viel mehr als nur ein neuer Werkstoff, es kommt – das Geld in die Welt! Metall ist universell konvertierbar, das ist es, worauf es ankommt. Erstmals kommt die Möglichkeit in die Welt, Vermögen zu horten, um damit spekulieren zu können, um mit Hilfe von Geld an Macht und Einfluß zu kommen. Das war so vorher nicht möglich, weil sich mit verderblichen Gütern nur sehr schwer spekulieren läßt, weil Kornkammern ein beliebtes Ziel für Raubzüge darstellen, weil sich aber Metall sehr wohl im Verborgenen horten und beizeiten hervorholen läßt. Allein das Gerücht, jemand verfüge über Metall, dürfte seinerzeit Kreditwürdigkeit erster Güte nach sich gezogen haben.

Erstmals in der Geschichte der Menschheit stand damit ein universell konvertierbares und zugleich waffenfähiges Material zur Verfügung. Metall ist Geld und Geld ist Metall. Die soziokulturellen Folgen dieser Technik können nicht groß genug angesetzt werden, denn Macht wurde nunmehr verfügbar, disponibel, gewissermaßen käuflich, es muß daher kaum verwundern, daß die Mythen versagen, denn nunmehr sind sie nicht mehr von dieser Welt.

Metall, das bedeutet Schmuck aber auch Waffen, Geld aber auch Macht, das bedeutet, sich gegebenenfalls Freiheit kaufen, sich alle erdenklichen Freiheiten herausnehmen zu können – in diesen frühen Zeiten allemal. Metall ist universell konvertierbar, es läßt sich horten, es läßt sich Handel damit treiben, spekulieren, Waffen können erworben werden für Raubzüge, mit denen Söldner bezahlt werden für Beutezüge, um Reichtümer an sich zu raffen, mit denen wiederum Waffen gekauft werden können. Seltsamerweise vollführt das Geld nochmals, was menschliche Kultur ohnehin bereits ausmacht, das Geld aber macht es erst wirklich perfekt, um sich herum einen Raum zu schaffen, der vollkommen naturenthoben ist, in dem gänzlich andere, eigene Gesetze herrschen, einen Raum, mit dem man sich die natürliche Umwelt vom Leibe halten kann, eine Möglichkeit, sich eben nicht der Natur anpassen zu müssen, sondern vielmehr Verhältnisse zu schaffen, die sich dem Menschen anpassen. Urbanisierung ist insofern die ultimative Steigerungsform menschlicher Kultur, die sich schon seit Urzeiten darauf verstand, sich souverän abzusetzen von der Natur, – eine im Übrigen sehr erfolgreiche Anpassungsstrategie, sich nicht wirklich anpassen zu müssen.

Mit dem Aufkommen von Metall wird dieser Ablösungsprozeß von der Natur noch sehr viel extremer, denn der universelle Tausch wird nun möglich, alles Erdenkliche wird von Stund an konvertierbar, disponibel, käuflich. Wer über Geld verfügt, kann die eigene Binnen-welt gegen eine jede widrige natürliche und auch noch gegen jede soziale Außenwelt vollkommen abschotten. Mit Geld lassen sich Wünsche erfüllen, die man vormals nicht nur nicht zu träumen gewagt hätte, sondern die schlichtweg gar nicht geträumt worden waren. Mit dem Geld kommen die allerersten Städte auf und mit diesen eine zuvor nicht vorstellbare Lebensweise fernab von jeglicher Notwendigkeit.

Städtebildung, Staatenbildung, unermeßlicher Reichtum, ebenso wie politische Unterdrückung, groß angelegte kriegerische Raubzüge, die Versklavung ganzer Völkerschaften, Zwangsarbeit, Ausbeutung in gro-ßem Stil und auch die Finanzierung von Priesterschaften, die all das als vom Himmel befohlen auslegten, konnte sich leisten, wer in diesen Zeiten über Metall und damit über uneingeschränkt konvertierbare Macht verfügte. Die ehrenwerten Fundamente unserer Zivilisation, der geschätzten Hochkultur sind daher vom Blut umspült und fast ausnahmslos auf Unrecht, auf Aneignung, auf Raubzüge gegründet, bis auf den heutigen Tag. – Anders als mythisch orientierte Kulturen sind Zivilisationen gerade nicht auf Ausgleich hin angelegt, vielmehr sind sie darauf aus, soziale Differenzen, Spannungen, Bürgerkriege und endlose Kriege ganz bewußt auszulösen, aufrecht zu erhalten und immer wieder neu zu entzünden, um auf den so entfachten Feuern ihr Süppchen zu kochen.

Unter diesen Umständen müssen die Mythen versagen, denn wenn es ihnen nicht gelingt, regelmäßig die alten Zustände des allgemeinen und umfassenden Ausgleichs, die alte Ordnung im Himmel wie auch auf Erden wieder neu herzustellen, dann geschieht, was sie um ihrer selbst willen verhindern müssen, jeglichen Einbruch von Historizität zu vermeiden, denn das wäre ihr Ende. Es darf daher in einer mythisch orientierten Kultur – ganz anders als in einer Zivilisation, gar keine wesentliche Geschichte geben, alles soll und muß in den geordneten Bahnen der altvertrauten üblichen Wiederkehr des Ewiggleichen verlaufen.

Mit dem Metall kommt urplötzlich eine vollkommen neue Machtfülle, verbunden mit irrsinnigem Reichtum in die vormals so wohl geordnete Welt, daher auch ist die Pandora nicht etwa eine Allegorie auf die Frau als solche, sie ist keineswegs wie Eva die mythisch erste Frau überhaupt, obwohl der Plot etwas von einem Paradiesmythos hat. Die Pandora ist vielmehr selbst bereits ein ungemein eindrucksvolles Kind dieser neuen Zeit, sie ist die mondäne Städterin, vielleicht auch die sündhaft teure Kurtisane, denn sie verkörpert, was fortan in diesen ersten Städten möglich werden wird: Menschen, die wie Götter auftreten, zumindest in den Augen eines zufällig soeben hereingekommenen Fremden.

Interessant auch, wie sich fortan auch die Götter anpassen an diesen Prozeß, wie sie zunehmend die menschliche Gestalt bevorzugen, Füße und Arme entwickeln und den Kopf und das Gesicht noch eine Zeit lang wie die Schamanen hinter Tiermasken zu verbergen. Sie entwickeln immer mehr menschliches Antlitz, denn die Götter der Zivilisation werden geschaffen nach menschlichem Ebenbild. Theogenese und Psychogenese korrespondieren einander, es ist ein Wettstreit im Gestaltwandel zwischen Menschen, die wie Götter und Göttern, die wie Menschen auftreten.

Besonders interessant ist dabei die Persona, die wie ein Visier auf die Stirn geschobene Maske antiker Götter, hinter der dann ein Gesicht nach menschlichem Maß zum Vorschein kommt. Hier läßt sich erahnen, daß auch die Götter selbst bereits eine Geschichte hinter sich gebracht haben müssen, denn zuvor sind sie offenkundig noch ganz anders erschienen, nun aber lüften sie ihre Masken und zeigen sich so, wie es der neu aufkommende Zivilisationsmensch von ihnen erwartet, so, wie er sie braucht, um sie für anbetungswürdig zu halten. Theogenese und Psychogenese korrespondieren einander in einer einzigartigen Wechselwirkung, in der sich die Götter humanisieren und zugleich Menschen vergöttlicht werden. Der betriebene Aufwand, der Glamour luxuriösester Inszenierungen dürfte auf höchstem Niveau vonstatten gegangen sein, was gemeinhin unterschätzt wird. Selbst wir dürften durchaus tief beeindruckt sein, würden wir mit dem konfrontiert, was seinerzeit an Luxus zur Verfügung gestanden und geradezu selbstverständlich gewesen sein muß, für einige wenige – versteht sich.

Das Wechselwirkungsverhältnis zwischen Theogenese und Psychogenese führt uns indirekt wieder den immensen kulturellen Wandel vor Augen, nicht nur die Menschenwelt, sondern auch die Götterwelt war also in Bewegung geraten, auf Erden wie auch am Himmel. Und so ließ seinerzeit einer der zeitgenössischen Götter verlauten: Ich bin der, der ich sein werde. Ein Gott also, ganz im Begriff, einen Selbsterfahrungstrip zu beginnen, den er in der Tat auch bitter nötig hatte, denn gerade dem alttestamentarischen Gott geht offenkundig noch jegliche Selbstbeherrschung ab; er ist, dem Verhalten nach, noch ganz und gar kein alter bärtiger, weiser und leicht ironisch reflektierender Mann, dem man vertrauen kann, sondern ein eifersüchtiges, rachsüchtiges, jähzorniges Kind, das Genozid betreibt, Sintfluten schickt oder sich aus reiner Spielerlaune auch schon mal auf eine makabre Wette mit dem Teufel einläßt.

Mit dem Metall kommt das Geld, darauf kommen die Städte, mit diesen wiederum erste Staaten und schließlich kommt die Zivilisation in die Welt. Was sich im Zuge dieses paradigmatischen Wandels innerhalb weniger Jahrhunderte alles verändert, ist kaum vorstellbar, – das ist es auch, was eine Hermeneutik der Einfühlung so unabdingbar macht, sich solche Unvorstellbarkeiten überhaupt vorstellbar machen zu können.

Die Stadt ist gänzlich naturenthoben, exterritorial in jeglicher Beziehung und in diesem Sinne selbst bereits so etwas wie ein Jenseits, – auch früheste Stadtluft macht offenbar bereits frei. Aber in der Stadt ist urplötzlich ein jeder auf sich allein gestellt, herkömmliche Orientierungsmuster müssen versagen. Die Norm für angemessenes Verhalten kann nicht mehr wie üblich auf Stammestraditionen und lokale Riten gegründet werden, es kann nicht mehr äußerlich vorgegeben sein, was angemessenes Verhalten ausmacht. Weil aber bereits die frühe Stadt einen jeden auf sich selbst zurückwirft, wird individuelle Selbstorientierung erforderlich, ein Sinnempfinden, das nunmehr von Innen kommen muß. Unsere Psyche dürfte das Produkt dieser Notwendigkeit sein, daß in urbanen Lebenswelten ein jeder sich selbst orientieren muß, weil das Leben unter den Bedingungen der Zivilisation zu komplex wird, weil individuelles Beurteilungsvermögen erforderlich wird.

Die Stadt als exterritorialer Raum ist etwas Außerordentliches, von Anfang an. Im Schmelztiegel der Städte entsteht eine notwendige Toleranz allen erdenklichen Göttern aller erdenklicher Völker gegenüber, im Pantheon sind beliebig viele Zimmer frei. Zugleich verstehen sich auch frühe Städte bereits als Staat, verbunden mit Göttern, Priestern und einer Elite von Schriftgelehrten, wie es sie vormals nicht gab und auch nicht geben mußte.

In diese Szenerie paßt dann auch die Pandora, sie entspricht dem neuen Typus einer Städterin, vielleicht auch einer Kurtisane, die wie die Aphrodite stets den Reichen und Mächtigen zugetan ist. Allein wie die Einkleidung der Pandora geschildert wird, ihre unwiderstehliche Attraktivität, nicht zuletzt ihre Beredsamkeit, die sie von Hermes-Merkur erhalten hat und viele anderen immerhin doch göttlichen Gaben, alles Erdenkliche, was auf Geheiß des Zeus der Allbeschenkten von den einzelnen Göttern mit auf den Weg gegeben wurden, – alle diese Gaben lassen die neue Höhe der Kultur, den nunmehr möglich gewordenen Luxus, den ganz gewiß exorbitant gehobenen Lebensstandard wenigstens erahnen. Man wird annehmen dürfen, daß es unter diesen Umständen nicht selten zu ungeheuerlichen Verhältnissen gekommen sein muß, etwa wenn die ersten Superreichen in der Geschichte der Menschheit auf den Plan treten, um zu tun, was und wie es ihnen beliebt, wovon sie keine Macht der Welt hätte abhalten können, wenn ihnen nun einmal danach war. Der nicht von ungefähr einschlägige Krösus ist einer von ihnen, immerhin selbstbewußt und mächtig genug, das Syndikat der Orakelpriester von Delphi ernsthaft herauszufordern.

Die ersten Städte sind wie Probebühnen, um erstmals vor den Augen einer neuen Öffentlichkeit in höchster Kultur die allergrößten Verbrechen zu begehen, wenn die neuen Superreichen vom Schlage des

Krösus weder Grenzen kennen, noch akzeptieren müssen. Daher kommt auch der sogenannte Naturzustand eines *bellum omnes contra omnium* erst mit den ersten Städten auf. Hobbes, aber auch Rousseau irren, wenn sie den Krieg aller gegen alle oder den vorgeschichtlichen Solitär in eine diffuse Frühgeschichte verlegen, um sodann den Staat als Retter in Szene zu setzen, denn, so lieb diese These den Staats- und Vertragstheoretikern noch immer sein mag, sie ist archäologisch, ethnologisch und anthropologisch vollkommen unhaltbar. Nicht irgendein ominöser Urzustand, sondern erst die frühen Städte, Staaten und Zivilisationen, darunter die vielen *failed states*, setzen bis auf den heutigen Tag diesen ganz und gar nicht natürlichen sondern, urbanen „Naturzustand" erst in Szene, wenn sie die ansonsten in Gruppen-, Clan- und Verwandtschaftsstrukturen fest verankerten Identitäten herauslösen und vereinzeln, so daß der ganz allein auf sich gestellte Einzelne, das „Individuum" erstmals in Erscheinung tritt.

Städte sind etwas besonderes, denn sie lassen sich nicht mehr auf dieselbe Weise sozial und kulturell integrieren, althergebrachte Ordnungsvorstellungen und strukturale Beziehungen von Clans, Totems und Verwandtschaftsverhältnissen gelten nicht mehr, können gar nicht mehr gelten, denn man hat es mit Individuen in einem Schmelztiegel unterschiedlichster Kulturen zu tun. Auch dürfte die Staatsgründung weit weniger diskursiv und noch weniger kontraktualistisch vonstatten gegangen sein, wie es uns Staatstheoretiker so gern in ihren Wissenschafts-Mythen ausmalen.

Man sollte sich schon der Mühen unterziehen, die ersten Städte zu vergleichen mit jenen *Borderline*-Nestern, wie sie im Goldrausch ebenso schnell entstehen wie wieder vergehen. Derartige Gemeinwesen sind so virulent, daß sie kaum zu stabilisieren sind, Politik also sehr schwer sein dürfte, vor allem dann, wenn man sie noch gar nicht beherrscht. Im Spektrum zwischen wabernden Goldgräberstädten und menschenleeren Zeremonialstädten dürfte sich im Zuge einiger Jahrtausende erst langsam herauskristallisiert haben, was Urbanisierung dauerhaft stabil machen könnte. Erst wenn Urbanisierung auf Dauer gelingt, wenn sich solche Stadtstaaten kulturell, sozial, politisch und ökonomisch stabilisieren, kann sich davon ausgehend ein Prozeß der Zivilisation aufbauen. Ansonsten geschieht, was Protagoras im gleichnamigen Dialog bei Platon berichtet, – zwar wurde die Technik, Städte zu bauen, frühzeitig bereits beherrscht, aber das genügt eben gar nicht, denn die Menschen taten einander immer wieder Unrecht, so daß die Städte alsbald wieder zerfielen.

Es gilt daher bereits während der Gründungsphase einer Stadt zu verhindern, daß die beherbergten unterschiedlichen Ethnien, Kulturen, Stände, Schichten und Klassen ganz einfach aufeinander losgehen und nicht eher aufhören, sich wechselseitig zu vernichten, bis alles in Schutt und Asche liegt. So erklärt sich die immense Bedeutung der Stadt- und Staatsgötter, denn diese sind darauf aus, integrale Identität zu etablieren, um die neue übergreifende soziale Ordnung verbindlich zu machen. Ganz besonders wichtig sind dabei umfassende Korrespondenzen zwischen Gott, Staat, Kultur und Psyche, denn darauf erst kann sich der Prozeß der Zivilisation stützen. Entscheidend ist das übergreifende Gefüge der Integration, dazu aber muß die Stadt zum säkularen Raum werden. Götter werden auf ihre Tempel und Heiligtümer beschränkt, sie müssen in der Tat dort eingesperrt werden, daher auch sind Prozessionen oder Demonstrationen bis auf den heutigen Tag nicht selten offene Kampfansagen.

Alles, womit der Mythos zuvor operiert hat, erfährt im Prozeß der Urbanisierung eine umfassende Anverwandlung. Aus der vormals mythischen Kreisbewegung wird ein dynamischer offener Prozeß ohne jede Wiederkehr, alles beginnt sich zu verwandeln, die Götter, die Psyche, die Kultur und selbst die Seele muß fortan andere Wege gehen. Während die Ahnen zuvor wie selbstverständlich noch unter den Lebenden weilten, müssen die Seelen Verstorbener fortan auf einen Weg ohne Wiederkehr ins Jenseits aufbrechen. Es ist ganz offenbar entscheidend für den Prozeß der Zivilisation, daß Diesseits und Jenseits auseinander treten, und es ist einschneidend für alle, die in den Einflußbereich einer solchen Hegemonialsphäre geraten, in der die eigenen althergebrachten Orientierungsweisen kaum Relevanz haben, man mag sie noch pflegen, aber sie sind nicht wirklich wichtig.

Urbanisierung ist weit mehr als eine Verstädterung von Dörfern, vielmehr handelt es sich um ein ganz entscheidendes Datum der

Kulturgeschichte, denn damit beginnen umfassende Wandlungs-prozesse, die jeden Einzelnen betreffen. In der Stadt muß Orientierung größtenteils autonom vonstatten gehen, damit nichts bleiben muß, wie es ist. Die Bindungen an überkommene Orientierungsweisen werden ganz bewußt gelockert, dazu aber sind Menschen erforderlich, die früh bereits die so oft geforderte nötige „Flexibilität" mitbringen.

Um das nun zu ermöglichen, muß das unsichtbare Band der Identi-fikation mit der Herkunft, mit der Clanidentität, mit überkommenen und angestammten Rollenerwartungen gelockert werden. Unter Zivili-sationsbedingungen muß es möglich werden, aus der angestammten Rolle zu fallen um eine andere stattdessen zu übernehmen, es ist genau das, was anderen, den Zurückgebliebenen mitunter so herzzerreißend erscheint, daß sie den, den sie zu kennen glaubten, nicht wiederer-kennen können, wenn sie ihn dann doch noch einmal zu Gesicht bekommen.

Das ist der geheime Hintersinn, der eigentliche Grund, warum jede Zivilisation so tief eingreift in die persönliche, höchst individuelle und intime Identität. Der Wandel ist nicht nur rein äußerlich, vielmehr geht er vom Innersten aus, denn dort, wo sich nunmehr eine dispositions-taugliche Psyche entwickelt, entstehen vollkommen neue Möglich-keiten der Identifikation, des Ausdrucks, der Identität. Es kommt eine neue, bei weitem nicht mehr so fixierte Empathie in die Welt, eine Neugier nicht mehr nur auf die Welt, sondern auch auf sich selbst.

Was das bedeutet, läßt sich am Terminus von „Selbst-Verwirk-lichung" demonstrieren, wenn dieser wie ein Widerspruch in sich erscheint, weil doch ein „Selbst" schon sein muß und gar nicht mehr der Verwirklichung bedürfte, wie nicht selten eingewandt wurde in den Hochzeiten der Psychowelle. Es wurde aber von den entrüsteten Kritikern eines dabei übersehen, daß dieses Selbst, daß da seiner Verwirklichung harrt, in der Tat noch verborgen sein kann auch und gerade als ein Selbst. Und genau so zeigt sich dann, wie sehr Zivilisa-tionsprozesse von einer Woge der Ambitionen auf Selbstverwirk-lichung und Glücksrittertum getragen wird. Gurus, Propheten, Aus-geflippte, *Borderliner* und alle erdenklichen Grenzgänger gehören unbedingt dazu, wenn mit der Urbanisierung der Seele auch der Prozeß der Zivilisation in Gang kommt.

Die Stadt entwurzelt daher ebenso, wie sie neuen Raum zur Entfaltung bietet. Genau aus diesem Grund sollten auch die Ahnen ihrer Macht über ihre eigenen Nachkommen beraubt werden, denn nur so war es möglich, Wandlungsprozesse genau dort anzusetzen, wo sie bislang stets stabil, unabänderlich, unwandelbar schienen, in der Psyche eines jeden Einzelnen. Fortan hatten daher die Seelen der Verstorbenen am Ende des Lebens einfach auszuwandern ohne jemals wiederkehren zu dürfen, denn sie sollten vor allem als Ratgeber nicht mehr zur Verfügung stehen. Der Weg ins Totenreich wird daher weit und beschwerlich und für Lebende mehr als gefährlich. Ebenso wie die nunmehr erforderlich gewordene individuelle Psyche wandeln sich auch die neu entstandenen Götter, und alsbald verläuft nichts mehr in den alten Bahnen.

Wenn Diesseits und Jenseits im Prozeß der Zivilisation auseinandergetrieben werden, so liegt gerade dieses Manöver im Interesse der Urbanisierung, denn nunmehr erscheint die Stadt selbst wie ein Jenseits und so setzt sie sich von Anfang an nur zu gern in Szene. Von außen betrachtet, in den Augen eines beliebigen Fremden, der vielleicht durch Zufall in diese Gegend gerät, erscheint eine Stadt ohnehin unwirklich, nicht von dieser Welt, eher wie ein soeben gelandetes Raumschiff, jederzeit wieder zu starten bereit. Aber diese Wahrnehmung täuscht nicht einmal, denn die Stadt ist *per se* exorbital und sie demonstriert dies gegenüber der sie umgebenen Natur, zu der sie sich ab- und ausgrenzt. Ganz anders als bei einem Dorf ist der Raum einer Stadt völlig entgeistert, systematisch entgöttert und insofern vollkommen säkular. Das muß so sein, mag die Stadt noch so viele Tempel beherbergen, sie gleicht eher einer Mehrzweckbühne, auf der tagtäglich andere Veranstaltungen vonstatten gehen, Märkte, heilige Handlungen, geschäftliches Treiben, politische Demonstrationen, Gaukeleien, Tänze, Prozessionen, Marschkolonnen; in der Stadt erscheint eines so selbstverständlich wie das andere, es ist eben einerlei.

Um diesen entgeisterten Raum der frühen Städte zu schaffen, bedurfte es einer Entwicklung, wie sie Erwin Rhode in *Psyche* beschreibt, zunächst einmal mußten die Toten, respektive die „Geister" der Ahnen aus der Gegenwart der Lebenden entfernt werden. Der Prozeß der Zivilisation beginnt daher mit dem Ausbürgern der Ahnen, mit dem Kappen der Verbindung zu den Vorfahren, so daß ein Jeder fortan nur noch auf sich allein gestellt ist. Den Rest erledigen *Lifestyle*, Design, Ästhetisierung, Religion aber auch Kunst auf eine ebenso subtile wie wirkungsvolle Weise. Die angestammten Rollenmuster, Trachten, Sitten und Gebräuche werden nicht etwa verboten, das geschieht nur in den Kolonien. Hier in der Stadt wird solches Tun und Treiben durchaus geduldet, gleichwohl aber mit einem geschmäcklerischen Kopfschütteln kommentiert. Man ist peinlich berührt von den Hinterwäldlern und diesen wird es mit der eigenen Tradition alsbald gar nicht mehr anders ergehen.

Gerade die Ästhetisierung in der Selbstdarstellung hat einen ungeheuren Einfluß, weil solche Peinlichkeiten in unmittelbarer Nähe zum Schamempfinden stehen und einen immensen internen psychischen Druck aufbauen, so daß man sich als Vertreter solcher Hinterwäldler dann nicht nur ästhetisch, sondern auch moralisch, politisch, sozial und ideologisch in die Enge getrieben und ausgegrenzt sieht. Eine Tracht, eine Sprache, Dialekte oder auch ganze Sitten einfach zu verbieten und deren Pflege unter drakonische Strafen zu stellen, ist nur eine Variante dieser Akkulturation, eine andere ist die, dafür zu sorgen, daß es den Vertretern selbst dabei peinlich wird. Man sieht, die Herauslösung der Psyche aus ihren vormals sehr gut fixierten Strukturen der Identität und der Orientierung, ihre Entführung aus dem ureigensten Milieu ihrer Mythen, ist vor allem eines, eine sehr schmerzhafte Operation, ein Abschneiden der psychischen Verwurzelung.

Vormals weilten die Ahnen ohne weiteres noch unter den Lebenden, sie führten wie seit Urzeiten auch nach dem Tode ihr vormaliges Leben einfach nur weiter fort, ein wenig idealer, etwas müheloser vielleicht, aber im Prinzip änderte sich nach dem Tode so gut wie gar nichts. Sobald aber der Prozeß der Zivilisation einsetzt, mußten die Seelen Verstorbener von Stund an auf eine immer längere Reise gehen, in ein immer jenseitigeres Jenseits. Fortan gingen sie weg und kamen von dort auch nicht wieder zurück, – gar nicht anders als die, die zumeist doch aus Not in die Fremde gingen, um dort ihr Auskommen zu finden, vielleicht auch ihr Glück zu machen.

Jenseits und Diesseits wurden geschieden, nachdem bereits das Tischtuch zwischen Göttern und Menschen zerschnitten worden war. Mit diesem Schisma der Kosmologie, einen Keil zu treiben zwischen Himmel und Erde, putschen sich die neuen Zivilisations- und Staatsreligionen an die Macht, indem sie die Einzelnen herauslösten aus ihren angestammten Orientierungsweisen und sie zu Individuen erklärten, die fortan eine eigene Psyche, ein eigenes autonomes Orientierungsvermögen, einen eigenen Sinn für Angemessenheit entwickeln mußten, wollten sie in der urbanen Lebenswelt nicht nur überleben, sondern tatsächlich ihr Glück machen.

Zivilisation bedeutet Individualisierung, Urbanisierung der Seele, worauf sich erstmals ein ungeheures Spektrum neuer Möglichkeiten der Entfaltung eröffnet. Unter der Ägide der Mythen muß man nur sein, was man ohnehin bereits ist und nur tun, was zur jeweils angestammten Rolle gehört. Vieles steht daher nicht zur Disposition, viele Fragen, viele Probleme stellen sich gar nicht, so daß gar kein Gedanke an „Selbstfindung" oder „Selbstverwirklichung" aufkommen kann, man muß nicht werden, was man bereit ist. So wie das Leben absehbar war, so absehbar schienen auch die Verhältnisse nach dem Leben, nichts Wesentliches würde sich ändern, warum sollte es auch?

Urbanisierung und Zivilisation setzen Prozesse einer sozio-kulturellen Kernspaltung in Gang, so erschließt sich das Utopische ganz neue individuelle, psychische und kreative Energiequellen. Jeder Einzelne wird aus dem Verband ureigenster Traditionen herausgelöst, es entstehen Individuen, die dann im großen Theater urbaner Lebenswelten auf- oder auch untergehen. Nichts schien darauf noch wirklich sicher, weder das nackte Leben im Diesseits, noch die Zeit danach.

Es war nicht mehr absehbar, was nach dem Tode mit der Seele geschehen würde, schon gar nicht mehr sicher schien ein Weiterleben wie bisher, denn die Frage wäre, wie eigentlich die ewigen Jagdgründe für Städter aussehen sollen. Gleichwohl bieten gerade Städte bei der Gestaltung des Jenseits die entscheidenden Modellvorstellungen, mit einem sich immer weiter ausfächernden Spektrum von unvorstellbarem Grauen bis hin zur ultimativen Seligkeit. Dieser Spielraum zwischen Glück und Unglück, Seligkeit und Verfluchtsein ist das geheime Urbild, das Modell des Utopischen, denn wie das Reich der Toten und Seligen, so ist auch das Reich jeglicher Utopie nicht mehr von dieser Welt. Das nunmehr entrückte Totenreich wird zum ersten Nicht-Ort, zum ersten *Utopikum* in der Geschichte der Zivilisation, es ist die Bedingung für die Möglichkeit, Gedanken über Nicht-Orte, über Utopien, Atopien und Dystopien zu hegen.

Mit dem Prozeß der Zivilisation kommen entscheidende Differenzen in die Welt, die sich darauf stützen, daß nunmehr zwischen Diesseits und Jenseits streng zu unterscheiden ist, – so lassen sich ganz neue, eigene Maßstäbe setzen. Schien das Weiterleben nach dem Tode vormals verbrieft, sollte nunmehr die neu aufkommende Individualität gerade für das Schicksal nach dem Tode entscheidend sein. Statt Erwartungssicherheit grassiert allgemeine Verunsicherung, an die Stelle der vormaligen Zuversicht treten große Ängste, denn zwischen Himmel und Hölle schien alles möglich. Weil Diesseits und Jenseits immer weiter auseinandertreten, mußten sich auch die Götter an diesen Prozeß anpassen, sich bis auf den heutigen Tag immer weiter transzendieren, gleichsam immer jenseitiger werden. Sie treten im Zuge der Zivilisation seltener und schließlich gar nicht mehr in Erscheinung, sie greifen vor allem in den Gang der Welt nicht mehr ein, um sich stattdessen nur noch mental, durch innere Stimmen zu äußern, wie beim *Daimonion* des Sokrates.

Das Hören innerer Stimmen ist selbst wiederum ein instruktives Moment, weil sich zugleich zeigt, wie schnell psychische Belastungsgrenzen alsbald erreicht sein dürften. Psychosen wären in diesem Sinne zunächst einmal ein ernst zu nehmender Versuch, etwas Fremdes, Mächtiges, mehr oder weniger Göttliches, zumindest aber Dämonenhaftes in sich zu integrieren als etwas Eigenes. Psychogenese würde daher bedeuten, daß immer wieder Versuche unternommen wurden, sich dieses Bedrohliche anzueignen, es zu internalisieren, um zu sehen, daß wir es doch selbst sind, daß es doch nur ein weiterer Teil unseres

Selbst ist, mit dem wir es da zu tun haben, selbst dann, wenn wir uns noch so sehr davor fürchten.

Daran rühren nicht von ungefähr alle erdenklichen Riten und Religionen, die schamanistischen Geisterbeschwörungen nicht anders als die sogenannten Hochreligionen, denn auch bei diesen kommt es stets darauf an, einem Geist, einem Dämon, einem Gott zu folgen, sich ihm anzugleichen, ihn sich einzuverleiben. Noch der Ritus vom Abendmahl ist nichts anderes als dieser Atavismus, wobei sich eben anmerken läßt, daß es um das Wohl einer im Zuge von Zivilisationsprozessen aufgewühlten und um den Verstand gebrachten Psyche geht, die hier eigentlich heilsbedürftig wäre.

Seltsamerweise spielen Bußprediger, wie sie gerade in den frühen, doch so verhaßten weil sündhaften Städte überall auftreten, eine eher fortschrittsfördernde Rolle in diesem Internalisierungsprozeß, in der Psychogenese, denn sie fordern erstaunlicherweise nicht etwa ein Zurück zur Natur und eine konsequente Abkehr von der lasterhaften Stadt. Sie fordern statt dessen die Urbanisierung der Seele, mehr Selbstkontrolle und stützen ihre Drohungen auf neue Götter, die inzwischen bereits Lesen und Schreiben gelernt hatten, die Buchführung betreiben, das Meßwesen beherrschen und eine Seelenwaage bedienen können, um am Ende des Lebens das individuelle Schicksal im Spektrum zwischen Himmel und Hölle genauestens zu taxieren.

Erst wenn diese neuen Götter im letzten Gericht die Abschlußbilanzen eröffneten, erst dann konnte man fortan wirklich sicher sein, ob sich das gelebte Leben insgesamt rentiert hatte. Mochten die irdischen Freuden im gut gelebten Leben vor allem der besonders gut Betuchten noch so kurzweilig gewesen sein, mochte das von ihnen begangene Unrecht noch so himmelschreiend sein, mochten sie im Diesseits tun und lassen, wonach ihnen war, was und wie es auch immer beliebte, es kam nicht wirklich darauf an, denn entscheidend sollte sein, was danach kommen würde an ewigem himmlischen Lohn oder auch an ewiger höllischer Qual.

Es ist bemerkenswert, sich hieran vor Augen führen zu können, wie solche Integrationspolitik wirklich vonstatten geht, nicht nur durch äußeren Zwang, sondern vor allem durch inneren Druck, durch mehr

Selbstkontrolle. Nichts scheint da hilfreicher zu sein, als eine Hölle und die Bedrohung mit erlesenen unendlichen Seelenqualen. So wird intrinsische Motivation motiviert, durch dieses Prinzip, daß es nicht mehr reichen mochte, nur gut im Diesseits gelebt zu haben, denn wenn die angedrohten ewigen Qualen danach sehr viel entscheidender sein würden, dann mußte das Leben nicht nur diesseitig, sondern auch jenseitig einen nennenswerten Gewinn ausweisen, dann mußte das Leben bereits im Diesseits am Jenseits ausgerichtet werden.

Hier wird ganz augenscheinlich intrinsische Motivation nicht nur geschaffen, sondern zunächst einmal überhaupt erst ermöglicht. Das ist der Grundsatz aller dieser neuen Religionen, gerade bei denen, die es sich leisten konnten, sich über jede Ordnung, über jeden Sinn und jede Gerechtigkeit hinwegzusetzen, wenigstens dafür zu sorgen, daß sie es fortan mit schlechtem persönlichen Gewissen taten und nicht mehr vor aller Augen in aller Öffentlichkeit, sondern eher im Verborgenen, daher auch ist Doppelmoral aus der Perspektive dieser Ordnungs-mächte weit weniger anrüchig, weil sie es doch in einem wesentlichen Punkt nicht daran mangeln läßt, der Ordnung an und für sich ihre Referenz zu erweisen, indem sie sich nicht mehr einfach ganz offen darüber hinwegsetzt.

In erster Linie müssen die neuen Religionen staatstragend sein, daher sind sie darauf aus, dem Einzelnen in seiner Individualität, in seiner Willkürfreiheit neue Grenzen zu setzen, Erfolg, Reichtum, Eitelkeiten und Wohlleben nicht als solche zu verdammen, aber doch die neuen Oberschichten sozial verträglicher zu machen, sie so einzubinden, daß sie sich den Städten verpflichtet fühlen und den Prozeß der Zivilisation nicht mehr konterkarieren. Dabei ist die Drohung mit der neu aufkommenden Jenseitsgerichtsbarkeit ein ausgesprochen probates Mittel, das ganz offenbar immer wieder großen Eindruck macht, denn die Furcht vor ewiger Verdammnis hat etwa auch die Germanen-mission überhaupt erst ermöglicht. Zugleich geschieht etwas Un-geheures, denn hier beginnt der Prozeß der Psychogenese, wenn viele entscheidende Momente vormaliger Fremdbestimmung ins Innere eines jeden Einzelnen verlegt werden, so daß nunmehr entsteht, was wir später als Psyche bezeichnen werden.

Der Prozeß der Zivilisation beginnt, wenn zwischen Diesseits und Jenseits, zwischen Himmel und Erde dieser Keil getrieben, wenn das Tischtuch zwischen Göttern und Menschen zerschnitten wird, wovon Hesiod noch berichtet, als wäre es soeben erst geschehen, wenn der Ahnenkult zerschlagen wird, weil die Seelen Verstorbener nunmehr auf einen Weg ohne Wiederkehr gehen, wenn dann an die Stelle vormals noch empfundener kosmischer Geborgenheit urplötzlich eine ungeheure Kälte tritt, wenn fortan ein jeder ganz auf sich allein gestellt ist, wenn alles dann noch in dieser ultimativen Drohung kulminiert, sich und die eigene Seele schlußendlich vor endzeitlichen Gerichtsgöttern verantworten zu müssen, um sodann in der Unendlichkeit ebenso endloser wie exquisiter Qualen bis in alle Ewigkeit büßen, also abzahlen zu müssen für ein doch allzu kurzes, schlecht geführtes Leben, dann dürfte die Strategie der Sozialintegration aufgehen, die Falle der Missionierung zuschnappen, denn dann scheint kein Entrinnen mehr möglich. Die soeben initialisierte Psyche ist in die Enge getrieben, sie ist, kaum daß sie auftritt, schon in ihrer ersten Krise, eine Erfahrung, die allein bereits genügt, den neuen Priesterschaften die Gläubigen in Scharen zuzuführen.

Interessant ist, wie unverhohlen in der aufkommenden religiösen Ikonographie zentrale Symbole der neuen Kaufmannschaft, das Geschäftsbuch und die Kaufmannswaage, einfach adaptiert werden. So zeigt sich recht deutlich, an wen sich das neue religiöse Abrechnungswesen richtet, für wen die erlesensten Höllenqualen eigens erfunden worden sind. Die Drohung, für verfehltes Leben später doch noch sehr teuer bezahlen zu müssen, richtet sich an die Riege der gut Betuchten, derer, die Kassenbücher führen, denen somit bedeutet werden sollte, daß ein gutes Leben erst dann wirklich gut gelebt sein würde, wenn die Geschäftsbücher am Ende nicht nur einen materiellen, sondern auch einen spirituellen Gewinn ausweisen.

Auch darin, wie man sich die Gründungsprozeduren früher Städte und Staaten vorzustellen hat, irren Staatstheoretiker jedweder Couleur in ihren Modellvorstellungen, denn die Art, wie hier Politik zustande kommt, ist abenteuerlich. Die Grundlage sozialer Integration ist Religion, eine durch und durch hysterisch motivierte Religiosität, die allenfalls erste Spuren von Vernunft in sich trägt, wenn sie die soziale Integration tatsächlich hier und dort zu Wege bringt, allerdings keineswegs auf der Grundlage von Diskursen über Kontrakte, sondern als reine Machtdiskurse vor dem Hintergrund schwerster Massenpsychosen.

Protagoras schildert in dem gleichnamigen Dialog Platons, worauf es ankommt: Auf Staatskunst, denn es sei keineswegs schwer, Städte zu bauen, um so schwerer dagegen, sie auch zu halten; unzählige Male, wie auch in Warna etwa 5000 Jahre v. u. Z., dürfte dieser Prozeß der religiösen, politischen und psychischen Konsolidierung einer Stadt im Chaos der Kriege und Bürgerkriege alsbald wieder untergegangen sein. Ausgräber stehen dann immer vor einem Rätsel, weil sie noch sehen, daß eine Entwicklung urplötzlich abgebrochen sein muß, aber was sie nicht sehen, ist, was die Geschichte mit dem Mantel des Schweigens bedeckt, daß wieder einmal eine Utopie ins Chaos umgeschlagen ist:

Zuerst fühlen die Menschen das Notwendige, dann achten sie auf das Nützliche, darauf bemerken sie das Bequeme, weiterhin erfreuen sie sich am Gefälligen, später verdirbt sie der Luxus, schließlich werden sie toll und zerstören ihr Erbe.[3]

---

[3] Vico 1924, 101.

Das „Nicht" im „Nicht-Ort"
Zum Verhältnis von Glück und radikaler Demokratie in Morus' Utopia

Andreas Hetzel

1. Rückwärts wie vorwärts vereinsamt – Morus in der Geschichte politischer Ideen

In den einschlägigen Arbeiten zur Ideengeschichte des neuzeitlichen politischen Denkens spielt Thomas Morus meist nur eine untergeordnete Rolle. Sofern der Renaissance überhaupt ein Kapitel gewidmet und der Beginn neuzeitlichen politischen Denkens nicht mit jener Konzeption eines Gesellschaftsvertrags identifiziert wird, die Thomas Hobbes in seinem 1651 erschienenen *Leviathan* entwirft, gilt das Interesse meist Machiavellis *Il Principe*, einem Werk, in dem einerseits eine ältere Tradition von Fürstenspiegeln ihren glanzvollen Abschluß findet, in dem sich andererseits aber auch eine gänzlich neue Einsicht artikuliert, ein Bewußtsein von der Autonomie des Politischen.[1] Machiavelli schreibt *Il Principe* im Jahre 1513 (publiziert wird das Buch 1532), drei Jahre bevor Thomas Morus seinem Freund Erasmus von Rotterdam das Manuskript seiner *Utopia* zusendet, welches dieser sogleich veröffentlichen läßt.

Wird Machiavellis Werk mit Pragmatismus, Dezisionismus und Antiutopismus assoziiert, so unterstellt man seinem Zeitgenossen Thomas Morus umgekehrt mangelnden Realismus, ein ungerechtfertigtes Vertrauen in die menschliche Natur, ja, eine naive Blauäugigkeit. Während Machiavelli häufig als der Marquise de Sade des 16.

---

[1] Vgl. Lefort 1986.

Jahrhunderts stilisiert wird, gilt Morus als der Rousseau dieser Zeit. *Utopismus* hat sich in der politischen Theorie des 20. Jahrhunderts ebenso als Schimpfwort etabliert wie *Machiavellismus*. Utopien werden als gefährliche Visionen wahrgenommen, als Idealbilder, die in der Geschichte immer dann aufgeboten werden, wenn es darum geht, Unterdrückung und Leiden mit vagen Versprechen einer glücklicheren Zukunft zu legitimieren. Diese pejorative Deutung des Substantivs ignoriert das „Nicht" im „Nicht-Ort". Die Utopie, insbesondere die *Utopia* des Thomas Morus, darf nicht als ein vom philosophischen Experten entworfenes Idealbild verstanden werden, das es gegen alle Widerstände und um jeden Preis in eine Praxis zu überführen gilt. Das „Nicht" steht demgegenüber für eine konstitutive Offenheit, bietet eine ganze Reihe von Deutungsmöglichkeiten, die sich im Text selbst abzeichnen.

Zunächst fungiert es als das „Nicht" des Nein-Sagens, des Einspruchs gegen die ungerechten politischen, ökonomischen und sozialen Verhältnisse im England seiner Zeit, die Morus im ersten Hauptteil seiner Schrift minutiös analysiert. Darüber hinaus ist es das „Nicht" des „Nicht-Alles", die antipositivistische Feststellung, daß die vom Autor erfahrene Welt nicht die einzig mögliche sein muß, daß die Wirklichkeit, da sie von Menschen gemacht wird, kontingent ist und insofern immer auch anders sein könnte. Weiterhin verweist das „Nicht", wie wir im Anschluß an Ernst Bloch sagen könnten, auf das „Noch-Nicht", auf den Vorschein eines glücklichen und gelingenden Lebens, auf nicht-entfremdete soziale Verhältnisse, auf Hoffnung, Vertrauen und vielleicht sogar auf einen säkular verstandenen Glauben, daß ein besseres Leben möglich ist. In diesem Sinne läßt sich das „Nicht" der *Utopia*, so Ernst Bloch, „postulativ"[2] deuten. Zugleich reflektiert der Text im „Nicht" aber auch auf seinen eigenen, philosophisch-literarischen Doppelcharakter: Wir haben es hier gerade nicht mit einer konkreten Handlungsanweisung, einem Fürstenspiegel etwa, zu tun, sondern mit einem komplexen literarischen Experiment und

---

[2] Bloch 1973, 598.

Maskenspiel. *Utopia* ist *auch* ein Reiseroman, antizipiert und inspiriert Jonathan Swifts *Gulliver* oder Johann Gottfried Schnabels *Insel Felsenburg*. Schließlich verbirgt sich im „Nicht" eine gehörige Portion Skepsis. Das „Nicht" unterstreicht nicht nur, daß es diesen Ort *nicht* gibt, sondern auch, daß es ihn *vielleicht nie wird geben können*. Diese Skepsis kommt allerdings nicht fatalistisch daher, im Gegenteil: Im Leben der Utopier, das den zeitgenössischen und heutigen Lesern literarisch vorgeführt wird, manifestieren sich Ansprüche, denen wir niemals abschwören sollten, auch dann nicht, wenn sich ihre Verwirklichung als unendliche Aufgabe erweisen sollte. In diesem Sinne wäre *Utopia* zugleich als Bild und als Bilderverbot zu verstehen: „Du kannst dir ja auch kein Bild davon machen [...]"³, sagt der Erzähler am Ende des ersten Buches, also kurz bevor er mit der Schilderung der Insel und ihrer Bewohner beginnt; fast wäre man versucht, mit Benjamin und Adorno zu ergänzen: Dort ist alles nur ein klein wenig anders, wie es aber genau ist, darüber läßt sich aus unserer Perspektive nur schwer etwas sagen;⁴ zu sehr sind wir auf die Koordinaten unserer Welt festgelegt, zu schwer fällt es uns, einen anderen Zustand zu imaginieren.

Mit seinem Neologismus *Utopia* unterstreicht Morus die Macht des Kontrafaktischen, mit allen vertrauten Kontexten zu brechen. Ein demokratisches, kommunistisches, enthierachisiertes Zusammenleben können wir uns, damals wie heute, kaum vorstellen; diese Vorstellung

---

³ Morus, *Utopia*, 55.

⁴ In der *Negativen Dialektik* schreibt Adorno: „Im richtigen Zustand wäre alles, wie in dem jüdischen Theologumenon, nur um ein Geringes anders als es ist, aber nicht das Geringste läßt so sich vorstellen, wie es dann wäre." Adorno 1997, 294. Er bezieht sich hier unausgewiesen auf Walter Benjamins *Denkbilder*: „Es gibt bei den Chassidim einen Spruch von der kommenden Welt, der besagt: es wird dort alles eingerichtet sein wie bei uns. Wie unsre Stube jetzt ist, so wird sie auch in der kommenden Welt sein; wo unser Kind jetzt schläft, da wird es auch in der kommenden Welt schlafen. Was wir in dieser Welt am Leibe tragen, das werden wir auch in der kommenden Welt anhaben. Alles wird sein wie hier – nur ein klein wenig anders." Benjamin 1974, 419.

ist für uns im strengen Sinne unmöglich und doch kann auch das Unmögliche wirklich werden. Etwas am Politischen geht nicht in der Verwaltung des Bestehenden innerhalb etablierter Parameter auf, sondern verweist gerade auf die Verwirklichung des Unmöglichen. Das Vorbildlose, Kontrafaktische, muß keine bloße Phantasie bleiben, sondern kann, wie Morus am Beispiel von Jesus Christi ausführt, weltgeschichtliche Bedeutung erlangen:

Ja, wenn man nun freilich alles als unerhört und absurd beiseite lassen müßte, was menschliche Unnatur als seltsam erscheinen läßt, dann müßten wir unter den Christen fast alles geheimhalten, was Christus gelehrt und uns so entschieden zu verleugnen verboten hat [...]. Weicht doch der größte Teil dieser Lehre weit stärker von unseren heutigen Sitten ab als meine Rede.[5]

Der Altruismus und Kommunismus der frühen Christen bleibt letztlich ebenso *unmöglich* wie die Gesellschaft der Utopier. Zugleich, so scheint uns Morus andeuten zu wollen, ist die Gesellschaft der Utopier aber auch genauso *möglich* wie ein christlicher Kommunismus, der als unabgegoltene Forderung auch unter gänzlich unchristlichen Bedingungen bestehen bleibt und bis in die Moderne hinein eine Wirksamkeit entfaltet, die sich selten vorausberechnen läßt. Wie das erste Buch der *Utopia* zeigt, reagiert jede Politik auf konkrete historische Umstände; gleichzeitig benötigt sie aber auch eine Kraft, die es uns erlaubt, mit allen Umständen brechen zu können, die Karten gänzlich neu zu mischen. Während Machiavelli ein Politisches freilegt, das keiner externen Instanzen seiner Legitimation mehr bedarf, dieses Politische allerdings tendenziell auf einen Kampf um Macht reduziert, entdeckt Morus, unter Rückgriff auf antike Vorstellungen, ebenfalls einen Eigensinn des Politischen, expliziert dieses aber eher in Begriffen direkter Demokratie und verbindet das Politische stärker mit der Sicherung menschlicher Glücksansprüche, mit dem Vorschein gelingenden Lebens.

---

[5] Morus, *Utopia*, 51.

254

Bloch spricht äußerst treffend davon, daß Morus „rückwärts wie vorwärts vereinsamt"[6] sei. Mit anderen Worten: Seine *Utopia* hat letztlich selbst keinen Ort innerhalb der Geschichte des politischen Denkens. Immer wieder verleitet das Buch Ideengeschichtler dazu, eine homogene Tradition utopischen Denkens zu konstruieren, die mit Platons *Politeia* anhebt, über Augustins *De civitate Dei* führt, von Morus aufgenommen wird, von Tommaso Campanella im *Sonnenstaat* (1602 verfaßt, 1623 erschienen) wie von Francis Bacon in *Nova Atlantis* (1614 vollendet, 1626 publiziert) fortgeschrieben wird, von den Staatsentwürfen der französischen Sozialisten des 19. Jahrhunderts (Louis Auguste Blanqui, Charles Fourier) aufgenommen wird und schließlich bis zu den transhumanistischen Visionen des späten 20. Jahrhunderts reicht. Eine solche Tradition ließe sich in der Tat postulieren – mit der einen entscheidenden Ausnahme, daß gerade Morus, der als ihr Kronzeuge beansprucht wird, sich ihr nicht zuordnen läßt.

Betrachten wir zunächst Platon. Die politische Theorie Platons ist, wie Hannah Arendt hervorhebt, einem Herstellungsdenken verhaftet;[7] so wie die Ideen in Platons Kosmologie Modelle bilden, nach denen ein Demiurg die Welt geschaffen hat, so dient das Bild eines idealen Staates, welches der Philosoph in seiner *Politeia* zeichnet, als Grundriß und Masterplan politischen Handelns: Genau *so* soll ein König, der sich der Weisheit des Philosophen entweder unterwirft oder sie in eigener Person verkörpert, das ihm anvertraute Gemeinwesen einrichten. Der privilegierte Zugang zu den Ideen, den sich die Philosophen anmaßen, hebt diese aus der politischen Gemeinschaft heraus. Der Philosoph nimmt für sich in Anspruch, den Staat gemäß überzeitlicher Ideen gestalten zu können:

Wenn nicht [...] entweder die Philosophen Könige werden in den Staaten oder die [...] Könige [...] wahrhaft und gründlich philosophieren und also

---

6 Vgl. Bloch 1973, 598 ff.
7 Vgl. Arendt 1981, 215 ff.

beides zusammenfällt, die Staatsgewalt und die Philosophie [...], eher gibt es keine Erholung von dem Übel für die Staaten.[8]

Die politische Philosophie Platons verankert die Gesetze der Polis in den Gesetzen des Kosmos. Die Korrespondenz zwischen beiden Ordnungen wird durch den Philosophenkönig garantiert, der die kontingente, historisch gewachsene Ordnung des Gemeinwesens zerstört und die freigesetzten Elemente nach einem überzeitlichen Plan neu zusammenbindet. Platon antizipiert die Totalitarismen des 20. Jahrhunderts auf dem Feld der politischen Theorie. In seinem *Staat* werden familiäre und kulturelle Bindungen zerschlagen, um eine neue, hierarchische Ordnung zu etablieren, welche die zeitlosen Ordnungen von Mikro- und Makrokosmos widerspiegeln soll. Auf der Ebene des Mikrokosmos spiegelt diese neue politische Ordnung diejenige von Seele und Körper, auf der Ebene des Makrokosmos diejenige von Idee und Erscheinung. Metaphysik und Politik gehen hier eine fatale Allianz ein. Damit unterbindet Plato den politischen Prozeß und unterstellt die politische Praxis der Logik des Herstellens.

Die gleiche Allianz und den gleichen Primat des Herstellungsdenkens finden wir in Campanellas *Sonnenstaat*. Im Gegensatz zur *Utopia* hat der Sonnenstaat einen festen Ort. Er steht im Zentrum eines geordneten Kosmos (des katholischen *ordo*) und bildet dessen Ordnung in seinem Inneren nach. Er ist absolut festgestellt, wird von einem „obersten Priester" bzw. „Metaphysikus"[9] autoritativ reagiert. Morus richtet sich demgegenüber gerade gegen eine „doktrinäre Art" der Philosophie,

[...] die da meint, jeder beliebige Satz sei überall anwendbar; aber es gibt noch eine andere, mehr weltläufige Art von Philosophie, die den Schauplatz ihres Auftretens kennt, sich ihm anzupassen und ihre Rolle in dem Stücke, das gerade agiert wird, gefällig und mit Anstand zu spielen weiß: an diese mußt du dich halten.[10]

---

[8] Platon 1990, 473 c–d.
[9] Campanella 1983, 119.
[10] Morus, *Utopia*, 49.

Mit der humanistisch-rhetorischen Tradition vertraut, plädiert Morus für eine rhetorisch informierte, umständeorientierte, kontingenzbewußte Philosophie, die sich nicht als Platzanweiser aufspielt:

„Was für ein Stück nun gerade über die Bühne geht, das mußt du mitspielen und nicht das Ganze in Unordnung bringen bloß deshalb, weil du dir etwas Hübscheres von einem anderen Autor in den Kopf gesetzt hast!"[11]

Es geht ihm also gerade nicht darum, aus reiner Vernunft einen idealen Zustand zu entwerfen, sondern auf die Umstände zu achten; seine Utopie reagiert kritisch auf konkrete Mißstände. Politik kann nicht *ex nihilo* beginnen, sondern verlangt nach „Umwegen"; der Erzähler Raphael Hythlodeus fordert von seinem Zuhörer,

[...] nach besten Kräften alles recht geschickt zu behandeln, und was du nicht zum Guten wenden kannst, wenigstens vor dem Schlimmsten zu bewahren. Denn es ist ausgeschlossen, daß alle Verhältnisse gut sind, solange nicht alle Menschen gut sind, worauf wir ja wohl noch eine hübsche Reihe von Jahren werden warten müssen.[12]

Die Utopie bildet hier den Attraktor für konkrete Veränderung, sie ist weit entfernt vom schlecht Utopischen einer reinen Vernunftkonstruktion.

Bei Bacon wird der Staat zwar nicht länger in einem Platonischen *kosmos* oder einem christlichen *ordo* verankert, dafür aber in einer neu entdeckten Natur, die den *kosmos* beerbt; das Prinzip politischer Herrschaft, das Bacon vorschwebt, steht dem von Platon und Campanella skizzierten näher als demjenigen der *Utopia*. Während der Philosophenkönig Platons seinen Herrschaftsanspruch über seinen privilegierten Zugang zu den Grundprinzipien des *kosmos* legitimiert und Campanellas Metaphysikus sich in vergleichbarer Weise auf den *ordo* beruft, sind es bei Bacon Wissenschaftler, heute würden wir sagen: Experten, deren Einsicht in die Gesetze der Natur sie dafür

---

[11] A.a.O., 50.
[12] Ebd.

prädestiniert erscheinen läßt, auch der Gesellschaft ihre Gesetze vorzuschreiben.[13]

Mit diesem herstellungslastigen, an der *poiesis*, dem Hervorbringen, orientierten Typus politischen Handelns, der dann auch für die großen Staatstheorien eines Hobbes, Locke und Rousseau leitend werden sollte, bricht Morus. Er begreift das Politische eher als radikaldemokratische *Praxis* der Selbstinstituierung einer enthierachisierten Gesellschaft, einer Gesellschaft, die offen ist, die keinen festen Ort im Gefüge eines sei es metaphysisch, sei es naturwissenschaftlich determinierten Seins hat. Auch das meint das „Nicht" im „Nicht-Ort": einen radikalen Akosmismus. Das Politische kann sich nicht über einen Rekurs auf letzte Fundamente allen Seins oder aller Vernunft legitimieren, sondern nur aus sich selbst heraus, aus seinem Vollzug. In diesem Punkt stehen Machiavelli *und* Morus *gegen* einen *Mainstream* abendländischer Politischer Theorie, der von Platon bis Habermas reicht.

Mein Interesse gilt im Folgenden vor allem dem Verhältnis des Utopischen zum Demokratischen sowie dem Stellenwert des Nicht-Ortes in heutigen Vorstellungen von Demokratie. Ich möchte zunächst kurz zeigen, daß ein transformiertes Konzept des „Nicht-Ortes", die Vision einer „leeren Mitte der Macht" (Claude Lefort), im Zentrum aktueller radikaldemokratischer Positionen steht. Diese „leere Mitte" tendiert allerdings dazu, zur Statthalterin eines bloß formalen Negativismus zu werden; der „Nicht-Ort" radikaldemokratischer Positionen läßt sich dann nur noch schwer von einem anderen „Nicht-Ort" unterscheiden, vom „Nicht-Ort" einer globalisierten Spätmoderne, die für eine universalisierte Abwesenheit stehen: für die Abwesenheit von Traditionen, Kulturen, sozialen Bindungen, für die Abwesenheit von Geschichte und Landschaft, von Zeit und Raum, für die Unmöglichkeit gelingenden Lebens (1). Um dieser Gefahr zu entgehen, ist es nötig, das „Nicht" des „Nicht-Ortes" nicht einfach nur als formale Bestimmung, im Sinne eines entleerten Negativismus, zu definieren,

---

[13] Vgl. Bacon 1983.

sondern es gleichsam zu positivieren, nach inhaltlichen Gestalten des Negativen zu suchen. Als solche Gestalten wären ausgehend von Morus Vertrauen, Glück und Gemeinschaftlichkeit anzusprechen (2).

2. Zur neueren Geschichte der Nicht-Orte

Angesichts der immer deutlicher zutage tretenden Dialektiken der Aufklärung sind die Utopien im zeitgenössischen politischen Denken weitgehend diskreditiert. Insbesondere die Katastrophen des Totalitarismus, in denen der Wahn einer Herstellbarkeit von Gesellschaft durch dazu berufene Experten, die sich im Einklang mit den ewigen Gesetzen der Geschichte oder der Natur wähnen, seine traurigen Höhepunkte erreicht, werden utopischem Denken angelastet. Nach den Katastrophen bleiben uns, so wird immer wieder verlautbart, nur noch *Dyst*opien oder *Anti*utopien, Texte wie *1984*, *Lord of the Flies*, *Brave New World* oder *A Clockwork Orange*, die zum Lesekanon heutiger Heranwachsender zählen. Wir mißtrauen allen Hoffnungen, verwerfen alle Glücksversprechen und richten uns in einem *Status quo* ohne Zukunft ein. Alles, was kommen kann, so befürchten wir, kann nur schlimmer werden, als das, was ist.

Gleichwohl hat das Utopische, wenn auch in verschobener Gestalt, einen wichtigen Stellenwert in den aktuellen Debatten zur Politischen Theorie. Seltsamerweise kommt das Verschobene gerade darin zum Ausdruck, daß das Utopische hier *wörtlich* genommen und als Nicht-Ort, verstanden wird, als bloße Leerstelle oder reine Negativität, der kein utopischer (messianischer, antizipativer, sich an ein Glücksversprechen bindender) Gehalt mehr zukommt. Ich denke hier insbesondere an den Diskurs einer radikalen Demokratie,[14] der seinen Ausgang von den Arbeiten Claude Leforts nimmt.

In seinen Arbeiten wendet sich Lefort gegen den marxistischen Verdacht, demokratische Revolutionen seien das „Werk gesellschaft-

---

[14] Vgl. Heil/Hetzel, 2007.

licher Klassen." [15] Demokratische Revolutionen gehen für ihn demgegenüber „[...] in jeder Hinsicht über den Entwurf eines gesellschaftlichen Akteurs hinaus." [16] Sie lassen sich weder in einem teleologisch-intentionalistischen Sinne „machen", noch von einem wie immer gearteten „Außen" her beherrschen. Demokratische Revolutionen, die sich in bestimmten Institutionen wie der Wahl dauerhaft in die Gesellschaft einschreiben, stehen vielmehr für eine schwachutopische Selbstinstituierung einer Gesellschaft: Vermittelt über den demokratischen Prozeß entwirft, erfindet und vollzieht sich die Gesellschaft immer wieder neu.

Jürgen Habermas, dessen rationalistisches und szientivistisches Modell einer deliberativen Demokratie die politischen Theorien im deutschen Sprachraum dominiert, wirft Lefort vor, daß er „[...] die Bürgerschaft wie einen kollektiven Autor betrachtet, der das Ganze reflektiert und für es handelt." [17] Theorien der Selbstinstituierung des Gesellschaftlichen würden insofern an einem „bewußtseinsphilosophischen" Paradigma der Philosophie festhalten. Dieser Vorwurf läßt sich als gänzlich unbegründet zurückweisen. Für Lefort ist es gerade kein kollektives Subjekt (etwa im Sinne des Marxschen Proletariats), das die Gesellschaft von außen überblickt und *more geometrico* instituiert, sondern der demokratische *Agon* konfligierender partikularer Perspektiven. Die Rolle des Subjektes der Gesellschaft muß demgegenüber konstitutiv unbesetzt bleiben. Demokratie wird für Lefort zum Synonym dafür, daß die „Mitte der Macht", die bei Habermas von vermeintlich universellen Vernunft- und Rechtsprinzipien besetzt wird, leer bleibt. Diese Leere im Zentrum der Gesellschaft markiert die einzige, streng negative Universalie im radikaldemokratischen Denken. Die „leere Mitte" dient Lefort als Inbegriff dessen, was an einer Gesellschaft im Werden, was unabgeschlossen, unabgegolten, unvollständig und unbestimmt bleibt. Die leere Mitte ist ein anderer Name für die

---

[15] Lefort 1990, 35.
[16] A.a.O., 34.
[17] Habermas 1999, 288.

Perspektivität und Partikularität jeder Position im politischen Prozeß, oder mit anderen Worten: für die Unmöglichkeit jeder im substantialistischen Sinne verstandenen Universalität, in deren Namen die politische Auseinandersetzung mit je konkreten Gegnern umgangen werden könnte.

Demokratie wird von Lefort im Gegensatz zu Habermas nicht in universalistischen Vernunft- oder Rechtsprinzipien begründet. Sie wendet sich vielmehr auf sich selbst an. Was Demokratie ist oder sein könnte, kann selbst nur demokratisch ausgehandelt werden. Eine bis zur Gefahr des Scheiterns gehende Verletzlichkeit ist insofern konstitutiv mit der Idee der Demokratie verbunden.[18] Die westlichen Gesellschaften verfügen seit der französischen und amerikanischen Revolution „nicht mehr über eine Repräsentation ihrer Ursprünge, Ziele und Grenzen"[19] und werden deshalb von einer konstitutiven Unbestimmbarkeit heimgesucht, die sie für die Gefahr des Totalitarismus anfällig macht; einer Gefahr, der allerdings nicht kategorial vorgebeugt werden kann, ohne sich dessen zu bedienen, was man abwehren möchte.

Die demokratische Gesellschaft exponiert sich einer „[...] Erfahrung des Anderen"[20], die alle handlungstheoretischen Vorstellungen eines „Machens" von Gesellschaft überschreitet. Demokratisierungsprozesse verwiesen in letzter Konsequenz, auf eine religiöse Dimension.[21] Religion steht dabei nicht für eine Sphäre letzter Gründe und dogmatischer Gewißheiten, von denen sich die Politik zu emanzipieren habe (so der Tenor der Habermasschen Rationalisierungsgeschichte),

---

[18] „Es ist ein trügerischer Traum anzunehmen, wir könnten die Demokratie gleichsam besitzen, sei es, um uns mit ihrem Zustand zufrieden zu geben, oder aber, um sie als erbärmlich zu kritisieren. Die ‚Demokratie' ist nichts anderes als jenes Spiel der Möglichkeiten, das in einer nicht so fernen Vergangenheit eröffnet wurde, in der es für uns noch alles zu erforschen gilt. Jenseits ihrer Grenzen aber gibt es nur das Modell des Totalitarismus." Lefort 1990, 52.

[19] A.a.O., 50.

[20] A.a.O., 51.

[21] Vgl. Lefort 1999.

sondern für eine Grundlosigkeit oder einen Nicht-Ort, mit dem jede menschliche Praxis kommuniziert.[22] Demokratie läßt sich vor diesem Hintergrund nie vollständig bestimmen und begrifflich konzeptualisieren.

Aufgenommen wird dieses Konzept von Ernesto Laclau und Chantal Mouffe, die ihre Vorstellung radikaler Demokratie ebenfalls um den Nicht-Ort einer leeren Mitte der Macht gruppieren.[23] Ihr Plädoyer für eine radikale Demokratie, die auf der Abwesenheit von Begründungen beruht, schwebt allerdings in der Gefahr eines gewissen Kognitivismus und Formalismus. Es genügt vielleicht nicht, Theorien deliberativer Demokratie und universalistische Ansätze ihrer metaphysischen Implikationen zu überführen, sie zu detranszendentalisieren, zu entessentialisieren oder zu dekonstruieren, um für die eigene Position das Attribut der politischen Progressivität beanspruchen zu können. Grundstürzende Figuren beerben, wie Jacques Derrida nicht müde wurde zu zeigen, immer auch genau die Strategien der Begründung, gegen die sie sich richten. So wichtig und notwendig ein Werk wie *Hegemonie und radikale Demokratie* aus dem Jahr 1985 auch ist, so aussichtsreich der Versuch, poststrukturalistische Formen der Macht- und Metaphysikkritik auf dem Feld der Politischen Theorie in Anschlag zu übertragen, so groß doch auch die Gefahr, daß dieses Unterfangen theorieimmanent bleibt und noch von einem Optimismus zehrt, der auch für Habermas bestimmend ist: daß sich das richtige Argument auch im Bereich des Politischen durchsetzen wird, daß emanzipativer Anspruch und theoretische Wahrheit konvergieren. Es nützt mit anderen Worten nichts, einfach nur von einem Denken der Präsenz auf ein Denken des Mangels, der Negativität oder des Nicht-Ortes umzustellen, insbesondere dann nicht, wenn der Nicht-Ort, die leere Mitte der Gesellschaft, von genau denjenigen Logiken des

---

[22] „Daß die menschliche Gesellschaft nur eine Öffnung auf sich selbst hat, indem sie in eine Öffnung hineingenommen wird, die sie nicht erzeugt, genau das sagt jede Religion, jede auf ihre Weise, genauso wie die Philosophie und noch vor dieser“. Lefort 1999, 45.

[23] Vgl. Laclau/Mouffe 2000.

Kapitals und der Globalisierung produziert wird, gegen die sich der Anspruch radikaler Demokratie richtet.

In der avancierteren zeitdiagnostischen Literatur taucht der „Nicht-Ort" noch in einer ganz anderen Weise auf als in der postmarxistischen Demokratietheorie. So bezeichnet der Ethnologe Marc Augé in seinem Essay *Orte und Nichtorte* Straßen, Eisenbahnen, Flugzeuge, Flughäfen und Supermärkte als Nicht-Orte, als Orte, an denen man nicht bleibt, an denen man nicht wirklich „da" ist, die man vielmehr nur passiert:

Zu den Nicht-Orten gehören die für den beschleunigten Verkehr von Personen und Gütern erforderlichen Einrichtungen (Schnellstraßen, Autobahnkreuze, Flughäfen) ebenso wie die Verkehrsmittel selbst oder die großen Einkaufszentren oder die Durchgangslager, in denen man die Flüchtlinge kaserniert.[24]

Nicht-Orte, so lautet Augés These, seien in der Moderne gegenüber den Orten im Vormarsch.

So wie ein Ort durch Identität, Relation und Geschichte gekennzeichnet ist, so definiert ein Raum, der keine Identität besitzt und sich weder als relational noch als historisch bezeichnen läßt, einen Nicht-Ort. Unsere Hypothese lautet nun, daß die „Übermoderne" Nicht-Orte hervorbringt, also Räume, die selbst keine anthropologischen Orte sind und [...] die alten Orte nicht integrieren.[25]

Zu einer vergleichbaren Diagnose kommt Richard Sennett in seiner breit angelegten Analyse des Verfalls politischer Öffentlichkeit. Das Ende der Öffentlichkeit im 20. Jahrhundert hängt aus seiner Sicht wesentlich damit zusammen, daß der Öffentlichkeit der Ort entzogen wird: „Der öffentliche Raum wird zu einer Funktion der Fortbewegung."[26] Innerhalb der Städte verwandeln sich die Plätze und Orte in Durchgangsstationen. Das Leben verschwindet von den Straßen und verbirgt sich hinter den Fassaden. Wäre das nicht die groteske Einlösung der Lefortschen Forderung, daß die Mitte der Gesellschaft

---

[24] Augé 1996, 44.
[25] A.a.O., 92f.
[26] Sennett 1986, 29.

leer bleiben muß? Diese Leere nimmt heute überall eine unerwartete Gestalt an, spiegelt sich in den Gesten und Gesichtern depressiver, vom Konkurrenzkampf überforderter, zombifizierter Menschen.

Die nachmodernen Nicht-Orte erscheinen aus der Perspektive Augés als Pervertierungen politischer Utopien. Die literarische Gattung der Utopie schildere imaginäre Orte einer Verwirklichung menschlicher Vernunft- und Glücksansprüche. Die heutigen Nicht-Orte bildeten demgegenüber reale Räume einer kulturellen Neutralität, einer Entwirklichung aller Ansprüche auf Vernunft und Glück. „Wo sind wir, wenn wir reisen?"[27], fragt Paul Virilio und Marc Augé antwortet ihm: „Der Raum des Reisenden wäre also der Archetypus des *Nicht-Ortes*."[28] Der fortgeschrittene Kapitalismus transformiert unser aller Leben zunehmend in eine Sequenz von Fahrten ohne Ziel und Ausgangspunkt. Vom verelendeten Bewohner der Slums in der dritten Welt bis zum Protagonisten der freien Marktwirtschaft verwandelt der entfesselte Kapitalismus alle Menschen in Nomaden. Die permanente Bewegung saugt die Orte auf, verwandelt sie zu Durchgangs- und Umsteigestationen, reduziert sie auf leere Ortsnamen, an die sich keine Erinnerungen mehr knüpfen. „Diese Namen" – Augé denkt insbesondere an Namen, wie sie auf den Hinweisschildern der Autobahn unseren Blick kreuzen – „schaffen Nicht-Orte an Orten; sie verwandeln sie in Passagen."[29] Zu bloßen Passagen werden auch die Straßen innerhalb der Städte. Nicht umsonst konnte Walter Benjamin seine umfassende Studie über die Entstehungsbedingungen der kulturellen und sozialen Moderne unter den Titel *Passagen-Werk* stellen. Erfahrungen der Durchgängigkeit ohne Ursprung und Ziel charakterisieren eine Moderne, wie sie zuerst in Paris und London in der Mitte des 19. Jahrhunderts Gestalt gewinnt. Die modernen Nicht-Orte stehen gerade für die Abwesenheit jeder Alterität und Transzen-

[27] Virilio 1990, 47.
[28] Augé 1996, 103.
[29] De Certeau 1988, 199.

denz, für die radikale Entzauberung der Orte, für ihre Austauschbarkeit, für das Ende des Politischen und der Geschichte.

Entscheidend wäre es nun, den Nicht-Ort der politischen Utopie vom Nicht-Ort unserer antlitzlosen spätmodernen Städte abzuheben. Dies gelingt uns vielleicht mit Thomas Morus. Obwohl den radikaldemokratischen Autorinnen und Autoren in ihrer Intuition, daß Demokratie um eine leere Mitte kreist, daß sie sich auf nichts außerhalb ihrer Performanz zu stützen vermag, zuzustimmen wäre, sollte festgehalten werden, daß es nicht ausreicht, Demokratie ausschließlich an die Figur einer reinen Negativität zu binden. Analog zu Isaiah Berlins Unterscheidung von positiver und negativer Freiheit benötigen wir vielleicht auch eine Unterscheidung von *positiver und negativer Negativität*. Die negative Negativität wäre dabei eine bloß logische Figur. Eine positive Negativität würde sich mit anderen, nicht-logischen Figuren assoziieren, etwa mit Vertrauen, Glück und Hoffnung als Gestalten jenes von Bloch als „postulativ" bezeichneten „Nicht" des Nicht-Ortes.

3. Glück, Demokratie und Utopie

Das Utopische bindet sich bei Morus einerseits an eine radikaldemokratische Praxis (und läßt sich von daher mit Theorien wie derjenigen Leforts vereinbaren), andererseits ist es aber weit mehr als eine bloß formale Leerstelle. Es geht mit einem Überschuß, einem Glücksversprechen einher. Bloch spricht von einem „[...] diesseitsfrohen Epikureismus, der die kommunistische Insel belebt", einem Epikureismus, der als „[...] äußerst unkirchlicher Himmel über Utopia steht."[30] Dieser Epikureismus korrespondiert wiederum mit einer „demokratisch-kommunistischen"[31] Grundhaltung. *Utopia* steht für einen Ort der Muse wie für eine direkte, enthierarchisierte Demokratie,

---

[30] Bloch 1973, 599.
[31] A.a.O., 603.

für größtmögliche Partizipation und Inklusivität. Bloch schreibt weiter:

So leben die Bürger bei Thomas Morus: mäßige Arbeit, nicht über sechs Stunden, der Ertrag ist gleichmäßig verteilt. Es gibt kein Verbrechen mehr, keinen Zwang, das Leben ist ein Garten, behagliches wie edles Glück hängen offen umher.[32]

Wie Aristoteles geht auch der Humanist von einem wechselseitigen Voraussetzungsverhältnis zwischen politischer und glücklicher Lebensführung aus; nur das politische Leben, das Leben in der Gemeinschaft, kann ein gelingendes, gutes Leben sein. Morus' Politische Theorie erinnert an einen Aristotelismus ohne platonistische Erblast.

Das Gemeinwesen der Insel ist durch und durch demokratisch verfaßt. Den impliziten Einwand, daß dieses utopische Gemeinwesen im England Heinrichs VIII. insofern keine Orientierung bieten könne, als England monarchisch regiert werde, beantwortet Morus mit dem Hinweis darauf, daß die Menschen „[…] sich einen König wählen in ihrem eigenen, nicht in des Königs Interesse […]"[33]; der König sichert die gesellschaftliche Ordnung, wehrt, wie später bei Hobbes, Gewalt ab, ist darüber hinaus auch noch Garant einer positiven, unermüdlichen Fürsorge, kann aber gerade nicht als Zweck an sich selbst begriffen werden.

Die politische Verfassung, die Morus seiner Insel verleiht, erinnert stark an das Phylen- und Demen-System, wie wir es aus dem Athen der klassischen Zeit kennen:

Je dreißig Haushaltungen wählen sich jährlich einen Vorsteher, den sie mit einem älteren Ausdruck Syphogranten, mit einem jüngeren Phylarchen nennen. An der Spitze von je zehn Syphogranten mitsamt ihren Familienverbänden steht ein Vorgesetzter, der früher Tranibore, neuerdings Protophylarch heißt. Endlich ernennen alle Syphogranten zusammen, zweihundert an der Zahl, in geheimer Abstimmung und nach vorheriger Eidesleistung, den nach ihrem Urteil tüchtigsten zu wählen, einen Fürsten

---

[32] Bloch 1973, 551.
[33] Morus, *Utopia*, 47.

aus vier Bewerbern, die ihnen das Volk namhaft macht. Von jedem Viertel der Stadt wird nämlich einer erwählt und dem Senat vorgeschlagen.[34]

Neben dem Senat existiert noch eine Art Ältestenrat:

Die Insel hat vierundfünfzig Städte [...]. Aus jeder Stadt kommen drei ältere, erfahrene Bürger jährlich zur Beratung über gemeinsame Angelegenheiten des Inselreichs in Amaurotum zusammen.[35]

Rat und Senat bilden die höchsten politischen Instanzen. Alle Entscheidungen werden hier demokratisch getroffen:

Außerhalb des Senats oder der Volksversammlung über öffentliche Angelegenheiten zu beraten, gilt für ein todeswürdiges Verbrechen.[36]

Trotz dieser Nähe zu Athen springt aber auch ein gewichtiger Unterschied ins Auge, der sich am Verhältnis der *polis* zum *oikos* festmacht. Die athenische Demokratie beruht, wie diejenige John Lockes, die als wichtiges Vorbild der großen demokratischen Revolutionen im 18. Jahrhundert fungieren wird, auf einem Besitzindividualismus. Die Freiheit und Gleichheit der Staatsbürger verdankt sich der Herrschaft, die diese Bürger über ihren *oikos* ausüben, über Frauen, Kinder und Sklaven. Diese Schattenseite der Athenischen Demokratie begreift Morus nun nicht als notwendige Voraussetzung demokratischer Freiheit. Er entwirft vielmehr das Bild einer demokratischen *polis*, die nicht auf dem Zwang des *oikos* fußt. Dabei fällt zunächst auf, daß es in Utopia keinerlei „Privateigentum" gibt: „Denn selbst die Häuser tauschen sie alle zehn Jahre um, und zwar nach dem Lose."[37] Darüber hinaus wird das Haus nicht vom Vater regiert: „Hausvater *und* Hausmutter, gesetzte und gereifte Personen, bilden den Haushaltsvorstand."[38] Die Freiheit und Gleichheit der Bürger umfaßt für Morus schließlich auch die ökonomische Gleichheit; während es im England

---

34 A.a.O., 65.
35 A.a.O., 59.
36 A.a.O., 65.
37 A.a.O., 63.
38 A.a.O., 60 (Hervorhebung A.H.).

seiner Zeit „Privateigentum einzelner gibt", zeichnet sich das Leben „dort" dadurch aus, daß „[...] alles Gemeinbesitz ist."[39]

In Antizipation sozialistischer Vorstellungen geht Morus davon aus, daß

wo es noch Privatbesitz gibt, wo alle Menschen alle Werte am Maßstab des Geldes messen, [...] [es] kaum jemals möglich sein [wird], eine gerechte und glückliche Politik zu treiben.[40]

Im ersten Buch übt Raphael Hythlodeus eine scharfe Kritik an Mißständen im England seiner Zeit, an Mißständen juristischer, ökonomischer, sozialer und politischer Natur, die letztlich alle auf einen frühkapitalistischen Besitzindividualismus zurückgehen. So kritisiert er die hohe „Zahl der Edelleute", die „[...] wie die Drohnen von anderer Leute Arbeit leben [...]"[41] und zwar von den „[...] Pächtern auf ihren Gütern, die sie bis aufs Blut schinden, um höherer Renten willen [...]."[42] Insbesondere ein Landnutzungskonflikt wird von Morus als Quelle vieler Übel angesprochen. Da Wolle mehr Gewinn abwirft als Getreide, zäunen die Adligen „[...] alles als Weiden ein [...]"[43]. Damit also

[...] ein einziger Prasser, unersättlich und wie ein wahrer Fluch seines Landes, ein paar tausend Morgen zusammenhängendes Ackerland mit einem einzigen Zaun umgeben kann, werden Pächter von Haus und Hof vertrieben: durch listige Ränke oder gewaltsame Unterdrückung macht man sie wehrlos oder bringt sie durch ermüdende Plackereien zum Verkauf.[44]

Die Verringerung der Weidefläche führt zur Verteuerung des Getreides, zu Hunger, zu Verelendung und Kriminalisierung.

Bei den Utopiern haben demgegenüber „[...] infolge gleichmäßiger Verteilung des Besitzes, alle einzelnen an allen Lebensgütern Überfluß

---

[39] Morus, *Utopia*, 51.
[40] A.a.O., 53.
[41] A.a.O., 25.
[42] Ebd.
[43] A.a.O., 28.
[44] Ebd.

[...].“[45] Gleichheit bedeutet hier nicht nur Gleichheit vor dem Gesetz und gleiches Recht zu öffentlicher Rede, sondern, radikaler noch, gleichmäßige Verteilung des Besitzes, die einen Verzicht auf Privateigentum impliziert. Damit deutet sich eine politische Theorie an, die Freiheit und Gleichheit nicht, wie später bei Locke, an die Freiheit eines Besitzindividualismus [46] bindet – eine theoretische Weichenstellung von ungeheurer Tragweite. Um frei und mit anderen Freien gleichgestellt sein zu können, muß ich für Locke über Privatbesitz verfügen.[47] Locke geht dabei von der Idee aus, daß dieser Besitz uns natürlicherweise zukommt: Wir machen durch Arbeit ein Naturgut zu unserem Besitz. Er abstrahiert dabei von der Tatsache, daß wir nicht im Naturzustand leben, sondern in einer Ordnung, die immer schon durch eine ungleiche Verteilung der Güter sowie durch einen ungleichen Zugang zu natürlichen Ressourcen, bestimmt ist. Locke begründet den Mythos einer Leistungselite und verschweigt, daß uns unsere soziale Position (und damit unsere politischen Partizipationschancen) nicht nur über individuelle Leistungen, sondern stärker noch über unsere Geburt zukommt. Von Locke aus führt ein direkter Weg in den Neoliberalismus und Kapitalparlamentarismus unserer Tage, von Morus führt demgegenüber ein Weg in einen Sozialismus, der nicht durch die Marxsche Vision einer Herstellbarkeit von Gesellschaft, die sich an objektiven geschichtlichen Gesetzen orientieren kann, korrumpiert ist. Der in der *Utopia* angedachte Sozialismus steht noch gänzlich aus.

Morus' Kritik am Besitzindividualismus richtet sich auch auf dessen bevorzugtes Medium, das Geld und die Geldwirtschaft; derjenige, der auf die Akkumulation seines Kapitals setzt, wird „[...] selber wie ein bloßes Anhängsel, wie eine Zugabe seiner Münzen unter die Dienerschaft seines eigenen früheren Dieners geraten!“[48] Geld erscheint hier

---

[45] A.a.O., 53.
[46] Vgl. MacPherson 1967.
[47] Vgl. Locke 1977, 215ff.
[48] Morus, *Utopia*, 86.

als Medium, das sich nach und nach an die Stelle dessen setzt, zwischen dem es vermitteln soll. Es steht für einen Vertrag, den zwei Parteien schließen, der sich allerdings verselbständigt und beide Parteien unterwirft. Vor diesem Hintergrund wird vielleicht auch verständlich, warum Morus nicht von einem Gesellschaftsvertrag ausgeht. Er thematisiert die Ambivalenz der Verträge insbesondere im Kontext seiner Darstellung der utopischen Außenpolitik.

Freilich halten sie es überhaupt für unheilvoll, daß sich die Gewohnheit eingewurzelt hat, Bündnisse zu schließen, selbst wenn sie noch so treu gehalten werden. Ist es ihr doch zu verdanken, daß die Völker glauben, sie wären zu gegenseitiger Feindschaft und zum Haß geschaffen, und bis zur Vernichtung gegeneinander wüten, falls nicht Bündnisse sie daran hindern – gerade als ob keinerlei natürliche Gemeinschaft zwei Völker miteinander verbände, die nur der winzige Zwischenraum eines Hügels oder Berges voneinander trennt![49]

Diese Kritik entspricht strukturell der Paulinischen Kritik am Gesetz des Alten Testaments wie der Hegelschen Kant-Kritik. Das Gebot der Gesetzesbefolgung, so bemerkt schon Paulus im *Römerbrief*, führt in die Aporie; das Gesetz provoziert regelrecht seine Übertretung. Zum Gesetz muss also noch etwas hinzutreten, ein Prinzip unbedingter Gemeinschaftlichkeit, das Paulus und der frühe Hegel mit dem Konzept der Liebe belegen. Die Utopier meinen im gleichen Sinne,

[...] daß man niemanden als Feind betrachten dürfe, von dem einem nichts Unrechtes widerfahren ist. Die Gemeinschaft der Menschennatur sei ein Ersatz für Bündnisse, und die Menschen würden wirksamer und fester durch gegenseitiges Wohlwollen als durch Verträge, besser durch die Gesinnung als durch Worte miteinander verbunden.[50]

Christus, so Morus, „[...] habe die gemeinschaftliche (kommunistische) Lebensführung seiner Jünger gutgeheißen [...]"[51]; Morus betont weiter, „[...] daß diese in den Kreisen der echtesten Christen noch heute üblich

---

[49] Morus, *Utopia*, 114f..
[50] A.a.O., 115.
[51] A.a.O., 128.

sei."[52] Die Utopier verwirklichen eine unbedingte Gemeinschaft, die als einzige Gemeinschaft

[...] mit Recht den Namen eines staatlichen „Gemeinwesens" für sich beanspruchen kann. Denn wer anderswo vom „Gemeinwohl" spricht, denkt doch überall nur an seinen Privatvorteil; hier dagegen, wo es kein Privateigentum gibt, betreibt man ernsthaft die Interessen der Allgemeinheit.[53]

Das utopische Gemeinwesen bestimmt sich nicht formal, über ein allen Bürgern gemeinsames Gesetz, sondern inhaltlich, über die Gemeinschaftlichkeit eines guten Lebens. Die Utopier sehen die Lust als Inbegriff dessen an, was das menschliche Glück ausmacht. Der Abschnitt, der die Sittenlehre der Utopier behandelt, die auf den drei Säulen der Tugend, der Glückseligkeit und der Lust ruht, bildet ein Kernstück des gesamten Buches.[54] Das Politische findet erst im gelingenden Leben der Bürger seine Vollendung. Das epikureisch interpretierte Luststreben der Utopier steht für Morus nicht in Spannung mit ihrem Ideal der Gemeinschaftlichkeit; Lust und Gemeinschaft setzen sich vielmehr gegenseitig voraus. Zur Plausibilisierung dieses aristotelischen Grundsatzes wird eine theologische Argumentation bemüht: Die von allen vernünftigen Wesen anerkannte Prämisse eines göttlichen Gerichts, einer Beurteilung sämtlicher Taten nach dem Tod des Individuums, verhindere ein pathologisches Ausufern des individuellen Luststrebens.[55] Weiterhin merkt Morus an, daß, wenn man anderen zu Glückseligkeit und Freuden verhilft, Glückseligkeit und Freuden auch für einen selbst etwas Gutes sein müssen; aus welchem Grunde also sollte man sie sich selbst verwehren?

Die Glücksansprüche spielen in der *Utopia* eine zentrale Rolle. Bloch verwies uns bereits auf die vergnügliche und antitotalitäre Stimmung, die über der gesamten Vision liegt; ein ideales Wirtschafts- und Staatssystem kann nicht aus sich selbst heraus erstrebenswert sein,

---

[52] Ebd.
[53] A.a.O., 142.
[54] A.a.O., 88-101.
[55] A.a.O., 89.

sondern nur um des gelingenden Lebens der Bürger willen. Auf dieses utopische Moment kann auch eine Forderung nach radikaler Demokratie nicht verzichten.

Zwischen Utopie und Heterotopie

Rainer Becker

1.

Reinhard Koselleck hat einmal in historischer Perspektive von einer *Verzeitlichung der Utopie* gesprochen. Reichlich verkürzt gesagt, sprach er damit historische Veränderungen einer bestimmten politischen Tradition, ihres Genre an. Koselleck konstatierte für die historische Entwicklung utopischer Diskurse zu Beginn der Moderne schlicht eine Passage ihrer Grunddimension, eine Veränderung von vormals zentralen Räumlichkeitsindizes hin zu zeitlichen.[1] Zuvor noch hatte Utopie auf gewisse Weise ein Jenseits, buchstäblich ein *außerhalb von hier* markiert, ein Etwas ganz prinzipiell jenseits jedes *räumlich* greifbaren. Ab Beginn der Moderne konkretisierte sie dann ein *Hier* im *später*, gewissermaßen ein Jenseits nun jenseits jedes *zeitlich* greifbaren.

Erinnern wir uns genauer: Kurz nach Entdeckung Amerikas, kurz nach Amerigo Vespuccis briefförmigem Reisebericht von 1502 (*mundus novus*) war es erstmals Thomas Morus, der – wie seine Nachfolger Tommaso Campanella 1623 und 1627 Francis Bacon – ein fiktives, utopisches Staatswesen mittels eines Konvoluts fingierter Briefe in Gestalt einer *Insel* konzipierte: als ein fernes, *räumliches* Außerhalb. Und in der Tat ist abgesehen von einer Vielfalt der an den Morus'schen Text stellbaren Formfragen – Fiktionalitäts/Realitätssignale, Anschreiben, Briefform, Dialogstrukturen, wietere Diskursentwicklung einschließlich Transformationen etc. – bereits dieses primäre, *räumliche* Detail bemerkenswert. Denn Morus entwickelt seine Version partieller

---

[1] Vgl. Koselleck 1982.

ironischer Distanzierung zeitgenössischer politischer Umstände eben mittels einer buchstäblich topologischen Wendung: Das, von dem hier in verteilten Rollen gesprochen wird, gilt als ein (N)irgendwo. Und zumindest eines scheint sicher: Es ist, wenn überhaupt, nicht in der Nähe, auf dieser Seite der Erde zu finden – seine vermeintliche Verortung ist ganz grundlegend positional weit ausgelagert. Bei allen Problemen, die ein solches Distanzierungsmittel hinsichtlich Überprüfbarkeit mit sich gebracht haben mag – und zu Beginn der Moderne dann eben auch eine Flucht antreten mußte in ganz prinzipiell unüberprüfbare, historisch jenseitige Bereiche – diese Zeichnung eines zeitgenössisch nach außen hin quasi weit ausgestülpten Raums war klug und narrensicher zugleich. Trotz ihrer gegenwärtig stärker auf Zukunft ausgerichteten Temporalstruktur und trotz mancher heute wohl eher historischen Untersuchungsperspektive auf *Utopien* muß dies keineswegs ausschließen, die Gattung respektive den Diskurs gänzlich jenseits *topologischer* Facetten zu begreifen. Vielleicht sogar stärker umgekehrt: Vielleicht können es gerade historische „Rückwendungen" zu frühen utopischen Schriften wie derjenigen Morus' sein, die hier topologische Fragestellungen nahelegen und zugleich allgemeiner zu schärfen gestatten. Auch, um Ergebnisse wieder in zeitgenössischeren Kontexten fruchtbar machen zu können.

Im Folgenden nicht zuletzt auch hierzu einige Problematisierungen unter anderem von *Räumlichkeit* innerhalb „utopischer" Diskurse: Solche Problematisierungen auf eine Weise zu entwickeln, daß hierbei nicht zugleich einige bis heute im *common sense* genretypisch aufgerufene politische Dimension aus den Augen verloren werden, scheint mir insbesondere mittels Rekurs auf Überlegungen Michel Foucaults möglich. Im Folgenden werde ich daher anfangs versuchen, Foucaults spezifische Verknüpfung von Räumlichem und – im weitesten Sinne – Politischem nach und nach etwas genauer aufzuschlüsseln. Dies geschieht insbesondere am Beispiel von räumlichen Ordnungssystemen sowie deren diskursiver Subvertierbarkeit. Zugleich versuche ich hierzu parallel Foucaults Alternativkonzept zu einem eher traditionellen Verständnis von *Utopie*, das der *Heterotopien* zu konturieren – und zwar in einer vielleicht etwas außergewöhnlichen, einer gewissermaßen doppelten, doppelseitigen Form. Zuletzt sollen im Folgenden dann auch Felder potentieller Anwendbarkeit des Entwickelten kurz skizziert werden. Jene hier leider notwendig oberflächlich bleibende Skizze bewegt sich mittels eines kurzen Exkurses zu ersten dunklen Kreuzungsphantasien eines der zentralen Ausläufer des Morusschen Texts, Bacons *Nova Atlantis*, zu Ende des Texts auf ein zeitgenössischeres Feld zu: einer kurzen Problematisierung von Kybernetik respektive neuer Informationstechnologie im Kontext. Denn beide sind zugleich auch gewichtige Startpunkte unter anderem molekularbiologischer Träume und Wirklichkeiten der Nachkriegszeit. Der vorliegende Text läßt sich also schlicht als bewußt skizzenhaft bleibendes Angebot verstehen. Als ein Angebot des Durchdenkens von Möglichkeiten punktueller, leicht verschobener Perspektivierung mancher Bereiche der philosophischen Reflexion des Felds „Utopie".

2.

Beginnen wir uns also erst einmal – weit über den Einstieg bei Koselleck hinaus – einem Diskurstheoretiker und -praktiker Foucault über den Kontext „Utopie" und „Raum" zu nähern. Wenn wir hierbei traditionelle utopische Texte wie jenen von Morus' als diskursives Faktum, ausgehend von ihrer *sprachlichen* Form begreifen, wie könnte hierbei eine Kategorie „Raum" ins Spiel kommen? Beginnen wir hier allgemeiner: Vor jedem *topological turn* hat Foucault bereits 1964, mitten in der Hochzeit des *linguistic turn*, von *Sprache als einer Sache des Raums*[2] gesprochen: Für ihn ist es auch und insbesondere Sprache, die sich „[...]von Anbeginn im Raum entfaltet, sich in ihn hineinschreibt, in ihm ihre Wahlen trifft, ihre Figuren und ihre Übertragungen entwirft."[3] Dies meint nun nicht allein schlicht einen jeweiligen „Raum", *in dem* jeweilige Schreib- und Sprechakte, z.B. von „Utopien" geschehen oder *den* sie jeweils *eröffnen* mögen. Foucault

---

[2] Foucault 2001, 533ff.
[3] Ebd.

denkt hier fundamentaler: Er denkt Sprache gerade *ausgehend* von „Raum". Er artikuliert dies mittels eines Raumverständnisses, das integral differenztheoretisch komponiert ist. Indem er traditionsreich Sichtbares und Sagbares gewissermaßen von ihren Kreuzungspunkten her denkt,[4] kann ihm ein jeweils spezifisches *Zwischen* von Dingen und Worten, können ihm *Zwischenräume* in jeweiliger Hinsicht als konstitutiv erscheinen:

Die Spanne, die Distanz, das Zwischen, die Verstreuung, der Bruch und die Differenz sind [...] der blinde Fleck, von dem her die Dinge und die Wörter in dem Moment zu uns kommen, da sie auf den Punkt ihrer Begegnung zusteuern.[5]

Zu diesem raum- wie differenztheoretischen Verständnis jeweiliger Verhältnisse von *Sichtbarem* und *Sagbaren*, von *Dingen* und *Worten* gleich mehr. Denn wir hätten es grundsätzlich eben nicht mit Foucault zu tun, würde er nicht zugleich bereits seit 1966 etwas wie Raumvorstellungen auch ausdrücklicher in historischem Licht betrachten: Zum Einen setzt er hierbei ganz grundlegend seine durch den Strukturalismus geprägte Zeit und deren Philosophie gegenüber dem 19. Jahrhundert ab. Dies geschieht, indem er seine Gegenwart markiert durch weniger zeitliche als durch räumliche Problematisierungsweisen:

Wir sind, glaube ich, in einem Moment, wo sich die Welt weniger als ein großes sich durch die Zeit entwickelndes Leben erfährt, sondern eher als ein Netz, das seine Punkte verknüpft und sein Gewirr durchkreuzt.[6]

Zum anderen skizziert er hierbei flink eine grobe historische Periodisierung dominanter Raumvorstellungen: Das Mittelalter gilt ihm als geprägt durch hierarchisierte und dualistische Verortungen, durch

[4] Vgl. Merleau-Ponty 1986; insbesondere 172ff; auf Implikationen im Kontext kann hier nicht weiter eingegangen werden. Ebenfalls implizit sollen im Folgenden medientheoretische Überlegungen in „chiasmatischen" und zugleich topologischen Kontexten bleiben, auch wenn dies ab und an in die Nähe der Ausdrücklichkeit gelangt.
[5] Foucault 2001, 534.
[6] Foucault 1990, 34.

Ortungsraum, die Neuzeit dagegen durch *Ausdehnungen*. Und hiergegen charakterisiert er noch einmal seine Gegenwart mittels eines dominanten Raumverständnisses der „Lagerung oder Plazierung"[7] – anhand von mathematischen oder relationalen Plazierungen, denjenigen informationstheoretischer Speicherung im Besonderen, allgemeiner von Telekommunikation, Verkehr, Demographie.[8] Seine Gegenwart ist Foucault somit ausgezeichnet durch eine dominante Räumlichkeitsvorstellung, die er bezeichnet als eine von „Lagerungsbeziehungen"[9]. Behalten wir diesen sich durchaus zu Gegenwartsdiagnosen anbietenden Kontext im Auge, während wir einen wieteren, diesmal längeren Exkurs unternehmen. Einen Exkurs zu Foucaults Vorstellungen eines *zugleich* historisch und *spatial* eröffneten Verhältnisses von *Dingen* und *Worten*. Hierzu ein Streiflicht auf einige Überlegungen der recht frühen historischen Studie *Ordnung der Dinge*. Wir nähern uns hiermit nicht nur Fragen nach Utopie, sondern auch ein weiteres Mal – mehrfach – einer Zone der „Zwischenräume".

Wie gemeinhin bekannt, setzt Foucaults Studie von 1966 mittels Rekurs auf Jorges Luis Borges ein, mittels Rekurs auf das, was er eine *chinesische Enzyklopädie* nennt:

eine fiktive, uns gänzlich fremd erscheinende Ordnung, Taxinomie von Lebewesen, in der sich [...] die Tiere wie folgt gruppieren: a) Tiere, die dem Kaiser gehören, b) einbalsamierte Tiere, c) gezähmte, d) Milchschweine, e) Sirenen, f) Fabeltiere, g) herrenlose Hunde, h) in diese Gruppierung gehörige, i) die sich wie Tolle gebärden, k) die mit einem ganz feinen Pinsel aus Kamelhaar gezeichnet sind, l) und so weiter, m) die die Wasserkrug zerbrochen haben, n) die von weitem wie Fliegen aussehen.[10]

In Foucaults Beispiel entwirft ein Ordnungssystem seinen Kategorialrahmen in einer Weise, daß fast jede der Kategorien den Zugriff einer jeweils anderen zunichte zu machen scheint, ihn unterhöhlt,

---

[7] A.a.O., 36.
[8] Vgl. ebd.
[9] A.a.O., 37.
[10] Foucault 1974, 17.

durchkreuzt. Es handelt sich derart offenbar um ein System, das auf eine uns vollständig unlogisch erscheinende, unsere eingespielten kategorialen Logiken unterwandernde Weise Ordnung zu ermöglichen vorgibt. Das Lachen, das diese *Enzyklopädie* beim Lesen auslösen mag, wird Foucault zufolge begreiflich als eines, das zur Problematisierung Anlaß geben kann: „[...][S]chiere Unmöglichkeit, *das* zu denken."[11] Stetig ineinandergleitende Subsumtionsräume bei immer diffuser werdenden Platzierungen – diese bizarr und verquer erscheinende Ordnungskonzeption wird uns mal um mal fremder bei jedem Versuch einer Näherung. Sie führt unsere Vorstellungen des *Gleichen* unerbittlich und zugleich lustvoll in die Fremde.

Abermals äußerst verkürzt gesprochen, vertieft Foucault seinen Einstieg in Folge ungleich handfester. An einem gegensätzlichen Beispiel konkreter Anordnungsversuche bestimmter Kranker, sogenannter „Aphasiker", versucht er nun etwas spiegelverkehrt zu verdeutlichen. Thema sind beobachtbare Prozesse solcher „Sprachloser", wenn sie versuchen, bestimmte in Farbe und Form ungeordnet auf einem Tisch vor ihnen liegende Dinge in eine stimmige Ordnung zu bringen. Ihnen gelingt Foucault zufolge jeweils nur insofern eine Anordnung, als sie beim Ordnen anhand jeweils aktuell wahrgenommener Qualitäten, Dingeigenschaften oder Spezifika immer wieder verschiedenste kriteriale wie kategoriale Formzugänge entwickeln, anwenden und im nächsten Moment wieder verwerfen – um neu, ohne erkennbares Ende, von vorn zu beginnen. So kündigt sich ein potentiell unendlicher Prozeß „sprachlosen" Anordnens an, der weder ein letztgültig abgeschlossenes Kategorial-Tableau kennt – also keine kohärente und festgefügte Ordnung, Taxinomie besitzt – noch jemals eine letztgültige Anordnung der Gegenstände auf dem Tisch erreicht. Ihr „Tableau", ihr „Tisch", die „Tafel", wo alles seinen Ort haben müßte, die Kategorien, die jeweiligen Felder der Anordnungsversuche der Kranken, sie verlieren sich mal um mal ganz buchstäblich unter ihren Händen. Die Effekte solcher Sprach- und Ortlosigkeit fallen für Foucault

---

[11] Foucault 1974, 17.

zusammen: Hier ist „[...]das ‚Gemeinsame' des Orts und des Namens verlorengegangen: Atopie, Aphasie."[12] Man weiß zugleich um den Status von Kranken, „des" Menschen und von Geschichte bei Foucault.

Wo bei Borges „chinesischer Enzyklopädie" das topologische Kategorialsystem der Bezeichnung paradoxerweise – vermeintlich in sich notwendig – immer unstimmiger wird, zu einer absonderlichen, *heteroklíten* Anordnung stetig bezeichnungslos werdender „obdachloser Wörter"[13] gerinnt, ein „Tableau ohne kohärenten Raum", ein „raumloses Denken"[14] entfaltet, kann sich im Beispiel der „Sprachlosen" umgekehrt kein in sich konsistentes Bezeichnungssystem entwickeln, kann hier kein Tableau Raum entfalten, müssen Platzierungsversuche in sich notwendig fehlschlagen: dinglos umherschweifende Worte einerseits und wortlos verselbständigte Dinge andererseits. So steht dann dem subversiven Prozeß, der, wie Foucault schreibt, sogenannte *Hetero*topie Borges' eine reale Ortlosigkeit, *Atopie* im Kontext der „Aphasiker" gegenüber.[15] Und beidem entgegen noch einmal – wiewohl etwas abseits – *Utopien*. Als literarische, also ganz buchstäblich „unsichtbare" *Nicht*orte gelten Utopien hier als eigentümlich gut situiert und geordnet, obgleich und gerade weil ihre *fabula* „in der richtigen Linie der Sprache befindlich"[16] ist. Gegenüber den Prozessen einer durch *Hetero*topien zumindest prinzipiell ermöglichten Unterminierung und Verunsicherung bekannter Ordnungen und Taxinomien von innen heraus – und einer letztlich wohl zu stark geschichtslos „äußerlich" verbleibenden Proceduralität der *Atopien* – stehen literarische *Utopien* 1966 bei Foucault also recht brav im Geschirr herrschender Regularien gängiger sprachlicher Codes einer jeweiligen *Ordnung der Dinge*. Inhaltlich ein wenig abseits vielleicht,

---

[12] A.a.O., 21.
[13] Ebd.
[14] Ebd.
[15] Vgl. a.a.O., 20f..
[16] A.a.O., 20.

um sich über jene „trösten" zu können,[17] wie er ironisch schreibt. Im Ergebnis gelten sie offenbar in dieser Hinsicht als beharrlich, scheinen entgegen den ihnen bis heute zugeschriebenen politisch progressiven Ansprüchen einen quasi konservativen Akzent zu kultivieren. So rauh also ihr Entstehen sein mag – umgekehrt „[...]entfalten sie sich [...] in einem [...] glatten Raum[...]"[18] – einem glatten Raum eben innerhalb bereits bestehender *fundamentaler* Linien, die sie weniger formal als inhaltlich, maximal ironisch[19] oder auf vielfältige, aber begrenzte Weise negativ zu stören scheinen. Vielleicht gehen Utopien für Foucault ihrer Form, Prozeduralität und Performativität nach politisch nicht wirklich kompromißlos genug vor – hat man hierbei vor allem wirksame Subversionen herrschender Ordnungen, hat man Eröffnungen wirksamer positiver Felder mit Prozessen deren faktischer wie radikalster Unterminierung vor Augen: Wo dann bereits „[...]in der Wurzel jede Möglichkeit von Grammatik bestritten[...]"[20] wird. Wo es weniger um eine Destruktion als um die *Verfremdung* bestehender Grammatiken, Ordnungen geht, wo problematisierende Gesten, Ausgänge, Fluchtlinien im Vordergrund stehen, Distanzierungen, indirekt damit auch die Eröffnung von *Möglichkeiten* des Schaffens von strukturell *Anderem*. Ohne dies jedoch zugleich apodiktisch, totalisierend, bevormundend bereits zu stark inhaltlich einzuengen.

Borges' gelungene literarische Heterotopie kann so zugleich gelesen werden als Präludium des weiteren, gründlichen wie abgründigen Vorgehens Foucaults auf den folgenden knapp 500 Seiten. Es legt hier hochgradig differenziert und diffizil komponiert eine sukzessive Beschreibung dreier historisch differenter epistemischer Ordnungen, *epistemai*, deren zentraler Ordnungsformen, Taxinomien und historischen Transformationen vor. Wie kann ihm aber just jene, offenbar rein „positiv" verfahrende Präsentation überhaupt gelingen? Wie kann

---

[17] Vgl. Foucault 1974.
[18] Ebd.
[19] Vgl. hierzu den Text von Guido Isekenmeyer in diesem Band.
[20] A.a.O., 20.

er überhaupt historisch differente Ordnungen filigran gegeneinander abheben und sie jeweils soweit ent/plausibilisieren, daß sie hierbei zugleich "kritisch" hinsichtlich ihrer kulturhistorischen Signifikanz erscheinen können, insbesondere die aktuellste?

Mittig vom *Vollzug* jeweils historisch spezifischer, gleichwohl bestimmender *Ordnungscodes* einerseits und deren jeweiliger allgemeiner, insbesondere philosophischer *Reflexionstypen* andererseits eröffnet Foucault hier mittels diskursiver Gesten eine Region. Eine Region, die er ein *Zwischen,* ein „Mittelgebiet", eine „Mittel'-Region"[21] nennt. Hier sollen sich Ordnungen, deren Codes und ihre jeweils assoziierten Reflexionstypen unter anderem historisch *problematisieren* lassen. Die Eröffnungen jener Zwischenbereiche – oder besser: Viele der hier exakt wie spezifisch gewendeten Linienführungen, Balanceakte zielen auf Evidenzerfahrungen von Kontingenz gegenüber den vorgestellten Ordnungen und zugleich auf deren diachrone Pluralisierung. An und in den jeweils eröffneten *Zwischenregionen* – auf überbrückenden Textlinien – zeigt sich schlicht, „[...]daß diese Ordnungen vielleicht nicht die einzig möglichen oder die besten sind."[22] Das *Sichtbarwerden* jeweils herrschender Ordnungen, ihrer Raster, ihrer „weißen Felder" geschieht im Text also gerade nicht zugunsten von etwas wie einer reinen Inventarisierung. Es geschieht unter anderem innerhalb diskursiver Vollzüge der Distanzierung von Universalitätsansprüchen. Und dies kann in und mittels jenem vollzogen werden, was Foucault als jenes *Zwischen* eröffnet – mittels *differenzierendem* wie spezifisch *verschränktem* Vorgehen, mittels Gesten, die bestimmte selbstverständliche Ausblicke zu wenden versuchen. Zum einen geschieht ein solches Sichtbarwerden von Ordnungen historisch, exakt – mittels ausgewogen deskriptiver Gesten gegenüber jeweils herrschenden Codes und Reflexionstypen. Hierbei kommt es jedoch parallel auch zu pointierten Wendungen, Faltungen, ungewöhnlichen Überkreuzungen, spezifisch anordnenden Verkettungen der destillierten Singularitäten.

---

[21] A.a.O., 23.
[22] Ebd.

Zum Anderen wird hier eben auch – darauf hat in anderem Kontext Michel de Certeau hingewiesen[23] – etwas ganz buchstäblich Subversives versucht. Versucht wird gewissermaßen, das jeweils inwendige, unsichtbare Futter historisch differenter Ordnungen von Sichtbar- und Sagbarkeit auszustülpen, *deren* Kategorialraster nach außen zu „wenden" und sichtbar zu machen. Es wird versucht, die untersuchten (An-)Ordnungen in begrenztem Rahmen neu zu artikulieren und diese zugleich verschoben auftreten zu lassen, sie z.B. in einem Raum historischer Abstände zu skandieren. Das Sichtbarmachen von zuvor in ihrem Funktionieren unsichtbar agierenden Ordnungscodes und Kategorialrastern wird so auf besondere Weise als sprachliche „Sache" forciert. Dies geschieht, indem das jeweilige System und seine Codes, genauer: die abstrakte Positivität ihres Funktionierens diskursiv „verdoppelt" werden. So werden die der Bedingung ihres Funktionierens, ihrer alltäglichen Schweigsamkeit und Unsichtbarkeit, ihrer *Transparenz* verlustig gegangenen kategorialen Linienführungen jeweiliger Ordnungen quasi umgekehrt – sie können in vielfältiger Form an Opazität gewinnen, werden sicht- und greifbar. Sie können in Form von Reliefs sprachlicher Dinghaftigkeit im Volumen eines Buchs erscheinen – und sind hierbei dann zugleich weitgehend den Anschlußstellen ihrer vormaligen vermeintlichen Allgemeinheit, jeweiligen Kontextualisierung und damit Wirksamkeit beraubt:

Es ist, als applizierte die Kultur, während sie sich zu einem Teil von ihren [...] Rastern befreit, auf diese einen zweiten Raster, der die ersten neutralisiert, der sie, indem er sie verdoppelt, erscheinen läßt und gleichzeitig ausschließt.[24]

Indem Foucault auf eine derartige, subversive Weise bei seinen Gängen ins Archiv aus einer Fülle von Diskursen heraus bestimmte epistemische Kategorial-Gestalten präpariert – indem er sie in ihrem Milieu studiert und abstrahiert, dabei verdoppelt und sie so zugleich auf ihre eigene Wirksamkeit zurückfallen läßt – gelingt ihm ein Kunststück. Es

---

[23] Vgl. de Certeau 1982.
[24] Foucault 1974, 23.

ist das Kunststück, in der Abfolge seines Texts, ganz Oberfläche, diskursiv Linienführungen, Konturen zu zeichnen, zuletzt Diagramme: Erst einer, dann einer anderen und dann einer weiteren kulturhistorisch relevanten, eminent politischen Wissens-Architektur – einer jeweiligen epistemischen Ordnung, einer jeweils historisch dominanten Quasi-Transzendentalität auf kulturellem Niveau. Stetig wird die Zeichnung dreier Episteme sichtbar, vorstellig werden sie als spatial getrennt wie historisch aufeinander folgend. Später wendet Foucault ähnliche Verfahren zusehends in kleinteiligeren Zusammenhängen an: Ähnliche, wenngleich nun weniger stark unmittelbar diskursive Wirkungsweisen – bis hin zur Wirkung z.B. von Architekturen und/oder sozialen Technologien – werden dann zur Untersuchung von Macht, von Dispositiven herangezogen.

Foucaults diskursive Gesten und die Wendungen ihrer Vollzüge tragen eine bestimmte Signatur, folgen hier einem bestimmten Weg: Dem Leser wird ein „Gang" eröffnet durch prinzipiell gegeneinander abgehobene, zugleich in der Feinziselierung ihres Detailreichtums jeweils stark einnehmende Orte: jeder davon durch einen Abgrund vom Vorhergehenden getrennt. Der Gang wird als einer durch Geschichte kenntlich – wenngleich der Leser nicht allein an Wendepunkten jener diskursiven Inszenierung vor allem Verunsicherung erfährt. Eine Verunsicherung vielleicht vergleichbar mit jener, die im Gang durch die einzelnen Felder der chinesischen Enzyklopädie Borges' erfahrbar gewesen sein mag: Sollten diese Orte, Felder, ihr Durchlaufen zusammengenommen z.B. jemals *einer* gemeinsamen Ordnung zugehörig sein, wäre es eine Ordnung jenseits jeder Vorstellung. Und zugleich relativieren sich hierbei jeweils plastisch und auf radikale Weise einzelne Eindrücke innerhalb jedes Felds im Durchgang durch die anderen, folgenden: Pluralität und Differenz wird sichtbar jenseits *einer* umfassenden Totalität. *Deren* Versprechen können sich in einem solchen Durchgang jeweils bis zur Unverständlichkeit distanzieren. Die Wendungen Foucaults jedoch, die jene Erfahrung ermöglichten, bleiben verständlich bis ins Detail: keinesfalls Sprachlosigkeit oder Verlust der Gegenstände, im Gegenteil eine hoch differenzierte Arbeit an Strukturen – wenn auch im Effekt mit bestimmtem Neigungswinkel.

Wie einfach im Aufbau dagegen das – noch ein kleiner Exkurs – was bei Foucault am anderen Ende von Erfahrbarkeit ebenfalls, ein wenig später, auf ähnliche Weise thematisch wird. Hier ein Aufenthaltspunkt herausgegriffen, trostlos eintönige, ganz buchstäblich „reale" Orte, „Topien". Strikt geordnete faktische Orte von Macht, der Fabrikation von Normalität, Ordnung – ihr grauer Grundriß immer wieder gleich gestaltet. Diese Orte sind gegeneinander hermetisch abgeschlossen, oftmals in Kreisform angeordnet. Diese Orte lassen keinen Kontakt, geschweige denn unvermittelte Blickkontakte untereinander zu, unterbinden Reversibilität – richten den Blick alleine auf eine allerorts uneinsichtige, *leere* Mitte einer bestimmten Macht aus: eine Sicht raubende Mitte, Privation. „Die" Mitte *einer* – wenngleich einer ein wenig herrischen – Macht, zu deren *Überblicksbildung* hier offenbar alle Orte und Blicke genötigt sind zu fliehen, wo Menschen (und vielleicht auch Tiere und Maschinen) bis heute ihre kulturelle Prägung zu erfahren scheinen. In Foucaults düsterstem Text: Menschenpark, Disziplin, *Panoptikon*.[25] Dieser Raum umgekehrt beschaut, vom ge- schilderten *panoptischen Zwischen* aus: hier vermeintlich irreversibel in Stein gehauene *Leere* als Mittelpunkt. Ein Ort, zugleich erhöht, vermeintlich allsehend und zugleich uneinsichtig; entfaltend, über- wachend, regulierend, möglichst jegliches *Zwischen den Orten*, jede potentiell abweichende Überkreuzung, *Kommunikation*. Auch diese wird hier schlicht – und man kann es bei Foucault später genauer im Kontext „Geständnis" erkennen[26] – auf *eine* spezifische Weise, nämlich *einseitig* eröffnet. Am Ort prinzipieller Reversibilität, am Kreuzungs-, Eröffnungspunkt von Orten findet sich hier ein Stein gewordener, ein buchstäblich *leerer* Prozeß. Er produziert auf perfide Weise äußeren und inneren Gleichklang, sichert ihn zugleich ab: Jeder solcher *realen* „Topien" *makes cowards of us all*. Doch die auf solchen Moment-

---

[25] Vgl. Foucault 1977.
[26] Vgl. Foucault 1983.

aufnahmen festgehaltenen Architekturen, (An-)Ordnungstypen sind für Foucaults diskursive „Zwischen"-Gesten, ganz entgegen des ersten Anscheins, zuletzt keinesfalls „irreversibel". Zumindest sind sie dies nicht in historischen Maßstäben.

3.

Distanzieren wir uns wieder von diesen Streiflichtern auf Foucaults Vorstellungen spezifischer, historisch und spatial eröffneter Verhältnisse von Dingen und Worten, von – bis auf das Beispiel bereits ganz realer Ordnungsproduktion – aus dem Kontext „Wissen". Denn andernorts hat währenddessen bereits ein bestimmter Begriff realhistorisch Karriere gemacht. Es ist der Begriff *Heterotopie*. Dort, in der Biologie, hat er bis heute bestimmende Bedeutung erlangt. Im pathologischen Kontext bezeichnet Heterotopie nun eine *anormale* Lage von Zellen, örtliche Abweichungen von normaler Topologie, von regulärer Anordnung.

Schreiben im Krebsgang, aneignen, mäandern: Nachdem er also das Wort *Heterotopie* bereits unausdrücklicher, am Rande in *Ordnung der Dinge* erwähnt hatte, charakterisiert Foucault seine Begriffsbesetzung ein wenig später im gleichen Jahr, nun in einem kleinen Text, diesmal genauer und verschoben perspektiviert. Seine Ausführungen kommen jetzt vergleichsweise bodenständiger, phänomennaher daher, können ungleich zielgerichteter vorgehen. Abermals sind es nicht eigentlich *Utopien*, *Nicht*orte, die Foucault umtreiben – zumindest nicht in einem traditionellen Sinn. Das, was einer ganzen Tradition von Texten im „Zwischenraum zwischen ihren Worten, in den Tiefenschichten ihrer Erzählungen oder auch am ortlosen Ort ihrer Träume" [27] alles *phantastisches* und zugleich realhistorisch wie politisch weitgehend *wirkungsloses* eingefallen sein mag, ist ein weiteres Mal weniger sein Thema. Erneut weniger ein Aufenthalt im „unwirklichen Raum"[28], den

[27] Foucault 2005, 9.
[28] Foucault 1990, 39.

vielleicht eben aus genau diesem Grund „angenehmen Gefilden der Utopien". [29] Utopien, diese „Platzierungen ohne wirklichen Ort" [30] gelten auch hier als bereits formal recht traditionelle rhetorische „Orte ohne Ort." [31] Es scheint ihnen in letzter Konsequenz ein wenig an ernsthaftem Einsatz und kreativ-subversiver Formgebung zu fehlen. Dennoch geht es Foucault hier zugleich jedoch auch – paradox fast, da doch offenbar genaue Umstülpung der Bedeutung des Worts, dadurch ihm wieder näher als zuvor – um *topisch reale* „Utopien". Er interessiert sich nun für realhistorisch wirkliche, subversiv-widerständige, zugleich „wirksame Orte" [32], solche „Gegenplatzierung und Widerlager, tatsächlich realisierten Utopien", [33]

die nun weniger in den Registern von Sprache als von faktischer Materialität zu finden sind, die also einen […] genau bestimmbaren, realen, auf der Karte zu findenden Ort besitzen und auch eine genau bestimmbare Zeit, die sich nach dem alltäglichen Kalender festlegen und messen läßt. [34]

Man könnte auch sagen: In Untersuchungsgegenstand wie Vorgehen nun weniger ein Akzent Foucaults auf subversivem Vollzug diskursiver Architekturen als auf einer folgenschweren Diskurseröffnung [35] zur Untersuchung subversiven *räumlichen* Vollzugs – mit Akzent hierbei nun auf Zwischenbereiche stärker „handfester", zugleich jedoch spezifisch *anderer* Räume. Wohlbemerkt: Akzent. Denn noch immer treibt ihn auch jene subversive Geste um, die bereits bei den noch stärker „textförmigeren" Heterotopien virulent war, diskursive Vollzüge einer speziellen Haltung. Nun ist sie jedoch weniger im Kontext der „Rekonstruktion" von Anordnungslinien und -kategorien

---

[29] Foucault 2005, 9.
[30] Foucault 1990, 38.
[31] Ebd.
[32] Ebd.
[33] Ebd.
[34] Foucault 2005, 9.
[35] Vgl. zu den Wirkungslinien seines Heterotopieverständnisses respektive weiteren Hinweisen zu raumtheoretischen Überlegungen Foucaults insbesondere Defert 2005.

situiert als stärker im Innern jeweils eröffneter Felder, nun verortet sie sich also gewissermaßen im von jeweils untersuchten Platzierungs- und Anordnungsformen zerfurchten und gefalteten Fleisch der Welt. Unter *Heterotopie* firmiert nun weniger eine stetig widersprüchlicher werdende, „absonderliche" Sukzession diskursiver Formen, Kategorien, die prozedural jedes gemeinsame, übergeordnete Tableau *ad absurdum* führt. Nun sind es unerwartete Quasi-Synchronizitäten von Etwas, das üblicherweise in regulärer, nämlich gerade sukzessiver Form erwartbar wäre. Es werden nun Dynamiken widerständig-heterogenen Durchwirkens von Orten relevant – reale Orte, wo „[...]die wirklichen Plätze innerhalb der Kultur gleichzeitig repräsentiert, bestritten und gewendet sind."[36] Plakativer gesagt, sind es nun weniger subversiv platzierte Wort-, Satz-, Sinn- als gewissermaßen „absonderliche" Material-, Ding-, Dimensionskonstellationen, die ihn interessieren: Als Heterotopien gelten hier nun *andere Räume*, die lebensweltlich greif- und begehbar sind, Räume, die sich aber zugleich stark von der Ordnung ihrer Umgebung abheben, teilweise *gegen* sie stehen. Räume also auch, deren interne Anordnungen, deren Futter selbst gewissermaßen zu *un*alltäglichen Denk- und Erfahrensvollzügen anregen mag. Und nur noch indirekt diskursive Anordnungsvollzüge, die bisher eingespielte Schnitt- und Webstile von Ordnungen *ad absurdum* führen, partiell zu transzendieren vermögen.

Foucault charakterisiert sein nun auf jene Weise gewendetes Konzept im späteren Aufsatz von 1966 abermals positiv, diesmal durch mindestens sechs abstraktere Konkretisierungen. Dieses Vorgehen versteht sich zwar stärker als zuvor ausdrücklich mittels Kategorien oder Begriffen, unter denen verschiedenes subsumiert werden kann. Die entstehende kleine Phänomenologie geht aber, wiewohl direkter, zugleich tastend vor, mittels Versuchen begrifflicher Umschreibung und Fassung von etwas, ohne dies zugleich *zu endgültig* verorten zu wollen. Die jeweilige Sache wird nun gerade jeweils geschildert als etwas ausdrücklich in *Differenz* zu relativ eingespielten alltäglichen

---

[36] Foucault 1990, 39.

Ordnungsschemata stehendes. Genauer gesagt, jeweils in Differenz zu demjenigen Alltäglichen, das wir zumeist mit relativ homogen verstandenen Raumvorstellungen und –vollzügen in Verbindung zu bringen gewohnt sind. So bestechen gegenüber *regulär* angeordneten Orten Foucault zufolge Heterotopien nun insbesondere durch (1) (Möglichkeits-)Architekturen *räumlicher Quasi-Simultanität*: Sie verbinden etwas üblicherweise räumlich prinzipiell unvereinbares, auseinanderliegendes, *heterogenes* an einem einzigen Ort, in einer quasi begrenzt-entgrenzten Räumlichkeit. Foucault denkt hier z.B. an Theater, Kino wie bestimmte, heute außergewöhnliche Gartenbautraditionen. Solche buchstäblich topisch „konkreten" Utopien, *Hetero*topien, sind für ihn nun zudem auch durch (2) einen jeweiligen *Öffnungs-/Schließungsstil* ihrer „Ränder" charakterisiert: Z.B. durch (a) spezifische *Ein-/Ausgangsrituale* (religiöse/hygienische Reinigung: Hammam, Sauna oder Zwang: Kaserne, Gefängnis), durch (b) *Initiationsriten*, die ihrer prinzipiellen Offenheit vorausgehen mögen (z.B. Freudenhäuser), sowie (c) durch jeweils spezifische räumliche *Schließungs-/Öffnungskonfigurationen* (Beispiel hier – neben Motels und ihrer Eröffnung eines rein transitorischen Innens im Außen – die Tradition der an Häuser angeschlossenen, aber zugleich diesen gegenüber vollständig abgeschlossenen, nach außen offenen Räume für Reisende im Südamerika des 18. Jahrhunderts). Allgemeiner an diesem Punkt also ein gegenüber jeweiligem Kontext differenzstiftendes „System der Öffnung und Abschließung."[37]

Ein weiteres von Foucault hier nun genanntes Charakteristikum von Heterotopien ist ausdrücklich (3) ein zeitliches: die Möglichkeit eines jeweils spezifisch *heterogenen Temporalmodus*. Hier gehen Heterotopien und „Heterochronien" – also Brüche gegenüber üblichem *zeitlichen* Erleben – Hand in Hand. Der jeweilige Temporalstil äußert sich hier insbesondere mittels (a) *Zeit umfassenden Räumen* wie Bibliotheken und Museen – als Räume, die in Foucaults Augen versuchsweise einen „[...]Raum aller Zeiten schaffen, als könnte dieser

---

[37] Foucault 2005, 18.

Raum selbst endgültig außerhalb der Zeit stehen[...],"[38] (b) Räumen der *Transformation und/oder des Übergangs* (Schulen, Kasernen, Gefängnisse) respektive andererseits (c) Räumen stärker *zeitlich begrenzter Ereignisse* (Theater, Jahrmarkt, Urlaubsdorf).

Foucault entwirft Heterotopien dabei jetzt zugleich auch (4) als *historische Konstante*: Jeder Gesellschaft sind nun notwendig Heterotopien immanent, sie sind eine „Konstante aller menschlichen Gruppen."[39] Einem solchen subversiv angegangenen, *diskontinuierlichen* „Allgemeinplatz" korrespondieren dabei jeweilige *spezifische* Diskontinuitäten – und ihre Normalisierung: Z.B. seien kulturspezifische „Krisenheterotopien" biologischer Krisen (z.B. Pubertät, Regelblutung, Niederkunft) durch „Abweichungsheterotopien"[40] ersetzt worden. Zuletzt hat man es dann hier auch wieder mit einem „bekannteren" Foucault zu tun, wenn er (5) von *historischen Diskontinuitäten* spricht. Die hier bestimmten Heterotopien werden nun im sozialen Kontext ausdrücklich als etwas an sich keineswegs Gleichbleibendes gedacht. Sie sollen vielmehr etwas jeweils selbst Diskontinuierliches darstellen – etwas also, das gerade integral reversibel und alterierbar ist (Beispiel hier unter anderem die Vielfalt von Bestattungsriten und eine kurze Genealogie der Institution von Friedhöfen).

Interessant wie ungewöhnlich ist im 4. und 5. Kontext dann zugleich das subkutane Vorgehen Foucaults: proklamiert er im Kontext eben tatsächlich eine historische *Invarianz*. Dies geschieht jedoch fast ironisch, handelt es sich bei seinem kreativen Konzept doch um einen Zugriff auf hochgradig Heterogenes. Das Konzept will Heterogenität wie Varianz in ihrer jeweils situierten Form zugleich bejahen, begrifflich einfangen und behutsam beschreiben: Annahme der historischen „Invarianz" gerade von Variabilität, von Heterogenem – seiner jeweils irreduziblen Verortetheit, Veränderlichkeit, Andersheit.

---

[38] A.a.O., 16.
[39] A.a.O., 11.
[40] A.a.O., 12.

Eine fast tautologische, eine differenztheoretische Subversion historischer Identitätslogiken, die vom „Lokalen" ausgeht, „von unten".

Möglichkeitsarchitekturen von Simultaneität, Öffnungs-/Schließungsstil, heterogener Temporalmodus, historische Konstanz einer funktionalen Form bei deren gleichzeitiger radikaler Diskontinuität und integral lokalen Situiertheit: Solche topisch „konkreten" Utopien, Heterotopien, bilden sich für Foucault synchron quasi in Bejahung ihres jeweiligen, teils radikalen Unterschieds gegenüber umgebenden anderen, herkömmlicheren Räumen und deren jeweiliger Ordnungsgefüge. Derart sind sie dann aber eben auch als situierte Orte kreativer Subversion bestehender kontextueller Ordnungsklassifikationen zu lesen. Wie diese z.B. in ihrer Praxis auf gewisse Weise *Realität* verkörpern, so verkörpern umgekehrt Heterotopien hier quasi *Illusion*. Sind also auch sie wieder – nun auf neue Weise – letztlich nichts als reine *Fiktionen*? Wird dies nicht gerade nahegelegt durch die hier ausdrücklich „inszenatorischen" Beispiele Foucaults?

Für Foucault stellen bestimmte Heterotopien gegenüber alltäglicheren Ordnungen in der Tat jeweils auch eine differentielle, eine *disparate* „Ordnung" vor und aus. Doch auch diese kann ganz buchstäblich real werden, kann auf die Umgebung ausgreifen, diese transformieren. Zumindest sind sie hier als Horte überbordender Phantasie zu verstehen, buchstäblich von Kreativität vor und neben jeder reinen Logik des „Mehrwerts". So scheint sich hier bei Foucault „Realität" keineswegs bruchlos auf Oberflächen dynamischster Kreativität zu verdichten. Bei deren jeweiliger Analyse waltet andererseits aber keine Beliebigkeit oder Willkür: Jede dieser Realitäten hat eine spezifische Form, hat eine detaillierte Geschichte und spezifische Orte. Aber jede ist zugleich immer auch verwiesen auf spezifisch anderes. Keine dieser Realitäten ist alternativlos, jede eine unter mehreren anderen, und seien es potentielle, zukünftige. Und zugleich setzen sie jeweils gewissermaßen auf bereits zuvor gewachsenen, detailliert zu rekonstruierenden historischen Schichten auf, tragen Filiationen in sich. Jede ist also zugleich eine potentiell kurzfristige Verkrustung innerhalb dynamischer Ereignisse, deren jeweiliger Fluchtlinien und Bruchzonen. So verstandene Realitäten sind Drifts, Einstürzen, Schmelzen und

Wirbeln, Hitze, Kälte, Druck ausgesetzt – liest man im Kontext Foucault einmal versuchsweise als „Geologen".

Hier könnte man dann auch fragen, ob nicht jede, auch und insbesondere räumliche Ordnung jeweils auf prinzipiell untilgbare Ausnahmen, *reale Illusionen*, auf *radikale Unterschiede* und *Vielfalt* als ihr vorgängiges, begleitendes wie sie letztlich dann auch zukünftig überwindendes verwiesen ist. Keine symbolische wie räumliche Ordnung, keine Identifizierungen, Zuschreibungen, Verortungen und Platzierungen bleiben jemals ohne Heimsuchung durch sich radikal unterscheidende Anordnungsformen – oder zumindest Eröffnungen deren Möglichkeit.[41] Keine dieser Ordnungen ist nicht Teil differentester Pluralitäten. Am deutlichsten ist dies zumindest bei ihrer jeweiligen Geburt, also abermals in historischer Perspektive.

Im späteren Text Foucaults zu räumlichen Ordnungen findet sich dann zuletzt (6) die Eröffnung einer Gegenüberstellung. Sie ist tendenziell graduell zu verstehen, zugleich idealtypisch entwickelt. Gegenüber umgebendem Raum werden nun einerseits stärker geordnete und andererseits stärker ungeordnete Heterotopien thematisch. Foucault nennt in diesem Kontext zwei Beispiele. Das eine betrifft den Wirklichkeitswert von – aus „geordneter" Perspektive betrachtet – wirklichkeitszerstreuenden Heterotopien. „Illusionsheterotopien"[42] werden gestreift. Aber „entlarven" *solche* „entsetzlichen", ordnungsaufhebenden Orte, fragt Foucault, entlarvt deren jeweilige Anordnung nicht gerade auch umgekehrt jene aus eigener Perspektive „anderen Räume als Illusion"?[43] An „illusionären" Räumen eines vermeintlichen Ausschlusses von „Realität" – ein Beispiel sind Bordelle – können eben parallel auch Fragen entstehen wie die, wo denn nun eigentlich *wirklich* Orte von Illusion, gar *reiner* Illusion, reiner Inszenierung zu finden sind: gar am „Ort" der Realität selbst? Ein Beispiel auf der anderen

---

[41] Vgl. zur Radikalisierung solcher Überlegungen jüngst das Autorenkollektiv Tiqqun 2007, 118ff.

[42] Foucault 1990, 45.

[43] Foucault 2005, 19.

Seite spricht umgekehrt disparate, weil überzogene Formen räumlicher *Ordnung* an: „Kompensationsheterotopie."[44] Affirmation hier diesmal umgekehrt nicht von Abweichung, sondern von Ordnung. Sie geht hier diesmal so weit, daß nun auf andere Weise „Illusionen" zerstreut werden, denn Räumlichkeit ist hier gegenüber umgebenden Raum strikt „vollkommen"[45] anzuordnen (z.B. puritanische Kolonien). Quasi fanatisches Vertrauen in Ordnung ist es nun, das im Effekt dazu antreibt und hilft, Wirklichkeitsvorstellungen zu hintertreiben. Denn indem *solche* anderen Räume nun mittels Exzessen „federführender" Prinzipien „[...]gleichsam naiv genug [sind] [...], eine Illusion verwirklichen zu wollen[...]," [46] werfen sie zugleich die Frage auf, wo denn nun eigentlich die illusionslosere *Wirklichkeit* ihren „eigentlichen" Ort hat: gar in den Fiktionen selbst? Im Kontext des zweiten Beispiels liegt der Akzent Foucaults also fast spiegelbildlich auf mehr oder weniger realisierten Versuchen, *mittels* vermeintlich *letzter* Heterotopien eine endgültig stillgestellte Ordnung *unter Ausschluß weiterer* einzusetzen. Das hier mit umgekehrtem Vorzeichen bespielte Feld von Setzungsversuchen möglichst *perfekter* Anordnung erschöpft sich darin, die hierdurch als relative „Unordnung" erscheinende Ordnung umgebender, „regulärer" Räume zu überwinden, innerlich und äußerlich zu tilgen. Es kann damit nicht allein in seinem Effekt, sondern zugleich auch in seinem anfänglichen Impuls aufzeigen, daß „geordnete" Räume, Ordnungen immer bereits mit Andersheit geschlagen, mit anderen Orten durchsetzt sind – und es vielleicht auch sein müssen. Derart verweist etwas wie eine „Kompensationsheterotopie" auf die reale Möglichkeit (wie Notwendigkeit) von etwas wie Heterotopien selbst.

Ohne Verrechenbarkeit tut sich also zuletzt zwischen jenen idealtypischen Polen „heterotoper" Subvertibilität eine Spannweite an Möglichkeiten auf. Und ganz zuletzt wird auf gewisse Weise nochmals eine Mitte, ein Zwischen thematisch: Zuletzt werden dann Foucault

---

[44] Foucault 1990, 45.
[45] Foucault 2005, 21.
[46] Ebd.

auch *Schiffe* zur „Heterotopie par excellence",[47] wird der ortlose Raum des Schiffes integraler Teil eines für Foucault zentralen Bildes. Schiffe, selbst im Verhältnis zu umgebenden Orten *anderer* Raum, verbinden Orte und Ordnungen. Sie eröffnen damit zugleich potentielle Fluchtlinien wie Transformationen. Ihr Hinübertragen, ihr Überschreiten eröffnet ganz buchstäblich Anderes. Und zugleich sind Schiffe nicht allein möglichem Schiffbruch ausgesetzt. Sie segeln in immer neuen Variationen schlicht auf Meeren ewiger Veränderung: *Der*, der *endgültig* geordnete Raum wird nach Foucault zu etwas, das dann wirklich *Utopie* bleiben muß.

Mit dem Bild des Schiffs sind wir aber zugleich auch wieder bei einem zentralen Genre-Einstiegspunkt von Utopien, an den Grenzen ihrer fabelhaften Gemeinwesen angekommen. Was kann aus dem zurückliegenden Durchgang für konkretere Untersuchungen im Themenkomplex ‚Utopie' gewonnen werden? Welche Anregungen werden geliefert?

4.

Die Überlegungen Foucaults sind ihrem Selbstverständnis nach Instrumente eines „Werkzeugkastens." Sie stellen keinen letztinstanzlichen Beitrag zu „Utopie"-Debatten dar, legen vielmehr allein ein bestimmtes *handling* im Kontext nahe, können verschiedensten Zwecken dienen. Wir haben es an zwei Kontexten, vielleicht auch „Seiten" des Heterotopie-Konzepts kennengelernt: Foucaults Texte stellen in ihrem jeweiligen Rohzustand einige Begriffe, bestimmte Kategorialfassungen, manche diskursiven Vollzugsformen und Analyseinstrumente bereit – die sich buchstäblich andernorts einsetzen, quasi partiell zweckentfremden lassen. Vielerlei gemeinhin als schlicht „gegeben" wirkende Zusammenhänge können damit versuchsweise aus Starrheit, Erstarrung gelöst, können perspektivisch *denaturalisiert*

---

[47] A.a.O., 22.

werden – zumindest werden hierzu einige Ebenen eröffnet. Deren Akzent liegt auf Problematisierung, Differenzierung, Pluralisierung und Ent-Totalisierung, es steht die Ermöglichung *anderer* Weisen und Perspektiven von Denken im Vordergrund. Diese grundsätzliche Affirmation von Anderem, „Neuem" geschieht jedoch weniger aus politischem Vertrauen in ein festgefügtes Ziel der Geschichte. Sie geschieht aus einer Überzeugung der prinzipiellen Veränderbarkeit gegenwärtiger wie erwartbarer zukünftiger Aktualität unter anderem mittels bestimmter historiographischer Methoden. Sie speist sich aus einem Geschichtsoptimismus prinzipieller Unerschöpflichkeit subversiver Kreativität.[48]

Auch und gerade zur historiographischen Untersuchung solcher Kontexte lassen sich jene Werkzeuge, Vollzugsweisen und Haltungen nutzen, bei denen anfänglich spöttische Reden zur „utopischen" Neuheit neuer „Träume" nach kurzer Zeit verstummen mußten: um Eingeständnissen deren *Gelingens* zu weichen – zur Untersuchung „utopischer Erfolgsgeschichten" gewissermaßen. Die Nutzung dieser Werkzeuge bietet sich auch zur Analyse von Kontexten an, die gerade trotz ihrer anfangs „utopischen" Charakteristika auf spezifische, geschichtsprägende Weise *konkret wirksam* werden konnten. Auch hier liegt es nahe, sich das *Wie* deren jeweiligen Entstehens anzuschauen, deren *Genealogie* zu schreiben – z.B. im Rückgriff auf die im Kontext „Heterotopie" entwickelten Methoden. Ziel kann hierbei die Distanzierung jeweils flankierender, mal um mal stärker und weitreichender auftretender Geltungsansprüche sein: um Reflexion im Kontext davon nicht zu umfassend tangieren zu lassen, um es nicht bei einem jeweils dominant gewordenen *Status quo* bewenden zu lassen. Ein solches Vorgehen begreift sich als integral politisch, als Arbeit an Gegenwart, an deren Möglichkeiten.

Ein solches Vorgehen ist also nicht zuletzt dort im Einsatz sinnvoll, wo mittels anfangs „utopischer" Konzepte ganz konkret Orte wirksam umgestaltet werden konnten. Wo auf Phasen der Problematisierung,

---

[48] Vgl. hierzu auch Deleuze/Guattari 2000.

faktischen Verflüssigung von Traditionellem, schleichend, fast unmerklich Entwicklungen neuerlicher Tradierung, Erstarrung des Neuen folgten, wo *weitreichende* Besetzungen von Horizonten, Totalisierungs- und Instituierungsprozesse einsetzten.[49] Und so ist es nicht zuletzt dort im Einsatz angebracht, wo in einer immer stärker durch Technik geprägten Moderne heute bestimmte *technische „Utopien"* neben neuer, subversiver Ordnungsvollzüge und -systematiken zugleich Orte ihrer vermeintlichen „Realisierung" eröffnen und besetzen konnten. Dort, wo ein vormals "Utopisches" sich z.B. an bestimmten Orten seiner scheinbar „erfolgreichen Anwendbarkeit" manifestieren konnte, an offenbaren Exempeln des Proklamierten. Man könnte diese Orte nun im Rückgriff als punktuelle, zumeist immer ausgedehnter agierende Rationalisierungs-/Ordnungsexzesse *gerätetechnischer* „Kompensationsheterotopien" bezeichnen. Solche Dynamiken wirksamer Einschreibungen vollzogen sich oftmals nicht zuletzt als umfassende, „literarische" wie wirkliche Umschriften fundamentaler kultureller Ordnungssysteme, bis hinein in Transformationen polit-epistemischer Fundamente. Der subversive Einsatz eines gewissermaßen „doppelseitigen", zum einen „ordnungsproblematisierenden", zum anderen „platzierungsphänomenologischen" Heterotopie-Konzepts kann also auch zur Problematisierung anfangs noch „utopischer", dann gewissermaßen „heterotopisch-topisch-werdender" technischer Kontexte dienen. Sein Einsatz liegt z.B. bei Technoutopien nahe, denen kein phantastischer Ort allein genüge tat, bei Orten technoutopischer Erfolgsgeschichten. Philosophische Genealogien im Gefolge Foucaults

---

[49] Foucault selbst spricht z.B. dort, wo er unter anderem (soziale) Technologien und deren Reflexion untersucht, von verschiedenen Phasen ihrer Instituierung: Angefangen bei einer Form als „utopische" Erfindung, einem Stadium dann bereits konkreter, handlangernder Dienste für bestehende Institutionen – und zuletzt einer disziplinären Instituierung. Derartige Sozialtechnologien werden für Foucault geboren „[...] als Traum oder als Utopie, sodann als Praxis oder Regelwerk für bestimmte reale Institutionen, schließlich als akademische Disziplin." Foucault 1993, 178.

versuchen nicht zuletzt hier politische Interventionen darzustellen oder diese überhaupt erst darstellbar zu machen.

Ein solches zeitgenössisches Feld findet sich heute ab und an bereits im unmittelbaren Nahbereich. Ein solches Feld findet sich beispielsweise dort, wo am Ort der „gnadenlosen Topie"[50] des Körpers ein wenig zu buchstäblich zu Akten seiner „Verbesserung" anzuheben begonnen wird. Einer Verbesserung seiner jeweiligen historischen, sozialtechnologisch geprägten Form – ohne diese indes weiterhin allein in einem traditionellen Sinne rein sozialtechnologisch tangieren zu wollen. Ein solches Feld besteht z.B. dort, wo heute an einem nun immer stärker weitgehend unangetastet bleibenden sozialhistorischen Band der „kleine utopische Kern im Mittelpunkt der Welt"[51] in seinen Stadien zwischen Spiegel und Leiche durch technowissenschaftliche Ingenieure umsorgt zu werden beginnt. Wo dies nicht zuletzt deswegen geschieht, um Körper auf neue Weise zu neuem materiellen „Mehrwert" zu treiben. Ein solches Feld besteht z.B. dort, wo man heute offenbar immer weniger „traditionell" sozialtechnologisch als stärker gerätetechnisch bessere Orte zu erreichen können meint: vielleicht ein weiterer „Ortswechsel" von Utopie.[52]

Manche Eröffnung neuer Horizonte neuer körperlicher *frontiers* läßt sich dunkel bereits in der anfänglichen, noch primär sozialtechnologisch geprägten utopischen Tradition erahnen. Was in ausdrücklicher Form bei Morus' *Utopia*[53] 1517 noch unvorstellbar schien – und erst

---

[50] Foucault 2005, 25.

[51] A.a.O., 34.

[52] Vgl. hierzu Saage in: www.sicetnon.org. Durch den vorliegenden Text sollen auch dort „utopieanalytische" Anregungen geliefert werden, wo bisher recht traditionell allein ingenieurtechnische Perspektiven dominieren. Dort, wo die jeweiligen technischen Zusammenhänge aber durchaus auch wieder als Elemente anfangs utopischer Sozialtechnologien, von Dispositiven reflektiert, also gleichsam „rückübersetzt" werden könnten. Man könnte hier von Dispositiven sprechen, die als heterogene Ensembles diskursiver und nichtdiskursiver Technologien auch Geräte, technische Artefakte umfassen: von Dispositiven also, deren Logik sich *auch* in Geräten materialisiert.

[53] Vgl. Morus, *Utopia*.

recht nicht bei seinen Quasi-Vorläufern Platon oder Augustinus – wird bereits einige Jahre später, bei Francis Bacon, schon fast moderne Züge zu tragen beginnen. Aber eben nur fast: Gegenüber Campanellas Diskursbeitrag wird – 110 Jahre nach Morus – Francis Bacons *Neu-Atlantis* eine „Verbesserung" von Lebewesen in ihrer Materialität beginnen zu propagieren.[54] Auf Bacons fiktionalem Außerhalb – es ist bereits ein

---

[54] Regierte hundert Jahre zuvor bei Morus noch ein Gleichheit betonendes, ein eher moderates Ethos das recht offen erscheinende soziale Gesamtbild der fernen Insel, herrscht bei Campanella eine zwar weitläufig partizipative, aber auch strikt hierarchische, identisch zu verinnerlichende Kosmologie vor, an der bereits alles weitgehend seinen Platz gefunden hat – und das Ganze weitreichend nach außen abgeschirmt ist. Campanellas Kosmologie reproduziert sich unter anderen mittels eines Tradierungssystems beschriebener Stadtmauern, welche die Stadt mehrfach umgreifen, untergliedern und zugleich in die Höhe betonen, sich aufsteigend zu einem Tempel an deren Spitze erheben (vgl. Campanella 1983, 117). Bei Bacon weicht ein solches geschlossenes, quasi pyramidales System tendenziell einer stärker horizontalen Arbeitsteilung eines hinsichtlich stetigem, zukünftigem Zuwachses weitgehend offenen Wissens. Am Grund einer „Rundumbetreuung" des insularen Kollektivs statuiert Campanella ein ewiges, proto-religiös wie astronomisch geprägtes Wissen, dessen vertikal distribuierte Wahrheit mittels „Profekten" und Mauern möglichst für alle Ewigkeit identisch gehalten wird. Bei Bacon ist indes bereits ein stärker horizontaleres Wissen auszumachen, das auf einen „Progressus", eine Zukunft hin geöffnet ist – auf einen Horizont, der stetig weitere „Fortschritte" bringt, in dieser Bewegung prinzipiell kein absehbares Ende zu kennen scheint. Der pyramidale Aufbau Campanellas hat sich bei Bacon gewissermaßen verflüchtigt zu einem mittigen, zentrifugalen Sog auf Zukunft hin: Einer ersten „Zukunftsdimension als Medium" (Koselleck). Läuft in den anfänglichen Utopien die diskursive Distanzierung gegenüber der Gegenwart noch primär über eine räumliche Dimension, dann sind hier zugleich bei Bacon bereits erste vorsichtige Schritte in Richtung einer „Verzeitlichung der Utopie" (Koselleck) auszumachen. Die *räumlich* abgesetzte, in sich abgeschlossene fiktionale Alternative bricht hier bereits *in sich* zu einem *zeitlich* fortschreitenden, sich vervollkommnenden Wissensmodus auf, eröffnet eine in Grenzen *auch* ungewisse Zukunft. Bei Bacon antwortet keine dauerhafte Reproduktion, Erhaltung des Bestehenden mehr negativ einer Abwesenheit (oder der Quasi-Erfüllung) christlich-eschatologischer Erwartungen. Vielmehr scheint sich hier bereits ein

wenig der Zukunft zugewandt - wird Animalisches als *artifiziell reproduzierbar* thematisch: „Wir ahmen die Bewegungen der Lebewesen in Nachbildungen nach, wie etwa in künstlichen Menschen, Vierfüßlern, Vögeln, Fischen und Schlangen."[55] Hierzu kommt es zu „Sektionen und anatomischen Versuchen" an Tieren, um „[...]dadurch soweit wie möglich auch Einblick in den menschlichen Körper zu gewinnen."[56] Als Ergebnis werden

„[...]wunderbare Entdeckungen gemacht, so etwa über die Fortdauer des Lebens, nachdem einige Teile, die ihr für lebenswichtig haltet, abgestorben sind oder entfernt wurden, über die Wiederbelebung einiger, die scheintot waren und Ähnliches."[57]

Organismen werden hierbei bereits als über die Artgrenzen hinaus fungibel, als veränder- und kreuzbar vorstellig gemacht:

[...]wir wissen genau, welches Tier aus welchem Stoff hervorgebracht werden kann. [...][I]n Farbe und Gestalt und Gemütsart verändern wir sie auf vielerlei Art und Weise. Wir sorgen ferner für Kreuzungen und Verbindungen von Tieren verschiedener Arten, die neue Arten hervorbringen, die trotzdem nicht unfruchtbar sind.[58]

Nicht zuletzt, um vielfältigste Herkünfte ähnlich „verbessernder" Ansätze *heute* rekonstruktiv zu problematisieren, können unter anderem Foucaults Werkzeuge dienlich sein.[59] Derart kontextualisiert, bietet

---

zeitlicher Erwartungshorizont anzudeuten, der – weder eschatologisch noch apokalyptisch begrenzt –stetige Perfektibilisierung zu propagieren beginnt. Bacon ahmt in jenen technikutopischen Kontexten dann auch rekonstruktiv verfahrende Herrschaftsformen „animalischer" Zusammenhänge vor, die später durchaus auch in „menschlichen" anzutreffen sein werden.

[55] Bacon 1983, 212.

[56] A.a.O., 207f.

[57] A.a.O., 208

[58] A.a.O., 208.

[59] Nicht zuletzt soll die im vorliegenden Text gezeichnete Skizze auch einige neue, bisher weitgehend ausgeblendete Perspektiven auf einige kaum naturwissenschaftskritische zeitgenössische Diskussionen von „Utopischem" gestatten, z.B. in der Aufsatzsammlung von Rötzer/Maresch 2004. (Vgl. hier insbesondere die

sich deren historischer Einsatz nicht zuletzt auf jenen Feldern an, wo heute viel grundsätzlicher und buchstäblicher, ganz pragmatisch eine nun spezifisch *technisch gestützte* „Verbesserung" von Leben und Körpern versucht wird. Im Unterschied zu jenen utopischen Vorstellungen wird hierbei heute jedoch weitgehend auf Reflexionen zu ökonomischen, sozialen, historischen Bedingtheiten und Kontextualisierungen verzichtet. Geschweige denn, daß einige hierzu parallel verlaufende Ausschlußgesten genauer reflektiert würden, beispielsweise gegenüber bisherigen und/oder anderen Formen des zu „Verbessernden", gegenüber anderen möglichen Formen seiner Problematisierung. Ein Einsatz der skizzierten Konzepte – z.B. historisch in Verbindung mit Diskursanalysen – kann gerade an Orten angebracht sein, wo zu derartigen technischen Überlegungen allererst wirksame *diskursive Möglichkeitsfelder* entstehen konnten. Eine solche Perspektivierung markiert in ihrem Zielbereich ein Feld der historiographischen Problematisierung von Anfängen neuartig entfalteter epistemischer und/oder epistemo-technischer Tableaus und Dispositive. Es können hiermit also z.B. heute dominante Macht- und Wissenskulturen der Bio-, Nano- und Neurotechnologien in den Focus treten.

Greift man dieses Beispiel heraus, dann erschließen sich diese Technologien fundamentaler, wenn bei Analysen zugleich ein ihnen jeweils historisch vorausliegender Zwischenbereich mit in den Blick genommen wird, in diesem Fall eine zentrale Vermittlungstechnologie, im Umfeld der informationstheoretisch informierte Kommunikationstheorie. [60] Auch und gerade bei deren Entstehen – in Nähe zur Kybernetik – und deren hier ebenfalls ihren Ausgang nehmenden wissenschaftlichen „Ansteckungsprozessen" sieht man sich mit vielerlei prägenden Zusammenhängen konfrontiert. Das Entstehen einer solchen Vermittlungstechnologie und deren späterer, insbesondere

---

Beiträge von Heylighen und Lumsden; ebenso vgl. auch die sehr informativen Beiträge von Rötzer und Bunz).
[60] Vgl. hier zum Einstieg auch Deleuze 1993.

wissenschaftlicher Ansteckungswege kann unter anderem mittels jener Konzepte Foucaults ein wenig an Greifbarkeit, Sichtbar- und Sagbarkeit gewinnen.

Im Vorlauf zu heutigen „informatischen" Komplexen spielt z.B. ein anfängliches „Framework" von zu Beginn noch sehr punktuellen Großeinsätzen erster digitaler *IuK*-Technologien eine bedeutende Rolle. Nicht allein hinsichtlich des anfänglichen Platzbedarfs waren sie damals noch ganz buchstäblich *andere* Orte. Sie waren oftmals unterhalb der Erde gelegen. So geschehen z.B. bei Atomraketenfrühwarnsystemen des beginnenden kalten Krieges, erbaut zur „Aufklärung" möglichst jeglichen feindlichen Anderswo und seiner Bewegungen. Diese Aufklärung wurde hier visuell erstmals „global", in einer Quasi-Simultaneität versucht zu präsentieren. [61] Jenes binärelektronische „Informations"-Framework entstand zwischen 1940 und 1953. Es entstand in einem innigen Wechselspiel mit anfangs noch hochgradig „utopischen" Diskursen einer technowissenschaftlichen „In-Group" in den USA. Diese Gruppe war zusammengesetzt aus kriegsrelevant forschenden und philosophierenden „Beratern", Medizinern, Psychologen, Mathematikern, Physiologen, Biologen und Neurologen. Diese Gruppe, wie deren Diskurs prägte unter anderem den Begriff *Cybernetics*, *Kybernetik*. Hier konnte erstmals eine integral interdisziplinäre Mischung anfangs noch „utopischer" Topoi bestimmte vormalige kulturelle Selbstverständlichkeiten problematisieren – und die Ergebnisse zugleich beginnen um sich zu greifen. Immer stärker kristallisierten sich neue Ordnungssysteme heraus: Auch und insbesondere ein im Gefolge der Weltwirtschaftskrise, zwischen dem zweiten Weltkrieg und dem Beginn des kalten Krieges entstehendes Herrschaftswissen des *Command and Control*.

---

[61] Umgekehrt also zu den heutigen, maximal miniaturisierten informatischen Artefakten wie *smart dust*, der die Umgebung, in der er sich selbst befindet „aufklärt" oder informatischen „Umgebungen" selbst im Kontext von Ubicomp und RFID, die sich gewissermaßen selbst mittels Interfaces untereinander „aufklären".

Öffentlichkeitswirksam begann Kybernetik damals mittels neuartigen technischen wie philosophischen Rahmensetzungen *technische* Überkreuzungen zwischen Mensch, Tier und Maschine zu versprechen – und zugleich deren ingenieurstechnisch anzugehende Kontrolle, Regulation, „Heilung" und „Verbesserung" mittels recht ähnlicher Methoden. Bereits jene „erste" Kybernetik propagierte Verdichtungformen neu auftretender epistemischer und zugleich epistemotechnischer Theoreme wie sie zugleich neue technologische Umsetzungsformen forcierte. Bereits zu Beginn standen hierbei neue „informatische" Feedback-, Informations-, Regulations-, Homöostase- und Teleologie-Konzepte bis hin zu einer neuen „Spieltheorie" im Raum. In Folge wurden Paradigmenwechsel einläutbar: Zentrale Axiome fanden im Gefolge von Meetings in Zusammenhängen der – medizinhistorisch bisher kaum untersuchten, wiewohl beileibe nicht uninteressanten – *Macy-Foundation* z.B. Eingang in bis heute humanwissenschaftlich zentrale Felder wie jene von Molekularbiologie, Hirnforschung und Kognitionswissenschaften.[62] Von Anbeginn zeichnete sich hierbei eine bestimmte Strategie ab: In Prozessen immer neuer Wechselspiele gegenseitiger Exemplifikation wurde nicht allein den neuen kybernetischen Ordnungsrahmen „sichtbares Funktionieren" anhand neuer, jeweils aktueller binärelektronischer „Apparate" nahelegbar. Es konnte auch umgekehrt erfolgreich der Eindruck erweckt werden, das den hier erstmals immer deutlicher Kontur gewinnenden, neuen elektronischen „Apparaten" dank deren „avantgardistischer", also kybernetischer Architektur reflexive Würde auf Höhe der Zeit zuteil werden kann. Immer leistungsfähigere, immer besser und schneller (an-)ordnende technologische Räume konnten eröffnet werden, wurden immer stärker miniaturisiert: zuletzt als Kisten, Container, „Boxes". In einer solchen Gemengelage entstand, gewissermaßen in Coevolution mit dem Diskurs der ersten Kybernetik, die erste, bis dato

---

[62] In diesem Kontext haben in jüngster Zeit philosophisch insbesondere Paul Edwards, Lily Kay, Katherine Hayles, Jean-Pierre Dupuy, Steve Heims, Claus Pias, Joseph Vogl und Stephan Rieger ausführlich gearbeitet.

gültige Anordnungsnorm dessen, was wir heute als „Computer"
bezeichnen. Unter Ordnungsaspekten betrachtet sind die Felder früher
Kybernetisierung und Informatisierung – hier nur sehr oberflächlich
skizziert – gewinnbringend in den Blick zu rücken als Prozesse in
Regionen zwischen eher traditioneller „Utopie" und dem, was
Foucault als Heterotopie bezeichnet hat. Ähnliche Analysen paralleler
Transformationen z.B. in der Molekularbiologie könnten hieran an-
schließen.

Kybernetik und ihre heute nicht mehr allzu utopischen, nun „informatischen" Versprechen, ihre neuen „Cyber"-Ordnungen und -Onto-
logien, ihre zu Beginn scheinbar nach Art „chinesischer Enzyklo-
pädien" verlaufenden Problematisierungsweisen, die sie von Anbeginn
begleitende Entwicklung immer „besserer" elektronischer Geräteexem-
plare – bis hin zu einer hier im Möglichkeitsraum vorbereiteten
Menschenform „Cyborg", seinen sozialtechnologischen Hauptelemen-
ten Information, Rückkopplung, quasi-austauschbare „Hardware",
digitale DNA-„Software", Gehirn-„Wetware", einer eisern ‚rational'
prozessierenden Kognition wie einem radikal marktgängigen, analy-
tischen *rational choice* – all dies ist aber vor allem eines: Es ist ein
weiteres, hier nicht weiter vertiefbares Thema. *Ein* Beispiel unter
anderen – *ein* anderer Ort, wo in den vergangenen 70 Jahren ein
anfänglich wohl noch als „utopisch" wahrgenommenes, dann bis zur
heutigen Selbstverständlichkeit wirksam werdendes, sich im Anspruch
immer stärker totalisierendes Feld von Neuheit, von neuen Rationali-
sierungstypen eröffnete. Dies geschah, nebenbei, wohl nicht zuletzt
auch mittels neuer, subversiver Überkreuzungsweisen althergebrachter wie neuer Platzierungs- und Anordnungstypen im Bereich
„Leben". Zu Untersuchungen hier wie andernorts mögen perspektivisch verschobene Theorie-Angebote und Instrumente wie jene
Foucaults hilfreich sein. Neben bekannteren, z.B. diskursanalytischen
Konzepten geben auch sie etwas an die Hand, das hier wie andernorts
mancher unzeitgemäßen Eröffnung neuer Perspektiven wie der Verschiebung althergebrachter dienen kann. Diese Konzepte und Instrumente leisten auf ihre Weise einen Beitrag dazu, manches heute „Un-

Mögliche" (Derrida) weiterhin denkbar zu belassen – oder Möglichkeiten selbst hierzu immer wieder kreativ neu zu erschaffen.

Nachwort

Utopie — immer und überall

Hans-Peter Schütt

Utopien haben keine gute Presse, und das nicht erst seit dem Zusammenbruch des real existierenden Sozialismus. Schon vorher war es üblich, auch unter sogenannten Linken, mit dem Ausruf „Das ist doch utopisch!" nicht etwa lebhafte Zustimmung auszudrücken, sondern das gerade Gegenteil. In unserer Aversion gegen Utopien waren wir übrigens immer brave Schüler von Marx und Engels, denen kaum etwas wichtiger war, als ihren wissenschaftlichen Sozialismus von allerlei utopischen Träumereien abzusetzen.

Diese Aversion freilich war so etwas wie eine Alltagshaltung. Wir haben sie eingenommen, wenn wir ernsthaft darüber nachdenken wollten, was es politisch oder sonstwie zu tun gilt, und zwar hier und jetzt, jedenfalls so bald, daß wir die Folgen noch würden erleben können. Das hat niemanden davon abgehalten, unter anderen Konditionen — „wie wenn am Feiertage" sozusagen — einmal ungezügelt darüber nachzudenken, was anstelle der allzu vertrauten Verhältnisse auch der Fall sein könnte. Von solchen Übungen, hoffend auf die Geistesblitze zwischen den Hirnströmen, läßt man sich, dem Vernehmen nach, noch nicht einmal in den Führungsetagen von Wirtschaftsunternehmen abhalten, in denen sonst Nüchternheit und Realismus als oberste Gebote gelten. Die Utopien, die dort ausgesponnen werden, heißen nur anders: Man nennt sie „Visionen". Gewiß, das sollen „realistische Utopien" sein, die einen bloß dazu anhalten sollen, einmal „über den Tellerrand" hinauszuschauen, damit nicht alles in grauer Routine erstarrt. Während die „schlechten" Utopien die Frage nach dem Weg, der aus dem Hier und Heute heraus- und zu ihnen hinführen könnte, einfach unbeantwortet lassen, sollen die „realistischen Utopien" oder „Visionen" uns erfinderisch machen, was gangbare Pfade in deren *Utopia* angeht.

Inhaltliche Kriterien dafür anzugeben, was die einen von den anderen Utopien unterscheidet, ist nicht leicht. Dazu müßten wir mehr wissen über die Rationalität (oder Irrationalität) von Argumenten, in welche Annahmen über zukünftige Sachverhalte als die entscheidenden Prämissen eingehen. Selbst wenn man also fest entschlossen ist, nur noch „realistische Utopie" in Erwägung zu ziehen, verfügt man allein dadurch noch über kein applikables Realismuskriterium. Schwer entscheidbare Kontroversen darüber, wo der Realismus aufhört und der reine Wahn beginnt, sind daher absehbar. Und das muß gar nicht schlecht sein.

Lassen wir also die Frage, welche Utopien „schlecht" sind und welche als anspornende „Visionen" unsere Aufmerksamkeit nicht nur finden dürfen, sondern auch finden sollten, einstweilen dahingestellt!

Es gibt mindestens zwei andere Bereiche, die unwiderlegbar demonstrieren, daß man in einem bestimmten Sinn auf das Erwägen von Utopien gar *nicht* verzichten *kann*, selbst wenn man es wollte. Der eine dieser beiden Bereiche ist das wissenschaftliche Denken, und der andere ist die Poesie.

Bekanntlich läßt sich der Unterschied zwischen beliebigen Generalisierungen und solchen, die einen gesetzmäßigen Zusammenhang zwischen natürlichen Phänomen erfassen, nicht anders explizieren als durch den Rückgriff auf sogenannte kontrafaktische Konditionalsätze. Gesetzesartige Generalisierungen sind genau solche, die zugleich kontrafaktische Konditionalsätze stützen: Einen nomologischen Zusammenhang kennen wir eben erst dann, wenn unsere Kenntnis uns in die Lage versetzt, neben allerlei Tatsachen auch zu konstatieren, was der Fall gewesen wäre oder sein würde, wenn das-und-das eingetreten wäre bzw. einträte oder eintreten würde. Plakativ kann man sagen: Ohne kontrafaktisches Räsonnieren sind wissenschaftsgestützte Eingriffe in unsere Umgebung gar nicht zu haben. Der Verzicht auf kontrafaktische Erwägungen und damit — in einem gewissen Sinn —

der Verzicht auf Utopien ist genau das, was den Hasardeur auszeichnet.

Für die Feststellung, daß in der Poesie typischerweise Fiktionen entwickelt werden, braucht man, so denke ich, nicht erst zu argumentieren. Daß der (verständige) Konsum poetischer Fiktionen — sei es in der epischen Literatur, sei es im Film, sei es sonstwo — neben vielem anderen auch kognitiv relevant ist, dürfte auch über jeden Zweifel erhaben sein. Dabei heißt „kognitiv relevant" in diesem Zusammenhang nur so viel: Was wir in Gestalt solcher Fiktionen zur Kenntnis nehmen, wobei wir mitleiden, uns amüsieren oder auf andere Weise affektiv anregen lassen, trägt auch zu unserer kognitiven Orientierung in der Welt, in der wir leben, bei, namentlich in der sozialen Welt. Und so ist es natürlich überhaupt kein Wunder, daß die eigentlich und ursprünglich so genannten Utopien zunächst einmal ein Produkt literarischer Phantasie waren. Wie versteckt und schwer zu ermitteln der Witz solcher Phantasien sein kann, darüber legt die „Ur-Utopie" des Thomas Morus, wie man in den Beiträgen dieses Bandes nachlesen kann, auf beeindruckende Weise Zeugnis ab. Wer sich auch nur mit der Hälfte der möglichen Pointen, die in diesem literarischen Text angelegt sind, vertraut gemacht hat, wird nie wieder bereit sein, sich ernsthaft in eine Debatte über das eigentliche Wesen „der Utopie" einzulassen. Dieses nämlich ist, falls es überhaupt existiert, mindestens so vielgestaltig und wandelbar wie das Wesen der Tragödie, der Komödie, des Romans oder überhaupt der Kunst.

Wenn auf das Erwägen und Erörtern von Utopien zu verzichten also hieße, daß man zugleich auch die Wissenschaft und die Poesie dranzugeben hätte, dann ist die nur scheinbar provokante These, Utopien seien „immer und überall" zu haben, wie ich denke, schon hineichend gut plausibel gemacht.

Dabei habe ich Utopien der dritten Art noch gar nicht erwähnt. Das sind die mathematischen Objekte. Nehmen wir als *pars pro toto* die Kugel! Der Umstand, daß ein physisches Objekt, dessen Oberfläche die mathematische Beschreibung einer Mannigfaltigkeit von Punkten, die zu einem gegebenen Punkt im Raum exakt denselben Abstand haben, soweit wir wissen, nirgendwo wirklich existiert, hindert uns nicht daran, die Präzision der Beschreibung, die uns die Mathematik liefert, nicht nur zu bewundern, sondern alle Vorteile der Berechenbarkeit, die sie in sich birgt, fröhlich zu nutzen, obwohl wir wissen, daß außer „verbogenen" Annäherungen in der physischen Natur nichts zu finden ist. Alle Modelle, auf die wir bei der wissenschaftlichen Erfassung der Welt zurückgreifen, teilen mit den mathematischen Objekten diesen utopischen oder, wie man natürlich auch sagen kann, „idealen" Charakter.

Was also bleibt von unserer alltäglichen Aversion gegen Utopien? Unser von allenfalls schwachen Kriterien begleiteter Realismus genügt jedenfalls nicht, um diese Aversion zu begründen. Die Wissenschaft, insbesondere die Mathematik und die Kunst, belehren uns ebenfalls eines Besseren. Woran also läßt sich unser Widerwillen festmachen?

Mir scheint, es ist gar nicht das Utopische — will sagen: Das Kontrafaktische, das Ideale, das bloß Ausgedachte —, was uns die beispielhaften unter den von uns verabscheuten Utopien verleidet. Es ist etwas ganz anderes. Die „schlechten" Utopien, die wir kennen, haben es alle mit einer planmäßigen Veränderung der politischen und sozialen Verhältnisse unter Menschen zu tun. Was wir verabscheuen, das ist, so scheint mir, das hinter diesen sich verbergende „Kuchenbäcker"-Modell des sozialen Wandels — frei nach dem Motto „Man nehme ... , und dann rühre man ... , und dann ... ist irgendwann der Kuchen fertig!" Was wir verabscheuen, das ist der Gedanke, wir selber, unsere Gewohnheiten, unsere Pläne, unsere sozialen Beziehungen könnten zum bloßen Gegenstand der Machenschaften gewisser nach einem fertigen Rezept vorgehender Gesellschafts-Bäcker werden.

Die Logik und die Moral solcher Gesellschafts-Bäcker entspricht ziemlich genau der von Viehzüchtern, die ja im übrigen von ihrem Viehzeug auch immer „nur das Beste" wollen. Sie sagen freilich, sie wollten *für* ihr Vieh „nur das Beste". Das Beste *von* uns, nämlich unsere Freiheit, wollen wir ihnen aber nicht geben; und so stellt sich uns ihr Lied von dem Besten für uns als ein „garstig Lied" dar, und wir halten es für die Lüge, die es wohl auch ist. Etwas ähnliches ließe sich übrigens über viele sogenannte „Visionen" sagen.

Um unser Mißtrauen gegenüber derlei Zumutungen ausdrücken, ist es weder nötig noch klug, ein Verdammungsurteil über Utopien als solche oder über das utopische Denken im allgemeinen zu verhängen. Es genügt, den Gesellschafts-Bäckern auf die weißen Pfoten zu hauen, damit das Mehl davonstäubt und durch den wabbeligen Teig darunter die Krallen sichtbar werden.

Literaturverzeichnis

ACKERMAN, Bruce A.: *Ein neuer Anfang für Europa.* Nach dem utopischen Zeitalter, Berlin 1993.

ADAM, Armin: De optimo reip. [ublicae] statu, deque nova insula Utopia, In: F. VOLPI / J. NIDA-RÜMELIN (Hg.), *Lexikon der philosophischen Werke*, Stuttgart 1988, 136-138.

ADORNO, Theodor W.: Negative Dialektik [u.a.], in: Ders., *Gesammelte Schriften*, Bd. 6, Frankfurt a. M. 1997.

ANDERSON, Elizabeth S.: Warum eigentlich Gleichheit? In: A. KREBS (Hg.), *Gleichheit oder Gerechtigkeit.* Texte der neuen Egalitarismuskritik. Frankfurt a. M. 2000, 117-171.

ARENDT, Hannah: *Vita actica oder Vom tätigen Leben*, München 2. Aufl., 1981.

AUGÉ, Marc: *Orte und Nichtorte.* Vorüberlegungen zu einer Ethnologie der Einsamkeit, übers. von M. BISCHOFF, Frankfurt a. M. 1996.

BACON, Francis: Nova Atlantis, dt. Übers. in: *Der utopische Staat*, hrsg. von K. J. HEINISCH, 1960 u.ö., 171-215.

BAINBRIDGE, William S. / ROCO, Mihail C.: *Managing Nano-Bio-Info-Cogno Innovations.* Converging Technologies in Society, Dordrecht 2005.

BARNOUW, Dagmar: *Die versuchte Realität oder von der Möglichkeit, glücklichere Welten zu denken.* Utopischer Diskurs von Thomas Morus zur feministischen Science Fiction, Meitingen 1985.

BARRY, Brian M.: Equality yes, basic income no, in: P. VAN PARIJS (ed.), *Arguing for Basic Income.* Ethical Foundations for a Radical Reform, London 1992, 128-140.

BEHRENS, Fritz: *Abschied von der sozialen Utopie*, Berlin 1992.

BENJAMIN, Walter: Denkbilder, in: Ders., *Gesammelte Schriften*, Frankfurt a. M. 1974, Bd. IV, 305-438.

BERGLAR, Peter: *Die Stunde des Thomas Morus.* Einer gegen die Macht, Freiburg 2. Aufl., 1979.

BERMBACH, Udo: Die Utopie ist tot – es lebe die Utopie! In: R. SAAGE (Hg.), *Hat die politische Utopie eine Zukunft?*, Darmstadt 1992, 142-151.

BLOCH, Ernst: *Das Prinzip Hoffnung* [1959], Frankfurt a. M. 1973, 1985 u.ö. (= Gesamtausg., Bd. 3-5)

BOCIAN, Martin: *Lexikon der biblischen Personen*, unter Mitarbeit von U. KRAUT und I. LENZ, Stuttgart 1989.

BOSTROM, Nick: *The Transhumanist FAQ*. A General Introduction, Version 2.1, Oxford 2003.

BOSTROM, Nick: *A History of Transhumanist Thought*, Oxford 2005.

BOSTROM, Nick: *In Defense of Posthuman Dignity*, Oxford 2005.

BOSTROM, Nick: *Why I Want to be a Posthuman When I Grow Up*, Oxford 2006.

BOSTROM, Nick: Letter from Utopia, in: A. CUTTER / B. GORDIJN (eds.), *Studies in Ethics, Law, and Technology* (E-Journal), Bd. 2, Nr. 1, 2008, 1-7.

BRENNER, Peter J.: Aspekte und Probleme der neueren Utopiediskussion in der Philosophie, in: W. VOSSKAMP (Hg.), *Utopieforschung* Interdisziplinäre Studien zur neuzeitlichen Utopie, Bd. 1, Stuttgart 1982, 11-63.

BRUCE, Susan: Introduction, in: *Three Early Modern Utopias*, Thomas MORE: Utopia / Francis BACON: New Atlantis / Henry NEVILLE: The Isle of Pines, ed. with an introduction and notes by S. BRUCE, Oxford 1999, ix-xiii.

CAMPANELLA, Tommaso: *Sonnenstaat*, dt. Übers. in: *Der utopische Staat*, hrsg. von K. J. HEINISCH, 1960 u.ö., 111-170.

CERTEAU, Michel de: *Kunst des Handelns*, übers. von R. VOULLIÉ, Berlin 1988.

CERTEAU, Michel de: Micro-Techniques and panoptic discourse: a quid pro quo, in: *Humanities in Society*, Vol. 5, No. 3 & 4 (Summer & Fall 1982), Special Issue: *Foucault and Critical Theory*. The Uses of Discourse Analysis, ed. by M. POSTER, 1982, 257-265.

COENEN, Christopher: Utopian Aspects of the Debate on Converging Technologies, in: G. BANSE / A. GRUNWALD / I. HRONSZKY / G. L. NELSON (Hg.), *Assessing Societal Implications of Converging Technological Development*, Berlin 2007, 141-172.

COPP, David: *Morality, Normativity, and Society*, Oxford; New York 1995.

DEFERT, Daniel: Raum zum Hören, in: M. FOUCAULT, *Die Heterotopien*. Der utopische Körper, zwei Radiovorträge, zweisprachige Ausgabe, übers. von M. BISCHOFF und mit einem Nachw. von D. DEFERT, Frankfurt a. M. 2005, 67-92.

DELEUZE, Gilles: Postskriptum über die Kontrollgesellschaften, in: Ders., *Unterhandlungen*. 1972-1990, übers. von G. ROSSLER, Frankfurt a. M. 1993, 253-261.

DELEUZE, Gilles / GUATTARI, Félix: *Was ist Philosophie?*, übers. von B. SCHWIBS und J. VOGL, Frankfurt a. M. 2000.

DERRIDA, Jacques: Ich mißtraue der Utopie, ich will das Un-Mögliche, in: *Die Zeit*, 05.03.98, Nr. 11 (1998), 46-50.

Der utopische Staat, übers. und mit einem Essay „Zum Verständnis der Werke", bibliogr. und Kommentar hrsg. von K. J. HEINISCH, Hamburg 1960 u. ö. (Rowohlts Klassiker der Literatur und der Wissenschaft: Philosophie des Humanismus und der Renaissance, Bd. 3)

DETTLING, Warnfried: Vom vernünftigen Gebrauch der Freiheit, in: *Die Zeit*, Nr. 52, 19. Dezember 2007, 66.

DREXLER, K. Eric: *Engines of Creation*. The Coming Era of Nanotechnology, New York 1986.

DWORKIN, Ronald: Do Liberty and Equality Conflict? In: P. BARKER (ed.), *Living as Equals*, Oxford 1996, 39-57.

DWORKIN, Ronald: What is Equality?, Part 2: Equality of Resources, *Philosophy and Public Affairs*, Vol. 10, No. 4, 1981, 283-345.

ELIAS, Norbert: Thomas Morus' Staatskritik. Mit Überlegungen zur Bestimmung des Begriffs Utopie, in: W. VOSSKAMP (Hg.), *Utopieforschung*, Interdisziplinäre Studien zur neuzeitlichen Utopie, 3 Bd., Bd. 2. Stuttgart 1982, 101-150.

ERASMUS VON ROTTERDAM: *Die Klage des Friedens*, hrsg. und übers. von B. HANNEMANN, München; Zürich 1985.

ERZGRÄBER, Willi: Thomas Morus: Utopia, in: K. L. BERGHAHN und H. U. SEEBER (Hg.), *Literarische Utopien von Morus bis zur Gegenwart*, Königstein / Ts. 1983, 25-43.

ERZGRÄBER, Willi: *Utopie und Anti-Utopie in der englischen Literatur.* Morus, Morris, Wells, Huxley, Orwell, München 1980.

FEST, Joachim: *Der zerstörte Traum.* Vom Ende des utopischen Zeitalters, München 1991.

FEST, Joachim: Leben ohne Utopie. In: R. SAAGE (Hg.) *Hat die politische Utopie eine Zukunft?*, Darmstadt 1992, 15-26.

FOUCAULT, Michel: Die Sprache des Raums, in: Ders.: *Schriften in vier Bänden.* Dits et Ecrits, hrsg. von D. DEFERT und F. EWALD unter Mitarbeit von J. LAGRANGE, übers. von M. BISCHOFF, H.-D. GONDEK und H. KOCYBA, Bd. 1, 1954-1969, Frankfurt a. M. 2001, 533-539.

FOUCAULT, Michel: *Die Ordnung der Dinge.* Eine Archäologie der Humanwissenschaften, übers. von U. KÖPPEN, Frankfurt a. M. 1974.

FOUCAULT, Michel: *Überwachen und Strafen.* Die Geburt des Gefängnisses, übers. von W. SEITTER, Frankfurt a. M. 1977.

FOUCAULT, Michel: *Dispositive der Macht.* Über Sexualität, Wissen und Wahrheit, Berlin 1978.

FOUCAULT, Michel: *Der Wille zum Wissen*, übers. von U. RAULFF und W. SEITTER, Bd. 1, Sexualität und Wahrheit, Frankfurt a. M. 1983.

FOUCAULT, Michel: *Technologien des Selbst*, hrsg. von L. H. MARTIN, übers. von M. BISCHOFF, Frankfurt a. M. 1993.

FOUCAULT, Michel: Andere Räume, in: K. BARCK / P. GENTE / H. PARIS / S. RICHTER (Hg.), *Aisthesis.* Wahrnehmung heute oder Perspektiven einer anderen Ästhetik, Essais, Leipzig 1990, 34-46.

FOUCAULT, Michel: Die Sprache des Raums, in: Ders.: *Schriften in vier Bänden*, Bd. 1, 1954-1969, Frankfurt a. M. 2001, 533-539.

FOUCAULT, Michel: *Die Heterotopien.* Der utopische Körper, zwei Radio-vorträge, zweisprachige Ausgabe, übers. von M. BISCHOFF und mit einem Nachw. von D. DEFERT, Frankfurt a. M. 2005.

FRANKENA, William K.: *Analytische Ethik.* Eine Einführung, München 3. Aufl., 1981.

FUKUYAMA, Francis: *The End of History and the Last Man*, New York 1992.

GOSEPATH, Stefan: *Aufgeklärtes Eigeninteresse*, Frankfurt a. M. 1992.

HABERMAS, Jürgen: *Die neue Unübersichtlichkeit.* Kleine Politische Schriften V, Frankfurt am Main 1985.

HABERMAS, Jürgen: Treffen Hegels Einwände gegen Kant auch auf die Diskursethik zu?, In: Ders., *Erläuterungen zur Diskursethik*, Frankfurt a. M. 1991, 9-30.

HABERMAS, Jürgen: *Technik und Wissenschaft als „Ideologie"*, Frankfurt a. M. 1968.

HABERMAS, Jürgen / LUHMANN, Niklas: *Theorie der Gesellschaft oder Sozialtechnologie.* Was leistet die Systemforschung?, Frankfurt a. M. 1971.

HABERMAS, Jürgen: *Theorie des kommunikativen Handelns*, 2 Bd., Frankfurt a. M. 1981.

HABERMAS, Jürgen: Notizen zur Entwicklung der Interaktions-kompetenz, In: Ders., *Vorstudien und Ergänzungen zur Theorie des kommunikativen Handelns*, Frankfurt a. M. 1984a, 187-225.

HABERMAS, Jürgen: Was heißt Universalpragmatik?, In: Ders., *Vorstudien und Ergänzungen zur Theorie des kommunikativen Handelns*, Frankfurt a. M. 1984b, 353-440.

HABERMAS, Jürgen: *Die Einbeziehung des Anderen.* Studien zur politischen Theorie, Frankfurt a. M. 1999.

HALPERN, Richard: *The Poetics of Primitive Accumulation*, English Renais-sance Culture and the Genealogy of Capital, Ithaca; London 1991.

HANNEMANN, Brigitte: Historische Einleitung, in: ERASMUS VON ROTTERDAM, *Die Klage der Friedens*, hrsg. und übers. von B. HANNEMANN, München; Zürich 1985, 7-42.

HEIL, Reinhard / HETZEL, Andreas: Radikale Demokratie, in: Neue Gesellschaft für Bildende Kunst (Hg.), *Demokratie in der neuen Gesellschaft*. Informationen aus der Tiefe des umstrittenen Raumes, Berlin 2007, 12-30.

HEINISCH, Klaus J.: Zum Verständnis der Werke, in: *Der utopische Staat*, hrsg. von K. J. HEINISCH, Hamburg 1960 u. ö. (hier: 2005), 216-265.

HEINISCH, Klaus J.: Namen- und Sachregister, in: *Der utopische Staat*, hrsg. von K. J. HEINISCH, Hamburg 1960 u. ö. (hier: 2005), 278-292.

HERB, Karl-Friedrich: Jean-Jacques Rousseau. Vom Gesellschafts-vertrag, In: M. BROCKER (Hg.), *Geschichte des politischen Denkens*, Frankfurt a. M. 2007, 303-317.

HERZ, Dietmar: Zwei Wahrheiten. Zur Interpretation von Thomas Morus' Utopia, in: *Der Staat*, Vol. 32 (1), 1993, 1-28.

HERZ, Dietmar: *Thomas Morus zur Einführung*, unter Mitarbeit von V. WEINBERGER, Hamburg 1999.

HESIOD, Werke und Tage, in: Ders., *Sämtliche Werke*, übers. von T. von Scheffer und versehen mit einer Übersetzung der Bruchstücke aus den Frauenkatalogen, hrsg. von E. G. SCHMIDT, Leipzig 2. Aufl., 1965, 49-90.

HEYER, Andreas: Brauchen die politischen Wissenschaften einen Begriff der Utopie? Mit Überlegungen zum Stellenwert der politischen Theo-rie und Ideengeschichte. Nachwort, in: R. SAAGE (Hg.), *Utopisches Denken im historischen Prozess: Materialien zur Utopieforschung*, Berlin 2006, 245-263.

HINSCH, Wilfried: Einleitung, in: J. RAWLS, *Die Idee des politischen Liberalismus*. Aufsätze 1978-1989, hrsg. von W. HINSCH, Frankfurt a. M. 1994, 9-44.

HÖLSCHER, Lucian: Utopie, in: O. BRUNNER / W. CONZE / R. KOSELLECK (Hg.), *Geschichtliche Grundbegriffe*. Historisches Lexi-kon zur politisch-sozialen Sprache in Deutschland, Bd. 6, Stuttgart 1990, 733-788.

HUGHES, James: *Report on the 2005 Interests and Beliefs Survey of the Members of the World Transhumanist Association*, Willington / Conn. 2005.

KAUTSKY, Karl: *Thomas More und seine Utopie*, 2. durchges. Aufl., Stuttgart 1907.

KERN, Helmut: *Staatsutopie und allgemeine Staatslehre*. Ein Beitrag zur allgemeinen Staatslehre unter besonderer Berücksichtigung von Thomas Morus und H.G. Wells, Diss., Mainz 1951.

KERSTING, Wolfgang: *Die politische Philosophie des Gesellschafts-vertrags*, Darmstadt 1994.

KETTNER, Matthias: Rortys Restbegründung der Menschenrechte. Eine Kritik, in: T. SCHÄFER / U. TIETZ / R. ZILL, *Hinter den Spiegeln.*

Beiträge zur Philosophie Richard Rortys, Frankfurt a. M. 2001, 201-228.

KHUSHF, George: The Use of Emergent Technologies for Enhancing Human Performance: Are We Prepared to Address the Ethical and Policy Issues?, in: *Public Policy & Practice* (E-Journal), November 2005.

KOŁAKOWSKI, Leszek: Von der Gleichheit, in: Ders., *Mini-Traktate über Maxi-Themen*, mit einem Nachw. von C. HEIDRICH, übers. von D. SCHOLZE, Leipzig 2. Aufl., 2001, 21-26.

KOSELLECK, Reinhart: Die Verzeitlichung der Utopie, in: W. VOSSKAMP (Hg.), *Utopieforschung*, Stuttgart 1982, 1-14.

KREBS, Angelika: Die neue Egalitarismuskritik im Überblick, in: A. KREBS (Hg.), *Gleichheit oder Gerechtigkeit*. Texte der neuen Egalitarismuskritik, Frankfurt a. M. 2000, 7-37.

KRÜGER, Oliver: *Virtualität und Unsterblichkeit.* Die Visionen des Post-humanismus, Freiburg 2004.

KUON, Peter: *Utopischer Entwurf und fiktionale Vermittlung.* Studien zum Gattungswandel der literarischen Utopie zwischen Humanismus und Frühaufklärung, Tübingen 1985.

KUON, Peter: *Utopischer Entwurf und fiktionale Vermittlung.* Studien zum Gattungswandel der literarischen Utopie zwischen Humanismus und Frühaufklärung, Heidelberg 1986.

KUMAR, Krishan: *Utopia and Anti-Utopia in Modern Times,* Oxford 1991.

KYMLICKA, Will: *Politische Philosophie heute.* Eine Einführung, übers. von H. VETTER, Frankfurt a. M. 1996.

LACLAU, Ernesto / MOUFFE, Chantal: *Hegemonie und radikale Demo-kratie.* Zur Dekonstruktion des Marxismus, hrsg. und übers. von M. HINTZ und G. VORWALLNER, Wien 2. Aufl., 2000.

LEFORT, Claude: Vorwort zu Eléments d' une critique de la bureaucratie (Paris 1979), In: U. RÖDEL (Hg.), *Autonome Gesellschaft und libertäre Demokratie*, übers. von K. MENKE, Frankfurt a. M. 1990, 30-53.

LEFORT, Claude: *Fortdauer des Theologisch-Politischen?*, übers. von H. SCHEULEN und A. CUVELIER, Wien 1999.

LEFORT, Claude: *Le travail de l'oeuvre Machiavel*, Paris 1986.

LENIN, Wladimir Iljitsch: *Staat und Revolution*. Die Lehre des Marxismus vom Staat und die Aufgaben des Proletariats in der Revolution, Berlin 15. Aufl., 1970.

LOCKE, John: *Zwei Abhandlungen über die Regierung*, übers. von H. J. HOFFMANN, hrsg. und eingel. von W. EUCHNER, Frankfurt a. M. 1977.

LOCKE, John: *Two Treatise of Government*, ed. with an introduction and notes by P. LASLETT, Cambridge 1988.

LOGAN, George M.: *The Meaning of More's "Utopia"*, Princeton; Guildford 1983.

MACPHERSON, Crawford Brough: *Die politsche Theorie des Besitzindividualismus*. Von Hobbes bis Locke, übers. von A. WITTEKIND, Frankfurt a. M. 1967.

MALMGREN, Carl D.: Worlds Apart. A Theory of Science Fiction, in: A. HELLER / W. HÖLBLING / W. ZACHRASIEWICZ (eds.), *Utopian Thought in American Literature*. Untersuchungen zur literarischen Utopie und Dystopie in den USA, Tübingen 1988, 25-42.

MARIN, Louis: The Utopic Stage, in: T. MURRAY (ed.), *Mimesis, Masochism, and Mime*. The Politics of Theatricality in Contemporary French Thought, Ann Arbor 1997, 115-135.

McCUTCHEON, Elizabeth: Litotes. Denying the Contrary, in: *Moreana*, Vol. 31 (2), 1971, 116-121.

MERLEAU-PONTY, Maurice: *Das Sichtbare und das Unsichtbare*. Gefolgt von Arbeitsnotizen, hrsg. und mit einem Vor- und Nachw. vers. von C. LEFORT, übers. von R. GIULIANI und B. WALDENFELS, München 1986.

MINSKY, Marvin L.: *Will Robots Inherit the Earth?*, New York 1994.

MITCHELL, C. Ben / KILNER, John F.: *Remaking Humans*. The New Utopians Versus a Truly Human Future, Louisville, Ky. 2003.

MÖBUS, Gerhard: *Macht und Menschlichkeit in der Utopia des Thomas Morus*, Berlin 1953.

MÖBUS, Gerhard: *Politik des Heiligen*. Geist und Gesetz der Utopia des Thomas Morus, Berlin 1953.

MORAVEC, Hans: *Robots Inherit Human Minds*, Pittsburgh 1994.

MORAVEC, Hans: Pigs in Cyberspace, in: B. MILLER / M. WOLF (eds.), *Thinking Robots, an aware internet and cyberpunk librarians: the 1992 LITA president's program*, Chicago 1992, 15-21.

MORE, Max: Superlongevity without Overpopulation, in: Immortality Institute (ed.), *The Scientific Conquest of Death*, Wausau, Wis. 2004, 169-186.

MORE, Max: *Principles of Extropy*, Version 3.11 (online) 2003.

MORE, Thomas: De Optimo Reipublicae Statu / The Best State of a Commonwealth and the New Island of Utopia, in: E. SURTZ / J.H. HEXTER (eds.), *The Complete Works of St. Thomas More*, Vol. 4, New Haven (Yale Edition of the Complete Works of St. Thomas More) 1965, 1-253.

MORUS, Thomas: *Utopia*, übers. von G. RITTER, Nachw. von E. JÄCKEL, bibliogr. und erg. Ausg. von 2003, Stuttgart 2005.

MÜLLER-DOOHM, Stefan: *Jenseits der Utopie*. Theoriekritik der Gegenwart, Frankfurt a. M. 1991.

MÜNKLER, Herfried: Das Ende des Utopiemonopols und die Zukunft des Utopischen. In: R. SAAGE (Hg.), *„Hat die politische Utopie eine Zukunft?"*, Darmstadt 1992, 207-214.

MURPHY, Liam / NAGEL, Thomas: *The Myth of Ownership*. Taxes and Justice, New York 2002.

MÜNZ-KOENEN, Inge: *Konstruktion des Nirgendwo*. Die Diskursivität utopischen Denkens bei Bloch, Adorno, Habermas, Berlin 1997.

NAGEL, Thomas: *Eine Abhandlung über Gleichheit und Parteilichkeit und andere Schriften zur politischen Philosophie*, übers. und mit einer Nachbem. sowie Schriftenverz., hrsg. von M. GEBAUER, Paderborn 1994.

NAGEL, Thomas: *Die Möglichkeit des Altruismus*, hrsg. und übers. von M. GEBAUER und H.-P. SCHÜTT, Bodenheim bei Mainz 2. Aufl., 2005.

NAGEL, Thomas: Equality, in: M. CLAYTON / A. WILLIAMS (eds.), *The Ideal of Equality*, Houndmills, Basingstoke; Hampshire / N.Y. 2002, 60-80.

NOZICK, Robert: *Anarchie – Staat – Utopie*, übers. von H. VETTER, München 2006.

NOZICK, Robert: *Anarchy, State, and Utopia*, Oxford 1998 (1974).

ONCKEN, Hermann: *Die Utopia des Thomas Morus und das Machtproblem in der Staatslehre*, Heidelberg 1922.

PLATON: *Der Staat*, hrsg. und übers. von K. VRETSKA, durchges., verarb. und bibliogr. ergänzte Ausg., Stuttgart 2001 (1982).

PLATON: Politeia (Der Staat), in: Ders., *Werke in acht Bänden. Griechisch und Deutsch*, hrsg. von G. EIGLER, bearbeitet von D. KURZ, griechischer Text von É. CHAMBRY, übers. von F. SCHLEIERMACHER, Bd. IV, Darmstadt 2. unver. Aufl., 1990.

PLEIJ, Herman: *Der Traum vom Schlaraffenland*. Mittelalterliche Phantasien vom vollkommenen Leben, Frankfurt a. M. 2000.

RAWLS, John: Gerechtigkeit als Fairneß: politisch und nicht metaphysisch, in: Ders., *Die Idee des politischen Liberalismus*. Aufsätze 1978-1989, hrsg. von W. HINSCH, übers. von M. ANDERHEIDEN und W. HINSCH, Frankfurt a. M. 1994a, 255-292.

RAWLS, John: Der Gedanke eines übergreifenden Konsenses, in: Ders., *Die Idee des politischen Liberalismus*. Aufsätze 1978-1989, hrsg. von W. HINSCH, übers. von M. ANDERHEIDEN und W. HINSCH, Frankfurt a. M. 1994b, 293-332.

RAWLS, John: Der Bereich des politischen und der Gedanke eines übergreifenden Konsenses, in: Ders., *Die Idee des politischen Liberalismus*. Aufsätze 1978-1989, hrsg. von W. HINSCH, übers. von M. ANDERHEIDEN und W. HINSCH, Frankfurt a. M. 1994c, 333-363.

RAWLS, John: *Das Recht der Völker*. Enthält: „Nochmals: Die Idee der öffentlichen Vernunft", übers. von W. HINSCH, Berlin; New York 2002.

RAWLS, John: *Eine Theorie der Gerechtigkeit*, übers. von H. VETTER, Frankfurt a. M. 1993, 2003a.

RAWLS, John: *Politischer Liberalismus*, übers. von W. HINSCH, Frankfurt a. M. 2003b.

RAWLS, John: *Gerechtigkeit als Fairneß*. Ein Neuentwurf, hrsg. von E. KELLY, übers. von J. SCHULTE, Frankfurt a. M. 2006.

RAWLS, John: *Eine Theorie der Gerechtigkeit*, übers. von H. VETTER. 7. Aufl., Frankfurt a. M. 1993.

REESE-SCHÄFER, Walter: *Richard Rorty*. Zur Einführung, Hamburg 2006.

RICHERT, Friedemann: *Der endlose Weg der Utopie*. Eine kritische Untersuchung zur Geschichte, Konzeption und Zukunftsperspektive utopischen Denkens, Darmstadt 2001.

RICHTER, Dieter: *Schlaraffenland*. Geschichte einer populären Phantasie, Frankfurt a. M. 1995.

ROCO, Mihail C. / BAINBRIDGE, William S.: *Converging Technologies for Improving Human Performance*. Nanotechnology, Biotechnology, Information Technology and Cognitive Science, Arlington, Va. 2002.

ROPER, William: *Das Leben des Thomas Morus*. The lyfe of Sir Thomas Moore, mit einem Nachw. von A. OHLMEYER, nach der Ausg. von E. VAUGHAN, Heidelberg 1986.

RORTY, Richard: *Kontingenz, Ironie und Solidarität*, übers. von C. KRÜGER, Frankfurt a. M. 1992.

RORTY, Richard: Ist Naturwissenschaft eine natürliche Art?, in: Ders., *Eine Kultur ohne Zentrum*, übers. von J. SCHULTE, Stuttgart 1993, 13-47.

RORTY, Richard: *Hoffnung statt Erkenntnis*, übers. von J. SCHULTE, Wien 1994.

RORTY, Richard: *Wahrheit und Fortschritt*, übers. von J. SCHULTE, Frankfurt a. M. 2000.

RORTY, Richard: Erwiderung auf Thomas Schäfer, in: T. SCHÄFER / U. TIETZ / R. ZILL, *Hinter den Spiegeln*. Beiträge zur Philosophie Richard Rortys, Frankfurt a. M. 2001a, 194-200.

RORTY, Richard: Erwiderung auf Friederike Müller-Friemauth, in: T. SCHÄFER / U. TIETZ / R. ZILL, *Hinter den Spiegeln*. Beiträge zur Philosophie Richard Rortys, Frankfurt a. M. 2001b, 259-263.

RORTY, Richard: Spinoza, Pragmatismus und die Liebe zur Weisheit, in: Ders., *Philosophie & die Zukunft*. Essays, übers. von M. GRÄSSLIN, R. KAISER, C. MAYER u. J. SCHULTE, Frankfurt a. M. 2. Aufl., 2001c, 101-121.

RORTY, Richard: Solidarität oder Objektivität? In: Ders., *Solidarität oder Objektivität?* Drei philosophische Essays, übers. von J. SCHULTE, Stuttgart 2005, 11-37.

RÖTZER, Rudolf / MARESCH, Florian (Hg.): *Renaissance der Utopie*. Zukunftsfiguren des 21. Jahrhunderts, Frankfurt a. M. 2004.

ROUSSEAU, Jean–Jacques: Briefe vom Berge, in: J.-J. ROUSSEAU, *Schriften*, hrsg. von H. RITTER, München / Wien 1978.

ROUSSEAU, Jean–Jacques: *Diskurs über die Ungleichheit*, Kritische Ausgabe des integralen Textes von H. MEIER, Paderborn / München / Wien / Zürich 5. Aufl., 2001.

ROUSSEAU, Jean–Jacques: *Gesellschaftsvertrag*, Stuttgart 2006.

SAAGE, Richard: *Das Ende der politischen Utopie*, Frankfurt a. M. 1990.

SAAGE, Richard: *Politische Utopien der Neuzeit*, Darmstadt 1991.

SAAGE, Richard: Reflexionen über die Zukunft der politischen Utopie, in: Ders. (Hrsg.), *Hat die politische Utopie eine Zukunft?*, Darmstadt 1992, 152-165.

SAAGE, Richard: *Vermessungen des Nirgendwo*. Begriffe, Wirkungsgeschichte und Lernprozesse der neuzeitlichen Utopien, Darmstadt 1995.

SAAGE, Richard: *Utopieforschung*. Eine Bilanz, Darmstadt 1997.

SAAGE, Richard: Thomas Morus (1477/78-1535) In: H. MAIER / H. DENZER (Hg.), *Klassiker des politischen Denkens*, Bd. 1, München 2004, 135-148.

SAAGE, Richard: Plädoyer für den klassischen Utopiebegriff, in: Ders. (Hg.), *Utopisches Denken im historischen Prozeß*. Materialien zur Utopieforschung, Berlin 2006a, 51-61.

SAAGE, Richard: Utopia und kein Ende? Zur Rezeption eines Buches, in: ders. (Hg.), *Utopisches Denken im historischen Prozeß*. Materialien zur Utopieforschung, Berlin 2006b, 95-110.

SAAGE, Richard: Thomas Morus, Utopia (1516), in: M. BROCKER (Hg.), *Geschichte des politischen Denkens*. Ein Handbuch, Frankfurt a. M. 2007, 122-136.

SAAGE, Richard: Utopia und die drei Identitäten des Thomas Morus, in: Ders., *Utopisches Denken im historischen Prozess*. Materialien zur Utopie-forschung, Berlin 2006, 15-25.

SAAGE, Richard: Scientific-Technical and Normative Foundations of the New Man, in: *Sic et Non*. Zeitschrift für Philosophie und Kultur. Im Netz. #11/09.

SEEBER, Hans Ulrich / BERGHAHN, Klaus Leo (Hg.): Einleitung, in: *Literarische Utopien von Morus bis zur Gegenwart*, Königstein / Ts. 1983, 7-23.

SEIBT, Ferdinand: *Utopica*. Zukunftsvisionen aus der Vergangenheit, München (akt. Neuausgabe) 2001.

SENNETT, Richard: *Verfall und Ende des öffentlichen Lebens*. Die Tyrannei der Intimität, übers. von R. KAISER, Frankfurt a. M. 4. Aufl., 1986.

SIEGERT, Bernhard: *Passagiere und Papiere*. Schreibakte auf der Schwelle zwischen Spanien und Amerika, München 2006.

STRAHM, Christian: Die Jungsteinzeit, in: *Anfänge der Menschheit und Altes Ägypten*, Bd. 1, in: *Die Zeit, Welt- und Kulturgeschichte*. Epochen, Fakten, Hintergründe in 20 Bänden, Hamburg 2006, 120-168.

SÜSSMUTH, Hans: *Studien zur Utopia des Thomas Morus*. Ein Beitrag zur Geistesgeschichte des 16. Jahrhunderts, Münster 1967.

TAYLOR, Charles: *Das Unbehagen an der Moderne*, übers. von J. SCHULTE, Frankfurt a. M. 1995.

TAYLOR, Charles: *Wieviel Gemeinschaft braucht die Demokratie?* Aufsätze zur politischen Philosophie, übers. von H. FLIESSBACH und H. G. HOLL, Frankfurt a. M. 2001.

TAYLOR, Charles: Social Theory as Practice, in: Ders., *Philosophy and the Human Sciences*. Philosophical Papers, Vol. 2, Cambridge 1985, 91-115.

TIQQUN (AUTORENKOLLEKTIV): *Kybernetik und Revolte*, übers. von R. VOULLIÉ, Zürich; Berlin 2007.

TUGENDHAT, Ernst: Liberalism, Liberty and the Issue of Economic Human Rights, in: Ders., *Philosophische Aufsätze*. Frankfurt a. M. 1992, 352-370.

TUGENDHAT, Ernst: *Dialog in Leticia*, Frankfurt a. M. 2008.

UHLE, Arnd: *Freiheitlicher Verfassungsstaat und kulturelle Identität*, Tü-bingen 2004.

VANDERBORGHT, Yannick / VAN PARIJS, Philippe: *Ein Grundeinkommen für alle?* Geschichte und Zukunft eines radikalen

Vorschlags, übers. von M. TILLMANN, Frankfurt a. M. / New York 2005.

VICO, Giambattista: *Die Neue Wissenschaft über die gemeinschaftliche Natur der Völker*, Nach der Ausgabe von 1744 übers. und eingel. von E. AUERBACH, München 1924.

VIRILIO, Paul: Fahrzeug, in: K. BARCK / P. GENTE / H. PARIS/ S. RICHTER (Hg.), *Aisthesis*. Wahrnehmung heute oder Perspektiven einer anderen Ästhetik, Essais, Leipzig 1990, 47-72.

VOEGELIN, Eric: *Die spielerische Grausamkeit der Humanisten.* Eric Voegelins Studien zu Niccolò Machiavelli und Thomas Morus, übers. und mit einem Vorw. von D. HERZ, Nachw. P. J. OPITZ, München 1995.

VOIGT, Andreas: *Die sozialen Utopien.* Fünf Vorträge, Leipzig 1906.

VOSSKAMP, Wilhelm: Utopie als Antwort auf Geschichte. Zur Typologie literarischer Utopien in der Neuzeit, in: H. EGGERT / U. PROFITLICH / K. R. SCHERPE (Hg.), *Geschichte als Literatur.* Formen und Grenzen der Repräsentation von Vergangenheit, Stuttgart 1990, 273-283.

WALZER, Michael: *Sphären der Gerechtigkeit.* Ein Plädoyer für Pluralität und Gleichheit, mit einem akt. Vorw. des Autors, übers. von H. HERKOMMER, Frankfurt a. M. / New York 2006 (1992).

WASCHKUHN, Arno: *Politische Utopien.* Ein politiktheoretischer Überblick von der Antike bis heute, München / Wien 2003.

WINNER, Langdon: *Are Humans obsolete?*, Charlottesville, Va. 2002.

WINTER, Michael: *Ende eines Traums.* Blick zurück auf das utopische Zeitalter Europas, Stuttgart 1993.

WORLD COUNCIL OF CHURCHES / WORLD ASSOCIATION FOR CHRISTIAN COMMUNICATION (Hg.): Science, Faith & New Technologies, Transforming Life, Bd. 1: *Convergent Technologies*, Genf 2005.

Internet

www.detrans.de (letzter Zugriff 16.02.09)
www.extropy.org (letzter Zugriff 16.02.09)
www.sicetnon.org (letzter Zugriff 11.04.09)
www.transhumanism.org (letzter Zugriff 03.01.09)

Autorenverzeichnis

Ulrich Arnswald, *M. A.*, *M. Sc.*, ist seit 2005 Lehrbeauftragter am Institut für Philosophie des Karlsruher Instituts für Technologie (KIT).

Rainer Becker, *Dr. phil.*, ist seit 2004 wissenschaftlicher Mitarbeiter am Institut für Philosophie der Technischen Universität Darmstadt.

Andreas Hetzel, *PD Dr. phil.*, ist Privatdozent für Philosophie in Darmstadt sowie Lehrbeauftragter für Medienwissenschaften in Klagenfurt

Guido Isekenmeier, *Dr. phil.*, ist seit 2008 Mitarbeiter am Institut für Literaturwissenschaften der Universität Stuttgart.

Sonia Mokni, *M. A.*, studierte Germanistik, Geographie und Literaturwissenschaften an der Universität La Manouba Tuni. Sie promoviert zum Thema „Die Beziehungen europäischer Staaten zum Süden" bei Prof. Dr. Hans-Peter Schütt am Institut für Philosophie des Karlsruher Instituts für Technologie (KIT).

Heinz-Ulrich Nennen, PD *Dr. phil. habil.*, war nach seinem Studium der Philosophie an der Universität Münster wissenschaftlicher Mitarbeiter an der Landesakademie für Technikfolgenabschätzung in Stuttgart, habilitierte sich an der Technischen Universität Cottbus und ist seit 2004 akademischer Mitarbeiter am Institut für Philosophie des Karlsruher Instituts für Technologie (KIT).

Torben Pahl, *B. A.*, *M. A.*, hat Europäische Kultur- und Ideengeschichte mit dem Schwerpunkt Philosophie am Karlsruher Institut für Technologie (KIT) studiert, wo er jetzt Doktorand ist.

Sven Reisch, *B. A.*, studiert Europäische Kultur- und Ideengeschichte im *M. A.*-Aufbaustudiengang des Karlsruher Instituts für Technologie (KIT).

Michael Reuß, *B.A.*, studierte Europäische Kultur- und Ideengeschichte am Karlsruher Institut für Technologie (KIT). Er ist Mitarbeiter am Institut für Technikfolgenschätzung und Systemanalyse (ITAS) im Großforschungsbereich des KIT.

Wolf Rüttinger, *B.A.*, *M.A.*, hat Europäische Kultur- und Ideengeschichte mit dem Schwerpunkt Philosophie am Karlsruher Institut für Technologie (KIT) studiert, wo er jetzt Doktorand ist.

Vanessa Scheel, *B.A.*, studiert Europäische Kultur- und Ideengeschichte mit Schwerpunkt Philosophie im *M.A.*-Aufbaustudiengang des Karlsruher Instituts für Technologie (KIT).

Michael Schmidt, *B.A.*, studiert Europäische Kultur- und Ideengeschichte im *M.A.*-Aufbaustudiengang des Karlsruher Instituts für Technologie (KIT).

Hans-Peter Schütt, *M.A.*, *Dr. phil.*, studierte in Hamburg, wurde in Heidelberg promoviert und habilitiert, ist seit 1995 Ordinarius für Philosophie und Leiter des Instituts für Philosophie am Karlsruher Institut für Technologie (KIT).

Blanca E. Prat Valdés, *M.A.*, Lizentiat der Geschichte und der Kunstgeschichte an der Pontificia Universidad Católica de Chile, studierte bis 2009 Europäische Kultur- und Ideengeschichte mit Schwerpunkt Philosophie im *M.A.*-Aufbaustudiengang des Karlsruher Instituts für Technologie (KIT).

Michael Wendland, *B.A.*, studiert Europäische Kultur- und Ideengeschichte mit Schwerpunkt Philosophie im M.A.-Aufbaustudiengang des Karlsruher Instituts für Technologie (KIT).

Peter Winter, *M.A.*, studierte Philosophie, Politische Wissenschaften und Pädagogik in Freiburg im Breisgau und Würzburg. Er ist als freiberuflicher Werbegrafiker und Dozent tätig.

Personenregister